新视野教师教育丛书·教育领导系列

教育领导案例及评析

主编 许苏 李霞

图书在版编目（CIP）数据

教育领导案例及评析/许苏，李霞主编．—北京：北京大学出版社，2010.9
（新视野教师教育丛书·教育领导系列）
ISBN 978-7-301-17716-7

Ⅰ.①教… Ⅱ.①许…②李… Ⅲ.①教育管理学－案例－分析 Ⅳ.①G46

中国版本图书馆 CIP 数据核字（2010）第 169131 号

书　　　名：	教育领导案例及评析
著作责任者：	许　苏　李　霞　主编
丛 书 策 划：	姚成龙
责 任 编 辑：	姚成龙　刘　婧
标 准 书 号：	ISBN 978-7-301-17716-7/G·2940
出 版 发 行：	北京大学出版社（北京市海淀区成府路 205 号　100871）
网　　　址：	http://www.pup.cn
电 子 信 箱：	zyjy@pup.cn
电　　　话：	邮购部 62752015　发行部 62750672　编辑部 62752013　出版部 62754962
印 　刷 　者：	三河市北燕印装有限公司
经 　销 　者：	新华书店
	787 毫米×1092 毫米　1/32　16.5 印张　380 千字
	2010 年 9 月第 1 版　2010 年 9 月第 1 次印刷
定　　　价：	38.00 元

未经许可，不得以任何方式复制或抄袭本书之部分或全部内容。
版权所有，侵权必究
举报电话：(010) 62752024　电子信箱：fd@pup.pku.edu.cn

本书编委会

编委会主任　陈永明

编委会成员　许　苏　李　霞　袁　盎　孔祥博　孙仲毅
　　　　　　　崔　冉　孙美华　程　峰　蒋光祥　王　蕾
　　　　　　　尹　静　乔莹莹　梁晓玉　许　婧　周鹏飞
　　　　　　　王文茜　安　茜　陈　亮　周良灏　李　壮
　　　　　　　周　云　程小康　何　珊　陈春霞　吕智敏
　　　　　　　袁妙丽　苏　燕

目 录

从实践滋养中创生中国教育领导学（代序）　　　　　　　　　　陈永明　王　健

◆第一编　资质素养篇◆

第一章　领导艺术　　　　　　　　　　　　　　　　　　　　　　　　3

案例1　沟通的智慧
　　　　——校长用情感引领教师发展　　　　　　　　　　　　　　　3
案例2　存在并非合理
　　　　——善于发现问题并巧妙解决　　　　　　　　　　　　　　　6
案例3　不要落下功课
　　　　——专业知识是教育领导成功的支点　　　　　　　　　　　　8
案例4　教师的权力
　　　　——校长的集权管理与分权领导　　　　　　　　　　　　　　11
案例5　思路决定出路
　　　　——教育领导的变革因素　　　　　　　　　　　　　　　　　13

第二章　创新意识　　　　　　　　　　　　　　　　　　　　　　　　18

案例1　新时期创新之基
　　　　——现代校长的信息素养　　　　　　　　　　　　　　　　　18
案例2　现实与梦想
　　　　——教育领导者的现状分析　　　　　　　　　　　　　　　　21
案例3　在创新中超越
　　　　——成功校长的创新精神和创新实践　　　　　　　　　　　　23
案例4　对孩子的一生负责
　　　　——教育领导的职业追求　　　　　　　　　　　　　　　　　27
案例5　保持传统还是与时俱进
　　　　——校长应该在改革创新中谋求发展　　　　　　　　　　　　29

第三章　胜任特征　　33

案例1 关爱学生
　　——教育领导的基本素养　　33

案例2 做学校的领航者
　　——独特领导铸造特色学校　　36

案例3 心、脑、手的统一
　　——校长提升领导力的三方面　　39

案例4 人格魅力迸发影响力
　　——校长道德领导的力量　　42

案例5 先贤的精神遗产去了哪里？
　　——论教育家陶行知的创新意识对当代教育领导的启示　　44

◆第二编　内涵建设篇◆

第四章　文化领导　　51

案例1 INCE：学校文化的体现
　　——以上海市某女子中学文化建设为例　　51

案例2 以核心价值观念促进学校文化建设
　　——百年名校的现代启示　　54

案例3 校服
　　——一种学校文化的延伸　　57

案例4 "自立""专一""夯实"
　　——三所学校文化建设的启示　　60

案例5 校训
　　——学校文化的自我构建　　63

案例6 "被遗忘的校训"
　　——学校文化建设的反思　　67

案例7 以校园文化促学校发展
　　——某小学成功之路　　70

案例8 新组建薄弱学校如何走出低谷
　　——谈校长领导力与学校文化融合的关系　　73

案例9 积极心态，成功的基石
　　——贵州清镇一中校长积极心态建设的启示　　77

第五章　教育领导之道德领导　　84

案例1 "80后"，让人欢喜让人忧
　　——校长如何领导"80后"教师　　84

案例2 情感领导在教育领导力中的重要性
　　——一次课堂提问的思考　　87

案例 3	为教师的成长护航	
	——校长如何培养教师	89
案例 4	校长的尊重与理解	
	——依靠教师是办好学校的关键	92
案例 5	优秀教师生产线	
	——"一条龙"式教师培养平台的构想	95

第六章 教育领导之课程领导　　　　　　　　　　　　　99

案例 1	学生个性发展的一泓活水	
	——校长积极推进校本课程构建	99
案例 2	充分发挥学生的自主性	
	——校长以课程改革来促进学生发展	102
案例 3	走出低谷，创立名校	
	——校长实施课程领导促学校发展	105
案例 4	倾听与反馈	
	——校长掌舵课程改革	107
案例 5	小球带来大提升	
	——校长在校本课程开发中的多元角色	110

◆第三编　组织管理篇◆

第七章　名校经验　　　　　　　　　　　　　　　　117

案例 1	提高家长参与度	
	——校长协调公共关系的专业能力	117
案例 2	有教无类，方可成功	
	——一所外国名校的经验	120
案例 3	成功乃成功之母	
	——每一个孩子都可以获得成功	123
案例 4	以领导智慧激扬校园文化	
	——文化建设对学校发展的独特作用	126
案例 5	"篮球"的力量	
	——非正式组织在学校文化建设中的作用	129

第八章　组织协调　　　　　　　　　　　　　　　　132

案例 1	教师成长的生命线	
	——校长如何领导教师评价	132
案例 2	幸福的老师带出幸福的学生	
	——如何为教育提供合理的解压途径	135
案例 3	正确决策的途径	
	——校长决策时有条件性	138

案例 4	以情感人	
	——校长的领导艺术	140
案例 5	教师的心灵亦需呵护	
	——关注教师心理健康问题	143
案例 6	以"无为"行"有为"	
	——学校管理的"无为而治"	146
案例 7	"任务"与"人"	
	——两种领导方式的比较	149

第九章　危机管理　　　　　　　　　　　　　　　　　153

案例 1	教师管理的人文关怀	
	——由外聘教师的"不辞而别"引发的思考	153
案例 2	"刚"与"柔"	
	——校长实施制度管理的道与度	155
案例 3	"头发"引发的退学	
	——制度建设不能偏离教育本质	158
案例 4	请多看一眼您的教师	
	——论校长的人性化管理	161
案例 5	我们离幸福有多远	
	——学校管理应走向科学	163
案例 6	未雨绸缪临危不乱	
	——建立"事先预防型"的危机管理机制	166

◆第四编　反思探索篇◆

第十章　制度建设　　　　　　　　　　　　　　　　　171

案例 1	规范我国教育问责制	
	——"校园暴力"案件引发的思考	171
案例 2	"陪读"与"择校"	
	——陪读家长现象的思考	174
案例 3	"校长推荐制"下的公平原则	
	——当代校长面临的新挑战	176
案例 4	全面落实诚信教育	
	——高考舞弊现象思考	178
案例 5	标准管理难落实	
	——均衡发展幼儿教育	181
案例 6	不患寡而患不均	
	——论绩效工资的实施	183

案例7	培养现代化人才	
	——"中学校长实名推荐制"思考	185
案例8	取之于民，用之于民	
	——制定人文化的教育政策	187
案例9	日本校长任命变革	
	——我国未来教育领导启迪	189

第十一章　困境思考　　192

案例1	薄弱公办学校的生存困境	
	——校长如何应对生源危机	192
案例2	"放弃"与"改变"	
	——关爱学困生	195
案例3	偏见放大差距	
	——农民工子弟教育的现实状况	197
案例4	改善资源贫乏的现状	
	——农村教育发展的必需	200
案例5	一个都不能少	
	——农村中小学生辍学现象的思考	202
案例6	让每一位学生走上成功之路	
	——一位中学校长的毕生追求	205
案例7	与自然为伍	
	——教育领导与环境教育	208
案例8	"同化"与"顺应"	
	——特殊教育管理的冲突	211

第十二章　女性视野　　214

案例1	知足知不足，有为有弗为	
	——女性教育领导之"应该"与"必须"	214
案例2	于细微处见不凡	
	——女园长的一天	217
案例3	"人格""升格""风格"	
	——实施个性的教师专业发展路径	220
案例4	触及人的心灵	
	——女性领导成功秘诀	222
案例5	弱肩担梦想	
	——彰显女教育领导的特质	224

附录　学思撷英　　227

后记　　245

从实践滋养中创生中国教育领导学（代序）

陈永明　王　健

走进新世纪的发达国家为解决学校教育的各种问题，都把中小学校长队伍建设视为至关重要的突破口，重视从教育领导的养成、任用、研修各个阶段有连贯性地提升中小学校长的素质能力。作为国际大都市的上海理当率先实现教育现代化目标，成为培育自主创新型人才的重镇，为促进教育事业可持续性发展提供强有力的教育领导人力资源保障。为此，2007年上海师范大学设立"教育领导学"校级重点学科，并将其作为该校教师教育学科群建设的重要支柱而发挥引领性作用和示范性影响。近三年来，上海师范大学"教育领导学"校级重点学科为创建有中国特色的教育领导新学科而开展卓有成效的研究，特别是把研究旨趣投向我国丰富多彩的教育领导实践活动，希望借此获得教育领导实践的滋养，创建具有中国特色的教育领导新学科。

一、教育领导学创生之必然

自从人类社会出现教育，就离不开对教育事业的领导，可以说教育领导一直伴随教育事业的进展而发展。从20世纪80年代以来，世界各国教育随着社会变革发生了重大变化。这种变化尤其表现在观念层面，涌现不少教育创新的思想与模式，其中人们不断反思学校组织的特性，逐渐摆脱传统的典型科层组织的"教育管理"思维，探究与时俱进的"教育领导"理念及其运作方法，力图从"教育管理"走向"教育领导"，由"教育管理"变为"教育服务"。"教育领导就是教育服务"，这可以说是面向21世纪教育观念变革最重要的特征之一。

1. 当代社会变革催生领导科学

进入新世纪，发达国家对"教育领导"的理念、价值、规律、方法、策略等相关理论的研究在不断地深入，国内学界对教育领导学科建立的呼声也与日俱增，如华南师范大学、南京师范大学、上海师范大学等一些高师院校先后成立教育领导研究所或者设立学校重点建设学科。由此推理，"教育领导"究竟能否成为一门独立学科？倘若可以，那该学科的性质是什么？其学科体系又怎样构建？也就是在实际需求及其运作过程中应当如何进行"教育领导学"的立论、著述、建学？这无疑是当前教育领导研究领域的一大困惑及重要课题。正因为如此，很有必要对"教育领导"作为一门独立学科安身立命的理据及其合法性进行理性思考，试图通过抛砖引玉式的践行和倡言，期望"教育领导学"早日问世，并能得到科学而又健康的发展。

"教育领导学"可谓是领导科学的重要分支，考察现代领导学的诞生和发展史，有利于从更为宏观的时代背景上把握教育领导学科构建的必要性。人类社会如今已经进入一个竞争异常激烈的时代，特别是政治多元化、经济全球化、教育国际化三大浪潮的冲击，加上科学技术日新月异以及互联网迅速普及，使得当今社会环境发生深刻的变化。各级领导者（无论是政府、政党、企业，还是社会团体、学校等机构的领导者）都无例外地要面对空前的、全方位的严峻挑战，包括历经这次从2008年开始的全球性金融危机的深刻影响。

在信息化和多元化的领导环境变化之中，人类社会以往传统的经验型领导方式和领导理论已经难以应付万千气象。领导环境的巨变，对领导方式提出新的挑战和要求。身为领导者理当与时俱进，着眼于不断变革中的整个社会大系统，善于运用高科技手段来实施更为正确决策、全面协调、迅捷有效、科学规范、人文关怀的现代领导，这就需要领导科学来掌舵导航。于是，领导学逐渐从管理学科中分化出来，应运而成，并将逐步发展成为一门实践性、应用性、社会性、价值性相当强的独立学科。

2. 我国教育发展呼唤教育领导学

正如现代社会发展催生领导科学一样，我国教育事业迅猛发展也在催生"教育领导学"早日问世以及更有作为。理论创新的根本动力之一在于理论与实践的相互运动，一门新学科的出现是因时代变革的实际需求，或是与之有着连环互动关系。当今中国已经进入全面建设小康社会的新时期，许多教育的新情况、新问题、新矛盾、新困惑层出不穷，教育发展正面临日趋严峻的挑战与危机。众所周知，教育发展离不开德才兼备的教育领导，面对当前改革的诸多复杂性问题，就不能不讲究教育领导行为的科学性，必须用科学的态度和方法处理各种棘手问题或者两难性问题。只有以科学的教育领导理论为指导，才能顺应当代教育事业发展的趋势及规律。为此，创建"教育领导学"就显得很有必要。

再则，我国现有2.6亿中小学生，1400多万名教职员工。教职员工中，中小学校长有60多万名。当今世界教育规模最大、教育人口最多的我国基础教育事业发展，当然不能离开高素质中小学校长作为中流砥柱的支撑，因为"校长是学校的灵魂""校长是教师的教师""一个好的校长就是一所好的学校"。从这种意义上来讲，"促进中小学校长队伍专业的发展是我国基础教育事业的重中之重"这一说法非常贴切。

在倡导科学发展观的当今社会，任何一种专业的发展都应以一门高水准发展的科学作为学科基础。但是，令人感到遗憾的是：拥有60多万名校长队伍的专业，其发展至今尚未形成一套面向新世纪的系统、成熟、完善的科学作为学科基础，创建具有新世纪特征、中国特色的"教育领导学"应为当务之急，这是当代教育研究者（尤其是教育领导们）的重要职责和历史使命。

二、教育领导实践与教育领导理论之关系

关于"理论与实践的关系"问题最常听到的观点就是"理论联系实际"、"理论指导实践"、"实践检验理论"等。很多学者都在自己的研究中指出，当下人们对于"理论与实践的关系"存在理解上的误区，而有关理论与实践究竟谁更重要这个问题则一直备受争议。

1. 走出理论与实践关系的认识误区

北京大学哲学系教授杨学功[①]曾在一次讲话中谈到：应该承认，我们以前对理论与实践的关系问题的理解是简单化的，即把它理解为单一的理论与实践的对应关系。由于追求理论与实践之间的简单对应，这个原则在具体操作中被变成了下述两种情形：其一，"理

---

① http://www.douban.com/group/topic/2791304.

论联系实际"变成了"用理论图解现实",这样,理论研究就失去了自主性;其二,"理论联系实际"变成了"让现实迁就理论",即不管实际情况如何,都要坚定不移地"贯彻"某种理论。它们所导致的后果乃至灾难,我们也不陌生。

赵家祥[①]也在《理论与实践关系的误区》一文中指出了我们容易形成的片面认识:第一,只承认实践检验理论。因为实践也有合理与不合理、正确与错误、自觉与盲目之分,所以我们不仅要用理论指导实践,而且还要用理论检验实践。第二,理论与实践关系上的自发论。理论来源于实践并随着实践的发展而发展,但不能因此认为只要实践就可以自然而然地形成理论。第三,把理论联系实际简单化、庸俗化。并不是学习了一个理论观点,就要直接用它去说明和解决一个相应的实际问题。理论与实际(或实践)之间的关系是十分复杂的,并非简单的一一对应关系。

同样,对于力图构建当今中国教育领导学科的探索者们来说,首要的便是正确地把握教育领导理论与教育领导实践的关系,走出上述种种认识的误区。

2. 规避教育管理学理论与实践关系错位的困境

应该说,教育领导学是与教育管理学有着重要联系的学科。中国教育管理学科在发展中曾陷入理论与实践关系错位的困境,而教育领导学作为从教育管理学科基础上发展起来的新兴学科,应该在建设中努力避免重新陷入这样的困境。追溯教育管理的起源,应该说是先产生教育管理活动,而后有了教育管理理论研究,之后二者逐渐合一,成为"一枚钱币的正反面",相互影响,不可分离。而从中国教育管理研究来看,最早是学习、借鉴了西方已有的教育管理思想,直接将西方教育管理学者的成果嫁接到本土的教育管理实践中去,这其中自然因水土不服而产生诸多问题。因此,我们不得不研究中国现实背景下的教育管理实践活动,继而完善、更新已有的教育管理理论。实际上,如果我们要建立本土的教育领导学学科理论,除了对国内已有的和国外教育领导理论的批判反思之外,可能更需要对中国的教育领导实践进行研究,通过对实践活动中教育领导现象的抽象和概括,形成反映教育领导活动内在本质与普遍规律的理论体系。

3. 正确把握教育领导理论与教育领导实践的关系

由于人们忽视理论与实践自身的片面性,以为理论可以直接应用到实践中去,才使得无论是教育理论还是教育实践都陷入尴尬的境地。也正是因为人们误将理论与实践之间建立起所谓的抽象和具体或者对立统一的"成对"关系,所以形成"理论指导实践"的局面,并由此产生理论者与实践者两个"阶层"。那么,在教育领导学科的建设与发展中,又该怎样把握教育领导实践与教育领导理论的关系?

第一,必须肯定教育领导理论来源于实践并随着实践的发展而发展

实践观点是整个马克思主义的基本观点。实践是理论的基础,是理论的出发点和归宿点,对理论起决定作用,这是毫无疑义的。"理论是灰色的,生活之树常青",这是千真万确、亘古不变的真理。教育领导学倘若作为一门独立学科,不仅是为研究教育领导的基本问题、构建教育领导的基本理论,而是重在探究当代中国教育领导工作问题、促进教育领导者(包括我国60多万名中小学校长)专业成长实践的特殊性规律。教育领导学是一门源于实践而又反哺于实践的复合应用型学科。这门复合应用型新学科的问世意义在于:所

---

① 赵家祥. 理论与实践关系的误区[N]. 中国教育报, 2004-11-23(4).

面对的实践，既是教育领导者的专业成长实践，也是教育领导者的教育领导工作实践。一门以教育领导者的教育领导实践作为自己研究领域的学科，其重大意义不言而喻。正因为如此，教育领导学必须扎根于教育领导实践从事理论研究，从丰富的教育领导实践中不失时机地汲取养分来滋养教育领导学科的生长。

第二，教育领导理论不是从教育领导实践中自发生长的

虽然我们承认教育领导理论源自教育领导实践，但不能因此认为：只要实践就可以自然而然地形成理论；从事什么样的教育领导实践活动，就自然地会形成什么样的教育领导理论；实践活动越多的人，掌握的理论就越多，理论水平就越高。这是典型的理论与实践关系问题上的自发论。实质上，如果我们不掌握前人传下来的教育领导思想材料，不掌握相关理论的概念、观点和理论体系，没有一定的理论修养，即使教育领导实践再多，教育领导实践的时间再长，也不能提出任何新的教育领导概念和新的观点，更不能提出系统的新的教育领导理论。

第三，教育领导理论对教育领导实践有重要的指导价值

教育领导理论的深层价值在于启迪与唤醒教育领导实践者，为教育领导实践者提供一种精神的引导，加深他们对教育领导的理解，更新他们对教育领导的认识，增进他们对教育领导的深刻领悟与正确把握，促进教育领导实践者对原有教育领导理念的理性批判，为教育领导实践者重建自己的教育领导理念提供理智资源，为教育领导实践者的工作方向提供价值意识，而不只是为教育领导实践者提供具体的行为指南，更不在于为教育领导实践者提供现成的操作程序。

第四，教育领导理论需要通过教育领导实践来检验实效

教育领导理论的完美与否、正确与否，不是看其理论本身是否自洽，而是必须通过教育领导实践来检验实效。任何教育领导理论，不论听起来多么完美，只要落实不下去，就一定是理论自身出了问题，绝没有可以超越于教育领导实践的所谓完美理论。在教育领导实践中贯彻不下去的教育领导理论，或者是教育领导理论本身就全错了，或者是教育领导理论只片面强调一点而忽略其他，或者教育领导理论本身没有错却被跨领域运用、超层次运用了。

第五，成熟的教育领导理论必然适度超越教育领导实践

由于理论总是具有抽象性和普遍性，表述上愈是贴近实践的理论就愈不像理论。过于结合具体实践的理论，往往会失去理论的品性。理论适度远离实践是必然的，也是必要的。从哲学的角度看，教育领导理论是"言"，属于主观世界；教育领导实践是"行"，属于客观世界，两者属于不同的范畴。教育领导理论与教育领导实践之间存在一定程度的距离，是由理论自身的特点造成的，不超越教育领导现实的理论，就不可能具有前瞻性和创新性。从这个意义上讲，逻辑鸿沟的存在是必然的，教育领导理论适度远离具体教育领导实践也是必要的。机械地强调教育领导理论源于某些具体的教育领导实践，就极易出现轻视理论的苗头，使理论研究纠缠于经验层面而不能自拔。把教育领导理论等同于技术，盲目地追求教育领导理论的具体化和可操作性，就会造成工具理性的盛行，最终把教育领导理论变成是应用工艺的操作流程，从而丧失教育领导理论的品性。

教育领导理论作为对教育领导现象的抽象和概括，已舍弃教育领导现象的个别性和特殊性，反映教育领导活动的内在本质与普遍规律，具有抽象性、普适性和系统性的特点。

因此，从某种程度上讲，许多教育领导理论是不能直接转化为教育领导实践的。教育领导理论研究的首要任务在于帮助人们认识问题，而不是"处方式"地去解决问题。如果在教育领导研究中，过于注重现实中的单个问题，头痛医头、脚痛医脚，就难以触及整个教育领导问题的内涵实质，也难对实际的教育领导进行全面、内在、深刻的把握或透视。

三、走向教育领导理论与实践的统一

对教育领导学科的建设来说，不仅需要我们积极开展教育领导实践，并在此基础上进行教育领导理论的提升，更重要的是走向教育领导理论与实践的统一。先哲亚里士多德便认为理论与实践本来就是不能分开的。它们是哲学层面上的统一，统一于生活方式。理论就是记事、沉思；实践就是伦理实践、理论实践。那么，应当如何走向教育领导理论与实践的统一？

1. 积极开展教育领导理论与教育领导实践之间的对话

理论与实践的关系，从本源上说应是相互合作、自觉对话的关系。实践哲学的代表伽达默尔认为，"实践与其说是生活的动力，不如说是与生活相联系的一切活着的东西，它是一种生活方式，一种被某种方式所引导的生活。"① 的确，伽达默尔在试图从哲学基础出发恢复"理论与实践"的统一关系，导向一种新的理解，即"作为理论的理解与实践活动的理解是统一的，理论并不远离现实，更不排斥现实。"② 同样，教育领导理论与教育领导实践之间应当始终保持一定的张力，要有教育领导实践完整表达自身的空间。它们之间是参与的关系，教育领导理论总是表现在具体的教育领导实践中，在参与人与人之间的教育领导实践活动中成就并实现着自身。教育领导理论与实践在参与和实现中表现出本然的统一，也在这一关系中寻得各自的合法性与有效性。"参与"的全程，必然发生冲突与碰撞，理论者与实践者分别寻求教育领导理论的发展与教育领导实践的改善，双方之间的对话由此而生。

在中国特色教育领导学科的建设中，迫切需要创设一种基于问题情境的互助互促的教育领导对话制度。在对话的平台上，教育领导理论研究者与教育领导实践工作者面临着共同的问题情境，由于情境的不确定性，需要多种解决方案，需要双方都带着自己的感受、经验、认识与别人"交换"，相互之间那些相同的、不同的认识就会唤起讨论的欲望。学术权威专家、教育行政管理人员、学校领导者甚至其他相关科研团体成员和实践者，分别基于自己的思考对具体的问题进行解释和判断，必将产生思想的碰撞、情感的共鸣，最终达成某种"共识"。因为讨论、争执激起实践工作者对自己的教育领导行为的审慎反思，在以后具体工作中会增添理性与审慎。而理论工作者也不会简单、粗暴地对待实践工作者，而是从换位的角度思索自身引起的"实践的无知"，从而增强对教育领导事务的理论洞察力。也正是在这样的对话平台上，教育领导学学科的发展才能获得来自实践和理论的双重滋养，实现理论和实践的有机统一。

2. 发挥教育领导研究中"人"的主观能动性

实际上，无论从理论到实践还是从实践到理论，教育领导理论与实践的结合都不会自

---

① 伽达默尔. 赞美的理论——伽达默尔选集[M]. 生活·读书·新知三联书店（上海分店），1988：69.
② 张能为. 理解的实践[M]. 北京：人民出版社，2002：64.

动进行。只有经过一系列的转换环节，教育领导理论才能递进于教育领导实践，教育领导实践才能上升到教育领导理论的层面。也就是说，存在着一个转换的中介，而这个"中介"，无论是"实验""模式"也好，抑或是其他也罢，必然脱离不了对"人"的关注或以人为主角。因此，人既是教育领导理论的载体，又是教育领导实践的主体。

正是基于这样的认识，上海师范大学在教育领导新学科的建设过程中，充分调动教育领导研究中"人"的主观能动性。以"现代校长研修中心"为主体的一批毕业于国内外名校的博士团队，在积极开展系统的学科理论研究的同时，依托上海市"东方讲坛"，每个星期三晚上开设面向研究生的"教育领导"系列讲座（为迎接55周年校庆，举办55讲），邀请上海市教委主任等各级教育领导加盟"东方讲坛"，围绕教育领导工作经验，开展学术演讲和问题探究，集聚国际大都市上海优质的教育领导资源，促进教育领导与高等学府师生对话，力图从多层面、多视角、多纬度来探讨教育领导的理论与实践问题。

现代校长研修中心从2008年开始帮助教育部积极策划、正式启动、主要参与《中国中小学校长专业标准研究》项目（教人司【2008】129号），承担了该项目的主要研究事项，按时提交《中国中小学校长专业基本标准》（A框架），教育部人事司委托专家组对《中国中小学校长专业基本标准》课题组完成的课题报告进行认真的审议，评价"研究报告达到了国内的前沿水平"；"《中国中小学校长专业基本标准》的分析框架与专业基础标准设计合理，对现实工作有指导意义"；并感谢现代校长研修中心在课题研究过程中付出的辛勤劳动，"为总体研究的顺利开展，为课题的最后成功做出了突出贡献"。

与此同时，现代校长研修中心全体成员通过"教育领导学"研究生课的讲学研讨，在此基础上共同编著出版《教育领导学》（北京大学出版社，2010年）精品教材，为教育领导新学科建设添砖加瓦，促进师生互动，关注教育问题，加强理论探究与实践体验的结合。基于《教育领导学》的理论探究，这本《教育领导案例及评析》尽力汇集上海师范大学和华东师范大学三百多名博士生和硕士生通过55讲"东方讲坛——教育领导系列讲座"以及"教育领导学"必修课的听讲成果，试对教育领导实践进行案例剖析与实证反思，希望借此在教育领导实践与理论间架构起桥梁，力图让年轻的教育领导理论研究者能从广袤的教育领导实践土壤中汲取养分，为创建具有中国特色的教育领导学科奉献他们应有的作为及其业绩。

第一编

资质素养篇

教育是全社会都关注的一个问题，办好教育是全社会的美好祈愿。教育领导在教育发展中起着举足轻重的作用。校长，应是学校发展之魂。前苏联教育家波尔特洛夫说："校长的个性、学识、专业水平、分寸感、精力、组织才能等事实上决定着学校的面貌、教师和学生的集体动向。"那么教育领导需要具有哪些资质素养，才能够将办好教育这样的美好祈愿，融入建设一所优秀的学校？本篇之中三十余篇文章就是围绕这个核心问题，结合时下教育发展的状况，从领导艺术、胜任特征和创新意识三个方面展开。

教育领导既讲求科学更需要艺术，具有艺术的教育领导更能体现领导者的人文关怀和领导智慧。在"领导艺术"一章中，十余篇文章通过案例分析，展示出一些具有领导艺术的领导者如何在从事领导活动中，凭借自己的条件、知识、经验等，恰当灵活地运用一些方法，有效完成工作任务。

"创新意识"一章，是在当今创建创新型社会的大形势下应运而生的。现代社会不断变化，对教育的要求也在不断变化，这对学校的领导者提出了很高的要求，既要能够坚持学校自身的优良传统，又要能够不断吐故纳新，继往开来，开创全新的局面。这一章中的文章从实例出发，分析了创造力的内涵以及成为具有创新意识的领导需要具备怎样的素养。

最后的"胜任特征"一章中，以几位较为成功的教育领导为例，区分了教育领域内高绩效者与一般绩效者的特质，展现了教育领域内高绩效者的胜任特征，包括动机、特性、自我概念、态度、价值观、知识、可识别的行为技能等。文章选取的实例新颖、角度独特，希望可以给读者以启示。

本篇从多层次、多角度分析了一名优秀的教育领导者所需要具备的资质素养，并且通过展示一些实例来为读者提供范本，希望本篇的文章可以为读者在成为优秀的教育领导的道路上点亮一盏小灯。

第一章　领导艺术

领导艺术是领导者在从事领导活动中，为实现某一或某些目标凭借自己的知识、经验等，恰当灵活地运用一些方法，有效完成工作任务的一种才能和技巧。一般认为学校领导者高超的领导艺术应该包括其管理、方法、素质等方面的因素，例如上任初期的领导方法、对教学与课程的引领、处理学校日常事务的方式、高尚的人格魅力和自我修养、行使权力的民主化等诸多具体方面的技能。一个被认为具有领导艺术的领导者并非自然而然所能形成的，而是要靠后天的不断努力，需要不断地实践和反思。

本章选取了几篇具有代表性的文章，力图涵盖领导艺术的几个方面的内容，给读者呈现一条清晰的脉络，使得大家能够对领导艺术有一个初步的了解，把握它的概况。学校是培养人、发展人、塑造人的地方，我们相信学校领导具备了领导艺术的诸多能力素质，就一定能在学校的管理岗位上充分调动教师的积极性，更好地实施素质教育，使学生更具生命活力，最终为学校的发展勾勒出一幅壮丽的宏伟蓝图。

案例1　沟通的智慧
——校长用情感引领教师发展

[案例介绍]

一位青年教师刚从师范大学毕业，应聘到某中学工作。作为班主任，他有朝气、有理想，也经常虚心向老教师请教和学习，一心想管理好班级。但一个阶段下来，班里的各方面工作却不尽如人意，学生的学习成绩更是不理想。于是校长召开了这个班级学生和家长的座谈会，听取学生和家长的评价和意见。结果，班级学生们都反映，大家看见这位青年教师都感到害怕，不敢与他亲近。

校长考虑到，尽管学生对教师的评价具有真实性和代表性，但听取学生的意见容易，转达学生的意见难。于是学校领导采取了以下一些具体方法：一是与这位青年教师个别谈心，首先肯定了他认真工作的态度和对教学工作的热情；二是委婉地转达学生对他的评价和意见；三是给他指明了方向，校长建议他在班级里搞一次联欢，邀请学生和家长一起参加。

该教师听取了校长的意见，精心设计了一次联欢活动。在这次活动中，他情感投入、精心设计，和学生们同台表演，结果活动非常成功。活动中，他仿佛又回到了学生时代，师生情感交融。从此以后，班级工作都变得顺顺利利，班级的秩序、成绩等各个方面都得到了全校领导、老师的认可。甚至这位老师外出进修，其他老师给这个班级上课时，学生们也都能自觉遵守纪律，自己管理班级。①

[案例分析]

在这个案例中，这位青年教师的工作最终取得了很好的效果。但是，我们可以设想，如果当初学校的校长和领导直接对他提出批评，严厉要求他加以改正的话，他的自尊心和工作热情势必会受到很大的打击，并影响教学情绪。这样，教师低落的情绪会传递给学生，学生的情感也会随之受到影响，整个班级的情况也就会越来越糟。这里就涉及到一名教师情感素质的问题。

教学中的情感因素存在于教学的三个基本要素（教师、教材和学生）之中。它们构成了教学中丰富而复杂的情感现象的三个基点，为情感教学的实施提供了最初的可能性。

其中，教师的情感是一个重要的源点。教师自己具有一定的情感，也可能接受到外界情感的刺激，产生新的情绪情感体验，这都会对周围学生施予情感上的影响。由于教师是教学活动的组织者，其主导性地位决定了教师的情感性或者说教师的情感素质对整个教学中情感活动具有更大的能动作用。教师的情感素质（诸如道德感、理智感和审美感等）都达到一定水平，这对确立教师在教学中发挥积极作用提供了更好的保障。长期以来，研究往往集中于教材中的情感因素，或者偏重于学生的情感体验，而对教师的情感研究则很少。但是，教师的情感状况会直接影响到学生的情绪。在教学活动中，教师和学生的情感会相互影响，如果营造良好的氛围，以情优教、情知交融，教学效果就会更好。如果教师的情感素质不高，在教学过程中没有充满情感，那么他在课堂上说得再多也无法感染学生。所以说，情感教育的源动力是教师。

这里所谓的情感教育就是指情感领域的教育，是教育者依据一定的教育教学要求，通过相应活动，促使学生情感领域发生积极变化，从而形成新的情感品质，优化教学效果，促进学生素质的全面发展。可见，情感教育是一个过程，同人的其他心理领域的发展一样，既有赖于专门的教育，又要经过一个产生、培养、形成的过程。情感教育原则运用于课堂，会大大提高学生的学习兴趣，只有学生产生了兴趣，教师的教学艺术才会被最大限度地接受，课堂才会充满旺盛的活力，才会真正培养出充满灵性、充满活力的学生。

本案例说明，教师是情感教育的源动力，其情感可以感化学生的情感。教师的情感调节得好，学生的情感就会增值，因为学生情感的自控回路更通畅、反射力更大，可以在整个教育教学范围中发挥作用。教师的情感素质如此之重要，作为学校领导，应当引导全体教师形成良好的情感教育素养，使其对学生的情感产生积极影响，融会成学校"以情育人，全面发展"的情感旋律。

[启示建议]

沟通，不仅可以使学生、家长、教师和学校几方面的意见及建议能够互通交流，也可以在情感层面上起到积极影响。教育领导应促进各方面、各层面的交流沟通，营造融洽民主的气氛。

首先，教育领导向老师转达的意见要少而精，而批评则要具体明确，像这样带有指导

---

① 周正新. 教师情感素质和中学语文教学[D]. 山东师范大学，2005.

性的批评更有利于被批评者的改进。首先，对于易改正、影响也较小的问题应当及时转达，而一时比较难以改正的问题则可以暂免转达；其次，学校领导还应当根据教师的特定情况（比如年龄特点、政治修养、心理素质等），对学生的意见和建议进行艺术加工，采用最易接受的语言形式，如重话轻说、死话活说、直话婉说等等，以求收到最好效果；最后，进行批评的同时还需要对教师予以鼓励，肯定其好的方面，使教师感到领导转达意见是器重他，是为了更好地发挥他的作用。

另外，作为教育领导，还应当关注教师情感素质的培养和发展。对于教育领导，可以从以下几个方面着手：

1. 引导教师树立正确的人生观。人生观是人的思想品质、生活目标、道德情操等多方面的综合反映。树立起正确的人生观，教师就能认识到自己的社会地位和作用，就能意识到历史责任感和紧迫感，就能激发无限的工作热情。学校领导可以通过学理论、抓培训、树典型的方法，营造比团结、争上进、勤奉献的氛围，逐步构建人格高尚、事业心强、热爱学生、富于开拓精神的教师群体。

2. 引导教师保持自信、乐观的工作态度。社会心理学研究表明，在群体生活中能得到别人的信任、得到别人的帮助，就能使群体人员充满信心、豁达乐观，形成"胜不骄，败不馁"的心理素质。学校领导可以采用信任、关心为上、多表扬、少批评的工作策略，在政治上信任教师，在工作上支持教师，使教师始终保持坚定、乐观向上的精神态度。

3. 引导教师保持良好的心理态势。教师在现实生活中不可能不受干扰，问题是能否以良好的心理势态为依托，以自身的情感力量战胜这些干扰。作为学校领导可以邀请心理专家举办讲座进行理论疏导，组织教师撰写师德格言进行自我剖析，通过多种途径，引导教师加强个人修养、提升自身的人格魅力。

4. 建立和完善培训机制，通过培训提高教师的情感素质。学校领导应当重视对于教师情感素质的培训，把情感素质的培养列入教师的培训计划。至于具体的培训方法，要充分利用心理学原理，采用行为主义和人本主义等心理学的方法，如角色扮演、有指导的想象体验、游戏和模仿、联合抉择、冲突解决、T形小组和心理疗法等等。这里的培训，既要包括学校的培训，也应当包含实践锻炼的成分，还应当涵盖教师的自我提升的过程。学校培训中，校领导需要引导教师形成正确的职业价值观，建立和完善激励体制，并充分考虑对教师的人文关怀；在实践锻炼中，为了充分发挥情感教育功能，可以利用学生已有的生活经验和认识基础，创造各种条件和教学情境，有计划、有步骤地开展情感教育，促进学生认知、情感的和谐发展。教师在积极实施情感教育的实践中，不断地将有关情感知识与技能应用于教学实践中，在实践中研究，在研究中体验，在体验中提高，其自身情感素质在情感教育及教学研究中也会随之不断地优化。

此外，教师的自我修养的提高也是不可忽视的，学校领导要让教师养成勤于思考的习惯。教师不但要有广博的知识基础和专精的学科知识，还需要不断地完善有关情感的知识与技能的储备。

（孙　卉）

案例2 存在并非合理
——善于发现问题并巧妙解决

[案例介绍]

A校长正带领研究者参观学校设施，他无意中往窗外一看，似乎看见了什么。原本兴高采烈的介绍，突然间有了些许改变，讲话速度减慢了，语调变低了。

快速地赶到现场后，校长发现一位老师站在教室讲台上"正在上课"（该位老师并没有表现出像是"认真"在上课的动作，只是看着学生而已），但有一些学生却不在座位上。学生看到校长来了，赶紧进教室；老师看到校长后，亦表现些许严肃的样子。学生稍安静之后，A校长即离去。在此过程中，A校长并未说任何一句话，只是用眼睛看而已。总共停留的时间不超过三分钟。

在之后前往校门口看学生放学的途中，研究者询问校长何以从那么远的地方"看到"异常出现？准备如何处理？

校长说：上课时间，学生出现在走廊，又不是整班在排队（要前往操场上体育课，或到专科教室上课），就"非比寻常"，所以必须前去察看一下。结果发现这位任课老师在班级经营上原本就比较差，以前曾私下提醒过好多次了，虽见些许改善，但效果似乎不大。因为当时学生在场，所以不能不顾及老师的颜面。只要学生进教室，老师再继续上课，就已经达到前往察看的目的了，其他的只好等以后有机会再私下个别告知，并增加教室巡视，避免类似情况再发生。另外，则计划将于下一个学期，以年级或全校老师同僚的力量，来协助这位老师改进班级管理。[①]

[案例分析]

教育领导自从被视为一门学科，就在向发展成一门专业而努力。但是理论研究与实际之间常存在一定的距离，有时并不能解决学校行政人员的日常问题，这样的事实存在，使得教育领导这门学科既是科学，亦是艺术。科学的教育领导学强调的是搜集实证资料、解释因果关系、建立规范性的知识以找出解决问题的唯一最佳方案，以提供实务工作者训练之准则，希望能有效训练、学习，直接采用，以发挥最高效能。在后来的研究中，有学者发现，这样的观念常需付出代价，因为它只解释了部分的学校组织行为而已。而把教育领导学视为艺术的隐喻，给人最大的感觉是，教育与学校行政依赖比较多的直觉、想象力与创意，以创造或追求较佳、较美的事物，而非呆板地运用实证知识。但是这样的隐喻亦让学校行政给人的印象是，不太容易研究、不适宜教与学、无规则可循、因人而异、不易掌握，且不适宜涉及实用的事物。因此教育领导学开始发展与采取有效且令人满意的方式，以达成较佳的科学与艺术。[②]

上面的案例可能会引发读者以下的疑问：为什么校长能从那么远的地方发现不正常的

---

① 林明地. 学校领导：理念与校长专业生涯[M]. 北京：九州出版社，2006：138—139.
② 林明地. 学校领导：理念与校长专业生涯[M]. 北京：九州出版社，2006：140—141.

教学活动？在处理这件事情的过程中，校长是如何考虑的？有哪些处理方案曾在校长脑海中闪现？校长未说任何一句话，只是用眼睛看而已，这种处理方式恰当吗？为什么当时没有进一步处理？

同样的事情换了别的校长，可能会出现不同的情景。可能根本就没察觉远处有不妥当的地方，认为只是正常的教学活动；也许察觉到了，但处理方式不同，结果也会不一样。以上案例的处理正好可以说明教育领导学艺术性的特点。从上面的案例可以发现校长具有以下一些方面的特点：

第一，校长经常利用观看、感觉等方式了解目前的学校在发生什么，这些方式可以协助校长及时捕捉校园里的问题。案例中校长远远看到走廊上三三两两的学生，就察觉问题已经发生。这种举动看似偶然、无章可循，但是细加考虑，就可发现这种举动是知识、经验、直觉、情境理解的产物。这说明校长具有敏锐的"嗅觉"。

第二，在案例中，校长运用了巡堂、非语言沟通、非正式沟通（私下请同事协助）等方式，虽然当时只是几分钟的工夫，但对于当时事件的处理却很有效。

第三，校长之前对这位老师的了解以及情境中的在场学生，以及这位老师以前的记录等，都与校长所产生的解决方案有关。所以教育领导人员对自己、他人及情境的了解，有助于产生有效及可被接受的解决方案。

案例中的任课教师对自己的班级经营能力缺乏信心，在学生面前不能有效地进行教学与管理，教学经验与能力比较欠缺。他在见到校长看到当时的班级状况时，想到可能就要面临校长的指责，会更加紧张；若在学生众目睽睽的情况下遭到校长的指责，自己的威信将荡然无存；若校长与老师产生争执，会产生较大的负面影响。教师极度忐忑不安之际，校长什么也没说，只是用眼睛看而已，保全了教师的颜面与尊严。因此校长的处理方式回避了矛盾冲突，保护了这名教师。经历此事件的教师定会吸取经验教训，从而去提升自己的教学与管理班级的能力。校长善于发现问题，并能采用恰当的方式解决，是教育领导的一种领导智慧。

[启示建议]

从以上案例分析中，学校行政人员可以得到以下启示与建议：

（一）加强教育领导学学科的艺术性知识与技能的研究

受到实证主义的影响，教育领导学致力于探讨与建立科学的理论知识，往往比较忽视其艺术性的知识与技能，且相关的研究者与学校的实际行政工作者合作也较少。对于学校行政的实际工作者来说，实用的艺术性的知识与技能的科学的理论知识同样重要，都是他们觉察问题、思考情境、决定对错的重要基础。艺术性的知识与技能直接来源于实际，有它自身的优势。教育领导学的艺术性主要是一种实际的理论，它强调人与人之间的理解与实际的改善，强调事实的社会建构的特性，其意义可能因人而异；强调动态的情境，强调过程与行动的感觉，有助于目标的达成；强调情境的特殊性，并维持其敏感性；关心发生了什么，应该如何去做，该做法对人的意义等。因此该学科艺术性的知识与技能需要被重视与加强研究。

（二）加强学校行政人员对自己、他人以及情境的综合了解

教育领导强调对于综合情境中材料的运用，材料包括领导自己、他人及所属的环境，

对所有材料的了解是十分重要的。学校行政人员应经常针对日常实际进行反省。如：哪些事可以不做？完成同样的事情有没有其他替代的方式？同事敢当面提出建议吗？提出建议的成员是否集中在某些人身上？是比较相信 X 理论还是 Y 理论呢？其所作所为是教师个别作战的"个人主义"还是同心协力的专业互享呢？这样的思考很重要，正是这些思想、观念以及所标榜的理论在深深影响学校行政人员的所作所为。换言之，当学校行政人员领导的特质、行为、形式有所不同时，其学校人员的行为、态度、甚至价值信念，以及学校组织过程与学校表现结果就有可能显著不同。[1] 同样要加强对学校的各位老师、学生及其他人员的了解，并且善于把握动态的情境组合的意义，这样才能艺术性且恰当地解决各种教育问题。

（三）鼓励成员带着问号去检视日常的例行公事

对于学校的日常事物，要鼓励成员带着问号去观察与检视每天都相同的程序、措施，并勇敢提出其存在的问题，敢于发表自己的看法，提出学校的不当之处，这些都很重要。学校的重要事务就体现在每天重复的生活实际中，若熟视无睹就很难发现其中的细小变化及存在的问题，尤其是校园内一些被视为理所当然的事情更是很容易被忽略。学校行政人员必须对司空见惯的没有人质疑的制度、措施以及现象，以怀疑的态度经常加以检视，看看其是否违背了学校的最根本的目标——教与学，并自我反思："有没有更好的方式，可以达成更高的标准？"当然，这样的主张并不是建议学校的规章制度朝令夕改，而是说只有带着问号，才能找出日常工作中的问题。

（姚冬琳）

案例 3 不要落下功课
——专业知识是教育领导成功的支点

[案例介绍]

小张在上中学的时候很幸运地遇到了一位好老师。在老师的影响下，他把成为一名光荣的人民教师当作自己的奋斗目标。师范大学毕业以后，小张如愿当了一名物理老师，开始了他辛勤耕耘的生活，立志要浇灌出美丽的花朵。

要成为一名优秀教师，必须具有扎实的专业知识和高尚的道德品质，对学生充满爱心，以及对工作充满信心。小张专业知识丰富，业务能力很强。他认为，作为一名老师，不但要教书还要育人。因此，他平时很注意和学生交流感情，帮助他们解决生活、思想和情感上的一些问题，得到了学生的信任和尊重。在业务水平上，小张更是一刻也不放松，把教学质量放在首位。每次上课之前，小张总是精心备课，努力找出学生容易接受的通俗易懂的授课方式。他上课幽默生动，气氛和谐愉快，学生往往在没有压力的情况下就掌握了知识，很快便赢得了学生的喜爱。

十年如一日的坚持，使小张积累了丰富的教学经验，成长为一名骨干教师，并且受到校

---

[1] 李进. 教师教育与教育领导 [M]. 北京：北京大学出版社，2009：189—190.

领导的器重。从年级组长到教导处主任再到副校长,直到成为一校之长,其中角色的转换和差别不言而喻。但自从他当上校长之后,他发现学生和自己的距离越来越远,没有学生找他谈心,有的只是恭恭敬敬的"老师好"和深深的鞠躬。这让小张不得不反思自己的从业过程和角色的转变,他不停思考着自己选择职业的初衷,寻找着自身的和职业角色中存在的问题。

[案例分析]

案例中,小张在上中学的时候遇到了一位好老师,这让他从此萌生了当老师的念头,对教师这一职业充满了敬佩和热爱。这也为小张日后从事教师这一职业,并且踏实苦干,勇于奉献,把自己的满腔热情全部投入到这项事业当中奠定了基础。

小张是一个合格的教师,他业务能力强,教学方法生动有趣,教学质量高。他也是一个受学生欢迎的老师。作为老师,他教育学生并不是权威型的,而是民主型的。他并不是高高在上,而总是亲近学生,关心学生学习、生活和情感,学生敬仰他却不畏惧他。深厚的专业功底,极强的业务水平,加上在学生中广受欢迎,小张很快成长为骨干教师。

小张的成绩,让他从一名普通教师成为学校领导,直至校长。他肩上的担子越来越重,压力也越来越大。校长的工作繁忙,每个星期给学生上课的机会也越来越少,缠绕着他的更多的是学校的发展规划、师资建设以及各种行政事务。随着时间的流逝、课时的减少,做起物理题目来远没有以前熟练了,他在专业方面的水平下降了,有时候突然有学生问一道难题,他便要考虑很久,甚至根本回答不上来。更让人没有想到的是,以前十分亲近他的学生渐渐开始畏惧他,他成了一个高高在上的领导。这些促使他对自己的从业过程进行反思。

一切为了孩子,为了孩子的一切,为了一切孩子。老师们都喊着这样的口号,做一名普通老师也好,做一名校长也好,目的只有一个,那就是为了学生的现在和将来。成为校长之后,现实是小张和学生的距离越来越远,和自己的物理专业越来越远,而这些都是他自己所不愿意看到的。

由于工作岗位的不同,工作的任务和中心也慢慢改变。小张每天的主要工作已不是教书育人,而是处理各种繁杂的行政事务。虽然这些工作也是为了学生,但已经没有了和学生的直接接触,这似乎已经与当初参加工作时候的初衷相悖了。小张觉得,校长的工作是为了学校的发展,而学校的发展是为了学生的发展,可为什么到头来他的工作越繁忙却离学生越远呢?难道只有亲临一线的老师才是好老师吗?怎样做到既是一个好校长又是一个学生心目中的好老师呢?

在以上案例中,小张在从普通教师到校长的角色的转变中觉察到了问题的存在。在当上校长之后,由于行政事务的繁忙,小张的课时减少,有时甚至没有,这就让他减少了对物理专业的接触,开始变得不熟练,业务水平开始下降,又由于课时的减少,在第一线教书的机会也就减少了,与学生见面的机会也少了,对学生的关心减少,自然就拉远了与学生的距离。作为领导,小张需要具有领导的威严,平时幽默风趣的他也变得严肃,让学生感觉到了校长与他们之间的距离。小张觉得,在获得威严的背后他也失去了很多,并不是只有这样才能成为一个好校长。

[启示建议]

通过小张这一案例的介绍和分析，作为一个教育工作者和教育领导者，其身上所产生和体现的疑虑相信同样也困扰着很多的人。学校中老师有不同的角色——普通老师或领导。站在第一线的老师以专业基础为支点，他们进入课堂教学，有着丰富的实战经验，专业技能熟练。同时，在日常的教学中，老师的一切工作都是围绕着学生，接触最多的也是学生，因此，往往有机会和学生建立深厚的师生情谊。相应的，师生关系的融洽也更有益于教学任务的开展，以促进学生的学习。而作为学校的领导者，日常工作的中心偏重于学校建设和总体规划与发展，虽然目的依然是为了学生，但是教学任务不具体化。这就使学校领导者失去了提高专业水平的机会，也失去了与学生交流建立感情的机会。

（一）教育领导要爱学习爱专业，把专业作为支点

普通老师也好，校长也罢，永远要爱学习、会学习、敢学习。学高为范，一个老师没有很高的修养，没有扎实的专业基本功，掌握的本专业知识还不如一个学生是没有说服力的，也不能成为一个合格的老师，更不能成为一个出色的教育领导。校长工作繁忙，但依然是一名老师。老师正如一本书，专业知识给了这本书以深度和厚度。一本有内涵的书才能有它的价值，人们才能细细品味书中所蕴含的道理，从而也会对这本书充满敬意。校长由于工作的需要，必定会忽略一部分专业，但这本书的厚度和深度始终不能减少，以备人们随时查阅。"做一个有文化自觉的诚信教育者，这是校长的使命。"[1] 专业知识是他职业生涯发展的支点，更是他树立威信的支点。

（二）教育领导要进入课堂教学，不忘教学初衷

俗话说：熟能生巧。长时间不接触，再熟练的技巧也会越来越生疏。校长也应坚持每周都为学生上课，课堂教学能为老师积累丰富的教学经验。第一线永远是真实的，这为校长了解学生情况，了解学校情况提供了难得的机会。校长的工作是为了学生，深入课堂能使校长不忘教学初衷，一切从学生的实际出发。课堂教学不仅不会"耽误"校长的工作，还是校长永葆工作活力的灵感来源。

（三）教育领导要善于沟通，拉近师生距离，建立师生感情

校长不是高高在上的决策者，每一项工作都要围绕着学校和学生，学生永远是一切活动和决策的中心。要让学生敬仰但不畏惧，和学生亲近又有威信。在深入课堂教学的同时，多与学生接触，了解学生的需要，建立和谐的师生情感，对于开展教育领导的工作，提高工作效率有着很大的作用。

要成为一名出色的教育领导，管理能力、协调能力、思想高度、大局意识、高尚道德和过人的才华一项都不能少。作为校长不能自以为是，不能独断专行，不能偏听偏信。校长要有进取的精神，勤奋的态度，严格的规范，良好的习惯，合理的方法。但与企业政府中的领导不同，学校中的教育领导还必须熟练掌握专业知识，拥有丰富的教学经验，亲自站在教学第一线，拉近与其他师生的距离，专业知识永远是教育领导成功的支点。要成为一名出色的教育领导，首先要是一名出色的教师。这是一个教育领导最重要的专业素养。

（陈培娟）

---

[1] 李志欣. 校长的第一职责是要让教育回归本质[J]. 湖南教育，2010（3）.

案例 4　教师的权力
——校长的集权管理与分权领导

[案例介绍]

2009年下半年，在做课题期间我有幸接触了上海的两所公立中小学校。这两所学校给我的印象颇为深刻，它们正好分别代表了两种类型（下面分别以 A 校和 B 校代称）。

A 校：我们直接与该校教心理健康课的沈老师联系。一开始她就欣然同意与我们合作。从安排时间、确定人员到提供场地及相关设备等过程，她都为我们提供了巨大的帮助。

沈老师对学校有很强的归属感，经常兴致勃勃地介绍："这位跆拳道老师在国内的很多大赛上获过奖"，"我们的学生足球很强的，这回比赛又拿了个全上海第二"……"我们校长总是为我们考虑，许多事情都放手让我们去做。她很有人格魅力，我们都很喜欢她……"这是她第一次提起校长。

一段时间后，我们在沈老师办公室遇见了 A 校校长。她大约三十五六岁，脸上透着淡淡的笑容，很知性，也很精神。那一刻我就明白了，沈老师为何如此喜欢校长，为何能如此有归属感。事后得知，校长到办公室找沈老师，是与她进行沟通，看她的工作是否顺心，是否需要学校提供支持与帮助。

B 校：我们直接与校长进行沟通。他四十岁左右，戴着一副眼镜，乍一看有点像老学究，眼睛里有血丝，显得有点疲惫。

在 B 校我们遇到了一个难题。该校虽然有心理健康方面的老师，却没有设立专门的心理健康课，且学生的课程很紧，即使是音体美这样的课也有可能被语数外等"主课"所替代。时间成为了我们比较大的问题，我们只好不断地找校长协商。有次在找校长协商的时候，遇到了他正在召开教职工交流会。虽说是交流会，但整个过程，几乎都是校长在讲……

此外，我们了解到 B 校校长非常负责，事必躬亲。他以学业为重，非常强调分数和升学率，这给老师带来巨大压力。很多老师认为手中没有足够的权力，无法施展手脚，最终选择了离职。人员流失成为了 B 校的一大问题。

[案例分析]

教育领导与教育管理既是指领导者与管理者本身，也是指他的领导能力与管理能力，更是指他的教育领导与教育管理的行为[①]。A、B 两所学校校长的行为风格分别有效地诠释了"教育领导"与"教育管理"的处事方式。

（一）角色定位

从角色定位来看，A 校校长更强调自己的领导者角色，而 B 校校长更注重自身的管理者角色。俗话说：在其位，谋其职。事实上，A 校校长和 B 校校长都处于"校长"这

---

① 李进．教育领导智汇［M］．北京：北京大学出版社，2009.

个职位，但是 A 校校长把自身看作是一个领导者，而 B 校校长把自身看作是一个管理者。

顾名思义，"领导"强调"率领并引导"，它是指在一定的社会组织和群体内，为实现组织预定目标，领导者运用其法定权力和自身影响力影响被领导者的行为，并将其导向组织目标的过程。① 也就是说，A 校校长在学校的管理运行当中，她并没有把自己看成是高人一等，而是认为自己与其他教职工一样，都是在为学校的发展而努力。A 校校长的这种行为很好地起到了带头模范作用。

而"管理"强调"约束照管"，是指主持或负责某项工作，协调人力、物力、财力以达到组织的目标。这其中突出了一个"管"字，也就是说，B 校长将自己与其他教职工的身份区分开来定位，认为自己是高于其他教职员工的。这样，他很难站在其他教职员工的位置去为他们考虑，这容易导致其他员工的满意度下降。B 校较高的离职率就是很好的例子。

（二）集权与分权

在学校中，校长又是学校权力的中心。他们中有相当部分的人系教育、教学、财务、人事等权力于一身，或许很多人认为这是工作负责任的表现。② 事实上，权力与责任是相伴的。由于所有权力都集中在校长手中，就导致样样事情要过问，给校长们带来沉重的包袱。很多校长反映工作压力太大，身心极度疲惫。

从案例中，我们就可以发现 B 校校长就是属于权力集中的代表。他遇事亲力亲为、任劳任怨、勤恳务实的工作作风确实令人敬佩。但是由于权力过于集中，校长几乎事事过问，很多教职工畏首畏尾，不敢放开手脚大干，士气不高，常有"英雄无用武之地"的感慨。这样，也会导致他们的满意度下降。另外，学校管理实践也表明，越是集权的校长，往往处在一种低层面的忙忙碌碌的事务管理水平，他很少有机会从理念、目标层面考虑学校的发展问题。越是集权的校长，其他教职员工的首创精神和工作热忱就越受到压抑③。"当人们唯权力是从时，他们很快成了唯唯诺诺者，他们会对主管投其所好而不是作出自己诚实的判断"④。

其实，一个成功的领导者并不需要亲力亲为，而是可以适当地进行分权。分权是指领导者将自己一定的职权授予下属去行使，使下属在其所承担的职责范围内有权处理问题，作出决定，为领导者承担相应的责任。⑤ 在一般情况下，分权会提高下层管理人员的积极性和建立良好的士气⑥。

案例中的 A 校校长就是敢于分权的典范。当教师们手中获得了部分权力的同时，也承担着相应的责任。权力的下放代表了他们是被信任的，是被期待的，这在某种程度上会激发教师们的兴趣和积极性，并给各个教师创造了一定的空间去施展才能，正常运转，从而很好地突出校长的中心权力。

（三）交流与沟通

A 校校长更加意识到了交流与沟通的力量。她定期抽空与其他教职员工进行交流，

---

① 张志刚．社会主义和谐社会构建的文化支撑［J］．大连理工大学学报：社会科学版，2005（1）．
② 吴志宏，谢旭红，周彬．中小学校长领导权力问题之调查［J］．教育评论，1994（4）．
③ 同上．
④ W. H. 纽曼等．管理过程［M］．李柱流等译．北京：中国社会科学出版社，1995.
⑤ 林健．领导科学与艺术［J/OL］．http：//www.wyu.edu.cn.
⑥ W. H. 纽曼等．管理过程［M］．李柱流等译．北京：中国社会科学出版社，1995.

聆听他们的心声，询问他们在工作中所遇到的困难。这让教职员工们感到自己被重视了，为员工们提供情感支持，同时，校方兴许在一定程度上还能为教师们提供一定的资源，从而帮助他们解决所面临的难题。另外，在交流的过程中，校长还能将学校的价值观表达出来，将学校的目标进行进一步的澄清与解释，使得其他教职员工对学校的目标有了更清晰的认识。

［启示建议］

通过上述的分析，我们可以得出以下的启示：

（一）准确的角色定位

作为一个校长，要有准确的角色意识，并给自己定好位，最重要的是不要把自己当作一个"官"来看待，要有服务意识。

领导是做正确的事，管理是正确地做事。虽然，教育领导和教育管理在角色定位上有各自的侧重点，在其职权和组织关系上有不同的内涵，但在实践上是交叉、衔接、融通的。教育领导通过教育管理实施，教育管理体现教育领导思路，教育领导与教育管理以共同的目标凝聚群体成员共同管理学校[①]。这样说来，校长既是一个领导者又是一个管理者，那他就可以正确地做事，并且做正确的事。

（二）适当地集权与分权

作为校长，必须对学校的各方面状况了如指掌，但不一定事必躬亲。而是需要学会分权，将自己手中的权力和责任分解给各个教职员工。当然，提倡分权不是意味着让校长无限制地下放权力。作为校长应该有良好的全局观，在具体的工作中要把握事态发展的大致方向。同时，还应记得在工作过程中多与其他教职员工们沟通。一旦出现问题，切忌推卸责任，而需时时准备着为其他教职员工提供支持与帮助，至少让他们在情感上获得关怀。

（三）提升自身的人格魅力

陶行知先生说："校长是一个学校的灵魂。"也就是说，一位好校长可以成就一所好学校。但是，作为校长，从精力上讲，不一定每项工作时时刻刻都能够靠得上；从能力上讲，校长不一定每项业务都是一把手。但是，一个优秀的校长，应该积极进取、不断学习，争取以身作则。这样，就能不单单是靠着手中的行政权力来影响他人，更重要的是可以凭借自身良好的人格魅力来影响他人，真正做到以德服人。

（潘佳丽）

案例 5　思路决定出路
——教育领导的变革因素

［案例介绍］

张校长是一位有多年工作经验的老校长，他勤勤恳恳、踏踏实实，几乎事事亲力亲

---

① 李进．教育领导智汇［M］．北京：北京大学出版社，2009．

为，很有亲和力。现在，到了快退休的时候，张校长只想着能把学校安全地交给下一任校长，不要出什么岔子。可是，张校长最近却面临许多烦恼，例如，在提倡教师主动开发精品课程、校本课程的问题上，教师的诸多推诿，使得开会决定的内容无法得到切实实施，最后不了了之；教师平日里只管自己班级、只顾本人学科的现象严重，对于非本人负责的班级、学生，大多不理不顾，看到有不良现象也很少加以劝导；学校教学水平一直处于区里的中下游边缘，张校长经过多次努力改革，仍旧起色不大。反观兄弟院校，课程改革试验如火如荼，学校特色课程开了一门又一门，在每周一天"无作业日"的情况下学生成绩不降反升……这一切使得张校长心生困惑：难道自己的学校已经"无药可医"了吗？

[案例分析]

毋庸置疑，张校长是一位勤勉的校长，从他的工作态度不难看出，他很热爱自己的工作。可是，为什么在他的带领下，学校的发展却不尽如人意呢？

首先，张校长缺乏危机意识和与时俱进的革新理念。在面临退休的年纪，张校长图的是安稳，将学校稳妥交接给下一任校长是他的目标，所以该改的不改，该管的不管，不求有功，但求无过。这样的想法自然影响学校的教师，觉得只要管好自己的事情就可以，这样当然会使得学校的发展止步不前。

其次，缺乏一个管理团队。长期以来，很多学校中，"一长制"的问题比较明显。就如张校长所在的学校，校长面临问题没有良好的对策，即使教师或中层干部发现存在的弊端，也无人提出，导致疏漏越来越多。

第三，缺乏有效的奖惩机制。张校长为人宽厚，秉持着尽量不得罪人的原则，使得教师干与不干一个样，干多干少一个样，长此以往，教学积极性下降，即使学校提倡开发新课程，也无人愿意增加工作量去做"吃力不讨好"的活儿。

什么是好学校的标准？怎样才能使学校在教育改革的浪潮中赢得一席之地？这恐怕是所有教育者要思考的问题。特别是校长，作为学校的灵魂人物，需要对现实的教育情况进行把握、思考，使学校不断焕发出新的生机。

一名校长对于学校的作用是巨大的、影响是深刻的。特别对于基础教育来说，校长的领导理念深刻影响学校的发展。那么，现代的领导需要怎样的理念呢？

[启示建议]

基础教育改革的浪潮在现代教育中以势不可挡的趋势向前行进，学校领导也需要顺应时代的变化。教育领导的理念决定了教育领导的行为，确立科学先进的教育领导理念是每一位领导者推进改革与创新、取得事业成功的重要基础。①

对于学校领导的理念，领导者需要对以下三点进行思考：

（一）清晰的定位

每所学校都应该对自身的发展有一个定位。所谓的定位就是一所学校处在教育领域应该发挥的作用。作为一名校长，首先找准定位，就像企业的定位对自身品牌有巨大的推动力一样，学校的定位也事关发展的方向。在课上，老师举过一个企业领导人的实例：苹果

---

① 温恒福．当前有影响的十大先进教育领导理念[J]．中小学管理，2007（9）．

公司在经历辉煌后陷入困境,前任总裁乔布斯被召回后重新定位,以高端、人性化、拥有配套软件的形象出现,获得了很大的成功,挽救苹果公司于崩溃的边缘,在市场上夺回一席之地。苹果公司采取与众不同的定位,并锐意开拓,最终拥有了稳定的市场消费群体。学校发展也可以此为鉴,适应不同学生的需要,办出特色,办出水平。

美国选拔学校领导的新标准,第一条就是候选人具有知识和能力,通过发展、实现社区认同和支持的学习远景,促进所有学生取得成功。该标准分五个方面:建立远景、清晰远景、实现远景、管理远景、促进社区参与远景。学校的远景不是某项具体的计划,不是某个具体的目标,而是一种宏观的方向。①

在实际工作中,需要值得注意的是,学校的愿景和远景是不同的概念。学校领导所提出的学校发展愿景要目标清晰、富于鼓舞力,使全体教职工明确。还要注重愿景的理性化与可行性,全校教职工就愿景达成共识。唯有把领导者的办学理念转化为全体员工至少是大多数员工所接纳的共同愿景,才能在师生员工中建立起一种"沉浮与共"的普遍性感情,并使他们把具有激励作用的未来可能性视为对一个努力追求的共同目的的支点。对实现某种有价值和有意义的目标的长期承诺将赋予个人追求专业知识的不竭动力。

有了宏观追求的远景和近期发展的愿景,学校的定位就基本形成,加上突出的办学特色,一所学校就有了独特的生命力。

(二)协作团队的建立

校长的作用对于学校而言并不应该是一人包揽、事无巨细的工作,适时组成领导团队、分摊事务,形成团队领导的机制对学校的发展有利无害。从本质上来讲,校长的作用是用人、治事。用可用之人、治该治之事,校长才不会陷入琐事困扰的泥潭,才有精力去谋划学校的未来。

美国学者 Robert Marzano 和 Timothy Waters 经过长期的研究,罗列了 21 种定义学校领导角色的责任,其中 12 种应该有效地分配给领导团队。(见表 1)

领导团队绝非个体的简单集合,也不是说校长应该把自己排除在执行这些责任之外,而是说,这些责任应该被看作领导团队的共同任务,校长不过是作为团队的关键成员来起作用。由个人领导转向集体领导是符合现今教育发展趋势的。在领导团队成员间建立积极的相互依存关系,人人都有具体的可说明的责任,即既要完成自己的一份工作,又要给同伴提供所需要的帮助,促进相互间的生产性。成功团队需要精心设计和努力建设才能形成。

(三)改革的勇气

领导者需要具有锐意进取的意识和敏锐的目光,敢于、善于发现制约学校发展的现实问题,从中寻找突破口。现在的学校大多有如下弊端:批量化生产,强调教学的标准化;松散型联结,工作效率低,职责不明确;竞争性的组织气氛,把他人的成功视为自己的失败,设法隐瞒自身的缺点等等。随着教育的不断前进,会有更多更新的问题出现在学校面前。

总之,一所学校现身处何地,将去往何方和学校领导的理念息息相关。校长要能够把握住学校发展的大方向,组建具有良好素质的工作团队,不惧改革。这样,校长将会带领学校走向美好的明天。

---

① 陈永明等. 当代校长读本 [M]. 北京:中国人民大学出版社,2008:307.

表 1 分摊性责任与领导团队的行动[①]

责任	领导团队的行动
监控/评价	• 通过多元化策略对课堂实践和学生的学习提供反馈（举例来说，课例研究、学生习作、观察和团队计划）。 • 确保教授联合的和计划的课程（举例来说，通过观察、团队计划和学生习作）。
课程、教学与评价知识	• 确保专业发展在计划的课程内集中于一致同意的教学和评价实践。 • 用非正式的方法评价需要的和要求的知识(举例来说，观察、测量、学生习作、需要评价)。
参与课程、教学与评定	• 有效课例涉及的开发与制作技巧包括：（1）如何有效地交流学习目标；（2）如何帮助学生获取并整合他们的知识；（3）如何帮助学生练习与复习知识；（4）如何确定学生是否已经学会知识。
聚焦	• 对学生的期望和要求实现已确定目标的成果采取一致意见。 • 向全体职工传达目标并始终以正式和非正式的方式优先谈论学生成绩。
激发智力	• 使用通过领导团队"玻璃鱼缸"展示的学习小组来激发对围绕中心目标研究的探索与反思。 • 用语言向同伴展示学生学习研究的知识并尊重这些知识。
灵活性	• 以直接、开放和透明的方式对教职工提出和关心的问题作出反应。 • 通过变革的作用加强对教师的支持机制。 • 检查领导团队的实践并进行必要的改革。 • 当情境要求一种更直接的领导风格时支持校长。
资源	• 以教学优先为基础分配资源。这项工作要透明。 • 决定教职工每年优先学习的内容。 • 为全体职工提供与学校的重点和使命相一致的发展机会。
后效奖赏	• 支持实施以业绩而不是以自立为基础的政策和方法。 • 正式和非正式地赏识与学校规定的目标和目的相一致的工作。
延伸	• 积极地与学校所在社区进行交流。 • 让家长从事有意义的和同他们相关的活动。 • 收集父母和社区对学校态度的资料，分析结果并制定适当的计划。 • 通过媒体和主管部门提升学校的成绩。
规训	• 建立一致同意的不干扰教学时间的课表安排政策和程序。 • 建立沟通常规，使干扰和分心于课堂教学的行为最小化或消除。

---

① Robert J. Marzano 等. 学校领导与学生成就——从研究到效果 [M]. 邹志辉等译. 北京：中国轻工业出版社. 2007：112.

（续表）

责任	领导团队的行动
变革推动者	• 塑造"能做"的态度；形成支持首创精神的一致意见，如"不苛刻批评变革"。 • 分析变革计划以决定对不同利益相关者的含义。引导建设性对话以弄清人们的基本假设、价值观和信念。 • 提供在实然和应然之间建立持续张力的资料。 • 评价变革的重要性并确认舒适与不舒适的程度。
秩序	• 帮助校长执行常规和程序。 • 确定提高已建立的常规、程序效能和效用的方式。

（高佳禾）

第二章 创新意识

"现在一切美好的事物，无一不是创新的结果"。创新是智慧的高级表现形式，是人类创造力的集中表现，是促使社会不断前进的引力。作为学校的领导者，他是学校这艘大船的舵手，他的创新力决定着学校能否承受风雨的洗礼，接受惊涛骇浪的挑战，走上新航道。今天，一所学校的竞争力、生命力往往取决于学校领导的创新能力，能否在巨大的压力之下，突破传统观念，不断超越自我。

创新不是推倒前人建设的大厦，一切从头再来，创新是需要薪火相传的；创新也不是全盘接受前人的传统，创新是需要吐故纳新的。我们需要警惕的是不能为了创新而创新，创新是为了在现有的约束条件下，打破既有的思维模式（think-out of box），通过不断的探索，能够创造出新的天地。

创新力是教育领导力之窗。只有谙熟教育理论，经过长期的实践以及反思才能提出创新的理念。创新，体现了一个领导者的远见卓识和博大胸怀，也正是领导者领导力的来源之一。现代社会不断变化，对教育的要求也在不断变化，这对学校的领导者提出了很高的要求，既要能够坚持学校自身的优良传统，又要能够不断吐故纳新，继往开来，开创全新的局面。

学校领导不仅自己要能够秉持创新精神，大力创新，更应当在学校中着意营造创新的宽松环境，鼓励广大师生大胆尝试，允许失败，秉持兼容并包之思想，大兴创新的风气和建立鼓励机制，假以时日，一定能够打造一个具备创新精神和能力的与时俱进的教育机构。

案例1 新时期创新之基
——现代校长的信息素养

[案例介绍]

黄校长是山西省一所重点高中的副校长，物理特级教师。作为一名教师，他有过硬的专业素养；作为一位教育领导者，他不仅仅只有领导魅力和教育机智，在信息素养方面，他也堪称全校"带头人"。在学校教育信息化，课程改革等学校发展方面，他从来不墨守成规、故步自封，而是善于获取和筛选外来信息并除旧革新，勇于创造。他不仅对本省的各重点学校进行考察学习，而且为了搞好本校的新课程实验工作，于2008年3月深入其他小学对其新课程的实验工作进行了半个月的学习考察。

1999年，学校就有了多媒体教室和电脑微机室，当时学生就已经开始接受最基本的电化教育。那个时候的系统是Windows98，每周两节的计算机课使得学生两年之后基本掌握 Word、PowerPoint 等软件的使用技巧。学校还举办了 PPT 的比赛，并展示了不少同学的优秀作品，提高了同学们学习信息技术的积极性。2001 年该校为中国科技大学送入了一名年仅 13 岁的电脑高手，而这位年仅 13 岁的李梁同学就是黄校长于 1998 年不顾非议招进这所省级重点高中的，最终成就了他三年后的大学梦！黄校长这份对新思维方式的坚持是十分难能可贵的！

[案例分析]

从案例中可以看到，黄校长的信息素养主要表现在以下几个方面：

首先，黄校长有很强的信息意识。信息意识是一个校长敏感信息感的基础，是中学教师和管理者信息素养中最基本的素质。黄校长对市级和省级以及全国的多媒体教育软件大赛都高度重视，很早就开始参加山西省多媒体教育软件评选的活动等，这些都说明了黄校长对信息技术有足够的认识，而校长对信息技术的认识又能够促进学生、教师和学校的发展。可见，校长的信息素养一定程度上决定学校和全体师生的发展。

第二，在硬件建设方面提供保障。多媒体教室和微机室的建立，为提升学生和教师的信息素养建构平台，为提高师生以及学校管理者的信息素养水平提供了保障。

第三，在信息的获取方面，黄校长的途径是多种多样的。与其他有名的高中进行交流，交换教学信息不只是局限于实地考察，更有网络交流。在他们学校的网页上有多种链接，也有很多实用的软件，比如，信息技术考试题库，各个学科资源都有课件库和教案库，这些都可以用来和其他学校进行信息共享。同时这些资源也满足了本校学生个性化学习的需要。

第四，黄校长格外重视师生信息素养培养。对于学生来讲，信息素养的培养，使 80 年代的学生对迎接 21 世纪的"信息爆炸"时代有充分的准备，使学生具有获取信息、筛选信息的能力，使学生更有竞争力。对于教师来讲，增强教师信息素养的意识，为教师们安排信息技术培训，组织教师参加市里举办的教师信息技术考试。教师信息素养意识和态度的提升有利于他们对教学资源的利用，有利于教学过程中各个学科与信息技术的整合，有利于授课方式的转变和活跃课堂气氛，有利于提高教学效率。学科教学资源和信息技术的整合正是新一轮课改的体现。

第五，在学校管理方面，信息化管理逐渐取代传统的"纸制通知"，实现校园办公信息化。黄校长制定了多媒体教室以及微机室管理制度，确保硬件设施安全的同时规定管理人员及时利用这些多媒体和网络资源传达校园信息。

[启示建议]

校长的信息素养是校长创新思维的基础，是一个学校创新性教学和管理实践的前提，更是教育领导与时俱进的灵魂。我国学者钟启泉认为，信息素养是一种可以通过教育所培养的，在信息社会中获得信息、利用信息、开发信息方面的修养和能力。他包含信息意识和情感、信息伦理道德、信息常识以及信息能力等多个方面。信息素养是激发领导者创新思维的火花。所以，利用现代信息技术接受和处理信息，已经成为现代教育对中小学校长的基本要求，而中小学校长信息素养的培养也成为基础教育改革的重要内容之一。

2004年教育部出台了《中小学教师教育技术能力标准（试行）》的通知。《标准》是指导中小学教学人员、中小学管理人员、中小学技术支持人员教育技术培训与考核的基本依据。《标准》发布之后，各个学校就开始抓紧了学校各个岗位人员的教育技术能力，即信息素养的培养。[①] 其实一名教师或者教学管理者的信息素养就是他的教育技术能力，也就是把学习或管理过程中的各种资源进行整合，即设计、开发、运用、管理和评价并溶于理论和实践的能力。这其中当然包括对现代信息技术的应用能力。《标准》中规定了教学人员的教育技术能力标准包括意识态度、知识技能、应用与创新、社会责任。这些标准通常被用作对一个中小学校长的信息素养评判的标准。然而，如今很多调查和研究显示，现在各学校校长的信息素养不容乐观，尤其是非教育技术示范学校的中小学，有信息素养的校长比例是很低的。

但是影响校长信息素养的因素是多方面的，包括：（1）资金不足，信息素养的提升是需要一定的信息基础设施建设的，有些地方教育资金短缺是一个不容忽视的影响因素；（2）地域差异，城乡差异以及经济发达地区和贫困山区中小学校长的视野自然是不同的，这种不同也会影响到他们的信息素养的提升；（3）学校类型，重点高中和普通高中有差异，教育技术示范学校中，校长和教师的信息素养自然要高一些，校长的信息素养在教育技术示范学校和重点中小学更受到重视；（4）校长自身的信息素养的培养以及终身学习的理念，也会影响校长信息素养的高低；（5）对于教育技术示范学校来讲，在这些学校里校长的信息素养差异也很明显，问题在于管理不够到位，对学校校长信息素养落实不到位[②]。

针对以上影响因素，要想提高校长的信息素养，从而提升整个学校师生的信息素养，以促进学校教育信息化和学校的全面发展，要做到对症下药：（1）校长要积极策划基金来源，申请或筹集基金进行学校信息化建设的软硬件投入。（2）强化培训，转变观念，使得乡村学校的中小学校校长认识到信息化时代一个校长信息素养的重要作用。（3）强化管理机制，使得各项政策和要求落实到位。（4）校长要具有终身学习的理念，积极参加各种信息技术的培训，并带动教师养成学习的习惯，组织教师进行教育技术能力的培训。正如教育家苏霍姆林斯基所讲"校长的领导首先是思想的领导，其次才是行政的领导"。

著名教育家陶行知说，评价一个学校先评价这个学校的校长。校长作为一个学校的决策者、组织者和领导者，其自身的信息素养有助于加大学校信息化建设的投入，提升学校的信息化水平，推进学校教育信息化、现代化的发展。这里不是片面强调一个学校的发展取决于一个人，而是重在强调新的时代背景下校长的信息素养作为学校发展的一个极其重要的因素必须加以重视。我们的学校要与时代同步，与世界同步，校长的信息素养是一个学校领导带领整个学校与时俱进发展的关键因素。

（秦英娟）

[①] 金鹏翔，程晋一. 浅议校长信息素养与网络教学之契合［J］. 当代教育论坛，2007（7）.
[②] 石福新. 湖南农远工程项目学校校长信息素养抽样调研［J］. 中国电化教育，2006（6）.

案例 2　现实与梦想
——教育领导者的现状分析

[案例介绍]

A 小学是一所比较典型的农村学校,学校的日常行政工作由校长全权负责,并没有副校长。作为校长理应监管教学工作,不过 C 校长则是"事必躬亲",还要承担一定的"替补型"教学工作,"缺啥干啥",他常这样说。在信息技术教育应用方面也由其亲自负责。而实际上在教学方面,该小学是有两个教导主任的。

在谈及校长的主要工作思路时,C 校长的一番话让我们陷入了沉思。"我们的压力很大,因为要处理太多的与教育无关的事情。"一个人做太多无关紧要的琐事,本职工作反倒要搁置起来。A 小学并没有长期的远景规划,只能走一步算一步。C 校长说:"有也没有用啊,校长没有自主权,只能根据上面的要求。"听得出来 C 校长曾经踌躇满志而今却未能如愿以偿的遗憾。

随着信息时代的到来,计算机应用变得越来越重要,也更为普及,城镇农村的中小学都在逐步地普及计算机应用技术。C 校长说:"学生多数都是农村的,家里有电脑的不多,孩子们只能在学校里接触到电脑。我自己的水平一般,没有接受过专门的培训。"作为当代教师,应该具备基本的信息技术,C 校长却取消了教师的"电子备课制度"。C 校长有他自己的理由,"好多都是从网上下载,应付检查。"在学校资金和设备问题上,校长坦言,"学校里所有收费全部上交,学校一点(费用)也没有具体的经费问题,也不需要我操心。"[①]

[案例分析]

这是一个来自一所农村小学校长的自白书,没有做作的成分,有的只是质朴的言谈。不能简单地评判他做得如何,其间有很多主客观因素。让我们站在一个旁观者的角度来分析这则案例,从中探求 C 校长的问题出在何处:

一、A 小学缺乏校长学校领导创新的有利的外部环境支持。目前我国中小学实行校长负责制,学校的教育教学和行政工作由校长全面负责,似乎作为一校之长有很大的权利和自主空间。然而理想状态总与现实有较大差距。一是师资缺乏。没有教学活动的实践者——教师,校长学校领导创新也是"缘木求鱼"。该小学存在师资不足的问题,师资数量难以保证正常教学的需求。C 校长全面负责 A 小学的日常教学和行政工作,此外还要直接代课,这势必会影响校长日常工作有序开展。二是经费不足且不自主。经费问题成为校长大显身手的一大瓶颈。没有充分的财务权,也要"上交所有收费"。经济基础是其他活动的重要条件和基本保障,A 小学的资金的唯一来源是上级的"援助拨款",经费上并不充裕,更谈不上自主,校长学校领导管理的一切活动将受到制约,何谈创新?三是校长学

---

① 杜媛,陈明燕.从文化学视角解析——小学校长领导学校信息化变革的两则个案[J].中小学信息技术教育,2009(3).

校领导创新容易受到上级领导、学生家长、社区等方方面面的影响。比如 C 校长的"远景规划"付之东流，仅仅因为"要听从上面的安排"。我们可以看出 C 校长学校管理创新受到了政策、上级领导、师资力量、经费等诸多外部因素的影响，大多数校长处于"压力大、权力小"[①] 的两难境地之中。

二、A 小学校长学校领导创新的内在环境不充分。首先要在学校中营造一种创新的文化气氛。在学校领导、教师、学生三者之间都应该积极形成一种创新的氛围。在 A 小学是一种"上行下效"模式，缺乏创新氛围的感染。其次应该组建一支创新型领导和教师队伍，这是开展创新工作的主体，是创新工作得以展开的基石。A 小学似乎只有单枪匹马的校长领导层，没有副校长，师资不足，可以说并没有一支高效创新的团队。"人多力量大"，单靠校长个人来实现创新是有一定难度的。

三、A 小学 C 校长自身应加强个人素养的提高。校长学校领导创新的根源性、决定性因素在于校长自身的素质。案例中 C 校长自身的信息技术应用水平有待提高，信息技术管理水平更是亟待加强。"取消教师电子备课制度"便是一例。一方面反映校长处理问题的方式过于极端和消极，另一方面也反映出校长对教师"电子备课"意义本身缺乏实质性的理解。

[启示建议]

创新是一个民族的灵魂，是一个国家兴旺发达的不懈动力。科技创新依赖于创新人才的培养，而创新型人才的培养要从基础抓起，因而中小学基础教育在其中起着十分关键的作用。顾明远教授曾这样说："指挥系统的大脑，即中枢神经，是人之灵魂，这就是一校之长……校长之于学校，犹如灵魂之于躯体。"可见校长对于一所中小学的重要性。善于开拓创新是新世纪中小学校长素质的核心内容与主要标志。

在这个创新的时代，"新"不仅局限于外观的主观感受，而主要是突破量而达到质的飞跃。作为新世纪的校长不能再因循守旧、畏首畏尾，而应大胆创新、变革，以适应时代的需求，进而形成自身特有的领导风格，有特色而不只是"模仿"。本文通过一则小学校长领导的案例来反思学校领导创新的影响因素。

任何事物都处于不断变化发展之中，都要受到这样那样的有利或不利因素的影响。在中小学校长学校领导的创新过程中也会受到来自外部、内部以及校长自身素养三方面因素的影响。从这个案例中我们可以得到以下启示：

首先，学校特别是校长要主动积极地争取外部环境强有力的支持与帮助。外部环境包括上级领导的支持、家长和社会的理解以及良好的创新文化氛围三个方面，这些因素是校长学校领导创新得以生成发展的必要土壤。教育的方针政策是校长所不能改变的，上级领导的决定也是要考虑的，但是在这些政策、决定的下面还是有一定的自由空间的。校长可以在小范围内搞试验点，有突出成果时再向外界展示，"用事实说话"，以此取得领导的信任。校长的领导创新也会引起家长的关注。因此校长在决定做出创新决策时应加强对家长的积极宣传工作，让家长充分理解并支持创新工作的开展。当代是一个创新的时代，作为

---

① 杜媛，陈明燕. 从文化学视角解析——小学校长领导学校信息化变革的两则个案 [J]. 中小学信息技术教育，2009（3）.

校长应分析并把握时代的特征,适应时代的要求,大力做好学校领导的创新工作,办出自己学校的特色。当然,外部环境越宽松越有利于校长学校领导的创新。

其次,校长要创造一种适宜创新的内部环境,建立有效的内在机制以保障创新工作的开展实施。内部环境主要是指创新型领导、师资团队的支撑和校内创新氛围的渲染。内在机制主要包括创新文化宣传机制、反馈参与决策、贯彻执行和创新评估机制。[①] 主要可以从以下三个方面入手:首先,学校要组建一支具有创新理念的领导团队,这是校长学校领导创新的支撑和后援,是参与决策的智囊团;其次,学校还要有一支创新型教师团队,特别是科研创新。"众人拾柴火焰高",学校领导创新不只是校长一只孤雁,更需要"群雁"的集体智慧——需要教师的献策和进一步执行贯彻;再次,校长要有意识地将"时代的创新气息"植入到校园文化的建设中来,做好校内创新的文化宣传,使学校其他领导、师生共同参与到创新的活动中来,以期对创新有共同的理解和认识。此外,校长要认真对待各个部门的反馈信息,做好创新成果的验收。

最后,校长要不断提高个人素养,这是创新得以实现的根源和关键。一所学校是否会形成独特、上进、有传承意义的文化,很大程度上取决于校长的创新领导能力以及校长推行创新文化的领导艺术。第一,专业素养。校长专业水平的高低,很大程度上决定了学校管理水平的高低。只有实现校长专业化,才能提高学校的管理效能,才能促进学校的优质发展,才能带领学校在教育改革的大潮中从成功走向辉煌。第二,校长要努力培养领导创新思维意识。创新就是要打破常规,要冒险,因此校长要有一种"敢闯的精神",要有不怕困难和失败的勇气。校长要时刻保持大局观念,不仅看到过去、现在,更要具有超前性地看到将来,把握时代的特征和各种机遇,不失时机地大胆创新,规划学校近期发展和长期愿景。校长还要善于超脱各种利益的缠绕,努力进行整体协调,为创新争取最大的团结。第三,积极的合作意识。当代更加注重团队合作、"共赢",所以校长要善于处理好学校内部各部门间的关系,加强合作。第四,敏锐的问题意识。校长时刻保持敏锐的洞察力,保持一种好奇心,这样才能发现问题并创造性地解决和处理问题。

(徐涛涛)

案例3 在创新中超越
——成功校长的创新精神和创新实践

[案例介绍]

中国人民大学某附属中学校长、数学特级教师刘校长,从教40年,从教师到校长,在教育教学和学校管理方面积累了丰富的经验,并形成了自己独特的教育理念和办学思想。而"不断创新,在创新中超越"这一思想则是她的办学、管理思想之集中体现,并逐渐形成了中国人民大学某附属中学今天的学校管理特色。

刘校长具有强烈的创新意识,并且非常善于把创新的思想付诸实践。在任数学教师

---

① 张洪华. 校长创新研究 [D]. 华东师范大学硕士学位论文. 2004.

时，她自创教学法，教出了一批批优秀学生，在北京、全国以及国际数学竞赛中斩获颇丰。在当校长期间，刘校长更是在教育管理的各个方面运用创新思想，使中国人民大学某附属中学进入快速发展时期。

学校体制改革中，闪耀着"激励"的创新亮点。刘校长提出："21世纪的学校管理是广义的管理，既包括规章制度建设，也包括积极有效的思想政治工作，工作主导重在激励。"在体制创新过程中，她坚持以人为本，重在激励。因为制度约束只是基本要求，激励人才是最高要求，约束机制拉不开档次，激励机制才会使人发挥出全部的潜力。

人才队伍建设中，闪耀着"博士"的创新亮点。为了把学生孕育为一流的人才，刘校长不仅探求一流的教育思想和教育模式，更努力引进一流的师资力量。到2004年7月为止，中国人民大学某附属中学引进和培养了数学、物理等12个专业的博士16人，他们或投身于科学研究，或勤于教育及行政管理，或探索在教学前沿。据了解，这些博士、博士后，十之八九都是被刘校长的诚挚和敬业精神所打动而来中国人民大学某附属中学工作的。中国人民大学某附属中学不光引进博士，也注意在现有教师中培养博士，这是学校长期以来提高师资水平的重要举措之一。

软硬件建设中，闪耀着"各色实验教室"的创新亮点。为了使学校的软硬件设备接近世界先进水平，刘校长克服了重重障碍，带领有关教师筹建了中国人民大学某附属中学的数字化校园，建成了数个"各色实验教室"。

在课程改革中，闪耀着"80种选修课"的创新亮点。刘校长始终坚持以学生为本，对传统课程内容重新整合，以有限的课程门数覆盖必需的知识领域和知识点；减少必修课，增加选修课，实现课程结构的最佳组合。学校开设了科学实践课、发明创造课、社会实践课等一批极具特色的校本课程，还开设了数学建模、英美文学鉴赏等80多种选修课以及8个语种的外语课。

在刘校长的带领和全体师生员工的努力下，中国人民大学某附属中学在她提出的"成为国内领先、国际一流的世界名校"的目标前进过程中，在实施素质教育和培养人才等各方面都取得了十分显著的成绩，最终成为一所享誉国内外的著名中学。

[案例分析]

从以上案例中，我们不难发现，刘校长个人的成功，以及中国人民大学某附属中学的成功无不与她的创新精神和创新实践密切相关。江泽民同志曾讲过，"创新是一个民族的灵魂，是一个国家兴旺发达的不竭动力""一个没有创新能力的民族，难以屹立于世界先进民族之林。"中国经济建设发展的实践也充分证明了创新能力对一个国家、一个民族发展的重要意义。同样，要建设一所享誉国内外的著名学校，创新自然是必不可少的。而作为一所学校的最高领导者、主要管理者的校长，作为一所学校的灵魂的校长，首当其冲必须具有良好的创新意识，同时还要有把创新思想转变为现实的行动能力。这不仅是追求个人成功对校长所提出来的要求，更是教育和时代发展之大势所需。

现代信息社会，经济和文化迅猛发展，对学校在教育体制、教育模式、教育结构、教育思想、教育技术等方面不断提出新的更高要求。要适应新的社会生产力发展的要求，促进青少年的全面发展，不断提高国民素质，必须深化教育改革，全面推进素质教育，构建一个充满生机的有中国特色的社会主义教育体系。而教育的变革，必须在一个富有创新意识的校长的带领下，通过全校师生的富有创造性的共同努力，才能够真正起到实效。

《中共中央国务院关于深化教育改革全面推进素质教育的决定》中指出，要以培养学生的创新精神和实践能力为重点，造就有理想、有道德、有文化、有纪律的，德智体美等方面全面发展的社会主义事业建设者和接班人。对此，中国人民大学某附属中学校长刘校长对校长们提出了尖锐的一问："如果校长本人都没有创新精神和能力的话，又怎么可能带出一支有创新精神的教职员工队伍、培养出有创新能力的学生呢？"学校作为培养人才的重要基地，担负着培养学生的创新精神和创新能力的重要使命，而一名校长的素质如何，则直接决定一所学校和学生创新精神和能力的高低好坏。刘校长正是深刻地意识到了这一点，始终不忘以发展的眼光，多元的视角和创新的思维审视学校的发展，进行科学民主管理，并将其创新理念不断转化为看得见的现实，体现了其卓越的创新实践能力。如在上述案例中，当她任数学教师时，她不仅有创新理念，并且善于把理念与自己的教学实践结合，自创教学法，取得了不俗的教学成果；当她担任校长后，她更是站在全校全局的高度，殚精竭虑，创新钻研，不管在学校体制改革、人才队伍建设，还是在课程改革、软硬件建设等各方面，那一个个闪耀的创新亮点，以及学校受惠于创新所取得的不断进步，都体现了其卓越的创新勇气、创新精神和创新实践能力。在她的带领和全体师生员工的努力下，今天的中国人民大学某附属中学，已经成长为在教育教学改革和教育管理创新等方面处处领先一步的一流学校。创新意识，不仅让刘校长取得了巨大的个人成就，也让中国人民大学某附属中学走上了辉煌之路。

因此，要全面推进素质教育，校长必须具有创新意识、创新精神和创新能力，这样才能使学校走上一条有特色、有新意的发展之路，并带动学校的每个部门、每位教师用创新思维去思考，用创新行为去实践，进而培养出具有创新精神和实践能力的高素质人才。

[启示建议]

"一个好校长，必须是一个富有创新精神和创新能力的校长。"刘校长是这么说的，也是这么做的。创新的思维和创新的实践对一个校长的成功至关重要。因此，一个追求进步、追求成功的好校长，需要从以下几个方面进行创新。

（一）教育观念上的创新

校长的教育观念直接影响着学校的办学方向。当前校长在教育观念上的创新必须切实"转变那些妨碍学生创新精神和创新能力发展的教育观念、教育模式，特别是由教师单向灌输知识，以考试分数作为衡量教育成果的唯一标准，以及过于划一呆板的教育教学制度。"要把培养适合"三个面向"要求的高质量新型人才作为学校的首要任务。[①] 重视学生智力开发、能力培养和良好的个性心理品质的塑造，变传统的传授式学习为探究式、探讨式学习，变单一的课本知识继承为综合性的能力培养、特长发展。而这一切，需要校长与教师在完成基本的管理和教学任务的基础上，集思广益、开展科研、加强交流和沟通，开阔视野，学习，学习，再学习，不断更新和转变教育观念，提升创新的勇气。

---

① 赵丽敏．培养创新精神创新能力与深化教学改革 [J]．辽宁教育，2000（11）．

（二）管理机制上的创新

在用人方面，要做到知人善任，给教师以人文化的关怀和爱护，通过自己的人格魅力来进行有效领导。在教学常规管理中，也要突破传统的课程设置、课时安排，创建一个适应学生自主发展的空间。① 在开好必修课的基础上，根据学生身心发展的需要，以及学校、当地的实际情况，适当开设一些选修课、特色课，从而调动学生学习的兴趣，培养学生的动手能力、分析能力和解决实际问题的能力。同时，在硬件设施上，也要舍得投资，扩大和延长图书馆、实验室等的功能和开放时间，从而吸引学生投入其中，为学生的创新提供必要的条件。

（三）学校文化上的创新

学校文化建设是国家构建和谐社会的重要组成部分。为了加强中小学学校文化建设，促进国家核心价值体系即社会主义荣辱观在中小学的进一步落实、细化和具体化，教育部于2006年下发了《关于大力加强中小学校园文化建设的通知》。通知指出，校园文化是学校教育的重要组成部分，是全面育人不可缺少的重要环节，是展现校长教育理念和学校特色的重要平台，是规范办学的重要体现，也是德育体系中亟待加强的重要方面。因此校长必须重视学校文化的建设，在遵循国家核心价值体系的基础上，根据本校和当地实际，创造性地提出学校发展和进步的核心价值观，不断提升学校文化品格，在完善硬件设施和物质层面的基础上，更要重视软件的配置和精神层面的塑造，丰富学校文化生活，建立和健全学校各项规章制度，努力创设教师之间、教师与领导之间、教师与学生之间互相协作、彼此沟通、和谐融洽的学校氛围，为学生提供个性发展的平台，为教师搭建实现个人价值的舞台，使全体师生在完善自我的同时，能够在校长的领导下，为着学校共同愿景而不断努力。

（四）教学技术设备上的创新

先进的教学技术装备是培养学生创新意识和创新精神的必备物质条件。这些现代教学技术设备，本身就是人类创新的产物，它们已经逐渐取代了一些传统的教学设备，在教育教学中发挥着越来越重要的作用。同时，由于它们省时省力，音形并茂，更加丰富形象、生动具体，因此能够激发学生们去探究、去思考、去创新、去实践，其作用不可小觑。因此，校长们要与时俱进，克服重重困难和障碍，将学校的教学技术设备加以革新，给教师和学生们营造一个更加富有创新活力的校园。

总之，校长个人的成功，以及一所学校的成功，与校长的创新意识和创新能力的高低密切相关。一个有作为的校长，除了要具有良好的创新精神，要有自己独特的、可执行的理念，同时还要有把创新思想付诸实践的行动能力。校长必须认识到创新的重要性，确立强烈的责任心和创新意识，民主管理和科学管理相结合，培养科研能力，以理论指导实践，在实践中反思，在反思中实践，凭借自己的创新精神和创新实践，带领全体师生共同进步，共同创新，从而实现学校更长远的发展目标，为社会输送更具有创新活力的人才。

（徐 哲）

---

① 吕英娟. 班主任工作点滴［J］. 才智. 2010 (7).

案例4 对孩子的一生负责
——教育领导的职业追求

[案例介绍]

2008年暑假，我在某英语集训营当助教，那期集训营在某私立中学举行。当时我所带的学生是小学四年级的学生，助教老师需要和小学生一起住宿。

报到当天上午，该学校校长找助教老师开会。快到约定地点时，我听到几个孩子清脆的声音："校长奶奶好！"我循声望去，是一位微胖、慈祥又不乏严肃的中年女校长。之后校长为我们开了一个简短的会议，我到现在依然记忆犹新。

她当时是这么说的："我要求各位助教老师在孩子们来之前把宿舍打扫成五星级宾馆的水平。大家不要奇怪，我平时也是这么要求我们学校的老师的。心理学上有一个破窗效应，一位心理学家曾经做过一个实验，在一个居民区停车的地方停了两辆相同的车，只是其中一辆有一块玻璃碎了，而另一辆是完好无缺的。一个星期过后，玻璃碎了的那辆车各个部分遭到了不同程度的破坏，而完好的车依然是完好的。这也是我为什么按照五星级的标准来要求大家。因为如果你的宿舍很干净，像宾馆一样的话，孩子们也会去爱护，如果孩子们进来时看到的是比较乱的，他们也就不会去爱惜和维护这个环境。……"

[案例分析]

这位校长是一位著名教育专家，也是教育部更新教育观念报告团的主要成员。她本来在某公立学校任副校长，为了把自己对教育工作的理解和独立的办学理论转变为教育实践，她开办民办学校，创出自己的办学特色。这需要极大魄力，这份魄力来源于对教育事业的执著追求。

在一次采访中，这位校长说："每一个孩子都有做好孩子的愿望，向上向善向美是每一个孩子的天性。但是它不是刻在孩子脸上，表现在孩子的什么地方，是潜藏在孩子的大脑里，需要我们的老师和我们的家长，想方设法地去把孩子的这种特别想做好孩子的愿望呼唤出来。""我特别希望我们学校的老师和所有的家长都能够尊重孩子，尊重生命，因为每一个孩子都是一个鲜活的生命体。因此我们学校的教育理念就是尊重生命，为孩子的发展负责，要像科学家研究大自然那样去探究和发现孩子生命成长的信息和规律，然后我们寻找出适合每一个孩子生命成长的最好的教育方法。"

这位校长有句著名的话，她说："只要有一双巧手便能够成为一名工匠，却不能成为一名合格的教师。他们必须首先具有一颗晶莹剔透的心灵，然后才能以自己的智慧开启学生的心灵。"她的教育目标就是"对孩子的一生负责"，培养品德高尚、极具爱心、有良好习惯和持续性发展的具有终身学习能力的人，一切教育活动都是围绕这个目标开展的。[①]

在建设学校人文环境方面，她提出"让教师成为快乐的工作者"的理念。她说："一个好校长就是一所高质量的学校，同样一个快乐的校长才能带出一支快乐的教师团队，而

---

① 詹文玲. 做一个快乐的教师[J]. 教育发展研究，2005（5）.

一支快乐的教师团队一定能培养出一批快乐的学生。"所以在学校要当一个快乐的校长，要对教育有深刻的理解，只有享受到思维的快乐，做自己想做的事，才能不怕辛苦，不知疲倦，以苦为乐，感受到自己是幸福快乐的，从而带领大家享受工作的快乐，不断地引领教师把全新的教学理念转化为教学行为。[1]

在她的学校中，处处都体现着这种教学理念。这个学校的学生都看上去都很独立、自信，并且有礼貌。每个年级的四个班，分别是劳动班、纪律班、文艺班和学习班。每个班的学生都有自己班特长的地方，每个班的学生都有值得骄傲的地方。学校的文化建设工作也很好，到处都有名人的雕塑，教室门口的宣传栏里都是学生自己的作品，看得出来他们学校的学生都是全面发展的。在学校里面，还有同学们自己种的植物和自己养的小动物。

在德育教育方面，这个学校也是独具特色。多年来，一直困扰我们德育工作的一大难点就是德育的实效性。随着社会的进步、学生思维能力的提高和信息量的增加，空洞的说教在学生面前显得乏力，很多教师抱怨"打他不行，说他不听，没办法"。可见，德育的实效性已成为所有学校和教育工作者的研究课题。如何使德育工作产生巨大的教育力，切实培养学生高尚的道德情操、良好的品质和规范的行为习惯？这个学校的做法是把社会、学校、家长、教师的愿望变成学生自己的需要，使德育教育成为学生的一种需求，这样就极大显现出了德育工作的教育力。如取消大扫除，成立"自动化小队"，把评选先进变为"申报"等等，虽然只是两个字的变动，却是一种观念的转变，"评先"是学校的行为，学生是被动的，而"申报"是班级和学生的主动要求，这样学校的要求就变成了学生自己的需求。德育工作这样进行才能充分发挥其功能，达到教育目的。

在校园风气方面，这个学校努力做到：这里没有复杂的人际关系，只有任人唯贤，只有接受工作和纪律的考验的校园风气。创造一切条件为每一位教师提供一个充分施展个人才华，实现个人价值的宽松环境。在环境建设中做到四点，即：（1）努力为教职工创造一个良好的物质环境；（2）创造一个良好的工作环境；（3）创造一个良好的人际环境。提出"因为有了你，我们的群体才会和谐，不要因为有了你，我们的群体多一些麻烦"的口号；（4）创建一个良好的校园自然环境。

在培养教师队伍上，他们招聘教师第一看重的是应聘者抱着什么目的来学校，如果只是为挣钱，他们会拒之门外，他们看重的是教师对事业的激情，是为了实现教育的理想。这位校长认为，教育是事业，收获的是快乐；教师像一把火，不仅要点燃自己，还要复燃学生，让学生自己去发光、发热，自己去燃烧；没有坏孩子，只有心理不健康的孩子；和这么多优秀的学生在一起，我也会成为优秀的；一位优秀教师常能给他的学生以终身的影响等等。这些思想反映出他们在加强教师职业道德建设方面认识到位和工作到位。

在教师业务素质的培养上，该校提出了教师角色的几个转变：一是教师由教学实践者向实践者与研究者并重的转变；二是由课程的实施者向实施者与开发者并重的转变；三是由单一的教育者向教育者与学习者并重的转变；四是由教案的执行者向课堂教学、智慧的实践者转变等等。这些转变无疑使教师对教育方法、本身业务能力进行重新思考和学习，教师课堂教学水平的标志是如何创造出生动的教学情境和愉悦的课堂氛围，从而达到教育的终极目标，培养学生终身学习的能力。

---

[1] 詹文玲.做一个快乐的教师[J].教育发展研究，2005（5）.

[启示建议]

作为校长,就应该站在如何培养人,培养什么样的人的高度来管理学校,确立学校的办学思想。教育不是一件急功近利的事情,端正教育思想,校长负有重要的责任,实践证明:全面育人的学校,它的升学率也不会低的,学校本身和它所培养出来的学生一定是可持续发展的。在推行素质教育中,"教学要以培养学生获得终身学习的能力为终极目的"。教师的所有聪明才智都应该用在让学生"愿学、会学、学会"六个字上,培养学生"敢于质疑,善于提问"的精神,为学生提供思维、兴趣空间和发展空间,尊重学生应成为今天教师工作的出发点,具有爱心比具有知识更重要,严字当头,爱在其中,这种尊重教育是"人本"思想的体现。另外,校园环境建设分为自然环境和人文环境,学校自然环境包括学校的硬件建设、校舍专用设备的现代化程度等等,这些需要大量资金投入,高标准应该是每个学校建设中的追求。在校园中营造出健康的、和谐的、积极向上的人文环境也是至关重要的,并且这决定着这所学校的办学质量和是否能够可持续发展。学校领导者应当研究学生的身心发展特点,本着对孩子的一生负责的出发点去培养和教育孩子,另外,要注重学校的文化建设和学校的整体氛围,在德育工作方面,要采取合适的手段,提高实效性。

(白　洁)

案例 5　保持传统还是与时俱进
——校长应该在改革创新中谋求发展

[案例介绍]

一年一度的元旦就要到了,适逢 H 中学新建了教学大楼,通过省实验性示范性高中审批,所以学校准备借节日之机开一个庆祝大会。校长准备请电视台来报道一下,提高学校的影响力和感召力,慰藉一下广大师生的努力。某日,学校领导召开了节日庆祝活动的筹备会,麻烦却在这时出现了。

原来,该校庆元旦的传统节目是文艺演出,每当此时此刻,老师和同学都要为演出忙碌、准备。今年校长说要隆重一些,还要进行节目的评比,老师们更是不敢懈怠,有的家长想让孩子参加活动,但没有选上,有了意见;有的班上课时间把学生抽出来练节目,耽误了上课,很多问题都出现了。

在会上,校长要大家讨论庆祝活动的问题。S 老师首先开口:"校头,我们元旦总搞文艺演出,没有什么新意。而且,没参加节目的学生和家长还有意见,不如改一下形式,如游艺会、茶话会或别的什么活动。"J 老师随声附和说:"是啊,××学校就是以班为单位搞活动,还请家长参与,家长很欢迎,孩子也开心。"校长认为:"文艺演出既能展示我们学校素质教育的水平,又有特色,是我校的老传统。况且,今年又有教学楼竣工的大事,学校档次又上了一个台阶,更应该好好庆祝。计划不能改。至于家长有意见,可以让全体学生都参与嘛。"F 老师插话说:"要评比的话,大家都上,质量就没保障。"校长说:

"那就看你们的了嘛。"T老师说:"很多刊物上都说文艺演出弊多利少,这样的全校活动,人这么集中在一起,万一有个闪失麻烦就大了!很多学校都不敢搞了……"校长打断她的话说:"难得的机会,不能因噎废食。"老师们都问:"我们为什么一定要演出呢,而且规模这么大?"校长说:"理由我已经说过了!"再也没有人说话了。

老师们虽然按计划排练了节目,很尽心,但私下里达成一种"默契"——"再也不提什么建议了,反正领导说了算。"

[案例分析]

从案例所反映的情况,可以看出,这位校长很有责任意识和发展观念,为学校争得资源,赢得社会声誉和认可,这很难得。但校长的工作方法和理念有待更新。

首先,领导的职能问题。传统的领导理论认为,校长作为学校领导者,就是发布命令,教师执行就行了。现代领导理论则认为,领导者是计划者、组织者、协调者和服务者,是"旗手"[①]。校长的主要职责是为学校制定远期和近期的规划;合理安排和使用好各类人才;协调学校各种关系。此外,树立为教职工"服务意识"[②],为教师解决思想、生活和工作方面的问题,为家长提供家庭教育问题的解决办法,为学生创造更好的生活和学习环境。从表面上看,这位校长违反了"民主领导"的原则,听不进去别人的意见。究其思想根源,是没有正确理解领导的职能[③]。

其次,做决策的程序问题。学校领导在做重大决定以前,要根据民主集中的原则,广泛而耐心地听取意见,才能做出正确的决策。而有效的领导也要求有通畅的信息反馈渠道。要掌握真实的信息,还要保持信息沟通渠道的畅通。在本案例中,校长的决定在教师中有很大的阻力,有可能是在决策时没有充分与全体教师进行沟通,当意见反馈到校长那里时,校长又不能听取广大教师的建议,固守所谓"传统项目",以至于大家对校长有意见。

再次,领导者的领导方式问题。不同的领导方式影响成员的行为和工作效率,会使被领导群体产生不同的感觉。所谓领导方式是领导者用来行使权力和发挥领导作用的方式。美国社会心理学家李克特认为参与式的民主领导的效果最好,调动人们的积极性,保障信息畅通,能产生工作的高效率,能使每一个人参与领导,上下级的关系也比较理想[④]。但是,在现实的领导活动中,领导方式的选择除了领导者个人的素质因素外,还要受到很多因素的影响,如:传统的领导方式、工作的性质、上级的领导风格、职工的成熟度等,必须综合考虑多种因素,选择适合的领导方式。

第四,领导的领导力问题。研究表明,领导力是一个人在与他人的交往中影响和改变他人的心理与行为的能力,包括两个部分:权力性影响力和非权力性影响力。权力性影响力不可抗拒,有强迫性,以外部压力的形式起作用。其主要由三部分构成,即传统因素、职位因素和资历因素。传统因素认为领导有权力,有能力,比一般人强,潜在地迫使人们

---

① 吴恒山. 学校领导者成功之道[M]. 北京:新华出版社,2005:3—7.
② 刘国华. 校长领导力——引领学校特色发展[J]. 教育发展研究,2008(5—6):55.
③ 郗永忠. 优秀领导力的共同基因[J]. 企业管理,2006(8):15—17.
④ 张莅颖. 学校管理经典案例及分析[J]. 河北教育,2006(7—8):33—34.

产生了对领导的服从感。职位因素是指领导者在组织中的指挥地位会使被领导者产生敬畏感，领导的职位越高，权力越大，职位因素的影响也越大。资历因素是指领导者的资格和经历也可以对被领导者产生影响，使被领导者产生敬重感。

[启示建议]

发展是一所学校的永恒主题，其实质就是改革创新。作为领导必须拥有改革意识和创新的精神，才能引领学校的发展。改革创新作为一种行为方式，一种精神状态，一种思维模式，就是通过探索规律、遵循规律、运用规律，要善于超前思考，敢于标新立异，把握发展的主动权，激活发展的新动力，创新发展思路，步入发展的新境界；在创新观念中抢抓机遇，在摆脱束缚中迎接挑战，在开拓进取中闯出新路，收获发展的新成果。

（一）树立"以学生发展为本"的教育观和"以教师发展为本"的人才观[①]

学生作为人类的未来，要求学校必须树立"以学生发展为本"的育人观，坚持"一切为了学生，为了学生的一切"的工作方针，关心、理解、尊重和服务学生的理念贯穿于育人的整个过程，促进学生的健全发展。上例中有教师从学生的实际出发，提出设计人人参与的活动方案能够调动学生的积极性，努力张扬学生的个性。在日常管理工作中，坚持以学生为主体，构建教育育人、管理育人、服务育人一体化的学生工作体系，实现学生管理的民主化和服务的人性化，促进学生的全面发展和健康成长。在靠谁发展上，要坚持学校的发展依靠全体师生，尊重师生在学校的主体地位，充分地调动他们的积极性、主动性、创造性，最大限度地集中他们的聪明才智和力量，最广泛地动员和组织他们投身学校的各项建设上来。在办学治校中，要把教师视为办学第一资源的思想，全力实施人才强校战略，着力打造各类拔尖人才和创新人才。上例中教师提出的建设性意见遭到校长否决，打击了广大教师的主人公责任感，不利于充分发挥他们的主体作用，也不利于确立和落实教师的自主权和发展权，因此，庆祝活动实施过程中遇到问题。教师素质关乎教育改革的成败，教育改革的核心环节是课程改革，课程改革的核心环节是教学改革，教学改革的核心环节是教师专业发展。学校领导应采取各种措施，创造各种条件，维护教师的各项合法权益，构建有利于调动教师积极性和改进教师工作表现的考核体系，促进教师专业发展。

（二）创新领导方式，实施民主化管理

首先，校长必须理解领导与管理的区别。领导与管理最大区别就在于，管理更倾向于按机构的规则实施已有程序，而领导更注重愿景及启动实现愿景的过程。学校管理是管理者通过计划、组织、监督与评估来实现教育目标；学校领导则通过现实基础分析，建立学校发展目标，并通过合作努力、解决问题、民主协商等方式来实现学校发展目标的过程，体现一种民主、开放、沟通、合作、发展的管理理念。其次，领导的理念必须从"控制型"转变为"人本化"[②]。传统的层级管理中，管理者秉承"控制型"理念，管理者把工作看作职权范围内应该做的事情，没有挑战性。上例中校长认为组织庆祝活动，扩大学校影响是职责所在，教师安排组织活动是他们的一种任务，容易形成被动、消极和无力感的态度。在领导话语体系下，基于"人本化"理念，工作是对责任人的信任和认同，因此，

---

① 李锡炎．优化领导职能结构与和谐社会领导力建设[J]．中国浦东干部学院报，2008（2）：50—52．
② 李学书．提高校长领导力，构建和谐校园[J]．中国教师，2008（11）：120．

工作越具有挑战性和创造性，就越可以发挥成员的积极性和主动性，形成自我发展和学校发展的统一。再次，为了实现管理的民主化，校长必须提高善于沟通、贯通、融通的和谐文化的领导力。构建和谐校园的领导力由领导者、被领导者和环境三个要素及其相互关系决定，三者关系归根到底是一种心理关系和文化关系，所以要用心理学的方法和文化的力量来处理这些关系，架起心灵桥梁，发挥心智沟通的领导职能。

（三）注重学校制度和文化建设，提高构建和谐校园的统筹协调领导力

在学校发展的过程中，各种不确定性消极因素随时都有可能干扰学校的发展，如何变被动为主动，消除不利因素是摆在校长目前的难题，如上文所述，教师与校长在同一问题上就出现了分歧，参与活动的学生与没有参与活动的学生心理产生了偏差，家长与学校之间也不可避免产生了隔阂。构建和谐的领导活动就是用改革创新的方式不断增加和谐因素，减少不和谐因素的过程，是化解矛盾与冲突、整合社会资源、调动一切积极因素共建共享的系统工程。对作为领导者的校长来说，要始终深刻认识和谐校园发展的阶段性特征，科学分析学校各种矛盾和问题及其原因，坚持统筹兼顾的领导理念，促进领导职能的结构的转变和优化，完善学校的各种管理制度和文化建设，促进领导决策由"传统的经验型"向"科学的理智型"转变。有针对性地"作为"，有意识地"不作为"，从实际出发，按照"立足当前，着眼长远，量力而行，尽力而为"[①]的原则，统筹兼顾，在取舍中运筹，促进领导职能结构朝着有利于建设和谐校园的方向不断改善和优化。同时，校园本来就应该是一个和谐的文化共同体，因此，校长协调的方式应该从运用硬权力的刚性协调，转变为硬权力与软权力相结合的柔性协调。把协调寓于统筹与规划之中，统筹配套措施，力争一举多得的"共胜多赢"，整体推进和谐校园建设，不断提高构建和谐校园的统筹协调，共建共享校长领导力。

（李学书）

---

① 张爽. 校长领导力：背景、内涵及实践[J]. 中国教育学刊，2007（9）：45.

第三章 胜任特征

教育领导的胜任特征指的是能将教育领域内的高绩效者与一般绩效者区分开来的并且可以通过可信的方式度量出来的动机、特性、自我概念、态度、价值观、知识、可识别的行为技能和个人特质。教育领导的胜任特征是其从事教育领导活动所必备的基本条件和核心潜质,也是教育领导者彰显个人品格和风范,体现价值和境界,迈向成功,追求卓越的关键和核心元素。

纵观那些成功的教育领导们,我们不难发现:积极健康的个性素质,平易近人的待人素质,博大精深的知识素质,求真务实的作风素质等都是必备的领导之基;自信、坚毅、果断、创新等是提升教育决策能力的有力保证;而人格的影响力、思想的辐射力、道德的感召力、威信的穿透力、情感的亲和力等是人格魅力的主要体现。此外,强健的体魄、广阔的视野、宽厚的胸襟、阳光的心态、法制的精神、规范的操守、专业的能力、以人为本的管理观念、科学先进的教育理念,也是教育领导们的共性。在学校发展上,优秀的教育领导往往能以前瞻性、创新性、务实性来确立学校发展主线,以教师发展为立足点、以学生发展为着力点、以学校发展为生长点来谋划学校的长远发展,为学校的未来把握方向。

环境在变,时代也在迅速改变。作为一校之"魂"的校长,尤其是现代校长,只有不断加强自身的资质素养、提升教育决策能力、更新教育思想和办学理念,靠科学的头脑和扎实的理论为支撑,"心脑手"并用,自觉投身教学改革的实践中,不断研究与探索,才能领导好学校、发展好学校,使学校在激烈的竞争中立于不败之地。

案例 1 关爱学生
——教育领导的基本素养

[案例介绍]

案例 1:

H 校长自 1995 年起担任上海市 M 辅读学校校长。所有熟知 H 校长的人对她的评价都是两个词:无私奉献,舍己为人。为了申报素质教育实验基地,她甚至不惜推迟了女儿的手术时间,服了保心丸硬挺着走上讲台,阐述自己对特殊教育发展的思路。

H 校长不仅用热情和爱心构建特殊教育事业,还用更多的知识和科学促进特殊教育的长远发展。她在繁忙工作之余参加了华东师大特殊教育专业本科班学习,并开展了一些课题研究,组织学校教师自编特殊教育教材。

同事们戏称 H 校长"另类",说她是特殊材料制成的,因为她的毅力普通人难以企及。但是 H 校长心里明白,读本科也好,编教材、搞科研也好,都不是为自己,而是为了特教事业，为了那些不幸的孩子。

案例2：

叶志平，四川安县桑枣中学校长，汶川地震后被网友评为"史上最牛校长"。他担任校领导后，下决心花40万元将造价才16万元的一栋"豆腐渣"实验教学楼进行了彻底加固，消除了隐患；更为主要的是，从2005年开始，他每学期都要在全校组织一次紧急疏散演习，工作做得非常仔细。

四川安县桑枣中学紧邻北川，在此次汶川大地震中也遭遇重创，但由于平时的多次演习，地震发生时，叶校长还在外地办事，但全校2200多名学生和上百名老师无一伤亡，创造了一大奇迹。他得知地震消息，赶回学校，老师们迎着他报告：学生没事，老师们都没事。

他扑通一声跪倒在地，55岁的他，哭了。①

[案例分析]

一个是"另类"校长，一个是"史上最牛"校长，一个从事特殊教育，一个从事普通教育，一个奉献在国际大都市上海，一个奉献在灾区汶川，但他们有一个共同的名字：教育领导者；他们有一个共同的信念：责任；他们有一个共同的特征：执著；他们有一个共同的坚持：科学。他们只是无数教育领导中的两个代表，而他们却代表了教育领导应具备的各种专业素养。下面我们来捕捉两位优秀领导的共同特质。

（一）责任

2005年，教育部部长周济提出了责任和爱是师德之魂，在"爱是师德之魂"这个共识的基础上，强调"责任"的重大意义，第一次把"责任"摆到"师德之魂"的高度，认为"没有责任就办不好教育"。校长是学校的灵魂，一个好校长就是一所好学校。要建设一支具有高度责任素质的教师队伍，办好让人民满意的教育，校长必须首先强化对自己的责任教育，提高自身责任素质。

H校长曾发出肺腑之言："我不是什么特殊材料做的，我只是一个平凡的人。我当时很脆弱，一个人走在小弄堂里，会控制不住眼泪；看着女儿痛得打滚却无能为力，我心如刀绞。只是对那些孩子的责任支撑着我，他们太可怜、太不幸了，既然当了他们的老师和校长，就有责任帮助他们在不幸面前站起来……"她把做好特殊教育当作自己的责任，把关爱学生当作自己的责任，把关心学校的老师当作自己的责任，在自己瘦弱的肩膀上挑了无数的责任。这才是一个好校长，一个有责任心的校长。

叶志平校长认真负责的工作精神更是令人叹为观止。他完全可以对危房不管不顾，反正房子倒塌也不是他的责任；他完全可以只管升学率，反正也不知道何时发生地震。可是他没有，因为他清楚了解管理好这个学校是他的责任，乃至于这个学校的一切事务都是他的责任，于是他对危房实验楼进行了加固修缮，于是他每学期坚持组织紧急疏散演习。如果没有汶川地震，也许知道学校搞这种演习的旁观者往往会认为校长不务正业，不抓升学率，只带着学生玩，甚至没有人会知道还有这样的学校，还有这样的校长。可是叶校长任

---

① 网程网．上海市卢湾区辅读学校校长何金娣．[OL] http://www.910com.cn/news/15/25/1943.shtml. 2005.01.03.

职以来,学校的升学率年年高升,而汶川地震中,叶校长更是交上了一份完美的答卷。

(二) 爱心

领导不意味着高高在上的职权,不意味着有无限的荣誉。领导的名称是人民赋予的,因此应对人民负责,为人民服务。为什么有的校长被世人称赞,为什么有的校长惨遭唾弃甚至被法律制裁?这是因为后者没有摆正自己的位置,没有把爱贯穿到自己的领导中去。

H校长怀着对这份职业的爱,怀着对这些可怜学生的爱,怀着对这些同样有爱心的老师的爱,无怨无悔地致力于这份特殊而又有难度的事业中。爱心是她前进的动力,是她成功的保证。

叶志平校长的爱可能被很多人忽视。他的爱没有轰轰烈烈,他的爱是实质性的,是对学生和老师切实有帮助的。他不顾上级反对坚持修筑危楼,不顾别人的流言蜚语坚持进行紧急疏散演习,背负着巨大的压力。这正是因为他的心里承载着全校师生的安危。他身上背负着巨大的压力,最后,他用泪水和那令人震惊的扑通一跪显示了他爱心的迸发。

(三) 科学

管理辅读学校仅仅有爱心是不够的,那些无辜的孩子需要的不仅仅是大家的关爱,他们更需要有一天自己能像其他正常人一样上学工作,因此辅读学校的校长老师需要用科学的方法、创新的精神真正切实地帮助这些孩子。H校长做到了,为了这份特殊的工作她进行了特殊的学习,在管理学校的同时还写书、做科研。现在有很多校长上任以后往往只忙于学校事务,忽视了自身的充电,忽视了自己原本的专业,更忽视了科研。然而只有学习更多的知识,和其他教师一样继续致力于科研事业,才能更科学地管理学校。

汶川地震中涌现出很多好校长,好老师:灾难来临时,他们奋不顾身救人,甚至牺牲自己的生命;灾区重建时,他们义无反顾冲到前线,一心为了事业,忽视了自己的亲人。不可否认这些都是好领导,好老师。而地震发生时,叶志平校长不在现场,他没有用血淋淋的双手扒开泥土抢救学生,他没有因营救自己的学生和老师失去亲人,正因如此,他被很多人忽视了,没有进入"感动汶川十大人物"的网络评选名单。但是,我们要知道他在地震发生前做的远远超过舍己为人这个维度了,他没有使着自己的蛮劲,而是采取了最科学的方法避免了最大限度的损失。这才是一个智慧的校长,这才是一个创新的校长,这才是一个与时俱进的校长。

[启示建议]

为什么他们会成为领导楷模?为什么他们会世人皆知?从他们的事例中我们能看到教育领导应具备以下专业素养:

(一) 理论科学素养

作为校长,首先应该具备执著的教育信念和教育理论素养;其次,校长要保持自己的科研素养,不能因为繁忙的学校行政事务而放弃自己之前做教师时的钻研精神;此外,校长还要有美育等理论素养。

科学素养不仅包括理论知识、科研精神,还包括科学地运用理论做出决策的能力。校长考虑问题应着眼于学校整个大局,要有局部利益服从全局利益的思想;要能认真了解事情的真实情况,充分尊重事实,做出的决策要符合工作的客观实际,避免主观臆想给工作带来危害,增强办事方法的切实可行性,不能只凭自己的一点经验办事;要注重积极学习先进的学校管理知识；要能充分尊重群众意见，对在工作中会出现的问题进行适当的估测，以便在思想和行动上早做好应付各种情况的准备，从而进行合理引导，达到既定的目标。①

（二）管理素养

作为教育领导必须有较强的组织管理能力。首先，领导班子成员要发挥主观能动性，以提高马列主义、毛泽东思想的修养为己任，勤于学习，重视政治理论与业务知识的获取，在实践中增长才干，在总结中强化团队的精神理念；其次，时时反省、解剖自己，增强自制力；再次，容人容言，提高心理承受能力，"海纳百川，有容乃大；壁立千仞，无欲则刚。"领导者要有坦荡的胸怀，容人的肚量，并要提高自己的心理承受能力。②

（三）职业素养

校长的职业素养应包括以下四种意识：首先，校长必须具有战略头脑，把现实放到未来的发展"链条"中去考察，并根据党和国家的有关方针、政策和法规，制定学校发展规划，善于从多种决策中排除干扰，及时作出科学决断；其次，校长要注重学校特色形象的塑造；再次，一所学校的教科研，关键是在"实"字上下工夫，在"研"字上做文章，使研究的问题能在教学实践中产生实际的效应，使广大教师、学生都能受益，靠科研提高学校办学效益，增强学校持续发展的活力；最后，校长还应有危机意识，促进学校的可持续发展。③

（四）情感素养

校长的情感素养与他的世界观、道德观、文化修养、心理素质等是密不可分的，是诸多因素的综合反映。作为校长要热爱学校管理工作，有非常高的工作热情；作为一校之长，不但要有敏锐的观察力，感触教师的情感需求及工作上的困难，还要严于律己，无私奉献，吃苦在前，享受在后；作为校长，要时刻鼓舞全体教职工的信心，带领教职工战胜困难，必须具有稳定、乐观的情绪。④

此外，作为一名称职的教育领导者，还应该具备气质素养、法律素养、人文素养、哲学素养、现代化素养等。只有具备这些素养，才能做到用心教育，科学领导，才能成为真正合格的教育领导者。

（许　婧）

案例2　做学校的领航者
——独特领导铸造特色学校

[案例介绍]

刘校长是某中学的优秀校长，曾获得多个市级"优秀校长"的称号。刘校长确立了

---

① 陈来霞．试析中小学校长的教育科研素养及培养模式［J］．现代教育科学，2005（5）．
② 李永忠．中学校长应具备的管理素养与才能［J］．资质文摘管理版，2009（4）．
③ 陈全福．试谈校长的职业素养［J］．学校管理，2006（3）．
④ 董玲华．浅谈校长的情感素养［J］．黄石教育学院学报，2001（1）．

"以人为本、关注校本、讲究成本"的管理理念,提出了"内强管理,外求开拓,优化特色,主动发展"的办学思路,带领全校走上"日语见长,多语发展"的特色学校发展之路,具体如下:

一、2005年4月,在上海日本学会的支持下,成立了全国第一个"中等日语教育研究中心"并正常运行;于2006年暑假成功举办第三届"中日韩国际教育会议"。

二、由日语向多语发展。现已开设日、英、韩、德、法、俄六种外语课程,并形成四种外语教学模式:(1)主修日语,辅修其他语种;(2)主修英语,辅修其他语种;(3)日语、英语"双主修";(4)英语、德语"双主修"。

三、创立外国学生部。首创基础教育面向国际的办学模式,于2004年创立外国学生部,建立了灵活多样的课程体系,已有多名外国学生升入复旦大学以及早稻田大学等国内外名校。目前学校有外国留学生70名。

四、开发国际资源。2005年和2006年分别在日本东京和韩国首尔设立外国语中学办事处,已与世界上十多个国家的大、中院校建立友好合作关系。近三年来有59人次教师、30余名学生得到资助出国考察、进修和学习的机会。

刘校长全身心投入学校工作,凭借着激情和智慧,引领团队把一所普通中学办成了一所个性鲜明的在国内外(尤其是日本)享有一定知名度的特色学校。

[案例分析]

上面的案例中,我们可以看到刘校长所的在中学是一所非常有特色的中学。在这所中学里,学生的第一外语是日语,而不是像其他学校那样以英语为第一外语。其次,学校有"主修日语,辅修其他语种""主修英语,辅修其他语种""日语、英语双主修"等课程模式。并且,我们可以看到,学校还创立了外国学生部,开发了不少国际资源。刘校长确立的"以人为本、关注校本、讲究成本"的管理理念,提出的"内强管理,外求开拓,优化特色,主动发展"的办学思路,带领全校走上了"日语见长,多语发展"的特色学校发展之路,这些都使得该中学在众多的中学中显得异常独特与耀眼。

那么曾经的一所普通的中学何以在2000年刘校长接手后发生了如此大的变化呢?

在国际社会与人民群众都高度关注教育质量的今天,如何推进学校教育改革与发展,使之成为能够孕育优质教育的摇篮,便成了广大中小学的重任。那么,什么样的学校才能够成为孕育优质教育的摇篮呢?是不是所谓的重点中学,就能够承担满足老百姓对优质教育需求的重任呢?答案显然不是。优质教育不应与重点中学画等号。在这个信息急剧膨胀的时代,在校际竞争日益激烈、学校同质化倾向日趋严重的今天,为满足上海建设现代化国际大都市对人才多元化的需求,学校探索错位发展之路,发展特色学校无疑是一种和谐发展的战略选择。

发展特色学校,应在注重培养学生德智体全面发展的基础上,基于学校原有的自身文化,创建学校的特色,这样才能培养出更具竞争力的学生。那么学校要创建与发展自己的特色,作为学校领航者的校长应该怎样为学校导航指路呢?

刘校长的一本书中这样写道:"校长不能只是一只辛勤的蜜蜂,而要成为类似放风筝的人:心中有天空,眼中有目标,手里有分寸,脚下有土地。"[①]

（一）校长对学校的正确定位

刘校长在担任该中学校长后,对学校特色发展进行了定位,如把培养目标界定为"有教养,有个性,有竞争力,有国际视野的现代人";把学校发展路径定位为"以日语教育为抓手,以外国学生部为新的生长点,以国际理解教育为重要内容,以迈向教育国际化为追求,为社会培养高质量的日语及其他小语种后备人才,逐步把该校办成'日语见长,多语发展'的特色学校"。根据这一定位,学校做出了出国门招收留学生,成立上海市中等日语教育研究中心等一系列富有创意的决策,学校发展取得了显著成绩。

（二）校长做"学,教,管"的引领者

案例中,为了使特色发展的目标顺利实现,刘校长分别在课程教学、教师队伍、学生活动、制度创新、文化积淀方面构建了特色发展的支持系统。

刘校长制定了一个体现学校特色办学理念的课程方案,以"外语"和"国际化"为建设学校特色课程体系的着力点,在国家课程改革要求下,全面领导课程改革在学校中的实践和创新,并创建合作分享的教师文化,促进教师的专业发展和学生的个性发展。以师生自主发展为本,在科学发展观指导下,立足学校自身实际,主动发展、错位竞争、依法治校、民主管理、创新机制、文化引领,使学校在建设特色学校领域取得不菲的成绩。

[启示建议]

作为学校领导者的校长,应该是学校发展方向的指引者,是发展目标的筹划者,是学校成员信念、态度和价值观的引领者。积极赋予教师应有的权力,通过协商与支持,与教师共同作出关于学校发展的重大决定,校长的工作中心在于形成共同的理想和一致的力量促进学校的变革与创新。学校是航行之船,而作为决策者的校长就是这艘船上的舵手,在茫茫大海中引领学校向前航行。作为舵手的校长,其决策的正确与否关乎学校的发展前途。在学校特色建设中,描绘学校发展蓝图,为学校的特色发展定位是校长决策的重要使命。

管理与领导不同,管理倾向于按照机构的规则实施已有的程序,而领导更注重愿景的作用和启动实现愿景的过程。管理强调的是制定详细的议事日程,安排周密的计划,分配必需的资源,以实现组织目标。领导则强调确定目标与方向,构建愿景,制定战略以引起组织的变化。因此,从行为结果的影响看,管理意味着完成活动,支配日常工作,而领导意味着激励、授权和影响他人,使每个成员为组织的变革而努力。

校长要如何做个成功的"放风筝的人"？笔者认为应从以下几个方面着手:

（一）思想的引领者

正如苏霍姆林斯基所说:"校长对学校的领导首先是教育思想的领导,其次才是行政上的领导。"办学思想是学校文化的核心。学校文化像一种情感和信念的"地下河",流注于学校的每一个角落,牵引着学校成员,使各项工作朝着一个共同的愿景前进。校长要肩负起传承发展学校文化的历史使命,成为学校文化的建设者和领导者。学校文化不仅是学校历史的积淀,更是学校未来发展的主体,是学校的生命所在。良好的学校文化是学校发

---

① 刘国华.校长领导力——引领特色学校建设[M].上海:上海教育出版社,2009:1.

展、教师成长和学生进步的肥沃土壤，学校要形成一种学校成员共同享有的价值观念和行为取向。

学校要建立在历久弥坚的文化根基之上。学校真正的差异是学校文化内涵的不同，只有那种富有个性的学校文化才有生命力。

(二) 课程与教学领导

办学思想的落实是对校长更具有挑战性的考验。落实办学思想关键在于课程与教学的领导。主要体现在以下几个方面：

1. 制定一个体现自己学校办学理念的课程方案。校长应在国家课程改革的要求下，主动地创造性地领导课程改革在学校中的实践与创新。

2. 鼓励和增加学校领导与教师的沟通互动。校长应多深入课堂听课与评课，发现问题及时研究，及时化解教师在课程和教学改革中的困难和矛盾，以保证课程改革的积极推进。[1]

3. 加强课堂教学指导和教学质量评估。校长要引导教师选用正确的教学方法并合理利用信息技术等教学手段，提高课堂教学的有效性，保障课堂教学质量。此外，校长还应定期进行教学质量的评估和反馈。

4. 校长应引领教师增强自身的专业素质与个性发展。教师是课程改革中不可缺少的要素，是推动课程改革的基本动力，因此，校长应多关注教师的课程参与情况，为教师参与课堂教学改革、教材编写等创造条件，使教师有机会发挥自己的特长，积极反思自己的课程与教学实践，促进自身的专业发展。

(沈一岚)

案例3 心、脑、手的统一
——校长提升领导力的三方面

[案例介绍]

思想上引领。作为学校发展的第一责任人，一方面，校长要基于先进的教育理念形成自我校本特色的办学、管理的核心思想。校长要基于自己的思考和实践，依托团队的力量，形成能体现校本精神和文化特点的办学思想和理念；另一方面，校长要在思想上引领团队和教师日常性的发展。

行动上带领。作为第一责任人，校长没有参与和体会，没有真实的感悟和体验，也就没有发言权。校长要参与和领导各个领域的变革研究，要经常深入教研组探讨，下课堂听课、评课，而且要与教师进行高水平的专业沟通。这一过程既是一种带领过程，也是一种自我超越的过程。

情感上凝聚。校长除了在思想上和行动上成为推进学校发展的凝聚者，还要以自己的品格以及对整个团队的充分关注来成为推进学校发展的凝聚者。校长要创设一种分工合作

---

[1] B. A. 苏霍姆林斯基. 给教师的建议 [M]. 北京：教育科学出版社，1984.

的工作氛围,要个性化地关注每一个成员的成长和发展,走近每一个老师,要有生活的了解、思想的沟通、工作的探讨、情感的交流,要了解教师的发展意愿,为教师的发展留出空间,提供最佳的平台。①

以上文字是节选自某市教育局副局长在全市优质小学校长会议上的发言,我想,"在思想上引领""在行动上带领""在精神上凝聚"这三点不仅是对于各级各类学校校长提出的殷切希望,更是当今提升校长教育领导力的三盏指示灯。

[案例分析]

"提升教育领导力"这个问题其实早在2006年6月美国环球文化协会、中国国际科技会议中心、北京教育学院等四单位联合举办的"中美教育研讨会暨首届教育领导国际研讨会"中就提到过,所谓"教育领导"即确定教育组织的发展方向与共同愿景,对全体成员施加积极的影响,使其积极主动地为实现组织目标而努力工作的过程与活动。带领、指导、教育、劝说和激励等是施加影响的重要手段。② 在这次会议上,"教育领导"被与会代表上升到一个很高的程度,他们得出的观点是:在教育的发展中,"教育领导"是核心,而提升领导者的"教育领导力"则是关键。那么,不难想象,我们各级各类学校中的校长就是引领各级教育组织的舵手。

要成为优秀的舵手,校长这位"教育领导者"就必须要努力形成与这种角色相适应的领导风格。美国学者托马斯·J·萨乔万尼认为,校长领导风格形成可以体现在三个层面:一是领导之手——属于领导的行为与技术,包括校长的行动、所做出的决定以及运用管理策略所形成的政策、方案和实施程序;二是领导之心——属于领导理念,包括校长所相信、所珍视、所向往以及所承诺的愿望等道德层面;三是领导之脑——属于领导信念,包括校长对学校价值、学校发展所形成的愿景,表现为校长的反思能力和实践知识。这三个方面有着紧密的联系,领导之心塑造了领导之脑,领导之脑驱动了领导之手,心、脑、手的结合并用,方能显现校长的教育领导才能与艺术。③

我认为最重要的莫过于"领导之心"。苏霍姆林斯基曾经说过:"学校的领导首先是教育思想的领导。"一所学校若要成功树立自身的品牌,必然要求有一位优秀的校长,而他也必须具有科学的、清晰的领导理念。这些理念会渗透到这所学校的教学目标中,渗透到这所学校的教师教育中,当然也会渗透到这所学校的各门课程中。

在本科期间,我曾经在常州市某小学实习过一段时间,代过一个月的品德与社会课程,在这期间,我发现品德与社会课大多数情况会因为各种原因被其他"主课"占去。那么试问品德与社会课还有它存在的意义吗?我想,在这个问题上,校长在引导教育方面是有不可推卸的责任的,因为校长的教育理念会直接引导着一线教师的教学行为,相对于"语数外的大补恶补",思想品德道德教育内容、形式、手段的单薄都与前者形成了鲜明的对比。品德恰恰是我们中华民族悠悠五千年稳定和睦的最本质、最内在、最稳定的"粘合剂",我们的大多数教育工作者一直大力提倡道德修养和情感能力的培养,但是另一方

---

① 江苏省常州市全市优质小学校长会议报告[R].2010.
② 温恒福.重视和加强教育领导学的研究[J].教育研究,2004(9).
③ 李瑾瑜."教育管理"与"教育领导"[J].教书育人,2009(14).

面却不重视品德与社会课的学习,那么怎么实现"以人为本",怎么实现提高学生的综合素质?我相信如果校长在领导理念上没有有效地重视这一点,那么又何以谈提升教育领导力,何以谈树立学校优质品牌,何以谈培养祖国的下一代?

[启示建议]

一校之长能否适应新环境的新挑战不仅取决于他是否正确认识面临的形势,更取决于他是否具备一种主动学习、自我更新的意识。成为一名优质的"教育领导者"是所有的校长的愿景,也是未来社会的要求标准。教育领导力的提升并不是一蹴而就的,而是需要先进的"理念"和足够的"实践智慧"完美融合的。①

(一)塑造领导之心

思想是实践的先导。只有教育领导的理念扎根于每一位校长的心中,他们的教育领导力才会增强,学校各方面的教育品质才会提高。

首先,校长要从内心深处重新认识自己,在当前新课程改革的大背景下,校长必须要与时俱进,不断更新自己的领导理念,准确解读"领导"本身的含义。校长并不是独自带动学校的发展,而是要动员一切可以动员的力量来为教育服务,只有这样才能引导学校成员向教育目标迈进。

其次,校长要真正热爱自己的事业,以自己的专业热情、教育思想和智慧引领老师,不断为自己的教育目标奋斗。"一个人拥有权力,不仅表现在其控制了一些奖惩资源,如金钱、给下属更多权力的机会(如参与决策),也表现在他对组织的未来拥有一套自己的思想,令人们为之兴奋,想迈进组织。"②

再次,校长要成为永恒的学习者,努力从科学文化中汲取养分,特别是要重视对于教育理论和领导理论的学习。"校长必须展示出优秀的教学行为和持续的专业发展理念,该理念应该和促进教学发展相一致。"③

最后,校长要认真解读一线教师。在传统的教育中,教师只是校长政策的执行者,很少参与学校真正的决策中,他们在教学时间和教学内容上是没有发言权的。校长必须树立正确的教师观,使得教师能够主动并且积极地参与到教育领导中来。

(二)充实领导之脑

行动是思想的实践。校长只有具备很高的教育领导力,才能推动学校不断健康发展。

首先要明确学校的发展愿景。发展愿景的制定是校长的重要工作任务,校长作为教育领导者应致力于与所有教职员工一起努力,为了让教师和学生接受发展蓝图,应该尊重教师和学生的权利,在日常学校生活中注重激发师生潜能,使得学校每个成员都能够在学校的发展中实现自己的理想。

其次是要完善自己的领导方式。校长应该鼓励教师参与学校的民主管理活动,"传统

---

① 王志成. 试论幼儿园园长教学领导 [J]. 怀化学院学报, 2009(03).
② 罗伯特·G. 欧文斯. 教育组织行为学 [M]. 窦卫霖, 温建平, 王越译. 上海: 华东师范大学出版社, 2001: 313.
③ Anita Woolfolk Hoy, Wayne Kolter Hoy. 教学领导: 基于研究、通向学习成功的指南 [M]. 徐辉, 张玉主译. 北京: 中国轻工业出版社, 2006: 2.

教学管理侧重于对教学活动进行计划、组织、检查、考核和奖惩,目的在于建立稳定的教学秩序、提高教学质量",而现代校长必须改变武断的管理方式,校长务必加强民主管理和民主监督,使得教师、学生和家长都参与到支持教师的管理活动中。同时积极鼓励教师创造性地开发和利用课程资源,支持教师的各项教学工作,为其发展和成长搭建平台。

(蔡　颖)

案例 4　人格魅力迸发影响力
——校长道德领导的力量

[案例介绍]

赵校长把爱都献给了学生,浓浓的师生情结,充盈于他的整个教育人生。他和学生之间的故事,早已在教育界传为佳话。

素质教育实验班的学生小罗,资质聪慧,性格倔强。有一次他耍"小性子",造成了班里的摩擦和纠纷。万家灯火时分,小罗家来了位"不速之客"。六十多岁的老校长一进门,便如春风般舒缓了小罗一家原先的紧张气氛。"小罗是个好孩子,只是耍孩子气!"赵校长拉着小罗的手,就像爷爷给孙儿讲故事,几小时的促膝谈心,让小罗全家感动得热泪盈眶。日后小罗的成长和进步,验证了赵校长的理念:一次成功的教育萌发于教师深沉的爱。

一位女教师忘不了那一年,为了保证她完成硕士学历进修,赵校长代她上初三的课,直至病倒住院。当她接过赵校长住院前的一厚摞备课笔记,看着那一页一页认真细致的教案,顿时激动难抑,流下了泪水。

赵校长做校长,时时刻刻惦记着学校,即使是病中。1989 年以来,他一直被病魔所困,几年中开了三次刀。这期间,他爱人身体也不好,父母双亲均已年迈,家庭状况很是特殊。但是赵校长心中一直惦记着学校,在病中也让他的爱人安排了几次床头校务会。1995 年,赵校长病体初愈,即返校主持繁重的校务。许多次,学校领导和其他老师们要为他分担一点困难,但他始终没有同意。因为他知道,教师都很忙,也不愿影响他们。[①] 2000 年春游时,赵校长不坐专车,跟学生一起乘坐大客车等,诸如此类的事情还有很多很多……

[案例分析]

从以上案例,可以看出赵校长是如何成为一位优秀的校长的——正是他的人格魅力,转化为教育的强大力量。

从案例中,我们看到,赵校长对学生有着深深的感情。他关心学生的成长与教育,尊重每一位学生,懂得学生的身心发展特点与家长的教育方式,亲临学生家里,对学生进行爱的教育。赵校长放下校长的架子,深入到学生活动之中,和学生零距离接触。赵校长以

---

① 马联芳.60 个校长的智慧谈话[M].上海:上海教育出版社,2005.

自己的行动，以一种榜样的力量，潜移默化地去感染教化别人。

同时，赵校长也深爱着每一位教师。他关注青年教师的成长，每学期听大量的青年教师的课，与青年教师切磋教艺，并将他们引向各类培训工程；他关心中年教师的发展，并且对他们的关心不仅仅局限于生活方面；他关心着为学校奉献的老前辈、老教师的衣食起居，数次为他们创造团聚的机会。他还为有成就的教师创造条件，把他们的丰富经验推向更广阔的教育天地，让更多的人学习。

赵校长从父亲身上所深深感悟到的就是，一个教育者的最高境界就是：无私奉献。他就是以这种精神投入到教育事业之中，将自己的全部热忱奉献给了教育，奉献给了学生与老师，即使在病中依然记得自己的责任，时刻惦记着学校的工作，带病坚持工作。

赵校长常说："为人师者，要培养大器，自己必须成大器；要为国家造就栋梁，他自己必须是栋梁。"赵校长严于律己，以身作则，以成为"大器""栋梁"的标准要求自己，并为之行动，教育着所有的人，深深感染着所有的人。

赵校长在一线埋头苦干，在听青年教师的课、与教师切磋交流中，不断地学习，和教师、学生一起成长。同时赵校长以身作则，积极参与教学实践，在参与中实现领导，建立了团结和谐的教师团队和领导班子。

综上所述，赵校长将校长的人格魅力转化为教育的强大力量，来源体现在四个方面的：第一，来源于作为一个校长应该有的学术地位，包括在自己从事的教学学科达到较高的学识水平，以及对其他学科的基本了解；第二，来源于校长的道德水平；第三，来源于对教师的凝聚力，即集合每一位教师所长，形成一个良好、和谐和团结的教师集体；第四，来源于校长自己投入到教学一线之中，埋头苦干。

作为一名教育领导，赵校长以自己的人格魅力，成为一名人人信服、人人尊敬、人人学习的好领导。

[启示建议]

著名教育家陶行知先生说："校长是一个学校的灵魂。"振兴教育，希望在教师，关键在校长。面对新的教育形势，如何成为一名优秀的校长呢？从以上的案例与分析之中，上海某中学成为一个好学校的关键在于有赵校长这样一位优秀的校长，而赵校长之所以优秀是由于他的人格魅力。因此我认为，校长的人格魅力是成为一名好校长的关键所在。

校长管理学校工作，"不是靠权力，而是靠威信、毅力、丰富的经验，多方面的工作以及卓越的才能。"[1] 其中最重要的就是校长的人格魅力。所谓校长的人格魅力，就是校长的学识、能力、性格、气质、品行等各方面令人敬佩、凝聚人心、影响集体的力量。[2] 通过对赵校长的人格魅力的分析，我认为一位校长的人格魅力应在以下几个方面体现：

第一，奉献的精神。作为一名校长，应该做到恪尽职守、甘于奉献，用人格的力量感染人。一位教育家说过："校长手里不应该拿着鞭子，而应该举着旗帜，走在前面。"作为一名校长，应热爱党、热爱人民、热爱教育，有把自己的一切献给社会主义教育事业的赤

---

[1] 列宁．列宁全集第六卷［M］．中共中央编译局编译．上海：人民出版社，1963：21．
[2] 徐吉志．今天我们怎样做校长［J］．山西教育：综合版，2006（3）．

诚之心。① 有了这颗心，就能保持清醒的头脑，端正办学方向，不断增强全面贯彻教育方针的自觉性；有了这颗心，就能在逆境中经受住考验，自强不息，勇于创新，勇于探索，永远向前；有了这颗心，就会有"先天下之忧而忧，后天下之乐而乐"的坦荡胸怀，襟怀坦白，任人唯贤，在学校工作中，克己奉公，无私奉献。有了无私奉献的精神，就能够产生对教育事业的忠诚，对师生的挚爱，并由此进入治校的较高的艺术境界。

第二，博爱的心灵。一位校长要从心底热爱教育事业，关心每一位教师与学生。从学生到学校的老前辈、老教师，不仅要从衣食住行和学习生活上关心他们，尤其要从心理上进行关心与呵护。与师生进行零距离的接触，走进师生的家庭，走进课堂，走进师生的活动。为师生创设交流的平台，进行良好的沟通，共同积极参与学校生活，让每一个人感受到自己的主体地位，感受到自己存在的价值，感受到自己是这个大家庭的一员。

第三，广博的学识。首先，一名校长要深入到教学一线中，了解学生的学情，积累扎实的专业基础知识，刻苦钻研与创新的精神，积极参与到科研之中。其次，一名校长应了解其他学科的重点知识。走进课堂，听课、评课，与各个老师交流磋商，共同进步学习。

第四，严于律己，宽以待人。一名优秀的校长应严格要求自己，给自己提出较高标准和要求，踏踏实实地做事，经常反思自己的行为，给师生树立一个好榜样。平等对待老师和学生，尊重每一个人，对于别人的优点予以肯定，对别人的错误进行悉心指导教诲，用爱心与诚心去感染他们，及时纠正错误。

一个好的校长就是一所好的学校。校长的人格魅力起着至关重要的作用。希望能够涌现更多像赵校长这样拥有人格魅力的校长，把校长的人格魅力转化为教育的强大力量，为教育事业奉献一份力量！

（王立娟）

案例5 先贤的精神遗产去了哪里？
——论教育家陶行知的创新意识对当代教育领导的启示

[案例介绍]

陶行知是中国历史上伟大的人民教育家。他自幼聪明好学，自主创新，从童年时代起就对民间的疾苦有深切的感受。他尤其关注中国的农村，立志为改变中国贫穷落后的面貌和广大中国农民受剥削压迫的悲惨处境去奋斗。"五四"运动后，陶行知从事平民教育运动，创办晓庄师范。1932年起，他先后创办了"山海工学团""晨更工学团"，"劳工幼儿团"，首创"小先生制"，成立"中国普及教育助成会"，开展"即知即传"的普及教育运动。1939年7月，在重庆合川的古圣寺为儿童创办育才学校，培养有特殊才能的儿童。陶行知的一生，是在生灵涂炭、国家多难、民族危急之秋度过的，他以"捧着一颗心来，不带半根草去"的赤子之忱，与劳苦大众休戚与共，与共产党人亲密无间，为人民教育事业，为中国的民族解放和民主斗争事业鞠躬尽瘁，奋斗终生，做出了不可磨灭的贡献。陶

---

① 朱嘉林. 教师应具备的思想修养与品格 [J]. 现代中小学教育，1998（6）.

先生著作宏富，论述精当，与当前的社会主义教育学息息相通，堪称中国近代教育史上的"一代巨人"。陶行知不仅属于中国，也属于世界。

（本文案例资料来源于百度百科，转载时对部分文字进行了删减与改动）

[案例分析]

诺贝尔物理奖获得者朱棣文说过："要想在科学上取得成就，最重要的一点就是学会与别人不同的思维方式，用别人忽略的思维方式来思考问题。"这是对创新意识在其所能达到的效果层面的阐释。江泽民同志说："创新是一个民族的灵魂，是一个国家兴旺发达的不竭动力。"这是对创新意识在其所起到的作用层面的表述。

从案例中我们不难看出，教育家陶行知是中国教育界的一位改革家，是当之无愧的一位巨擘。在那个时代，他为中国教育界注入了一股清泉。在当代，他的这种创新意识对促进教育的发展依然起着巨大的作用，甚至可以这样讲，能不能继承他的这种精神遗产，直接关系着中国教育未来的走向与命运。教育家陶行知有这样一句座右铭：我是一个中国人，要为中国作出一些贡献。也许正是秉持这样的信念，他才能够在我国基础教育领域作出创新与奉献。由他提出并身体力行的"小先生制"就很好地诠释了他的基础教育理念。"'小先生制'指人人都要将自己认识的字和学到的文化随时随地教给别人，而儿童是这一传授过程的主要承担者。尤其重要的是'小先生'的责任不只在教人识字学文化，而在'教自己的学生做小先生'。由此将文化知识不断延绵推广，是为了解决普及教育中师资奇缺、经费匮乏、谋生与教育难以兼顾、女子教育困难等矛盾而提出的。"①

也许陶行知先生的"小先生制"在当代社会中已经不合用，但我们今天要探讨的乃是一种精神——创新精神。仔细研究后不难看出，陶先生具有一种大教育观，被毛主席称为"伟大的人民教育家"。他的《创造宣言》不仅激励着当时的人们，也值得我们当代教育工作者去借鉴与学习。他的"四颗糖"的故事，不仅教育着一代又一代年轻的孩子，更激励着广大教育工作者。在当代，秉承陶先生教书育人的思想，更好去地实施关爱教育与生命教育，这才是基础教育的真谛。进步无止境，不论是从《创造宣言》，还是从陶先生的生平事迹，我们都可以体会到创造的源远流长。然而，受时代的局限，陶行知先生当时没有提出的，要我们现在审时度势、继续发扬。毕竟，我们需要继承的是先贤的那种不断创新的精神。

[启示建议]

纵观以上案例，我们可以得到如下启示：

（一）敢于挑战，创新是批判的继承

陶行知先生是杜威的学生，杜威提出"教育即生活"，陶先生则将其创造性地改为"生活即教育"。"创新"，我们可以将其理解为创造与革新。要有所革新，进而有所创造，首先要求我们的教育领导必须具备求异的思想。因为观点相悖，才有可能引发思考，进而追求改变。马克思主义讲：物质决定意识，意识具有能动性。尽管人类不能改变规律，但却可以利用规律。只有充分发挥主观能动性，人类才可以创造更加绚烂的生活。创新的道

---

① 小先生制[OL]. http://baike.baidu.com/view/2600204.htm.

理亦在于此。国家要发展,教育需先行。而教育领导作为教育蓝图的谋划者,应该更加深谙此理。因此,只有我们的教育领导意识到创新的重要性,从观念上对其重视起来,才能进一步在实践中创新。

(二)求知创新需要博采众长,广开眼界

纵观古今中外,凡有所成就者无不是博采众长、具有广阔眼界的人。陶行知就曾受全国救国联合会的委托,担任国民外交使节,出访欧、美、亚、非二十八个国家和地区,出席"世界和平大会""世界新教育会议第七次年会""世界青年大会""世界反侵略大会",当选为世界和平大会中国执行委员。作为一名教育领导,想要在自己所从事的领域中有所成就,如果一味的"闭门造车",只会导致"出门不合辙"的状态。向先贤学,向西方学,从身边学,还要从自身学,做到"吾日三省吾身",只有这样才能真正做到博采众长。

(三)协调各方利益,为创新意识营造一个和谐的环境

领导有很多种,教育领导亦如此。教育不是独立于社会而存在的,它恰恰是植根于社会这方土壤中,并依赖着社会而生存的。因此,教育也就避免不了与社会各方利益之间产生摩擦。而社会这方土壤是否肥沃,是否纯净,是否具有创新意识,也直接影响着教育领域。然在笔者看来,仅教育与行政之间的关系就颇为复杂,良好的教育需要营造一个优秀的学术环境,所以,讲到教育领导的创新意识,就不得不提这两者之间的关系,因为只有理顺这两者之间的关系,只有从教育领导开始就摒弃"官本位"思想,才能消灭掉阻挡教育领导创新甚至是整个教育界创新的一块绊脚石。在基础教育界,这条定理尤为重要。

(四)敢于革新,让实践成为滋养创新意识的温床

曾经读到过这样一个观点:"教育家办教育,不是'干一阵子,而是干一辈子'"[①] 只有全身心的投入,才会获得十分的回报。毛主席曾讲:"实践出真知。"实践是检验真理的唯一标准,而创新往往也就在一次又一次的实践中诞生。在科技领域,无数科学家用自己的实际行动证明了这个真理。有一个家喻户晓的人物,他就是爱迪生。"在发明留声机的同时,经历无数次失败后终于对电灯的研究取得了突破,1879 年 10 月 22 日,爱迪生点燃了第一盏真正有广泛实用价值的电灯。为了延长灯丝的寿命,他又重新试验,大约试用了 6000 多种纤维材料,才找到了新的发光体——日本竹丝,可持续 1000 多小时,达到了耐用的目的。"[②] 在科学领域是这样,在教育领域亦是。作为一名教育领导,只有具备这种孜孜不倦、持之以恒的精神,才能在实践的大道中找到属于教育的真谛。

(五)创新,要有不畏人言、勇于承担的气魄

自古以来,革命都免不了流血牺牲。在现代许多领域的改革中,我们或许看不到战争中那种残忍的暴力场面,取而代之的是明争暗斗。因为竞争依然存在,阻力依然存在,且竞争在现代社会中被无限放大。一位具有创新意识的教育领导想要大刀阔斧地推行自己的想法,那就必然要赢得业界人士的赞同。但往往新生事物的力量是弱小的,甚至常常是不被承认的。如果在一片反对声中,教育改革者妥协了,那么这场改革无谓是夭折了。因此,这就要求我们的教育领导在有了想要创新的意识后,在找到了创新的途径准备实行

---

① 年巍. 教育家请"干一辈子"[OL]. http://news.xinmin.cn/rollnews/2010/05/07/4776782.html.
② 爱迪生·生平·发明·征程 [OL]. http://baike.baidu.com/view/2323.html?wtp=tt.

时，在遇到阻力的牵绊时，要有一如既往、一以贯之的气魄。阿尔伯特·爱因斯坦在最初提出相对论时，并没有引起学术界的广泛响应，甚至遭到了人们的反对，但他坚持自己的观点，并不断地深入研究，最终用事实赢得了学术界的一致赞同，这才有了而后闻名于世的相对论。如果在听到反对声时就轻易放弃了，那么可想而知，对于人类将是多么大的损失。

（梁晓玉）

第二编

内涵建设篇

学校内涵式发展已成为教育界的共识。我国教育规模已是世界第一，但我国并不是教育强国。因此，提高教育质量，推进学校内涵式发展已是我国教育界极其关注的问题。同时，在规模发展中如何提升质量成为我国教育发展的最大的挑战。"钱学森之问"，时时在有心致力于教育的青年才俊们耳边响起，激励着一颗颗奋发图强的心。如何提高教育质量，已成为教育者尤其是教育领导者无法回避的问题。

学校内涵建设从文化、道德和课程三个方面来阐释。文化，其自身就具有作为教育领导的功能。学校文化有其独特性，只有这样，才能避免"千校一面"，让每一所学校特色发展。

"学高为师，德高为范"。如果说文化是学校内涵的核心，那么道德则可称为学校内涵之灵魂。有道则以行，有德则以服人。如果说教育是一门艺术的话，"德艺双馨"，方可"桃李不言，下自成蹊"。

学校内涵的重要载体之一是课程。课程以显性或隐性的方式浸润着学生，授以知识，教以做人。一个学校的水平如何，看其课程可知。教育领导对课程的把握是一种专业化的领导，在于课程的可操作性、适应性和创新性。

本篇分三章：文化领导，道德领导，课程领导。三位一体共同构建了学校内涵建设的主体部分。文章作者均为师范大学教育类研究生，以案例研究为视角切入，从中可以体悟从教育理论到实践之应用。

第四章 文化领导

教育之于人，在于其文化性。人创造了文化，文化改变了人。文化是以生命为本位的"时间性"的存在。正因为此，从文化的生命特性来把握和理解文化、理解教育具有重要的意义。文化是教育的灵魂，教育的基本功能在于文化的传承与创造。因此，一所好的学校总能让人处处感受到其浓郁的文化气息，以及印象深刻的文化特色。

文化铸就了底蕴，却以不同的形式为其表现。所以，当我们面对一所所好学校时，我们似曾相识，却又发现他们千姿百态。这就是把握文化精髓所在。作为教育领导者，能否带领师生共同营造一种积极的文化氛围，决定着教育的成败。教育领导在加强自身文化素养的同时，更要注重学校文化素养的养育与传承。

本章所选文章，旨在为学校文化建设摇旗呐喊，或介绍一些具有文化特色的学校的发展轨迹，以期为后来者学习借鉴。

案例 1 INCE：学校文化的体现
——以上海市某女子中学文化建设为例

[案例介绍]

2002 年至 2005 年期间，我非常有幸能够进入上海市唯一的一所公办女子重点中学——上海市某女子中学来完成我的高中学业。该中学是一所蜚声海内外的百年名校，宋氏三姐妹都曾在此就读。学校前身是 1881 年美国基督教圣公会创办的圣玛利亚女中和 1892 年基督教南方监理公会创办的中西女中。在过去的一个多世纪里，学校培养了一大批杰出的女性，有众多的科学家、医学专家、艺术家、实业家、社会活动家等。学校在国内外享有盛誉，被誉为"女子人才的摇篮"。该女中独特的历史传承，使得学校具有别具一格的校园文化和鲜明的女校特征。

在几代人的努力下，历经百余年的曲折发展，学校始终强调以清晰的办学思想来指导实践，不断形成适合女性发展的管理理念。进入新世纪，学校提出了以"独立、能干、关爱、优雅"（INCE）为特征的学生培养目标，这四个方面的内涵是：

独立——有较强的自主意识，能够独立学习，生活自理；能够独立思考，独立处世，独立辨别是非，学会选择。

能干——有较强的自信心，意志坚定；有较强的学习、工作和生活能力，善于与他人交往合作。

关爱——关爱他人、关爱集体、关爱自然、关心国家、关心社会，有强烈的责任感，并能付诸行动。

优雅——有良好的道德品质和礼仪素养，大度文雅，懂美爱美。

配合"INCE"的培养要求，学校每年进行"INCE 女孩"的评选和宣传活动。在评选中，学校精心设计了多种形式，例如：

- 自荐演讲
- 班级推荐助选
- 教师提供意见
- 学生会组织面试
- 为每个被推荐者制作个人网页
- 为每个被推荐者录制简短录像

评选过程本身是一个展示和交流的过程，每期评选活动历时几个月。对于评选出来的"INCE 女孩"，学校会制作大幅宣传像挂在教学楼走廊的墙上，通过校园网介绍她们的特点，请她们的家长到校介绍经验，组织"INCE 女孩"到各班演讲，展示她们的风采，这些做法增添了她们的荣誉感。整个"INCE 女孩"评选宣传活动中，学生们始终表现出强烈的参与热情，榜样的效果显著。"INCE 女孩"评选活动日成为女生们的一个重要节日。而学校的独特文化基因通过这些活动潜移默化地熏陶了学生，使学生们能够从容面对未来的挑战，收获美丽的人生。

[案例分析]

近几年来，学校文化建设已经越来越被学术界和各类学校所重视，"学校文化"已成为热门词汇。美国一位著名政治学家说："对于一个社会的成功起一定作用的，是文化，而不是政治。"一所学校，如果不能形成属于自己的独特的、持久的和具有核心竞争力的学校文化，恐怕难以被称为一所优秀的学校。因此，要建立一所被社会所认可的学校，总离不开学校文化问题。

何谓学校文化呢？学校文化可以定义为：经过长期发展历史积淀而形成的全校师生（包括员工）的教育实践活动方式及其所创造的成果的总和。[1] 这里面同样包含了物质层面（校园建设）、制度层面（各种规章制度）、精神层面和行为层面（师生的行为举止），而其核心是精神层面中的价值观念、办学思想、教育理念和群体的心理意识等。[2]

然而，学校文化不是一蹴而就的，它是通过整个学校经过长期的努力建立起来的且具有本校特色的文化传统。它源于历史传统的传承，源于实践的经验积淀。它或许是显性的，或许是隐形的，但是它是客观存在的，它对本校的师生影响深远。学校文化是学校的旗帜，是学校的灵魂。虽然学校文化的建立需要很长一段时间，但是一旦建立起来，这种文化便会指导学校办学方向、统一价值观念、引领师生教与学的行为。在上述这个案例中，"INCE"便是市三女中传递其学校文化的产物之一。

"INCE"中的第一个要求就是独立。就是要独立学习，独立思考，独立处世，独立辨别是非，学会选择。这是对现代社会公民的基本要求，我们要为学校的高瞻远瞩和良苦用心深深赞叹。在很多人眼里，学校只不过是一个学习知识的地方，学生家长交钱，老师贩

---

[1] 康岫岩. 积淀学校文化，锻造学校精神 [J]. 天津教育, 2007 (10).
[2] 顾明远. 论学校文化建设 [J]. 西南大学学报：人文社会科学版, 2006 (5).

卖知识，银货两讫，仅此而已。他们口头上可能也会说尊师重教，其实大都抱着绝对的功利心态，他们不仅不关心自己的子女的情感诉求，更不关心子女作为一个合格的公民的基本素质培养。他们中的很多人其实很害怕和抗拒子女拥有真正的独立思想，因为他们根本不了解这些，因为这不会带来多少实际的好处，另外，这还可能反映出他们自己的愚昧和混沌。已故国学大师陈寅恪先生提倡的"独立之精神，自由之思想"正是这种人文思想的代表。如果一个学校只能培养出来门门功课 100 分，但是却没有自己的独立思想和人格的学生，那么这样的学校是不合格的，这样的学校只是一个文化的沙漠。从这个角度看，我们不禁要更加推崇某女中的做法，该校是真正把学生放在第一位，从对人的尊重和自由发展出发，切实为学生们的个性发展提供了空间和指导。

"INCE"中的第二个要求就是能干，自信坚定，有较强的学习、工作和生活能力，善于与他人交往合作。今天，世界是平的，我们无暇去评判这股潮流的对与错，我们只知道，我们必须在全球化的浪潮席卷之下，为了中华民族立于世界民族之林，展开艰苦卓绝的竞争。在这样的高度竞争态势之下，能干几乎是对人才的最基本的要求了。我们的学生不能是只会坐而论道，必须有工程师的实干精神和能力，同时也要善于合作，乐于学习他人的长处。中国自古就崇尚自强不息，精益求精，永不满足。《易经》所说的"天行健，君子以自强不息"，就深刻地反映了中华民族那种自强不息、锐意进取、精益求精、永不满足于现状的精神。中国的经济要在世界上做大做强，就需要大批的能干的人才，为中国的社会、经济发展做出巨大的贡献。因此，某女中的第二条要求，也是非常契合当今竞争之势的要求的。

"INCE"中的第三个要求就是关爱——关爱他人、关爱集体、关爱自然、关心国家社会，有强烈的责任感，并能付诸行动。正是有了第一条的独立精神和第二条能干的基础，我们才可以要求学生在爱的召唤之下，充分发挥人本主义、人道主义，对社会的弱势阶层、对社会公义给予广泛的关注和支持。同时积极参与环保行动，抵制那些不惜破坏环境、践踏法律和公民权益以取得所谓 GDP 增长的不正之风。关心社会、关心他人，就是要关注社会的各个阶层和弱势群体，应当如伏尔泰所言："我可能不同意你的观点，但是我誓死捍卫你说话的权利！"某女中在校园文化中注入爱的力量、爱的清泉，让我们在这个纷纷扰扰、物欲横流的俗世上，体会到一股温暖的纯粹的力量，让我们对这世界多一份信心。

"INCE"中的最后一个要求就是优雅——有良好的道德品质和礼仪素养，大度文雅，懂美爱美。优雅是女性特有的气质和美德，是这个世界上美好的精华。我们虽然早已摆脱全民"蓝黄黑"着装的苦涩记忆，但是今天突然富裕起来的人们，不知优雅得体为何物，经常以恶俗为美。我们真的非常感谢某女中开展美的教育，为学生打开一扇美的窗户，让学生们知道什么才是优雅，从衣着谈吐和日常的行为中尽显知性、睿智和高雅，这也是某女中作为女子中学的优势吧。也许教育不可能让每一个人都具有外交家的风度，但是，从某女中毕业的女孩子们，身上会散发一种优雅的迷人魅力，这是一种由百年名校深厚历史积淀而来的从容和淡定，沁人心脾。

从某女中毕业的女孩子们，在今后的学习、工作和生活中，会展现她们独特的风采，展现出她们的那一份优雅、一份自信、一份睿智和一份爱的温暖。这是某女中的学校文化给她们心灵上的一份持久而强大的力量。

[启示建议]

我们无法苛求每一所学校都具有上海市某女子中学的学校文化，事实上那也做不到，但是我们认为每个学校应该做到以下几点：

1. 充分重视学校文化建设，不可认为文化可有可无，或者持文化虚无主义的态度。应当充分认识到学校文化的重要性，应当认识到文化是一所学校灵魂之所在。

2. 建设正确的学校文化。诚然，每个学校应当有自己的文化传统和特色，但今天的文化建设，必须坚持人类文明中的积极成果，具体而言：

对独立精神、自由思想的推崇应当取代对封建专制的顶礼膜拜；

对未知的探索和好奇应当取代考试排名的急功近利；

批判和反思应当取代盲目崇拜和人云亦云；

动脑、动手并重和精益求精的工程师精神应当取代好高骛远和浅尝辄止；

优雅、睿智和自信淡定应当取代恶俗和狂热，不论这种狂热以何种名义出现。

3. 如果一个学校无法在文化上给予学生正确的指导，那么这是一个失败的学校；如果众多的学校都不关心自身文化的建设，那么这是一种失败的教育。而我们民族的未来正寄托在今天的孩子们身上，愿衮衮诸公从今天开始重视学校文化。

（王文茜）

案例 2 以核心价值观念促进学校文化建设
——百年名校的现代启示

[案例介绍]

案例一：N 中学校训与镜箴

"面必净，发必理，衣必整，纽必结；头容正，肩容平，胸容宽，背容直；气象：勿暴勿傲勿怠；颜色：宜和宜静宜庄"的镜箴，又称四十字镜箴。N 学校在重要通道处都设有大镜子，提醒过往的师生随时注意仪容仪表，这些镜子上都镌刻有这段镜箴。镜箴要求 N 中学的学子拥有整洁得体、积极向上的仪容仪表以及平和、宽仁的处世态度，提醒学生注意修身养性，提高自身的道德情操。

案例二：G 中学校训

G 中学的前身是 G 书院，已有逾 130 年的历史，校训即为"格物致知，实事求是"，学校的门厅有徐寿先生的塑像和用大理石雕刻的"格物致知"几个字。G 中学校名的两字取于"格物致知"，即穷究事物的原因而获得知识。可见学校冠名寓意深远，昭示着崇尚科学、务实求真、修身养性、报国为民的办学宗旨。一百多年来，G 中学就是高举着"爱国"和"科学"这两面大旗，在追求真理、振兴中华的大道上，勇往直前，为国家培养了大批优秀人才。

案例三：Y 中学与特色文化建设

Y 中学在以理科教学见长，同时也十分重视学生人文精神培养和使用技能训练的同时，又形成了篮球、交响乐、科技、美育、国防教育和社团活动等特色项目。据Y中学网站资料显示，截至2006年底，自1980年该校恢复篮球传统，至今已获得上海市中学生篮球冠军七十余次，获全国篮球冠军、亚军、季军各两次，并为国家输送了四十多名省、市、国家级运动员，其中最为著名的运动员有张大维、姚明等。此外，在2006年，Y中学学生交响乐团应邀参加维也纳"第三十五届国际青年音乐节"，最终荣获了大赛管弦乐比赛金奖第一名。该校交响乐团也曾获得多项奖励，展现了该校的特色文化和办学传统。

[案例分析]

但凡一个取得很大成绩和社会声誉的学校，除了良好的师资、办学条件和生源外，学校文化是维系一个学校长久生存和兴旺的必要条件。学校文化建设要找准文化建设的基点。学校文化建设的基点就是，这个学校首先必须要有社会和历史责任感，其次要继承历史和传承文明，第三要关注学生作为主体的个性发展。

（一）学校文化与社会历史责任感

社会与历史责任感是一个学校文化建设最为直接和持久的动力。只有将学校文化建设与国家、民族、社会的使命结合在一起，学校文化才能有广泛的社会基础，才能永葆活力。N中学、G中学诞生于国家与民族危难之际，这些学校的学人就是以国家和民族的历史使命为寄托，以期通过这种奋发图强的方式获取国家和民族的独立与自由，这一点可以在这两所学校的校训中直接找到答案。并且，这两所学校校训所昭示的理念并没有随着时代和社会的发展而褪色、变质，而是历久弥新，激励着一代又一代的学子。这也预示着人类普遍的国家和民族情感，是学校文化建设最为直接和持久的动力。

（二）学校文化与历史传承

文化必然有历史积淀和传承，这种经过历史筛选锤炼的文化因素对人的影响必然具有持久的效力。G中学校名源于"格物致知"，办学理念源于"格物致知"，校训也以"格物致知"为名。此外，其创办者的塑像与校训石刻也成为历史与文化的因素，时刻影响着G学子。除了"格物致知"吻合时代对学校发展的要求外，"格物致知"还是中华文化的精髓和标志，将时代要求和历史结合得完美无缺，凸显了G中学深厚的文化底蕴和人文精神，深深地影响了一代又一代的G中学学子。

（三）学校文化与特色发展

个性发展是时代对学校文化建设提出的要求，"百花齐放"的个性与特色发展预示着学校文化建设进入到一个更高的高度，也是人全面发展的要求。Y中学篮球、交响乐等特色项目的发展，并没有影响学校在教育教学上取得辉煌的成绩，这两者相得益彰、相辅相成，成为一种文化现象。学校文化建设凸显学校和学生作为主体的个性发展，不仅有益于学校教育教学的发展，也有益于促进学校的长久健康和学生的全面发展。学校文化的特色发展，进一步扩展了学校声誉和彰显了学校以人为本的办学理念，为学校和学生个体的进一步发展创造了有利条件。

[启示建议]

（一）以价值观为核心引领学校文化建设

学校文化建设的首要要求是凸显价值观对学校文化建设的意义和引领作用，价值观建设是学校文化建设的核心。价值观就是学校文化建设中关于社会和个体行为选择的依据以及行动的选择。它必须凸显学校的社会和历史责任与使命,必须关注学生作为主体的全面、健康发展。与学校文化中的物质文化和制度文化建设不同,属于精神文化范畴的价值观建设是关于价值判断、关于理想与信念的系统而艰巨的工程。学校文化建设必须把握好方向的问题,并且认识到这一内容建设的艰巨性。抛却了对这一问题的认识,就必然导致学校文化建设的无力局面,并影响学校长久健康的发展。

(二)文化传承与历史发展对学校文化建设的作用与要求

学校文化建设的次要问题就是考虑传统文化和学校的历史与实际的问题。叶澜教授认为,当代中国学校文化建设首先要有一种文化自觉,即意识到学校的文化精神,学校在当代中国社会的文化发展中的历史使命。而面向未来的学校文化,恰恰是扎根于传统与现实的文化土壤中,能孕育出超越历史与现实的文化[①]。学校与传统文化,既体现了学校承担文化的传承与创造,也体现文化对于人的培养作用。文化在物质追求之外,不断充实现代人日益空虚的精神世界,使人得到健康的发展。真正的学校文化的形成不是形象工程,也不是拼物质条件,其内涵必须在于寻求历史文化的积淀。认识到这一点,要建立真正属于自己的学校文化,就不必言必称国外、言必称硬件。

文化传承与历史发展对学校文化建设的要求就是:首先,必须确立学校自身的文化使命,学校是文化与文明传承的场所;其次,历史与文化是学校文化建设汲取力量的源泉,使其为自身建设和发展所用;再次,要辩证吸收一切人类文化的精华,对历史与文化进行创新和创造,不断与时俱进。学校文化建设不能割断历史,这个历史既是一个民族、一个国家的历史,也是一个学校发展的历史,只有将学校文化建设自身与历史文化结合在一起,才能建设好学校文化,促进教育教学的发展。

(三)切合学校自身实践与发展的特色学校文化

学校有特色恐怕是每一个学校努力追求的,也正如叶澜教授所言,所谓的特色和个性,现在多数的学校就是提出做"强项"建设,以强项点状呈现的方式标明特色。其实这是对学校文化建设的一个窄化。学校文化个性的形成取决于学校对自己学校历史中形成的文化传统的把握和辨析,对当代社会变化和学校大文化使命的把握,以及对目前学校师、生状态以及他们在不同生活背景中形成的文化特征的把握,并在此基础上,提炼、形成体现和适应本校办学理念的文化追求[②]。论及学校文化的建设,很多人必然都会论及物质文化、制度文化和精神文化的建设,在经济比较发达地区的学校,物质文化建设颇为充分,制度文化也逐步跟上,精神文化却很难有突破。精神文化和价值观念是学校文化建设的核心,正如梅贻琦先生所说:"所谓大学者,非有大楼之谓也,乃有大师之谓也",学校文化的特色还在于精神文化或价值观念的特色。石中英教授将这一因素称作学校文化的精髓与灵魂。[③] 因此,一所学校的特色文化,就是在以价值观为核心引领下的精神文化、物质文化、制度文化的统一。特色文化的建设还必须依存学校的历史、现状及其发展定位,实现学校特色文化有主次、有递进、有选择、有区别的、

---

① 叶澜. 试论当代中国学校文化建设 [J]. 教育发展研究, 2006 (8A).
② 同上.
③ 石中英. 学校文化建设要有大视野 [N]. 中国教育报, 2006-06-20 (005).

良性、持久的发展。

(黎 勇)

案例3 校 服
——一种学校文化的延伸

校服的发展与演变同社会政治、经济、文化的发展密切相关,尤其是受文化的影响最为明显。如今随着社会经济的发展,越来越多的人将关注的焦点放在如校园文化等隐性课程上。校服,作为校园文化建设及学校管理的重要部分,在实现一般性服装的实用功能和审美功能之外,还具有一般性服装所不能具备的教育功能,担负着教育学生的重要责任。

[案例介绍]

哈尔滨中小学生校服设计大赛邀请学生家长当评审

由《生活报》与哈尔滨市教育局共同主办,哈尔滨国贸服装城协办的哈尔滨市中小学生校服设计大赛开赛后,受到社会各界的关注。7日,记者从大赛组委会获悉,哈尔滨市教育局在全市范围内进行的哈尔滨市中小学生校服有关情况的问卷调查显示,96%的家长认为,校服的款式应随社会发展定期变化。所以,在本次大赛中,评审团里将设立学生家长席位,参与评选。

据介绍,哈尔滨市进行的有关中小学生校服的调查,共发放问卷1万余份,调查群体以学生、家长为主,同时还涉及到教师、校长、老干部、关工委、新闻单位、政协、人大等不同部门及类型的人员。调查内容涉及校服目前状况、校服管理、校服质量、款式及意见建议等5个方面内容。在目前哈尔滨市中小学生校服款式、颜色是否需要改变的问题上,有96.2%的被调查人员表示,应该改变。

在本次中小学生校服设计大赛中,将设立学生家长评审席位,让学生家长参与校服的评选,评选出的优秀作品将备选明年哈尔滨市新校服。

——《黑龙江教育信息网》[①](2008年12月9日)

上海中学校服新学期刮起"时尚风"学生参与设计

常青藤纱卡百褶裙、学院长袖蕾丝淑女衬衫、英伦套头针织衫……开学在即,卢湾高级中学的高一新生们惊讶地发现,校服刮起"时尚风"。记者发现,新学期沪上校服酝酿"大变脸",不少高一新生穿上了由本校学生参与设计改进的校服,部分学校还破天荒地设立"自由着装日",每周有一天允许学生不穿校服上学。

学生投票选择款式

校服衬衫太透明、乡土气息浓、冬季校服不保暖、裤子松紧带太松、女生西装不够收身……一说起校服的毛病,向明中学学生会权益部的周天祥就有很多话要说。就在上学期末,他们在全校开展了一次"给心目中的理想校服投票"的活动,邀请学生、家长和老师共同投上一票。

---

① http://www.hlje.net/class_jyxw/view.cfm?acid=947C56F263C5D3CBAA68D498533C2112&time=20081209.

"当时,我们共收到160余张投票,其中一套校服以超过2/3的票数高票当选,"该校团委书记吉钦菊老师告诉记者,这套新当选的校服面料好、设计清爽,关键是还可以网上直接订购,替换起来方便,"光投票还不够,我们还带了三位学生亲自到厂家去试穿样品,现场就提出了修改意见。"

"那天我们一下子试穿了10多件校服,从款式、质地到口袋、松紧带、领口的线条,每一个细节都不放过,"毛滋怡同学对那次"试穿"仍记忆犹新,"学弟学妹对这套新校服非常满意。"

校服流行英伦风尚

今年,G中学的校服也经历了"大变身"。"原本的校服颜色很暗,看着十分呆板,我们都不怎么喜欢,"G中学高二学生周云雷说,"但变身过后,校服竟多了几分时尚与动感。"

据该校副校长李鹏介绍,他们将校服样本放在学生事务中心进行展出,广泛征求学生的意见。诸如"多一套冬季校服""校服上的校标质地太硬,扎皮肤"等意见,得到了校方的积极响应。他们根据学生所提供的理念,打造出一款体现活泼、朝气的校服。

白色学院长袖衬衫、校园工具装长裤、英伦套头针织衫……"调查发现,现在的孩子比较喜欢英伦、日韩风格的校服,我们也正努力迎合学生口味,"卢湾高级中学校长唐关胜表示,校服是校园中流动着的形象文化,"让学生参与设计校服是爱校的重头戏。"

每周一天自由着装

新学期,向明中学即将推出的一项新举措让不少学生高呼"理解万岁"。原来,该校将面向高一、高二学生,在每周五设立"自由着装日",允许学生不穿校服上学。

"过去有部分个性比较强的学生对统一化着装有抵触情绪,常常找各种借口不穿校服,学校也没辙。"副校长周孝放表示,为了给学生张扬个性的时间和场合,学校行政会议上一致通过,每周拿出一天让学生"解放"着装。

不过,学校也跟学生们"约法三章",如"不能穿着奇装异服"。周校长表示,学校希望通过这个尝试,了解学生对服装的审美情趣,将规范化着装和个性化着装很好地融合在一起。

——腾讯网[①] (2009年8月20日)

[案例分析]

我国是从1991年开始试行学生统一着装的。国家教委首先以大连、南京、沙市等地作为统一着装的试点城市。经过几年试行,取得了良好的效果。1995年,北京市教委还颁发了《关于加强全市中小学生统一着装的规定》(即38号文件),该文件的出台,表明了统一着装开始走向正轨。

现有的中国校服情况是怎样的呢?款式单一,质量存在问题,购买方式单一且不透明,引得学生及家长怨声载道。上海市质监局2009年8月31日公布的校服产品质量监督抽查结果显示,有8款校服因PH值和纤维含量不符合国家标准被判不合格,合格率仅75%。存在以上问题的校服,可能会引起穿着者皮肤过敏或身体不适。监管部门表示,目

---

① http://news.qq.com/a/20090820/001780.htm.

前已对相关生产企业进行了处理,并将组织执法人员对不合格产品的处理情况进一步监督检查。

如今在中国各地,校服的作用已经日益得到强化。校服该是什么样子?校服的质量如何监督,校服的费用如何确定,甚至要不要继续采用校服,都成了教育界争论的话题。哈尔滨和上海两地的做法无疑给我们提供了一个行之有效的途径。两地学校此次都鼓励学生和家长参与校服改革,对校服的设计和质量进行监督投票。哈尔滨的校服设计大赛,还将所有的设计方案及评比结果放在网上,让校服的改革操作更加透明公正。过去,无论是校服的设计、质量,还是供应商,都是由学校领导或是各地教育主管部门的领导决定,缺乏与学生以及家长的沟通,导致校服不能满足其第一受众的需要,引得大家怨声载道。对于经常穿着校服的学生来说,他们才是校服的第一接触人群,他们对于校服才最有发言权。

原先的中国中小学校服,"千人一面",校服除了存在样式和面料的问题外,大小不合身也是个问题。特别是初中阶段,身高变化很大,真正合身的时间没有几个月。校服的款式、用料严重落后于时代,有的校服不仅谈不上校服的时装化,甚至连合体都做不到。校服的样式过于单调、死板,一点也显示不出学生应有的蓬勃朝气。还有些校服的质量也实在让人不敢恭维,那料子让人穿着就难受,型号不对,而且穿不了多久就开线,甚至出现破损现象。不少家长反映,在领到校服之前,他们都没有见过校服的"模样",发下来一看,款式、颜色与期望的相差太远。与此相对,此次哈尔滨和上海的校服改革就充分地调动了学生和家长的积极性。以家长和学生作为校服改革的监管和参与方,不但能够让领导方换位思考,了解穿着校服的受众所需要的,还可以广泛吸收社会意见,集众人的智慧,来进行校服改革。

对于目前普遍在全球讨论的"校服压抑个性"的说法,在此次的校服改革中,上海市的部分学校率先推出了每周一天的"自由着装日"。统一着装与个性着装的争论由来已久。最早在英国的蓝制服、伊顿服、传统制服、军校学生服等学生制服主要是为了对精英阶层和大众阶层进行区分。传到现代之后,校服逐渐成为了追求平等的产物,在学校中学生都统一着装,以避免互相攀比的风气。而一向追求自由个性的美国,则一直以来都没有设置过统一的学校校服。诚然,校服的设置有其合理之处,但随着社会经济的发展,越来越多的年轻人追求个性时尚。对于过于追求个性,不愿穿着统一服装的学生,学校也不应强加规制,而应该进行疏导,也适当地给予他们展示个性的机会,当然,这应在"不能穿着奇装异服"的条件约束之下。

[启示建议]

校服文化蕴含丰富,是中小学生素质教育中不可或缺的组成部分,随着社会的飞速发展,校服文化正日益显示出强大的生命力。伴随着我国教育改革的不断深化,教育的市场化特征正逐渐凸现。走特色办学之路,将是未来学校发展的必然趋势。借助校服符号作用的强大功能,体现学校精神风貌、办学方针、教学质量,是提高学校竞争力的有效手段。与我国相近的日本,实行校服制后,校园的精神面貌有了很大的改观:出现了良好的学习风气,攀比现象基本消失,学生之间的关系更为平等。同时,校服能改善纪律和课堂行为,提高学校的出勤率,提升对教师的尊重,产生更好的学校表现,提高学生的自尊和自信,降低服装成本,提高团体精神,减少社会阶层性,降低暴力和犯罪率。校服制的实施不仅有利于教学质量的提高,同时也能加强学生的责任感与集体荣誉感,这在竞争日趋激烈的当今社会显得尤为重要。

校服本身就是制服的一种,也就相应地具有制服的优点,以增强穿着人之间的团结,也期待能够提高自尊心和纪律,或是提高忠诚度。因此,校服反映了一个学校的精神面貌。校服的使用,在规范和树立集体的形象,增强集体的凝聚力,发扬学生爱校的精神,避免学生之间的服饰攀比心理,提高学习效率等方面,都能收到良好的效果。好的校服,不仅能起到标准化着装的作用,更能让学生爱美、爱校服、爱追求、爱学校、爱祖国。

1999年,某一机构就校服与素质教育的关系做过一次区域性的调查,其中就统一着装对加强青少年道德规范教育所起的积极作用,进行问卷调查。赞同者为95.8%,持消极态度者仅为2.4%,家长对推广统一着装的态度:支持者占73%,不支持者仅占28%,学校领导、教师对统一着装的态度:96.2%认为有必要,只有1.76%认为没有必要,其余则抱无所谓态度。从以上调查结果我们可以看到,实施统一着装有利于强化精神文明建设,有利于青少年的素质教育,其积极作用已在社会各界人士中达成共识,为我国进一步推广实施统一着装工作打下了坚实的社会基础。但我们现在也应该意识到:如何在现有的基础上使校服的统一着装工作进入一个稳定而持续的良好发展轨道,是现如今我们工作的重点。在一些私立或合资学校中,校服的品质已经有了较大的改观,不仅色彩搭配比较和谐,款式也比较适合学生的年龄。我国的校服改革应充分调动学生甚至家长的参与积极性,不但能够让学校的校服成为独有的校园文化特征,也可以更加增强学生的归属感、荣誉感和集体意识。由学生和家长对学校在校服的设计和质量方面进行监督,能够最大限度地杜绝校服沦为学校管理的漏洞。

校服作为在校学生穿着的服装,是相对于社会整体的学生群体文化身份的边界确认和归属,其意义在于:借由服装穿着的属性及功能,对学生心灵和学校文化施加内在的积极影响。校服作为一种隐性教育形式,它不同于课程教育的显性特点,是由时间来昭示的潜移默化的教育,其教育意义表现在校服实施的全过程中。

(谢 颖)

案例4 "自立""专一""夯实"
——三所学校文化建设的启示

[案例介绍]

案例一:

某农村学校为了创出特色,外出考察学习。到了某大城市的一所学校,看到该学校的民族乐器演奏搞得非常好,值得学习,回来就购买了大量民族乐器,成立了学校民乐团,开始还搞得热火朝天,但是运行一段时间之后,出现了诸多制约民乐团发展的瓶颈问题:教师在民乐方面的造诣不高;学生学会了基础知识之后,缺乏高水平指导,很难再提升演奏水平,造就了"半瓶水"的尴尬局面,整个民乐团水平一般,不能称之为特色;想要长期聘请专家,但是本地没有,如从外地聘请,往返路程所耽搁的时间比实际教学时间还长,民乐团每天只是课外活动时间训练1个小时,专家不能天天长途往返;想要集中时间聘请专家,让学生停课集中时间练习,但是家长不买账,因为当地家长对学生成绩很看重,并不重视民乐对学生素质的培养,家长的思想观念没有达到相应的境界。

案例二：

某双语学校在将双语教学发展成为本校特色后,尝到了特色的甜头,于是学校提出了将原本搞得并不红火的学校足球、学校航模制作、国际象棋等都作为学校特色的发展目标,并制定了这些特色项目的发展规划。经过几年后,学校足球、学校航模制作、国际象棋等项目都得到了提升,但是学校的双语教学也变得不那么"特"了,最终被本市的后起之秀超过,双语学校成了"样样通、样样不精"。

案例三：

某学校为了提高学生的学习能力,对课堂教学进行了改革,让学生在课堂上进行自学,然后自主发言交流、质疑问难、相互解答。为了让这种课堂教学模式真正落实到日常教学中,学校将其作为中心工作,每次校长办公会都讨论研究,每次教研会都认真探索,每节课都积极落实,每名师生都积极参与,将这一教学模式的发展融会贯通到学校的各项工作中,学校的一切工作都以此为中心,最终探索出了较为先进的教学模式,并发展成为学校的特色,提高了教育教学质量。[1]

[案例分析]

学校的文化是学校所具有的特定的精神环境和文化气氛[2],是学校精神的体现,是学校精神的核心。学校领导都会竭尽全力去建设学校的文化,使之有特色。与众不同的学校文化需要学校领导别具一格的构思和沉稳的建设。文化是学校精神的核心,会因为学校的千差万别而不同,因此文化有着很强的可塑性和自由性。这就给学校领导很大的自由发挥的空间,期间的文化建设有曲折有平坦,有成功也有失败。

案例一可谓是失败的文化建设。该农村学校急于建设有特色的文化,盲目跟从其他学校,并没有考虑到自己学校的实际情况,没有进行全面的分析,导致了最后的失败。该学校的领导考察到某一大城市的学校擅长民族乐器的演奏,就立刻买来很多民族乐器来培养自己学校的学生来演奏,却不考虑学校的情况、学生的水平和家长的意愿,最后导致这些昂贵的乐器闲置,学生的音乐水平没有明显的提高,还招致家长的反感。这种情况的出现并不偶然,而是必然的结果。学校领导在建设学校文化时一定要从自己的实际情况出发,包括学校的经费、学校的师资、学校的文化底蕴、学生的素质和意愿、家长的意愿,还要考虑到是否适合学校的学风。这些因素综合考虑之后就会发现：照搬照抄别人的发展模式不是文化建设的有效方式,往往会适得其反。案例一就是很好的说明,有特色的文化建设是该学校的灵魂,是独一无二的,他人的发展模式只是适合他人的,只有找到适合自己的才是最好的发展模式。独一无二是文化建设的特征之一。

案例三是一个成功的案例,案例二正好与之相反。两个学校的文化建设都是独一无二的,都找到了适合自己的发展模式。但是有的学校成功了,有的学校失败了,原因何在？

---

[1] 胡立业.案例解析学校特色文化建设[J].中国成人教育,2008(7):53-54.
[2] 杨爱华.校园文化建设的反思与实践探索[J].教育导刊,2009(11):24.

案例三里的学校不仅找到了适合自己的文化建设，而且一直坚持这个文化建设的项目。该学校在加深研究本学校课堂教学模式的基础之上慢慢发现了适合本学校的发展模式，学校领导就在该研究的基础上进一步加强探讨研究，与全校师生把这种合理科学的课堂教学模式深入发展下去，扎根于每一堂课中，最终探索出了较为先进的教学模式，成为该学校的特色，也成为其校园文化的一部分。该学校的成功在于其学校领导在深入了解学校实际情况的基础之上探索发现了有效的教学模式，并且持之以恒地去探索研究，并没有半途而废或去建设另一个校园文化项目。这样就使得学校特色文化建设有深度，有较大的成效，从而能融进学校的文化中，成为学校的一部分。

案例二中的学校也是有特色的，并且也在致力于建设自己的校园文化。本来的双语学校就是其特色，并且慢慢融进校园文化中，成为学校里一道亮丽的风景线。但是该学校对自己建设的独一无二的校园文化并不专一，希望自己学校的许多项目都可成为独一无二的，这样的情况下就使得特色学校变成普通学校。这个学校同时追求很多项目的特色，那么势必要平分学校里的各种资源，减弱了双语这个特色的项目，这就是所谓的"多而不精"，使得双语学校样样通，却样样都不精。学校的文化确实需要特色，特色的文化体现在哪里？人无我有，人有我优，人优我精。如果学校里的每一个项目都要精，那么学校的人力物力得需要多大的投入，这样是否符合学校的实际情况？显然这个学校无法承受过多的特色项目建设，过犹不及。特色文化建设不仅需要学校领导敏锐的发掘能力，用智慧的双眼决断出适合学校的文化建设，并且还要专一地去建设，使其成为独一无二的，这样的文化才是有特色的，才能在学校实践中慢慢融进学校，成为学校文化的一部分，成为精神核心。

这三个案例看似没有联系，相互独立，但内在联系却是紧密的。案例一的学校虽然有心要建设学校文化，想发展特色项目，可是学校的领导并不理解特色的含义，也不知道学校文化的建设是不能学习来的，应是自己探索发现来的。该校的领导不理解校园文化的内涵，亦步亦趋而导致最后的失败。如果领悟学校文化的内涵，并且去建设特色的校园文化就一定能成功吗？案例二就给予了我们答案。虽然该学校已经在建设学校文化了，并且小有成就，有了特色。但该学校却不专一，希望特色越多越好，这样使得该学校进入了一个误区，使得学校有特色的也变得没有特色，被后起之秀超过。案例三的成功就在于他避开了前两者的误区，不仅去深入挖掘适合自己学校的特色项目，而且一直致力于研究它，加大力度把它变成校园文化，成为学校文化的重要组成部分。

［启示建议］

学校的文化建设正在被越来越多的学校所重视。但建设学校文化并不是盲目的，学校文化的建设需要把自己的特色项目慢慢地渗入到学校的点滴中，这样才会慢慢地形成学校自己的文化特色。以上的案例或多或少都给了我们一些建设学校文化的启示。

1. 学校文化的建设需"自立"

学校的文化建设并不能照搬照抄，适用于其他学校的特色项目建设并不一定适合自己的学校，每个学校的基础不同，师资不同，学生水平不同，校园环境不同，家长对学校的要求也是不一样的。那么多的"不同"决定了不能把别的学校的发展模式强加在自己学校的发展中，否则结果只会是适得其反。学校的文化建设需要"自立自强"，从本校的实际出发,在全面分析本校的基础上才能进一步建设学校文化。

2. 学校文化的建设需"专一"

一个学校的特色是独一无二的,所以学校文化的建设需要"专一"。当学校领导发现了自己学校的特色之后,就要一心一意地去建设自己的文化。只要一个特色项目就可以建设自己学校的文化,就可以建设好学校的文化;最怕贪多嚼不烂,最后只能放弃校园文化的建设。如果说"自立"是基础,那么"专一"就是学校文化的顶梁柱,只有"专一"才能建设学校文化,才能把学校的文化发展深入下去。

3. 学校文化的建设需"夯实"

学校文化的建设不是一朝一夕能完成的。一旦建设起来的文化需要领导者悉心的呵护才会慢慢地成长,茁壮地成长。好的学校文化会深入到校园的点点滴滴,每一个角落,每一位老师和学生的心中,成为他们精神的一部分。我们领导者就要夯实好建设起来的学校文化,这样才能建设有特色的校园文化,才能在众多学校中崭露头角,与众不同。

(赵 烨)

案例 5 校 训
—— 学校文化的自我构建

作为学校文化的一个重要组成部分,校训既是学校的立校之本,是学校文化理想的高度浓缩,也是教师的育人坐标,学生的行为准则,同时还是特定历史时期学校教育目标、办学特色的重要标志。

[案例介绍]

20世纪90年代,镇政府决定恢复"明强"校名,投巨资重建校舍,明强发扬"自强不息"的传统精神,重振百年老校雄风,在学校又一次腾飞的同时,赢得了良好的社会声誉。明强教师的英姿时常出现在区、市级教学评优的红榜中,明强学生的身影时常亮相在区、市级乒乓球比赛的领奖台上;明强的办学质量年年稳中有升;明强的综合考试成绩名列前茅;明强校门口时刻闪烁着"文明单位"的铜牌的光辉。在这样一派大好形势下,是固守"高原"闭关自守,还是自我加压寻找更新、更高的目标突破?明强人开始了新的思考。

明强这所百年老校在不同历史时期,提出过不同的校训:1905年的"民生国势,赖以明赖以强也";革命战争时期的"勤学勤业交朋友";1988年的"文明勤奋";1996年的"明礼仪,明责任;进取心强,耐挫力强"。

在"新基础教育"的实践中,吴校长深切感到现有校训尽管在规范人的行为、纠正心理偏差方面起过积极的作用,但是它强调的是人格塑造要依靠"外铄",依靠外部的规范和推动,不符合培养"21世纪新人"的要求。在广泛听取意见并经过反复论证后,2002年,吴校长根据学校实际情况又提出了"明事理,明自我;强体魄,强精神"的新校训,并得到了明强人的广泛认同。由此,校训从"外铄"型转变为"内省"型,强调人在生命成长中的自我意识和自我超越,强调精神的自由和主体的力量,较好地把"新基础教育"

的主旨与百年明强"自强不息"的文化积淀融合起来,成为学校主动发展的新动力。吴校长这番话值得我们回味思索。

"作为一校之长,我认为,每一次校训变迁,就是一次学校发展方向的重新定位。新校训的诞生,催生学校教育的新变革;教育的变革,促进了校训的变迁。学校每前进一步,都凝聚了明强人对教育理念、教学改革、学校发展的深层思考和科学总结,这是百年'明强'的一笔宝贵财富,也是学校可持续发展的强劲动力。"吴校长这番话值得我们回味思索。

以这种对新校训的解读和理解为基础,明强开始了"新基础教育"成形性研究中创建基地学校的更深层次的实践。

[案例分析]

学校文化理念,是学校办学思想的一种凝练化的表述。它往往表现为学校的校训、校风,表达着办学思想中的文化价值取向。一所学校要想健康持续进步,必须走内涵发展的道路。美丽的校园、壮观的大楼、整洁的教室、一流的设施固然很重要,但更重要的是要有指导其一切教学活动的先进的学校文化理念。以发展的眼光来看,办学水平的竞争,不仅仅是生源的竞争、规模的竞争、设施的竞争、教学质量的竞争,实质上也是学校文化及其张力的竞争。因此,像案例中吴校长那样有长远眼光的校长,都十分注重加强学校文化的建设。他们会用现代教育理论和管理理论武装自己的头脑,给学校的发展一个清晰的定位,依据现实确立办学指导思想,制订发展规划,采取得力的保障措施,努力实践,创造崭新的学校文化,推动学校的发展,进而推动整个教育事业的进步。不但要传承原有的学校文化,还要敢于与时俱进,兼收并蓄,开拓创新,这才是学校文化建设的永恒追求。

校长作为一所学校的领军人物和灵魂人物,他在学校的文化建设中应起着什么样的作用呢?笔者认为:校长应是学校文化建设的挖掘者、传承者、反思者、发展者和践行者。

(一)校长应成为学校文化建设的挖掘者

不同历史时期,学校文化建设的重点和难点不同。但任何时期,学校文化建设的重点必须放在自己所处的时代中,审时度势地了解中华民族的文化传统,在这样的视野下进行学校文化的建设更能产生浑厚而丰盈的学校文化。中华民族传统文化的内涵随着人类历史的发展而发展。了解了传统文化的发展史,能让我们感受到中华民族的时而强劲、时而略弱的脉动。学校文化也在这样的脉动中显现出自己富有变换的律动,呈现出学校文化萌芽、显现、成长和丰厚的历程。对学校文化底蕴进行深度挖掘,这是学校文化建设的基础性工作。[①]

(二)校长应成为学校文化建设的传承者

学校文化的传承是学校精神发展的源头活水。由于学校的文化总是产生于深刻的特定历史时期的背景之中,因此每一所学校都有其特有的文化传统。任何时代、任何地域的学校从其产生之日起便深深地打上了其特定时代、地域的文化特征的烙印,这些文化特征无不影响着学校的办学理念、校训等。无论是在反抗列强时期还是在大革命时期,无论是在新民主主义时期还是在新中国建设时期,无论是在"十年动乱"时期还是在改革开放时期,明强的校训无不是出于一种以"自强不息"为精神,以"审美与超越"为核心的学校文化创建的考虑。正是这种刚毅的精神与内秀的核心理念,贯穿于明强百年的发展历程

---

① 侯怀银.学校文化建设的路径[J].教育科学研究,2006(11).

中，哺育了一代又一代明强人。唐太宗李世民在 1300 多年前曾有这样一句名言："夫以铜为镜，可以正衣冠；以史为镜，可以知兴替；以人为镜，可以知得失。"历史就如同一面镜子，昭示着现在，指引着未来。在现代学校文化的建设中，校长必须首先要尊重历史，植根于学校，传承和发扬优秀的学校文化，让"学校的已往"给学校未来的发展提供准确的指向，对学校文化特征进行有效传承，这是学校文化建设的先期性工作。

（三）校长应成为学校文化建设的反思者

学校旧有的文化理念因其深厚的文化底蕴而经受住了历史的推敲与考验。然而时代在前进，社会在发展，如果一味地抱残守缺，唯我独尊，必将与时代的发展背道而驰。明强原有的校训强调人格的塑造要依靠"外铄"，依靠外部的规范和推动，这是特定历史时期受厚重的文化传统影响而产生的结果，而且在长期强调"外铄"后，教学中的民主与平等意识也在一定程度上受到了削弱。从现代教育的角度来看，"耳提面命"和"注入式"的教学，无益于学生自我学习与探究能力的发展，这种文化理念对于我国在新时期进一步推进教育改革也会起到消极影响，更不符合培养"21 世纪新人"的"内省"要求。作为校长，一定要追问学校旧有文化的"本源"，对本校原有文化理念进行深刻的反思，理性地看待传统学校文化，注意吸收其中有益的文化原典和先哲的思想，还要立足当前学校发展实际与办学目标，找出差距，以学校所有成员思想观念和行为方式的健康改变为依据，努力构建理想的学校文化，使之成为学校主动发展的新动力，对学校文化理念进行深刻反思，这是学校文化建设的必经之路。

（四）校长应成为学校文化建设的发展者

学校的文化既要有永恒不变的基本理念，又要与时俱进、不断被赋予新的内涵。社会文化的发展、观念的变革时刻冲击着学校，影响着师生。校长应站在时代文化的前列，把握时代的主流文化脉搏，以社会的主流文化引领学校文化，用学校的核心价值观引领教师与学生。让诸如"科学发展观"、"八荣八耻"等社会主旋律同学校文化理念有机结合，直接影响学校文化，影响师生的精神和心灵。"明强"新校训中的"明事理，明自我"正是主流文化脉搏的很好体现。校长要具备敏锐的洞察力，用国际视野审视学校文化的发展，清醒地认识到只有学校文化的创新才是学校发展的不竭动力。在当今瞬息万变的信息化、多元化时代，学校文化理念的建设必须不断应变创新。只有这样，才能使学校文化永葆青春的活力，与时俱进。

（五）校长应成为学校文化建设的践行者

校长应当成为有能力引领大家实现理想的人，而不是靠行政命令指挥大家追求硬性目标的人。"放下鞭子，举起旗子"，这是校长应有的风范。古人云：其身正，不令而行；其身不正，虽令不从。校长的身上，流淌的应该是学校文化的脉脉细流，他本身就是文化的象征。校长是学校的精神领袖，他本人的人格、品性、价值取向，起着"学校文化符号"的辐射作用。校长必须身体力行，带领班子成员持之以恒做到率先垂范，逐步推进，使人人信服，深入人心，真正形成全体校园人信奉并用来统领和约束自己言行的风气。① 对学校文化理念进行身体力行，有助于学校文化建设的辐射推广。

---

① 陶金宝. 漫谈学校文化建设中的校长角色［OL］. http://www.linhaiedu.cn/ssyd/ShowArticle.asp? ArticleID=1969.

[启示建议]

每个学校有着各自不同的办学历史、学校规模、学校传统和发展定位,因此,具体的学校在形成自己的办学理念、形成学校的文化价值理念时,需要具体把握自身的实际情况。一般来说,至少有如下两个策略可供参考。①

(一) 传承和更新已有的文化理念

对于具有悠久办学历史的学校来说,这一策略比较合适。这就需要学校领导带领教师、学生,对本校发展历史中的核心线索及其反映出的文化传统形成清晰的认识,并能立足于当代学校转型性变革和师生生命发展的高度,反思、辨析、选择和提炼出富有时代特色和生命朝气的文化价值理念。如"明强"这一关键的"文化符号",若能给予合理解释并阐发出积极的当代价值,无疑会成为学校文化建设的动力和根基。有时,这些解释也会成为一种自我反思、自我重建的资源。

(二) 生成和培育新的学校文化理念

对于那些办学特色相对鲜明但整体办学水平需要进一步提高的学校来说,可以在原有办学风格和相对强势领域的基础上,进一步充实提高,从而提炼出新的学校文化理念。

对另外一些办学历史较短、在学校文化传统方面积淀还不够的学校来说,可以探索新的生成和培育之路。学校领导可以以教育改革为契机,与学校职工一起全面规划学校发展,在规划学校发展和推进转型性变革的过程中,审视自己的发展定位,将新的教育理念与学校在研究性变革实践中不断产生的创举相结合,形成具有新意且符合学校实际的文化价值理念。这一策略尤其适合近年来如雨后春笋般出现的民办学校。

实践已经证明,优秀的学校文化是一面旗帜,它引领着师生意气风发地前进;优秀的学校文化是一种氛围,它熏陶感染,润物无声;优秀的学校文化是一种引力场,它能凝聚人心、形成合力;优秀的学校文化是最宝贵的资源,是学生成长、教师发展的肥沃土壤。② 学校文化绝不是简单"拷贝"和"克隆"出来的,而必须是一代又一代校长引领师生对学校生活深入地发现和感悟,对教育问题永不停止地思考与追问,对学校现状和教育规律不懈地研究和探索后得出的启示。学校文化的创新关键在校长,学校文化的不断创新是校长长期而持久的职责。进行优质的学校文化建设,校长的职责更是不可替代。校长只有充分认识到自己在学校文化建设中的地位和作用,扮演好自己的角色,才能培育出优秀的学校文化,而只有优秀的学校文化才能孕育出优秀的学校教育。可以毫不夸张地说,校长任重而道远!所以,在学校文化塑造中校长的角色这一命题留给我们的思考永没有终点,作为一名普通的教育工作者,我还将带着这个命题不断思索,不断前行。

(陈 亮)

---

① 叶澜."新基础教育"学校领导与管理改革指导纲要[M].桂林:广西师范大学出版社,2009.
② 尚定一.文化建构是学校发展的根本策略[N].中国教育报,2005-09-27.

案例6 "被遗忘的校训"
——学校文化建设的反思

[案例介绍]

2007年11月28日,《内蒙古晨报》报道了一则记者的亲身调查,题为《首府部分学生不知道校训》。

记者于11月26日,在内蒙古南门外小学的操场上,随机问了几个一、二年级的小学生是否知道自己学校的校训,几个小学生一脸茫然地摇摇头,一个6年级的小女孩反问道:"不是教学楼上的那一排字吗?"教学楼上"诚实、活泼、积极、向上"几个大字,很少被学生当作校训关注,更多的学生记住了"一切为了孩子,为了孩子的一切"这句很独特的话。在内蒙古36中,记者问了几位学生,也没人能回答出学校的校训。而在内蒙古大学,记者问过11个学生之后,才有一位男孩说好像学生证上面印有校训,但是具体内容他们不记得了。而在学生证上,醒目地印着"团结严谨,求实奋进"八个字。

记者对比内蒙古大学的校训"团结严谨,求实奋进"和内蒙古师范大学的校训"献身、求实、团结、奋进",不难发现,其中重复的用词竟然多达3个,可见,这样的校训放在任何一个学校都行。

为了了解老教授眼中的校训,记者采访了今年70岁的余家骥教授。老教授毕业于东北师范大学,他说他念大学时校训已经被取消。校训最初源自毛泽东给当年的抗日军政大学所题的"团结、紧张、严肃、活泼",其内在含义是指校风。这4个词全是并列词组,对仗工整,听起来短促有力,很有气势。文革后,各学校开始重拾校训,但是大都死板、教条。

余教授记得自己读小学时校训是:"养正",即培养正气,不要弄虚作假。余教授讲,他那个时候,在每年的开学典礼时,每次国旗下讲话时,校长都要提到这个"养正"。不是说要天天讲,而是要让学生用于行动。他说,校训首先要很精辟,从现代汉语的角度讲,要规整。而在内容上,不一定要面面俱到,面面俱到什么也没有说明白。①

[案例分析]

这则案例揭示了一部分学校中存在的习以为常的现象——对于校训的漠视。案例中记者随机采访了内蒙古小学、中学、大学各一所,结果发现随机采访学校的校训几乎如出一辙、面面俱到,"勤奋、好学、求实、创新"……这些大而空的词被频频使用在校训中。同时学生中几乎没人能说出自己每天都看到的醒目的校训,这种现象值得深思。这不由让我思索起了几个问题:校训的实质是什么?为什么校训难以深入人心?

(一) 校训的实质是什么?

校训应是一个学校的灵魂,它既是学校办学理念、治校精神的反映,又是一所学校精

---

① 李粉荣. 为什么部分学生不知道校训 [OL]. http://www.nmgcb.com.cn/nmgcb/html/story/2007112811898.html.

神面貌的真实写照,体现着学校文化的核心内容,校训也寄托着一所学校对学生的殷切期望。笔者认为校训更应是一所学校文化精神的核心内容,一所学校学生对于校训的认同从很大程度上反映了一所学校是否具有核心学校文化精神,也反映了一所学校文化建设的层次。例如,清华大学的校训"自强不息,厚德载物",源自《周易》的两句话:一句是"天行健,君子以自强不息"(乾卦),一句是"地势坤,君子以厚德载物"(坤卦)。这八个字的校训内涵极为丰富,就是希望同学们作为一个高尚的人,在气节、操守、品德、治学等方面都应不屈不挠,战胜自我,永远向上,力争在事业与品行两个方面都达到最高境界。[①] 又如,世界著名学府哈佛大学的校训是:Let plato be your friend and Aristotle but more let your friend be truth. 中文翻译为"与柏拉图为友,与亚里士多德为友,更要与真理为友"。告诫学生不仅要认识已有的知识,而且要去创造新的知识。学生必须学会自己去认识真理。这一类的校训影响了几代学生,指引着学生前进的方向。学生对于校训有着高度的认同感,同时,校训也是一所学校治学理念和求学精神的高度概括,是学校核心文化精神的体现。

(二)为什么校训难以深入人心?

上述案例中的校训,虽然在价值观、道德观、人生观上都无可厚非,也在一定程度上反映了学校的办学精神和治校精神,但是事实上学生们对于这些金玉良言的校训却留不下多少印象,是为何故?对于学校校训难以深入人心的原因,也有不少人提出了自己的看法。吴勇前[②]在《中国教育先锋网》上指出校训难以深入人心一是因为校训没有个性,二是因为校训缺乏鼓励性和激励性,三是因为校训晦涩难懂。内蒙古师范大学附属中学党委书记乌力吉[③]分析指出:"很多的学校都采用8字模式,文字简短,但是内容都大同小异,并且过于抽象和概念化,而现在的学生更容易接受时尚化、流行化的词语。每个学校的校训大多在上世纪90年代初或更早的时候就已经制定,历史较长,离学生现在的实际生活很远,当然难以引起学生的认同感"。

笔者认为可以尝试从两方面来分析这个问题。一是校训语言的问题,上文两位学者的观点表述的也正是这个意思,不在此赘述。主要的问题是有不少学校的校训语词大多雷同,缺乏个性;语言过于抽象,晦涩难懂;语境脱离时代,不受欢迎;语义面面俱到,激励不足。二是校训背后的学校文化建设问题。斯肯、迪尔和彼德森认为,学校文化是由教师、学生、家长和行政管理人员长期以来在工作和生活中所共同建构的组织传统与规则,并且内化为人们思考、活动和感知问题的方式。[④] 学校中的文化是多元的,可能是正面的,也可能是负面的。笔者认为核心学校文化的特征是学校中共同认同的、隐性的、具有广泛影响力的,而理想中学校应该构建的核心学校文化除了具有核心学校文化的特征外,还应该是正面的、向上的、统一的、可持续的、以学生为本的。校训是一所学校文化精神的核心内容,校训存在的目的,不是为了成为一句冠冕堂皇的话语,校训不应仅仅成为一句口号,更重要的是借此构建学校文化的精髓,成为一所学校文化的支柱。校训缺乏认同

---

① 徐葆耕. 关于校训的解释 [OL]. http://www.tsinghua.edu.cn/chn/xxjs/story/story1.htm.
② 吴勇前. 中国教育先锋网 [OL]. http://www.ep-china.net/content/president/c/20091103084204.htm.
③ 李粉荣. 为什么部分学生不知道校训 [OL]. http://www.nmgcb.com.cn/nmgcb/html/story/2007112811898.html.
④ Deal,Peterson,K. D.. The Principal's Role in Shaping Culture[M]. US:Department of Education. 1990.

度的原因除了语言的问题外，还可能在于学校核心文化构建做得不到位、学校领导不重视，也可能是学校构建的学校文化精神与校训不一致，出现了散乱无序多元的学校文化或自发形成的另一种学校文化的核心内容。例如学校校训虽提倡大家"博学"，但是学校领导却花了巨资在学校办公楼、宿舍楼的装修，而图书馆、资料室、机房这些学习场所却依旧如故，这种大做表面功夫的行为，忽视学生学习场所的改建，与"博学"核心文化的塑造背道而驰，又怎么会被学生记住呢？

[启示建议]

校训既是一所学校的灵魂，又是学校文化的核心内容。那么作为一校之长，该如何确立一个好的校训，树立一所学校的精神旗帜；又该如何高扬这面旗帜，塑造学校文化的核心内容呢？

（一）确立、完善与学校相适应的校训

从校训的实质我们得知，校训应是一个学校的灵魂，是学校办学理念、治校精神的反映，是一所学校文化的核心内容。我们要让学生记住的不是校训本身，而是要通过各种学校活动和学校文化的营造让学生渐渐地将学校想传达的核心价值体系内化为自身价值观的一部分，潜移默化地认同校训。

作为校长就有必要重新审视所在学校的办学定位、办学理念，重新考量目前校训的适宜性、认可度。如果校训不适合，该换还应该换，制定适合学校治校理念、促进学生健康成长的、体现时代特征、学生认可的校训；如果校训的价值未能体现，那么就应该加大力度塑造与学校校训相统一的学校文化的核心内容。

（二）把握校长塑造学校核心文化的关键作用

由于校长在学校中的领导地位，校长在塑造学校文化上起着关键的作用，在塑造学校文化的核心内容方面也同样如此。彼得森和迪尔认为，校长在日常工作以及同教职员工的相互交往中传递着核心价值观、行为以及期望。他们的行为、语言甚至每一个非言语动作都表达着这些信息，并长久塑造着学校文化，学校领导在塑造学校文化方面起着关键的作用。[1] 校长学校文化塑造的关键作用，也引起了学者关于校长如何塑造学校文化的探讨，王志勤从文化的不同组成部分角度提出校长在学校文化建设中的角色应是学校精神文化的传承者、学校制度文化的经营者、学校行政文化的引领者、学校物质文化的设计者。[2] 目前，关于校长如何塑造学校文化的核心内容方面，发表的论文较为缺乏。

（三）校长塑造学校文化的核心内容中的几点注意事项

一是校长应重视学校核心文化精神的构建，认清学校的核心文化内容，把握核心学校文化的主体地位；二是身先士卒，做好学校文化核心内容的示范者；三是以学校的核心文化为中心，注重学校文化的整体性。

（孙仲毅）

---

[1] Fred C. Lunenburg, Allan C. Ornstein. 教育管理学理论与实践 [M]. 孙志军等译. 北京：中国轻工业出版社，2003：287.

[2] 王志勤. 论校长在学校文化建设中的角色 [J]. 基础教育参考，2009（10）：48—50.

案例7 以校园文化促学校发展
——某小学成功之路

[案例介绍]

某省府一所城郊结合部的薄弱小学,一位校长新学期刚到任。初到学校,看到校园卫生状况非常差,地上纸屑乱丢,教室走廊的白墙上也有各种印迹。经过一段时间的调查,他发现有不少学生举止散漫,不守规矩,学习马虎,品行也较差;老师们也是各扫门前雪,扭不成一股劲。怎么办?思考了一段时间,也跟一些老师交换了意见,最后校长决定:把校园文化建设作为学校的工作重点,首先把卫生工作作为切入口,然后抓行为规范,最后提升到校园文化层面。

于是,在一次行政会议上,校长提出了整顿学校卫生的意见。本以为不会有人反对,所以未加太多的说明,也没有把整个的工作思路都点出来。这时,领导班子中有人当场就说:"学校的主要问题是教学上不去。抓工作,首先应该是教学,而不是卫生。"尽管这样,大扫除的工作还是布置了,但大扫除过后,校长发现,很多老师、学生只是在例行公事,情况并没有根本改观。怎么办?他分析了一些老师和学生的意见和看法,深感自己把问题简单化了。于是,他拟定了一份校园环境整顿计划,并在行政会议及教师大会上说明了其缘由并加以强调,通过反复讨论,大家的想法逐步统一,把卫生工作制度化、常规化。一个学期下来,学校的卫生状况取得了极大改观。校长乘势继续整顿、规范学校其他的日常管理工作,把学校的其他工作也带动起来。

第二年,校长以传统道德文化为依托,以学习《弟子规》为切入口,落实学生行为规范教育。打造校园中的传统文化氛围,包括校园环境方面,每一层楼的走廊墙面,图片文字都分别按照"仁义礼智,孝悌忠信"八个方面宣传,形成走廊文化。学习《弟子规》,把理论落到实处,学生们的行为变得彬彬有礼,家长反馈的信息也是一片赞誉之声,老师们的精神面貌为之一振。

第三年,校长把重点转移到打造校园文化建设方面。他认为,学校具备了干净整洁的校园环境,又有了用传统文化规约的行为教育,剩下的就是凝聚人心的工作了。校长在学习外地先进经验的时候,看到有学校很重视仪式的作用,效果也很好,于是在校长领衔指导下,由班子几位主要负责人共同拟定了教师誓言、学生誓言,通过一些隆重的典礼,比如开学典礼、毕业典礼等,每周一升国旗时间,校长在例行的讲话之外都安排师生的宣誓仪式。一开始,大家觉得新鲜,也还能基本配合完成这样的仪式,但随着时间的推移,大家都认为成了一种负担,一种表演式的任务,慢慢丧失了内心激励的作用。校长很苦恼,不知道还要不要坚持,也很茫然下一步应该做些什么工作来凝聚人心。

[案例分析]

这个案例包含了很多工作内容,也体现了校长的工作思路和办学思想,我们可以从多个角度对校长的工作思路进行分析和评价。

第一,新任工作的切入口是否妥当。

在实际工作中,有很多事情等着管理者来处理,但是由于管理者的时间和精力有限,不可能同时抓很多事情,因而必须做出抉择:先做什么,后做什么。不仅如此,有时为了突出重点,管理者会有意识地在一段时间内集中精力做一件事情。案例中有两个因素值得注意:新校长和薄弱学校。对一个新校长和一个薄弱学校来说,需要采取一些能够很快见到明显成效的措施,让教职工、家长看到校长的管理风格和能力,看到学校的变化,进而振奋精神。显然,抓卫生工作见效快、成效明显,而抓教学工作则要长时间才能见到成效。的确,教学是学校的中心工作,学校应该以教学为主,但这不是说其他工作无关紧要。从学校实际情况来看,该校校园凌乱不堪已经影响到学生和教师的教学生活。在这种情况下,必须马上着力解决好卫生清洁工作,创造良好环境,以助于提高师生的工作和学习效率。事实上,卫生工作也是重要的教育因素。通过卫生工作,可以使学生养成讲卫生、爱整洁、有秩序的习惯和品质。这些也是行为规范中最基本的要求。所以,新任校长把校园清洁卫生作为推动学校全局工作的突破口是可以的。

第二,德育工作的切入口是否妥当。

校长借着抓校园卫生工作的契机,把德育工作抓起来,并以《弟子规》为切入口,采取传统文化教育的精髓来教导学生。这个工作也是非常有创意的。因为《弟子规》是教导青少年为人处世的规范,是儒家的蒙学经典。《弟子规》中的行为没做到,学习别的儒家经典就很难领到真谛。德育工作不是口号式的泛谈,更不是纯粹知识观念的灌输,而是需要每日修行,落实到每时每刻的言行,在学生的举止间检验德育的功效。如此虚实结合,德育工作还是抓得比较实在的,成效也是显著的。

第三,校园文化建设的工作思路是否妥当。

华东师范大学学者张俊华博士在《教育领导学》一书中提到,影响学校改进、提升与发展的五种文化分别是:环境文化;典章文化;领导文化;精神文化;礼仪文化。仪式和典礼是学校文化的载体。仪式是一种过程,一种常规和惯例,使普通的经历成为不普通的事件,使学校成为一个牢固的团队。如果人们尊重传统仪式,就能够拥有强大的文化根基,能够应对各种各样的困难以及周围环境的诸多变化。重大的典礼活动也可以很好地传递价值观,彰显团体精神的重要性,增强凝聚力。我们现在比以前任何时候都需要重振仪式和典礼,营造文化氛围,培育校园精神,让我们的学校更加充满生机、活力。

案例中的校长能意识到仪式和典礼的重要性,通过定期举行的仪式和典礼,借助创新性的宣誓形式,来传达自己以及学校教育价值观,确实有凝聚人心的作用。推行当中出现的问题,不在于形式有错,而在于工作的思路和流程出现了一些问题。

问题之一:校长决策事先没有获得广大师生员工的认可。在管理学上有一个公式:决策效果=决策质量*对决策的认可程度。意思是说,决策的最终效果除了与决策的科学性有关外,还与决策的执行者对决策的认可程度密切相关。在实际工作中,学校管理层可以制定自认为非常科学严谨有效的措施,决策的执行者面对的对象越多,尤其是涉及到全体教职员工和学生群体的时候,他们对决策的认可程度越在很大程度上决定着决策的最终效果。在这种情况下,校长首先要考虑的是如何提升相关者对决策的认可度。一般来说,参与制定政策、措施的群体越广,政策在群体中推行的阻力越小。案例中誓言的制定没有发动广大的教师、学生参与,给人感觉这不过是校长和领导层的宣言,没有得到大家发自内心的认同。

问题之二：学校文化建设工作推进没有遵循一定的内在逻辑。学校文化建设是一个系统工程，涉及到很多工作内容。如果参照张俊华博士的五种文化分类自成一个系统，每种文化建设都不可以偏废，但可以就校园文化建设的每一个方面都找一个典型的工作切入口，再逐渐把整个工作完善起来。当然，我们也可以参考美国学者特伦斯.E.迪尔在《校长在塑造学校文化中的角色》一书中提出的学校文化的框架来操作：愿景和价值观是学校文化的根基；仪式和典礼是学校文化的载体；历史和掌故是学校文化的内涵；建筑和收藏品是学校文化的象征。学校文化建设应该首先着力打造愿景和价值观，这里面就涉及到确立学校的使命和目标。使命和目标可谓是无形的力量，能推动教员从事教学工作，推动学校领导从事管理工作，激励学生认真学习，并使家长和整个社区对这个学校有信心。案例中的校长就是心中没有一幅理论指导实践的路径图，以致考虑工作的时候，无法从整体的角度来观照自己的想法到底属于"路径图"中的哪个步骤，哪个点，也找不出各项工作之间的逻辑关系，只能想到哪里做到哪里，"知其然不知其所以然"，便难免流于盲从。

问题之三：学校总体工作没有遵循一定的发展规律。陈玉琨教授认为，现代学校的发展走向，可以粗略分为三个阶段。第一个阶段，学校的管理主要依靠校长的观念、人格魅力与能力。在这个意义上，一个好校长就是一个好学校。校长科学的教育观念为学校发展确定了正确的方向；校长的人格魅力凝聚了全校师生员工；校长高超的管理能力极大地提升了学校运作的效率；校长的奉献精神可以感动着学校的师生员工；校长的价值追求无时不在引领着学校的师生员工。第二个阶段，学校的管理主要靠一套完善的管理制度和机制。这是从人治走向法治的一个更高层次。第三个阶段，学校的管理主要依靠校园文化，其中最重要的是学校教职工的价值追求。用文化来影响和引领教职员工的行为，这又比单纯的制度建设、人格魅力又上了一个层次。案例中的学校属于薄弱学校，一般薄弱学校都存在一些共同的问题，比如环境脏乱差吵、成员态度漠然、课堂上照本宣科、管理制度缺乏人文气息、缺乏教学科研氛围、学校内外相互隔膜，等等。根据实际情况出发，第一步要依靠校长强有力的领导魅力来重塑学校的形象，第二步是建立完善教育教学制度，使制度刚中有柔，柔中带刚。完成前面两大任务，第三步才好集中精力打造学校文化。所以，案例中的校长，前期的工作都无可厚非，但第二年的工作重心，如果放在提升教学质量，建立完善各项教育教学制度方面，也许会更妥当。毕竟没有学校整体绩效的改进，师生的自豪感无从产生，这时空谈价值追求，是找不到着力点的。

第四，校长下一步的工作当如何。

基于上述分析，该案例中的校长下一步工作要注意以下几个方面：一是继续保持卫生工作的成果，继续推进道德规范教育落到实处；二是做好学校的中长期规划，描绘发展蓝图，树立美好愿景，并争取获得全体教职员工的认可和承诺；三是健全和完善学校组织体系，打造一支强大的领导班子，努力做到人尽其才，才尽其用；四是把工作中心转到教育教学上来，健全各项规章制度，打造规范高效的教育教学秩序；五是校园文化建设既然已经启动，前期的工作不该抹杀，可以着重塑造校园环境文化和制度文化建设方面。在团队凝聚力不够强的时候，暂缓强力推行价值理念的公开仪式，也就是可以暂时取消宣誓的仪式，如果誓言内容比较合理，可暂且作为文本保留，以后可逐步发展完善。

[启示建议]

第一，教育管理工作有规律可循。正如我们上面所分析的，学校教育管理路径有迹可循，从"人治"到"法治"，再到"德治"。当我们找到学校内在发展规律以后，把握全局便有据可依，工作思路更加科学、清晰。

第二，教育领导有技术路线可循。美国学者马扎诺（Marzaw，R.J.）、沃特斯（Waters.T）、麦克那提（McNulty，B.A）等人在《学校领导与学生成就——从研究到效果》一书中，对此有深入的研究。学者们从大量的实践研究中得出结论，有效学校领导者的工作计划包括五个步骤：第一步，发展一支强大的学校领导团队；第二步，为整个领导团队分配责任；第三步，选择正确的工作；第四步，确定所选工作所包含的优先顺序；第五步，使管理风格与变革的优先顺序相配合。

第三，教育领导力的修炼是学校领导者的必修功课。从学校管理的实践来看，实行校长负责制后，校长如何开展工作，如何系统地规划学校的发展，如何营造积极的学校文化，如何提高自己的领导力，这些都成为广大中小学校长面临的现实问题。尤其是新课程改革实施后，校长如何承担起教学领导者的责任，如何营造一个学习型的团队，如何引领学校的变革等问题日益迫切。在大力提倡教师专业发展、拓展教师成长空间的今天，学校领导者也必须不断修炼教育领导力，以实现个人成长与专业发展。

（邱　瑜）

案例8　新组建薄弱学校如何走出低谷
——谈校长领导力与学校文化融合的关系

[案例介绍]

N市正在大力开发建设新区，为了吸引城市中心的人流向该新区，该市一方面对新区内原有学校进行了重组，另一方面将市中心的名校引入新区，试图打造优质教育资源，推动区域内学校均衡发展。在这样的背景下，该区原中心小学和中心初中进行合并形成了九年一贯制的新区实验学校，校长由合并前的小学校长担任，原初中校长成为新学校的副校长。学校其他中层领导在并校之后也进行了相应的调整。由于该区引进了市区多所名校，导致该校的生源受到严重影响，一些家庭都将孩子送往名校，来到该校的学生多为当地失地农民的子女。

按照常理，两所学校合并必然要经历一段磨合的时期。然而，当我们在学校合并三年多之后再次来到学校时，依然听到校长介绍："我们学校正处于合并之后的磨合期，各方面的矛盾还比较多，学校发展面临重重困难。"

那么这所学校究竟面临着怎样的矛盾呢？校长进一步介绍：小学部和初中部的老师之间很难融合，彼此看不起，自身也缺乏发展动力。我（校长）非常重视教师的专业发展，只要区里、市里有教研活动或者专家讲座，都极力鼓励老师们去参加，而且还建立了激励机制，只要老师愿意去参加这些活动我就给他们发五十到一百元钱，而且我还让他们每四个人打一辆车，给他们报销车费。按理说学校在这方面的支持力度已经很大了，可是老师们依然没有动力。相反，每次出去考察回来，他们交流的不是人家学校有什么好的举措，人家老师有什么新的教育理念，而是议论人家学校有多少老师买了车以及工资多高。其他的一点长进都没有。教研组、备课组建设也非常困难，没有老师愿意做组长。当然这有两方面的原因，一方面我们学校的老师都特别年轻，平均年龄只有29岁，他们都没有什么教学经验，缺乏自信，不敢承担这个责任；另一方面还是因为老师们都没什么上进心，不愿意承担这个任务，自己也不愿意参加教研活动。

面对这样一支教师队伍，校长痛苦极了。从内心深处来讲，他非常渴望改变这种现状，可是面对现实却又常常感到茫然失措。

反观这所学校的教师，在与教师的交流中，我们了解了一些教师的真实想法：在谈到自己的工作现状时，不少老师都将矛头指向这所学校的学生和家长，认为家长素质太低，不配合老师的工作；学生则是基础太差，不配合老师的教学。老师们都认为自己已经很尽力工作了，可是一点成效（他们所指的成效多为学生学习成绩的提升）也看不到。至于教研组活动，教师们表示自己从教时间不长，没有什么教学经验，大家教学水平都不高，缺乏引领大家发展的教师。听评课都在按照上级规定的次数来搞，可是老师们评课的时候都提不出有建设性的意见，即使真的发现了问题，大家也无法达成一致，最后不了了之。每次教研活动都是老生常谈，毫无进展，久而久之就变成了走形式，老师既不愿意参加，也不愿意作为教研组长组织大家活动。

此外，在与教师交流的过程中，我们无意中还得到这样一个信息：某位老师在交谈中突然讲出这样一句话："我有一次不小心在校长办公室里看到一份我们学校的五年发展规划……不知道里面说的内容跟我们老师有什么关系，我们应该怎么做……"经过了解，我们发现，这所学校的五年规划完全是由校长布置下去，教务主任执笔完成的。之所以这样做的原因是学校老师不愿意参加讨论，提不出建议，对这个事情也不感兴趣。总之，只要面对教师，校长就显得无可奈何，束手无策。他希望借助外界的力量帮助学校建立一套有效的管理制度、评价制度，调动教师的积极性，改变学校的现状。

然而，这所学校需要的仅仅是这几个制度吗？

[案例分析]

要帮助案例中的校长解决其学校所面临的问题，我们首先要对这位校长已有的领导行为进行分析：

学校已经花了很大一笔经费用于教师培训方面，并且鼓励教师积极参与各种教研活动、学术报告，教师的热情依旧不高，依旧对待遇不满。

这是案例中学校校长在访谈中提出的困惑，在他看来，用金钱刺激教师去参加教研活动、聆听专家讲座应该是非常有效的途径，而且从老师们表达的愿望来看，他们也渴望获得更多的金钱，可是在这位校长看来，教师的欲望简直就是一个无底洞，永远都无法满足。

从案例校长的这一领导行为我们可以看出，这属于典型的交易领导，即采用一种"一物换一物"的交换方式来进行领导和管理，交换双方为了某一目标各取所需，等价代换。而一旦这项交易任务完成，领导行为也就随之结束。如果还有新的任务，那么就需要进行新的交易。①

不可否认，交易领导有一定的优势，尽管功利性强，但是在组织构建的初期它能够确保学校组织机构的正常运转。领导者聚焦于组织的目标，能够确保任务的完成，也能在一定程度上与教师保持良好的人际关系。可以说在学校的日常工作中交易领导是不可避免的，但是它仅限于日常管理、规范管理，管理成分远远大于领导成分。在雷斯伍德（Leithwood）看来，交易领导行为总的来说以功利成分居多，属于简单的功利主义。因此，对于一所学校来说，交易领导是必要的，但仅仅有交易领导是不够的。

如该案例所反映的，刚开始给教师参加学术活动一些物质奖励的确可以促使教师积极完成这一任务，但久而久之原有的金钱刺激就会失去作用，教师们发现所有的活动只要参与，不管质量高低，都得到相同的报酬，于是开始追求更高的报酬刺激。教师并没有在金钱报酬的刺激下产生内在的自我发展动力，所以尽管对自己的专业发展有帮助，教师们仍然提不起兴趣参加这些活动了。

在西方领导理论中，与交易式领导相对应的是转化式领导。转化式领导首先由詹姆斯·麦格雷戈·伯恩斯提出。伯恩斯在其1978年出版的《领导》一书中，鉴别了两种基本的领导类型：交易式领导和转化式领导。伯恩斯分析道，在转化式领导之下，领导者主动致力于领导情景的转化，"一个或更多的人与其他人一起投身于这样一种道路：领导和下属互相提携，达到更高的动机和道德层面"。从伯恩斯的观点来看，交易式领导与转化式领导至少有两点区别：前者是被动交易，后者是主动转化；前者重在满足员工马斯洛需要层次体系中较低层次的需求，后者注重帮助员工把需要提升到马斯洛需要层次体系中较高或最高的层次。

也许案例学校的校长应该转变自己的领导风格，着眼于教师的高层次需求，激发教师内在发展动力，从而促使教师自觉地追求专业发展。

如何让教师关心学校的发展，如何调动学校中层管理人员的工作积极性？

从案例介绍来看，案例学校教师对学校的归属感很弱，他们没有表现出渴望改变学校现状的意愿，也没有表现出改变自己工作状态的意愿；学校的中层管理人员没有工作积极性，不愿意承担责任。尽管校长和这些教师自己都认为是因为能力不够，但从整个学校氛围来看，学校没有发展愿景、教师缺乏工作动力是主要原因之一。从与教师和校长的交流中，我们看到案例中学校的教师并不了解学校的发展规划，甚至在某些教师眼中学校发展规划是一个很神秘的东西，作为普通教师是没有资格看到的，所以老师会在访谈中用"不小心看到学校发展规划"这样的表达方式。教师不清楚学校的发展目标是什么，也没有进行个人发展规划，教师个人发展目标与学校发展目标相统一更无从谈起了。

早在上世纪80年代，本尼斯和纳拉斯就提出了愿景领导理论。他们在1985年对美国60位成功的企业执行主管及30位杰出的公共组织领导者进行了非结构性的、开放的深度采访，这些领导者因成功变革其所在组织而声名远扬。根据访谈结果，本尼斯和纳拉斯总结出变革型组织中领导者常用的四种策略：

第一，有远见的领导者拥有对组织的清晰愿景，该愿景描绘的是吸引人的、可能现实的和可以信赖的未来图景。领导者能够借助生动的、鼓舞人心的交流方式，使愿景成为组

---

① Southworth. G.. Leading Improving Primary School: The work of Heads and Deputy head teachers[M]. London: Falmer Press. 1997:43.

织成员关注的焦点，并能够诱发并引导组织成员对这一愿景产生承诺。领导者被看成是组织愿景的创造者和社会设计师。

第二，虽然领导者在阐释愿景中扮演着举足轻重的角色，但愿景反映的应是组织中领导者和追随者的共同意愿。领导者和追随者不仅进行一对一的有效交流，还一起开展有创建意义的活动。愿景应满足整个组织的需要，并得到组织全体成员的认同。

第三，领导者坚守信念，并始终如一地为实现愿景而努力，以此在组织中建立信任。

第四，领导者创造性地发展自我，充分利用个人资源和能力，使其长处适合组织需要。他们用自信和乐观去感染其追随者，并善于授权追随者去实现愿景。[①]

愿景领导理论主要强调了领导者本身如何在了解员工的前提下建立组织共同奋斗的愿景。

对于案例中学校来说，解决教师和中层管理人员工作积极性问题的关键就在于建立共同的愿景，让学校全体师生员工都了解、理解、认同学校的发展愿景，并在这一愿景下找寻、确立个人发展目标。而学校全体师生员工只有全程参与学校发展规划制定的过程，参与讨论，充分表达自己的意见，才可能了解、理解并认同学校的发展愿景。然而在案例中学校，学校发展规划成为教务主任一个人的规划，甚至连校长的参与都没有，这样的发展规划自然起不到统一认识的作用。案例中学校的校长解释，教师对学校发展规划的制定不感兴趣，不能提出建设性意见，所以没有让大家共同讨论制定。这恰恰是学校领导的工作失误，按照这种思路下去只能陷入一个恶性循环中。教师对制定学校发展规划没有兴趣的原因是没有看到学校发展规划与个人发展的关系。作为领导者首先自己要对学校发展构建一个蓝图，然后向教师具体解释这一发展蓝图，让教师认识到学校发展规划制定的重要性，尤其是要让教师认识到学校发展规划与个人发展的关系。在这样的背景下，教师就会渐渐对组织产生认同感，逐渐凝聚在一起，为了实现共同的目标而努力。教师也会在学校发展目标之下制定个人的发展规划，这样教师就会找回发展动力了。

[案例启示]

通过对这个案例的分析，我们至少可以得到以下两点启示：

启示一：学校领导者要寻找合适的切入口改变学校现状

在学校面临困难的时候，作为学校领导者不能循规蹈矩，照搬书本上的理论，如案例中学校的校长一遇到问题就归咎于学校制度，试图依靠制度来解决一切问题。事实上每所学校所面临的实际情况不一样，改变现状的突破口也各不相同，因此校长首先要对学校的情况进行具体全面的分析。

目前许多学校在改进学校的过程中都不约而同地聚焦于教学，但这并不是所有学校改变面貌的唯一途径。例如从案例学校的情况来看，尽管同样面临着教学质量低的问题，但显然这所学校更严重的问题是员工士气低落，没有发展目标，各个方面都看不到希望。对于这样的学校如果仍然寄希望于教学，希望某一年中考成绩能够发生翻天覆地的改变从而提升学校的影响力的可能性是非常小的。因此，校长可以考虑从一些相对容易的事情入手，在短时间内使学校某一方面发生较为明显的改变，以此来增强

---

① 文茂伟．西方新领导理论：兴起、发展与取向[J]．社会科学，2007（7）：98-111．

教师的自信心。例如，可以从学校校园环境的改善入手，改变学生和教师的卫生习惯，共同保持校园的整洁。再如，召开教职工大会，共同探讨学校的发展问题，让教师融入学校中，成为学校真正的主人，为学校的发展出谋划策，形成共同的发展愿景，制定切实可行的发展计划。

启示二：学校领导者应不断追求自身的专业发展

领导能力是学校改进的关键，因此，学校领导者要不断提升自己的领导能力，提升自己的素养。领导者的素质是从事领导活动所必备的基本条件和核心潜质，是一种内在的领导能力。张俊华博士在《教育领导学》一书中总结分析了英国、美国、新西兰等西方发达国家的领导理论研究成果，结合我国传统管理思想中有关领导者素质的理论，总结出教育领导者应具备的八大素质：广阔的视野，宽厚的胸襟，阳光的心态，法制的精神，规范的操守，渊博的知识，专业的能力和强健的体魄。他认为这八大素质是成就教育领导者的基础，也是教育领导者彰显个人品格、风范、价值和境界，迈向成功、追求卓越的关键和核心元素。

学校领导者不仅要使自己具备上述八大素质，还要不断地提升这些素质，追求专业上的不断发展，这样才能引领整个学校不断前进。除此之外，学校领导者还要不断提升自己其他方面的领导力，如课程领导力等。根据我国有关校长专业的发展研究来看，中小学校长成长规律大致有四个阶段：职前预备期、适应期、称职期、成熟期。因此，出现案例中学校校长的问题并不可怕，每个校长任职的起点不一样，处于不同的发展阶段，而且成长周期的长短也各不相同。而校长正是在这个岗位上，通过不断提升自己的能力素养，逐渐从一名新手校长向一名合格校长再向一名好校长、优秀校长、专家校长甚至教育家型的校长不断迈进。

（邓　睿）

案例9　积极心态，成功的基石
——贵州清镇一中校长积极心态建设的启示

[案例介绍]

2009年暑假，教育部中学校长培训中心举办了第一期全国优秀中学校长高级研究班，贵州清镇一中校长刘平是这个班里的29名成员之一。在一次办学经验交流会上，刘校长和大家分享了自己的办学实践，笔者深受感动和震撼。

这是一个智慧的校长，这份智慧体现于他在清镇在一中极力倡导积极心态的建设。五年来，他一直在做这项工作，不断地给全校师生建造场景、营造氛围、开展专题活动，不断地挖掘着人性深处的真、善、美，让师生在不知不觉中修得积极的心态。而伴随着这段心灵成长历程的，是学校从2001年之前的薄弱高中向省实验性示范高中的飞跃。

刘校长是怎么做到的呢？为了全校拥有一个积极心态，刘校长全身心地投入，做好以下两件事情：

（一）在校园里种满了"两棵精神树"——"积极树"和"消极树"

"积极树"枝繁叶茂，硕果累累，巍然屹立在大地上，形象地向人们展示出，拥有积极的心态，人生就会像这棵树一样，充满生机。种下"积极心态"，收获种种积极的硕果——沉着、理解、幽默、信心、鼓励、开朗、责任感、果敢、勇气、信任、安详、成就感、奉献、勤奋、乐观、坚强、热情、快速、踏实、豁达。同时，每种果实又可成为富有生命力的种子，孕育积极心态。

"消极树"树干瘦弱，叶子凋零，似乎在风中瑟瑟发抖，形象地告诉人们，如果怀着消极的心态，那么人生就会像这棵树一样，没有生命力。种下"消极心态"，滋生种种消极的苦果——狭隘、懒惰、愤恨、找借口、冷漠、胆小、埋怨、嫉妒、易怒、急躁、失望、脆弱、拖沓、忧虑、自私、自恋、虚伪、虚荣、牢骚、侥幸、犹豫。每一种苦果亦可成为消极心态的种子。

刘平校长用形象化、视觉化的场景告诉一中人，人生就像一棵树，不管是参天大树还是柔弱小苗，都是自己选择的结果，都是之前播下什么样种子的结果。心态是种子：播下积极心态，成就参天大树；播下消极心态，只能成为一株柔弱的小苗。

（二）雕刻四幅浮雕，凝聚四种精神

清镇一中的校园，除了两棵树，另外别具一格的要数四幅浮雕了。嫦娥奔月、夸父追日、后羿射日和盘古开天辟地，它们分别代表了四种精神——敢于梦想、锲而不舍、坚忍不拔和勇于开拓。刘校长说，他非常喜欢教育部中学校长培训中心陈玉琨主任的那句名言："改变一个学校，首先要改变这个学校的校园精神；改变一名教师，首先要改变他的工作期望；改变一个学生，首先要改变他的人生目标"。[①] 这四种精神是清镇一中的校园精神，"嫦娥奔月"的梦想，"夸父逐日"的执著，"后羿射日"的胆识和勇气，以及"开天辟地"的创新意识，不断激发着全校的老师、学生树立自己的人生期望和目标。

[案例分析]

很多校长在办学中，要给人展示的大多是和教育直接相关的东西，比如如何改进课堂教学，如何提高教师的专业素养，如何提高学生的考试成绩等等。当然，这些都是事实，都是教育的目标和教育的基本活动，办学确实都围绕这些方面开展。然而，清镇一中的刘平校长展示的却是自己怎么培育全校师生积极心态的，令人眼睛一亮。通过分析刘校长的办学实践，发现其中有殊途同归的精妙。

---

① 陈玉琨．一流学校的建设——陈玉琨教育讲演录［M］．上海：华东师范大学出版社，2008：146．

(一) 积极心态是成功的关键

成功学的始祖拿破仑·希尔说过,一个人能否成功,关键在于他的心态。成功人士与失败人士的差别在于成功人士有积极的心态,即 PMN（Positive MentNl Nttitude）。而失败人士则运用消极的心态去面对人生。消极的心态,即 NMN（NegNtive MentNl Nttitude）（在美国成功学领域,PMN 与 NMN 已成为替代积极心态与消极心态的专有名词）。积极的心态（PMN）是正确的心态,正确的心态是由"正面"的特征所组成的。比如信心、诚实、希望、乐观、勇气、进取、慷慨、容忍、机智、诚恳等等。消极的心态（NMN）的特性都是反面的,是消极、悲观、颓废、不正确的心理态度。积极心态可以激发我们的潜能,使我们获得属于自己的成功,有利于实现自我价值,得到幸福和快乐。消极心态则会限制我们的潜能,使我们失去成功与快乐。拿破仑·希尔在研究成功人士多年以后,发现一个简单的秘密:成功人士运用 PMN 黄金定律支配自己的人生,他们始终用积极的思考、乐观的精神和辉煌的经验支配和控制自己的人生;失败人士是受过去的种种失败与疑虑所引导和支配的,他们空虚、猥琐、悲观失望、消极颓废,最终走向了失败。

个人有个人的心态,如果把一所学校比作一个人,一所学校也有自己的心态。清镇一中的人是积极的,清镇一中这所学校是积极的,清镇一中这棵"大树"因为有了积极心态这一强大的"根"而茁壮成长。刘校长讲,在 2001 年以前,清镇一中是一所薄弱的学校,办学条件差、管理落后、教职工的心态消极,可以说,整个校园是灰色的。刘校长接任后,他意识到,要改变学校灰色的现状,首先必须从改变学校教职工的心态入手,变消极心态为积极心态。贵州地处中国的西南部,经济条件落后。刘校长讲:"在经济上,我给不起老师、学生什么,但是,有利于师生身心健康的积极的心态,我一定要不遗余力地给。"

心灵、思维、观念的力量无形而强大。用刘校长的话说,这是"根",积极的心态是扎得牢固而深刻的根。不论是中国传统文化中的"仁、义、礼、智、信",当下提出的要构建和谐社会,还是我们教育的核心理念,"心"是"根"。荀子说过,"心者,形之君也,而神明之主也",心是身体和思想的主宰。

(二) 树立积极心态要不断践行

积极心态的生成不是停留在口头上的,而是要自觉践行,内化为自己的主动行为和思维方式。在清镇一中,每一届的高一新生,在进校的第一天,班主任、任课老师都要把班上的学生领到"两棵树"下,教导学生要逐步树立积极的心态,让学生以后在每一天的学生和生活中,树立积极心态,摒弃消极心态。

树立积极心态,刘校长身体力行,他说:"我每天早上进校园的时候,都要去凝望那两棵树,审视自己现在的心态是积极的还是消极。如果某一天情绪不是太好,我一定会马上警觉起来,对消极的心态、情绪和心理活动进行抑制和否定,强行用积极的想法去占领它,让自己的心态保持积极的状态。一个校长的心态、情绪很重要,影响的不是自己一个人,而是全校。"我们都是常人,都会有情绪不好的时候,会有不开心的时候,我们得先承认和接受这一点。然而,具有积极心态和习惯的人,善于及时调适自己。

师生们每天都要集中诵读关于积极心态、励志的名言警句,比如"我的成功来自于马上行动""我是负责任的""成功者是不会轻言放弃的""我是最棒的,我一定行""每天进步一点点""你越努力,你的运气就会越好""我是一切的根源"等等,这些励志的、积极的语言能对人进行积极的自我暗示。

几年下来，树立积极的心态已经成为了全校师生的一种行为习惯，久而久之，更是成了一种思维习惯。

（三）树立积极心态要有精神的支撑

有了积极的心态，还应该有崇高的精神，这样的人生、这样的学校才走得稳、走得久。清镇一中的四种精神就是维持积极心态，走向成功的支柱。

1. 梦想——全校师生的共同愿景

梦想照亮人们前行的道路。一个人要发展，需要有梦想；一个学校要往前迈进，也同样需要梦想。刘校长说："这个梦想不是我刘平的梦想，是学校全体师生的梦想。如果一个学校不做梦，那是永远也发展不起来的。"

高远的梦想指引着未来的发展方向。嫦娥奔月就是这样一个美丽的梦想，几千年前，人们就不断追寻，憧憬着飞上月球。今天，人们已经实现了这个美丽的梦想。嫦娥奔月虽然是一个神话，但是一个社会不能没有神话，如果没有了神话，就代表这个社会没有梦想。一所学校不能没有梦想，梦想可以让人保持高昂的斗志。刘平校长经常对大家说："一个目标的设定不能没有高度，但高度太低，伸手就够得到的果实是没有意思的，而高度太高，怎么努力都够不到，又有谁会卖力去做？因此，目标的设定应把握在'跳一跳能够得着'这样一个度上。这样积极性就会被开发出来。"因此，一中人的梦想就是在全体一中人"跳一跳，再跳一跳"这样努力的基础上诞生的，这样将梦想的可实现性与幻想的不可实现性清晰地区分开来。而这一切始于2002年，刘平校长对学校现状及发展的可能性与学校领导共同研究后提出了学校的第一个梦想——申办省级示范性高中，把一中做大做强。

2. 执著——追求梦想的伟大力量

梦想不会自动实现，树立了梦想，就要用"夸父追日"的执著去追求梦想。

在2002年，清镇一中要申办省级示范性高中的梦想，大多数的一中人都觉得是一种奢望。因为，当时学校占地仅30亩，而其外围都是放开项目。校园从何扩建、扩建资金从何而来成为最棘手的问题。

但是，要实现梦想，一中人就要执著地向前迈步。首先，学校从规范内部管理入手，针对学校的实际一步步摸索。没有经验，就从书本中找，到兄弟学校去学，请知名教授来讲，送骨干教师去接受培训，慢慢地，一中教师的眼界拓宽了，心胸放开了，脚步更加坚定了。

3. 坚韧——为梦想拼搏的强烈勇气

有了著,加上"后羿射日"的胆识和勇气,梦想一定成真。

面对资金的短缺问题,刘平校长做出了一个惊人的举动,那就是学校自贷资金六千万,用于新学校建设。六千万对于经济落后的西部地区的学校来说,不是一笔小数目,这一决定需要多么大的胆识和勇气呀!

于是,刘平校长开始为此四处奔走,求借贷款,坚持不懈。清镇市政府为此感动,同意原新华中学与老一中换址扩建。在市政府的大力支持下,怀揣梦想的一中人走出了决定性的一步。

新校建设期间,由于老校区学生扩招,新校还未建成,一中不得不分为四个校区上课,那是一中人最艰难的时期,在外到处租房,分学部进行安排。当时住校的学生特别多,班主任和任课老师为了保证学生安全,有的和学生住到一起,有的每天晚上在各校区守到半夜才回家。为了学校学生,这些老师们放下了自己家里的孩子。

刘平校长自己更是率先垂范,教师们不管多晚回家,刘平校长办公室的灯总亮着,这激励着教师们无怨无悔地为学校而奉献。就这样,一中涌现了"三特精神",即特别能吃苦、特别能战斗、特别能忍耐,"三特精神"成为了一中人的精神支柱。一中人在感动,他们的亲属在感动,政府在感动,社会在感动,2007年,清镇市政府在教师节表彰大会上同意帮助一中逐年还清六千万贷款。一中人的执著和勇气,终于换来了春的复苏,刘校长的坚持终于赢得了支持。

正如一句话说的:没有一颗心会因为追求梦想而受伤。当你真心想要某样东西时,整个宇宙都会联合起来帮你完成的。

4. 创新——建立新的梦想

创新不是舶来品,我们自古就有。

嫦娥奔月已经不是梦。

确立梦想之后,只要不断地去追寻,凭借执著的精神、过人的胆识和勇气,梦想总有实现的一天。刘校长说,就像愚公移山一样,这件事情无论有多么困难,只要有恒心有毅力地做下去,就有可能成功。执著、勇气,是一种积极的心态,是一种崇高的精神。

实现了梦想之后,不应该就此裹足不前。人类之所以每天都往新的台阶迈进,是因为不断有新的梦想和为新梦想追求的精神、动力。这就是创新。盘古开天辟地是最大的创新,我们的祖先创作的神话故事就为我们树立了创新的典范。

在实现了阶段性的目标之后,一中人并没有沾沾自喜,而是设定了新的目标,迈向新的里程。他们将眼光再次投向更远的地方,他们提出了创办让清镇人民骄傲的学校,让一中的学生走向全中国,走遍全世界。这是一个精心编织的梦,在这个梦里,一中的教师迫切地需要自身的发展，一中的学生正慢慢展开兴趣的风帆，多元发展在一中开始呈现，老师们各展所长，学生们尽显风流，音体美课堂精彩纷呈，课题研究硕果累累，一中人经过层层蜕变，开始追求将学校建成师生的心灵家园，追求学校和谐、全面、多元发展。这是一个多么丰富多彩的梦啊！

通过四幅浮雕的意境，刘平校长给全校师生树立了精神的丰碑。

[启示建议]

这是一个关于校长成功办学的案例，对其他学校，尤其是同类学校，可以得到以下两点启示：

（一）学校内部积极心态的塑造是薄弱学校突破的关键

大部分薄弱学校的症结，不是学校本身的薄弱，而是人的薄弱，尤其是"心态"的薄弱。心态不仅仅是对个体而言的，一个群体、一个组织也有其心态，对于学校来说，树立积极的心态同样十分重要。薄弱学校要突破，必须靠自身内部的力量。

现在很多教育者喜欢埋怨。老师埋怨校长，校长埋怨政府——老师认为校长对自己不关心，不给自己提供发展的空间和平台；校长埋怨政府对自己的学校不够重视，所给的教育资源缺乏，政策不力。他们总在感叹难以做事，做不了事，他们总是认为只有别人给相应的条件才能做，才肯做。

这种态度是错误的，埋怨、等待是消极心态，这只会让学校走下坡路。学校的老师也好，校长也好，自己要先行动起来。"学校的发展需要外部的支持，更要靠自身的努力。"①

当年愚公决定要把家门前的两座山搬掉，这在智叟看来是非常可笑的，是一项不可能完成的事情，但是愚公下定决心一定要搬走太行山、王屋山，并且付诸切实的行动。"遂率子孙荷担者三夫，叩石垦壤，箕畚运于渤海之尾。"愚公的行为最终感动了天帝，天帝派神仙下凡，拿走了两座山。

正如刘校长所说："你在埋怨政府，等待外界支持的时候，要首先问问自己，我挖了多少土，运了多少泥，搬了几座山。如果你没挖土，没搬山，是没有道理埋怨别人的。只有你自己先做了，先去实践了，才会引起别人的注意，做出成绩了，政府自然就注意你了，就会给你支持和帮助。天帝是被愚公的精神和行动所感动的。"

（二）积极心态的顿悟是不断践行的结果

格式塔心理学派认为，学习的过程是顿悟的过程，就是结合当前的整个情景对问题的突然解决。"顿悟学习模式"强调模拟场景，让学习者亲身感受，教师做适当引导，最终让学习者"顿悟"。顿悟是人思维的飞跃和突变。

六祖慧能的"菩提本无树，明镜亦非台，本来无一物，何处惹尘埃"是一种"顿悟"。因此，积极心态不会一日养成，更不会自动生成，要使学生、老师们树立积极的心态，就要做到让学校的师生每天耳濡目染积极心态的场景、语句，置身在积极心态的环境中，日积月累，久而久之，师生也就领悟了。

心理学研究认为：21天以上的重复会形成习惯；90天的重复，会形成稳定的习惯。

---

① 陈玉琨．发展性教育质量保障的理论与操作［M］．北京：商务印书馆，2006：7．

即一个动作,重复 21 天就会变成习惯性动作。同理,一个想法,重复 21 天,或重复验证 21 次,就会变成习惯性的想法。

个人这样,学校亦然。培养积极心态可以从以下几个方面进行:

1. 专注于所确立的目标。目标有大目标、小目标,长期目标、中期目标和近期目标之分。确定了目标,也就找到了最希望得到的东西。将精力集中到需要的事物上来,远离所不需要的事物。把全部思想和精力用来做想做的事,而不要留半点思维空间给那些与目标无关的事物。

2. 正面自我暗示。多一些成功的心理暗示,实现自我鼓励,以保持继续战斗的充沛的精力。林肯说:"你,正如你所思。"科内里说:"假使我们自以为是泥块,那我们真的就会成为被人践踏的泥块。"如果你自己认为自己卓越超凡,你就真的会卓越超凡。"人若败之,必先自败。"

3. 养成正面思维的习惯,拒绝负面思维。积极心态和正面情绪是一致的,而负面情绪来自于消极心态。困难可以把你击垮,也可以使你脱颖而出,这取决于你如何看待和处理困难。养成正面思考的习惯,积极心态自然就不离左右。

(翁琴雅)

第五章　教育领导之道德领导

教学工作是学校的中心工作，是学校的命脉，其质量关系到学校的生存和发展，提高教学水平的关键是提高师资队伍的质量。"教育大计，教师为本"，有好的教师，才有好的教育。国家中长期教育改革和发展规划纲要指出要建设高素质的教师队伍。我们应该适应国家教育发展需求，从提升教师资质、提高教师素质入手，努力造就一支师德高尚、业务精湛、结构合理、充满活力的高素质专业化的教师队伍。

本章收集了有关教师专业发展的多个案例，这些案例涵盖了基础教育各个阶段，内容涉及到教师培养、教师管理和教师自身的成长等多个方面。通过对这些鲜活案例的介绍和剖析我们可以得到以下启示：第一，学校和有关部门应完善教师培养培训体系，做好培养培训规划，优化队伍结构，提高教师专业水平和教学能力；第二，学校要建立健全教师管理制度，加强师德建设，完善激励机制，激发教师的积极性和主动性；第三，教师个人也要进行自我管理，有自己的职业发展规划，有各阶段的职业成长目标，并且有较强的行动力，使自己尽快成为一个成熟的教师，成为一个专家型教师。

案例1　"80后"，让人欢喜让人忧
——校长如何领导"80后"教师

[案例介绍]

案例一

小N已经当了一年的教师。不久前，学校开展创建工作，需要汇总资料，工作压力比平时稍大。当同事和她提及资料整理的进程时，她除了哭一句话都不说。回到家里，小N也是哭哭啼啼，还耍起了脾气，父母心疼女儿，就帮她一起整理资料。实际上父母帮女儿做事并非第一次，有时学校放学晚，老师不能将学生留下做卫生工作，只能由老师代劳。遇到这种情况，小N父母就经常到学校来帮她打扫教室。

案例二

市民马先生的儿子今年刚升入市区某初中，当他发现儿子的班主任是个刚走出象牙塔不久的大学毕业生时，非常担忧。于是他到处找人、托关系，想着把儿子转到别的班级。"不是我对他个人有意见，但年纪轻肯定没什么经验，水平怎么样也不知道。而且，'80后'的独生子女被别人宠惯了，对小孩能有耐心吗？"

案例三

一次公开课结束后，校长给出了自己的建议，可李老师不仅不买账，还振振有词："很多事都是说着容易做着难，要不你也试试？"此语一出，在场的很多教师都面面相觑，

尴尬不已。没想到校长却非常爽快地说:"好吧,明天我也上一节同样的课,欢迎大家指导"。第二天,校长的公开课刚一结束,教室里就响起了热烈的掌声。李老师也不无佩服地说:"校长,实在不好意思,今天你可让我开了眼!"从此以后,校长成了李老师心目中的偶像,对于校长的管理几乎言听计从。

[案例分析]

案例一介绍的是一名"80后"的教师初为人师却没有做到为人师表的事例。在实际中,这并不是一个极端的个案,而是很多学校普遍遇到的问题。"80后"的教师正在逐渐成为学校师资队伍的主力军,但是距离一个合格教师的标准还存在一定的差距。正如一位学校负责人所指出的:"以往教师差不多一年左右就能独立开展工作,现在有的'80后'教师两三年还未进入状态。"

作为具有典型特征的"80后"教师群体,他们身上带有鲜明的时代烙印。他们的优点和不足之处都相当明显。就优点而言,他们愿意认识和接纳新鲜事物,兴趣广泛,信心十足,容易和学生打成一片;就不足之处而言,他们常常以自我为中心,与他人沟通和团队协作的能力比较低,情绪化特征比较明显,承受挫折的能力比较差,责任意识还有待进一步加强。这些不足的存在,使得"80后"教师在从学生角色转变为教师角色时,很难在较短的时期内真正实现这种角色的变化,因此他们需要学校领导更多的关心、帮助、支持和引导。

案例二则反映出"80后"教师所遭遇的家长信任危机。家长对"80后"年轻教师的不信任,是现在学校工作面临的一大难题。从教学实际来看,有相当部分的"80后"教师讲课富有激情和感染力,能够有效调动学生的积极性。但是,他们往往驾驭课堂的能力不足,把握教学的尺度不够准确,讲课常常达不到预期目标。久而久之,就会让家长和社会对其丧失信任感。随着越来越多的"80后"加入教师队伍,他们的教学能力如果持续受到怀疑,而学校又没有有效方法和措施来改善的话,不仅这些"80后"的教师会在工作上承受更大的压力,还会对学校的形象和教学质量带来严重的影响。

案例三则讲述了校长如何面对一些很有个性的"80后"教师。"80后"教师一般个性鲜明,具有很强的自尊心。因此,校长们不能简单地用行政命令去要求教师,而是要更多用"真才实学"来赢得威望,进而更好地组织他们。此外,校长还要进行更多的感情投资,不仅要做到以理服人,更要做到以情感人,让"80后"教师在理智上认可校长,在情感上接受校长,才能够真正确立校长的领导力,更好地打造具有专业水平的教学团队,推动教学质量的不断提高。

[启示建议]

不管人们对"80后"的教师有着怎样的评价和判断,但是他们正在成为日常教学中的主体已经是无可辩驳的客观事实。因此,作为校长,如何有效领导他们,让他们在最短的时间里成长为一名优秀的教师,就成为时代赋予校长们不可推卸的历史责任。

一般而言,作为校长,不妨从以下几个方面着手:

1. 建立完善的促进"80后"教师专业成长的培养体系。这一培养体系应该包括培训和考核部分。在培训方面,要实行集中培训和个别培养相结合。一方面针对"80后"教师的特征,做好入职前的培训工作,认真学习借鉴别人的教学经验;另一方面,要采取多种途径,利用个别培养的方式加快"80后"青年教师的成长,帮助他们学会积累自己的教学实践,总结出自己的教学经验。此外,还要建立起客观科学的考核体系,以考核促发展。考核时要本着公平公正的原则,分时分阶段进行,努力做到科学化和高效化。

2. 校长要和"80后"教师多进行交流沟通。首先校长要在理解的基础上,与"80后"教师进行沟通交流,特别是要用他们所喜欢的博客、QQ等方式进行交流,并在具体工作过程中对他们表示关心、支持、理解和鼓励。

3. 努力培养"80后"教师的团队协作精神。"80后"教师一般都比较缺乏团队合作精神,表现出较强的自我中心意识。而教师职业,更多需要的是团队协作。因此,有的校长采取了"捆绑法",就是一种比较好的方式。这种评价体系从学科的整体评价出发,充分应用评价的调控功能,促使教师在提高自身教学水平的同时主动与其他教师沟通交流,树立大局观念,培养团队协作意识。[①] 在集中的培训中可以适当增加建立团队精神的项目,在平时的教学中,集体备课,集体听课评课,都是培养协作精神的有效途径。

4. 引导"80后"教师做好自己的职业发展规划。教师职业需要的是一群能够有志于终身从事教师职业的人。"80后"教师大多对自己的教师生涯没有很科学的规划,有的当教师只是一种权宜之计,校长们要努力帮助教师树立职业荣誉感,培养他们终身从教的志向和兴趣,帮助他们确定自己的职业目标。在此基础上,还要进一步帮助教师明确在每个人生阶段的发展计划,这些计划一定要切合教师自身的实际,从他们的实际出发。

5. 鼓励"80后"教师主动研究教育教学工作,使他们成为研究型的教师。前苏联著名教育家苏霍姆林斯基曾经说过:"如果你想让教师的劳动能够给教师带来一些乐趣,使天天上课不至于变成一种单调乏味的义务,你就应当引导每一位教师走上从事研究这条幸福的道路上来。"[②] "80后"教师与老教师相比,他们的优势在于普遍接受过系统的高等教育,专业知识掌握得比较好,并且具备一定的科研能力。因此校长要大力提倡教师自己主动研究教育教学,鼓励教师向专家型教师转变。

6. 要善于因势利导。校长要善于抓住时机来培养"80后"教师,他们年轻有激情,刚开始走上工作岗位时劲头十足,校长一定要及早对他们进行培养,充分调动他们工作的热情。同时,要大胆地对他们委以重任,对于工作中出现的问题也要及时给予指导和帮助,而不是一味地责怪和批评。

(房 巍)

---

① 李国双,顾维宪等. 探析"80后"教师的培养与管理——本市中小学校长谈教师培养与专业化成长[N]. 天津教育报,2008-12-24 (003).
② 王伯康,周耀威. 塑造教师新形象——教师成为研究者之必要性、可能性及途径[J]. 高等师范教育研究,2001 (1).

案例2 情感领导在教育领导力中的重要性
——一次课堂提问的思考

[案例介绍]

本文作者在自身的教学过程中曾经遇到过这样的一个实例:一次公开课上,因为事先我作了充分的动员,所以回答问题时发言的同学很踊跃,连一向对待学业很马虎,成绩较差,甚至从不举手的甲同学也为气氛所感染,勇敢地举了两次手。然而他第一次举手时,因为有别的比他成绩优异许多的同学也同时举起了手,这个问题只需一个同学回答即可,而他说出我想听到的答案的几率明显要低于别人,所以我没有叫他;第二次的问题倒是需要多人回答参与,在别的举手的同学已经全部发言完坐下之后,我假装没有看到甲也在举手,还是没有点一直举手要回答的他,因为我担心他的回答会不靠谱,会让我时间不够,更怕他说出什么脱离本节课中心内容的另类回答,对我的课不利。课后虽然我亡羊补牢地表扬了包括他在内的很多表现积极的同学,然而我从他的表情上读出了一丝不满和不屑。此后的课上,一直到甲毕业,再没见他举过手回答问题,糟糕的成绩也让他早早结束了他的学生生涯。后来我常常自责,倘若那次课上,作为老师的我不是自私地把自己公开课的得失摆在首位,不是视他那双渴求的双眼于不顾,而是不管他回答的对错,勇敢地给他一次参与到大家活动中来的机会,也许就可能以此为契机,翻开他在学业上的新篇章,甚至改写他的人生。这也促成了身为教师的自己对自身情感教学能力最初的思考。

[案例分析]

情感教育学专家卢家楣教授认为,情感教学是指教师在教学过程中,在充分考虑认知因素的同时,充分发挥情感因素的积极作用,以完善教学目标,增强教学效果的教学。[①] 不可否认,教学中存在着大量的情感现象,学生也有着大量和经常的情感诉求。然而很多一线的教师在教学过程中对学生的这种诉求不闻不问、无暇以顾或者说根本没有感觉到,不得不说是一件很遗憾的事情。显而易见,这样的教师的情感教学、情感领导能力也是欠缺的,若不能及时纠正,必将对学生性格的养成、素质的提高等各个方面造成难以挽回的负面影响。

教师的情感领导能力可以理解为教师以情感教学思想为指导,在教学过程中有效操作教学中的各种情感变量,实现预定教育教学目标,优化教育教学效果的能力。除此之外,教学环境和学校人际关系中也存在着大量的情感因素,例如教材中的情感、学生的情感、教师的情感、教学环境中的情感和人际关系中的情感等,倘若我们对这些情感视而不见,那么我们就根本不懂得情感教学与情感领导。

本文在这里提出一个新的概念:位置感。因为很多人,无论未成年人还是成年人大都曾经有这样的体会:从日常去某一亲戚、朋友家做客到刚刚融入到某一个班级或者某一集体、单位时,总是很在意自己有没有受到重视,注意观察长辈,领导或者同事的目光有没

---

① 卢家楣. 情感教学心理学 [M]. 上海:上海教育出版社,2000:2.

有时常落在自己身上,若自己并不是那几个吸引了大家的注意力的中心人物之一,别人的目光即使是落到了自己身上也是一滑而过,内心便开始觉得不舒服,举止也会不自然,表情僵硬。因为在自己的潜意识里,已经明了目前在别人的心目中没有属于自己的位置。越是自己在乎的人与事物,比如亲密的伙伴、自己付出了真情的爱人、决定了自己升迁与否的领导,从对方那里要求这种位置感的愿望也就越发强烈。先前所述情况的改变基本是在自己的位置感得到了承认,即在别人心目中取得了一定的位置,最好可以有具体的职位支撑之后,才会消除不适,迎来自信。

教学过程之中同样也是如此,无论老师、学生,倘若觉得在彼此的心目里没有位置感,会直接影响到其情绪和行动的积极性和效率。未成年学生在这一点上各种相关情绪则体现得更为外显,甚至会有觉得自己在同学和老师心目中完全没有"位置"的同学故意从事破坏行为以发泄"怨气",有的会走上寻求相反的"恶"的位置的道路。这一现象必须引起我们的重视,也值得我们研究。

本文以为,这里所提出的位置感,是一种个人价值和尊严的体现。人在集体之中,若找不到或者找不准自己的位置,心情及积极性都会受影响,缺乏自信心和勇气,产生消极的自我形象认知,阻碍愉悦体验在程度和性质上的发展,长此以往,可能会对自己的性格产生不良影响,或者引发报复这个集体的极端行为。同时不大发言,感觉自己无位置、无话语权,或者有边缘感,淡出集体,会使得师生之间、学生之间的隔阂给自己造成心理上的挫折感。觉得自己对这个集体无关紧要,有我没我似乎没人关心,也没什么影响,缺乏自信和归属感。这也是由情感的强化功能所决定的,它是指情感具有巩固、增强或减退、改变一个人后继行为的反应倾向的效能。一般说来,一个人的行为会因受到愉快等正情感体验而得到巩固、增强,也会因受到不愉快等负情感体验而减退、改变。[1]

因此,得到了该有的位置感有助于学生产生正情感体验而增强学习动力,相反则会导致学生消极的反应倾向。面对这一问题,教师除了在最大限度地照顾到尽可能多的学生的位置感同时,不妨思考多设些位置。例如本文作者在担任班主任期间,在班干配置方面多动了些脑筋,除了尽量让学生找准和找到自己在班集体中的位置,安排他到适合的位置上去之外,针对一些需要照顾的"特殊"个体,可以为他量身定做创设某一具体位置。这些都有效地增加了学生的正情感体验,最终服务和有利于教学。期待更多的有识之士能够对这一问题提出更深的和更具操作性的见解。

[启示建议]

情感作为人类生存的必要条件,学生精神生活的主宰,课堂教学中应合理调节和充分利用情感,努力调动学生的非智力因素,提高课堂效率。教师只有用自己的真情实感去感召学生,才能引发学生的情感,产生共鸣,融洽师生关系,才能使学生在愉快的气氛中,积极主动地去探索知识,使情与知相互融合,碰撞出智慧,提高教学效率。首先要创造融洽、温馨的情感关系。成功的教学依赖于一种真诚的、尊重和信任的师生关系,依赖于一种和谐安全的课堂气氛。每一个人都是不同的,会有不同的心理体验,会产生不同的情感,有积极的,也有消极的。融洽、温馨的师生关系是顺利开展教学活动的前提。融洽、

---

[1] 倪谷音,宋珠凤,卢家楣,陈焕章,王维臣. 愉快教学的基本模式[J]. 上海教育,1997(1).

温馨的师生关系要以真诚的爱为基础，教师要尊重每一位学生的人格，把学生视为平等的人、自主的人、有发展潜力的人。

每一位教师应当对教育领导当中的情感领导有所感悟，可以面带微笑进课堂，时刻保持乐观、积极的情绪，去影响、熏陶学生，实现情感教育，体验成功。成功是儿童心理发展的需要，每个学生都有成功的愿望，都希望取得好成绩，都希望得到教师的表扬与同学的认可，这是学生不断向前发展的内在动力。因此，教师要帮助学生在教学活动中获得成功的体验，锻炼克服困难的意识，建立自信心。教学时，每位教师应有意识地创设各种情境，为各类学生提供表现自我的机会，不失时机地为他们走向成功搭桥铺路，想方设法使他们获得成功。而对人际情感变量的操纵能力、教学活动中所产生的人际情感在情感教学中各自发挥着重要作用，融洽了师生关系，可以使学生对教师言行的接受程度大大提高，正所谓"亲其师，信其道"；团结友爱的同学关系有利于形成轻松、愉快的班级集体情绪氛围；教师与教师之间的关系虽然不会直接对情感教学活动产生影响，它却可以影响教师的情绪状态，教师一旦将这种情绪状态带入教学活动中，就会对教学活动产生间接的影响。教师同时应当具备建立良好人际关系的能力，建立良好的人际关系是确保教师良好的主导情绪状态的前提，可以想见，一个在单位和社会上不受欢迎的教师将会以一种什么样的情绪状态投入到教学活动中去。情感也具有疏导功能，良好的师生关系本身就能提高学生对教师言行的可接受性，增强教育教学的效果。[①]

现实工作中、生活里，一些教师从不对学生说一句赞美的、鼓励的话语，这种行为是不可原谅的。失去情感领导的教学过程使学生和教材之间隔了一堵墙，也会妨碍教师自身职业幸福感的实现。很明显，缺乏了情感领导能力，缺乏对学生情感诉求的感知和把握，教师要获得这种满足感和幸福感，是一件很困难的事情，但愿我们教育界的同仁都能够对这一点有所体会。

（蒋光祥）

案例3　为教师的成长护航
——校长如何培养教师

[案例介绍]

案例一：刚刚从师范大学毕业的小李，对教育事业有着无限的追求，充满激情地走上了教育岗位，成为一所中学的语文老师。刚走上教学岗位，学校就安排她担任初二（1）班的班主任，并上两个班的语文课。尽管李老师工作很努力，但由于缺乏教学实践经验，李老师无法应对课堂中出现的棘手问题，课堂纪律越来越糟糕。最后情况发展成李老师一上课，课堂就变得一团糟。校领导多次找她谈话，责令她维护好课堂纪律，但收效甚微。一年下来，李老师所带班的语文成绩在全年级最差。第二学年，学校撤销了她的班主任职务，并安排她改上政治课。从此，李老师自暴自弃，学校也对她失去了信心。

[①] 孙丽娟，李志专．试论教师的情感教学能力[J]．科教文汇，2008（10）．

案例二：小刘毕业后在一所高中教数学。开学初，校领导安排小刘担任高一（3）班的班主任，同时带两个班的数学课。刚从学生转变为教师，刘老师一时间还无法适应这一角色转换，掌握不好与学生相处的尺度。刘老师本希望与学生融洽相处，但由于方法不当，使得学生根本不怕他，他说话学生也不理会，刘老师没能在学生中树立起威信。该校李校长得知这一情况后，做出如下决定：（1）撤销刘老师原来班的班主任职务，安排他担任新一届高一（3）班的班主任，并带新一届高一两个班的数学课。（2）帮助刘老师总结教学工作中的失误，并且提出修改意见，同时为刘老师安排带教老师，以帮助刘老师在教学工作中取得进步。如今，刘老师已成为该校的年轻骨干教师。

[案例分析]

以上两个案例既是有关教育领导对新教师的培养，又是有关教师个人专业化的过程。新教师从大学毕业进入学校教书，一时间还无法适应由"学生"到"教师"的角色转换，由于缺乏经验，工作初期遇到很多困难。这一时期是新教师获得教学技能的关键期，是在师范教育的基础上把理论知识加以深化和提高的阶段，也是理性知识感性化的过程。[①] 同时，教师专业化是一个多主体共同努力的过程。[②] 两个案例中的新教师遇到的困难类似，但是教育领导采取截然不同的做法，最终导致两位教师不同的结局，由此可见，教育领导在教师专业化过程中的重要作用。

从案例一中，我们可以看出李老师由于没有顺利度过教师生涯的第一个关键期，从而影响了个人的专业发展。在这个案例中，仅在新教师培养方面，教育领导就具有不可推卸的责任：第一，工作分配不合理。刚任教的教师缺乏丰富的实践经验，在教育教学基本技能、课堂管理和人际关系等方面都有待提高。教育领导在事先没有与李老师进行沟通并且不了解李老师能力的情况下，就分配给李老师超出她能力范围的工作。第二，培训工作不到位。在出现问题时，教育领导并没有采取积极对策来帮助新教师解决所面临的难题，而是一味地指责与批评。教学是一门实践性很强的活动，教师既需要有扎实的专业知识，又需要有丰富的实践经验。新教师大都具有一定的专业知识，但实际教学经验几乎是空白。新教师在教学工作中自然会遇到很多困难，阻碍他们的专业发展。因此，教育领导应该做好新教师的培训工作，建立完善的培训机制。第三，对新教师缺乏关爱。新教师第一次教课，难免遇到很多问题。在这一过程中，教育领导应给予新教师关爱，而不是一味地指责与批评。本案例中，教育领导如果能有宽容之心，多关爱李老师，那么李老师也不会自暴自弃，使自己的专业发展受阻。

从案例二中，我们可以看出在工作安排中李校长也犯了错误，即分配给新教师过大的工作量，忽视了新教师的能力水平。但是，李校长发现问题后，及时采取积极对策帮助刘老师顺利度过新教师成长的关键期。在本案例中，李校长在新教师培养方面有几点做法值得借鉴：第一，及时做出工作调整。李校长在得知刘老师工作出现问题后，及时对刘老师的工作做出调整。尽管这样的做法会使学生受到一定影响，但是从长远来看是利大于弊。第二，不放弃一个新教师。在刘老师出现教学问题后，李校长并没有一味地指责刘老师，

---

① 黄伟，张建芳．探索新教师成长规律构建新教师培养模式［J］．中小学教师培训：小学版，1998（5）．
② 教育部师范教育司组织编写．教师专业化的理论与实践［M］．北京：人民教育出版社，2003：45．

也没有随意放弃对刘老师的培养，而是尽量采用补救的方法，帮助他重新开始。这种不放弃新教师的做法也显示出李校长对新教师的尊重、关心和宽容。第三，带教老师促进新教师的专业发展。刘老师虽有深厚的理论知识，但他的实践经验是很少的，而教学活动具有很强的实践性。李校长为刘老师安排带教老师，使刘老师少走弯路，避免"摸着石头过河"的情况发生。

从以上两个案例我们可以看出，教育领导在新教师的专业发展中举足轻重，因此教育领导应为新教师保驾护航，促使他们尽快进入角色，迅速成长为一名合格教师。

[启示建议]

新教师是教师队伍的重要力量，是支撑学校未来发展的一大支柱。因此，培养新教师就成为每个学校的一项重点任务。针对本案例中出现的问题，笔者提出以下建议：

（一）抓住"关键期"，不要误"学时"

俗话说"农有农季，学有学时"，误了农时只受一季一亩歉收之苦，误了学时则误人子弟，贻害无穷。同样，新教师在专业发展过程中也有"学时"，即关键期，如果教育领导能把握好新教师的关键期，就会收到事半功倍之效。新教师刚刚走出校门，由一个学生成为一名教师，从被教育者变为教育者，对教育工作抱有巨大的热情。这个时间大约为1个月到6个月，这是一个关键期。在这个时期，教育领导应及时了解新教师的思想和工作情况，帮助新教师树立正确的教育观念，养成脚踏实地的工作态度和良好的工作习惯，保护其对教育工作的积极性，并最大限度地挖掘新教师身上的潜力。新教师在这一时期的教学实践对他今后能够成就的效能水平有重要影响，对支配他以后教学生涯的教学态度有重要的影响，而且决定他能否在教学领域继续教下去。[①]

（二）岗前先培训，迈好第一步

目前师范院校尤其是高等师范院校，弱化师范性培养的倾向较为严重，导致一部分师范毕业生的教育理论水平、知识能力结构、教育观念方法离中小学实际较远。因此，教育领导就必须对新教师进行岗前培训。在培训中，新教师能够树立正确的教育观念，获得教育教学技能，深化和提高理论知识，为今后的教学工作奠定基础。

（三）担子要适当，轻重需权衡

为了促使新教师能够尽快成长，教育领导普遍采用"压担子"的做法，让新教师扛起大梁。这种想法是好的，新教师精力旺盛，对教育工作充满热情，多干点工作就多积累点经验，有助于新教师的专业发展。但是，在实际情况中却总是事与愿违。有调查表明，导致新教师压力过大的主要原因就是学校通常会向新教师分配一些艰巨的任务，而这些任务往往难以完成。因此，教育领导给新教师"压担子"的时候，一定要适当。同时，教育领导也要及时关注新教师的工作，若出现问题，应及时调整并加强对他们的引领与指导。

（四）入门拜"师傅"，新老结对子[②]

新教师入职培训远远无法帮助新教师应对复杂的教学情况。为新教师安排带教老师可以帮助新教师更好地解决实际教学中出现的问题。新教师身上所缺乏的正是老教师们所具

[①] 林相标. 美国新教师培养侧重入门指导 [J]. 上海教育（半月刊），2009（5）.
[②] 韩乃斌. 论新教师的培训工作 [J]. 山东教育科研，1995（6）.

备的，尤其是优秀老教师的敬业乐业、无私奉献的精神和高尚的师德修养，更是新教师迫切需要的。实行带教制度有助于新老教师的优势互补，一方面新教师成长的起点高了，速度快了；另一方面老教师经有所传，业有所承，可以更好地总结经验挖掘精华。因此，一些有经验的教育领导认为学校要靠"老教师看家，中年教师当家"，更要靠"青年教师发家"。①

（五）多一些耐心，少一点责备

新教师跨出高等院校的大门进入中小学任教，成为一名中小学教师，是一次角色的大转换，必然存在着一段时间的适应期。在这个时期，新教师面对复杂的教学情况，难免出现磕磕碰碰，这时就需要教育领导的雪中送炭而不是盲目指责。教育领导要对新教师多些宽容、理解和关心，耐心等待他们成长。如果教育领导对待新教师没有耐心，不能看到新教师的个人潜力，随意放弃对他们的培养，既影响了新教师本人的前途，也不利于学校师资队伍的建设。

（李　萍）

案例4　校长的尊重与理解
——依靠教师是办好学校的关键

[案例介绍]

案例一：

小赵是一位缺乏经验的年轻语文教师。一天，当她站在讲台上绘声绘色地给同学们讲解课文时，突然哐的一声，教室的门被推开了，同学们不约而同向门口瞅去，只见校长正夹着笔记本不慌不忙地穿过过道，缓慢地向教室的后排走去。校长又要进行"突袭"了！赵老师的心不由咯噔一下，尽管这节课她像以往一样做了精心细致的准备，但她心中还是陡然生出一丝紧张。接下来，原本精心设计的课堂教学被打乱，学生们似乎再也回不到刚才那种浓厚的学习气氛中了，思路也在刹那间被打断。于是，一节原本正常的课反而变得极为蹩脚，整节课也很不连贯。

案例二：

小张刚刚大学毕业不久，生活还保留着大学时养成的习惯，常常大大咧咧，不拘小节。一天，他为了寻找资料，东翻西找，好不容易才找到。看到上课时间快要到了，小张顾不上整理便匆匆忙忙去上课。刚好遇到校长来检查教师的办公情况，看到小张办公桌上和桌下的情形，不由皱了皱眉头，唰的一下脸就沉了下去。于是，在学校的例会上，小张便成了校长批斗的对象："有些教师缺乏最起码的师德修养，目无集体，连一点卫生意识都没有，乱七八糟的，简直把办公室变成了狗窝！"学校也就那么几个教师，大家一阵面面相觑后，只见小张老师脸涨得通红，深深地低下了头。

---

① 张启福，高长梅．学校管理案例全书［M］．北京：长城出版社，1999．

[案例分析]

首先，校长听课的目的是什么？校长听课绝不能停留在找毛病上，真正目的是要通过深入课堂，了解教师的课堂教学情境，发现教师在教育教学过程中存在的矛盾和问题，从而促使教师更新教学理念，帮助他们找到教学过程中的不足，对教师的教育教学做出指导，使教师树立自主发展的信心，并帮助他们找准努力的方向和目标，为教师的专业成长增添动力。在上述的案例一中，校长在事先没有通知教师的情况下，搞突然袭击，不仅影响师生的注意力，干扰教师的教学思路，影响整个课堂，而且是一种对教师不信任的表现。这种行为不仅会对学生造成影响，使学生不敢回答问题，挫伤学生的积极性，而且伤害了教师的感情。校长突袭式的听课，对教学经验丰富的教师来说，也许并不能构成太大的影响，但对教学时间较短，缺乏经验或者心理素质比较差的年轻教师来说，将是一场突入的灾难，可能会造成整节课的混乱，甚至出现教师词不达意等不正常的现象，影响教学的进度和效果，而且会使教师的心理处于一种战战兢兢的状态，甚至对教师日后的教学工作产生负面影响。

其次，人都是有自尊心的。与其他行业人士相比，教师的自尊心特强，尤其年轻教师，自尊心更为强烈。在上述的案例二中，校长在教师集体会议上对某个教师进行批评，而且言辞十分激烈，不仅不能起到对教师的教育效果，而且只能挫伤教师的自尊心，让教师感到校长是在故意和自己过不去，让自己难堪，从而对校长产生敌对情绪，甚至影响其以后的工作表现，出现消极敌对现象。笔者认为，如果校长发现问题后，能在私下里不露声色地和小张老师沟通一下，小张老师一定会虚心接受校长的批评并乐意改正自己身上的一些不良习惯。

[启示建议]

任何一所学校要想获得成功，都离不开一名有智慧、干练的校长，[①] 而一名成功的校长通常都懂得如何去尊重教师，理解教师，信任教师，鼓励教师和依靠教师，真正以教师为本。校长如果善于处理学校里的人际关系，就能化消极因素为积极因素，增强集体凝聚力，从而保证学校工作朝着健康方向发展。因此，尊重、理解和关心教师，把教师当作学校的主人，真正依靠广大教职工是办好学校的关键。一所学校的发展最为关键的任务就是：学校办学的核心人物——校长，要研究学校教育活动中的最重要资源——教师，做到尽最大可能地尊重教师、理解教师、用好教师、相信教师和发展教师。笔者认为，校长要做到以下几点：

（一）尊重教师，切实做到以人为本

办好一所学校首先要靠校长的正确思想引导，校长纵然有天大的本事，单靠一个人的努力也不能把学校办好，因此校长应该尊重教师，尊重他们的人格、知识和才能，尊重他们教育工作的自主权。

长期以来，应试教育所造成的最主要弊端之一就是对教师的关爱与尊重不够。一方面，自古以来，教师被称为"人类灵魂的工程师"，在许多人的眼中，教师必须甘愿做奉

---

① 陈孝彬.教育管理学[M].北京：北京师范大学出版社，2005：456.

献者和牺牲者；另一方面，因为种种"现实的需要"，人们又常常忽略教师作为个体也有自己的许多正当需要和欲望，甚至将教师看作应试教育的机器和工具。新课程改革以来，人们逐渐认识到，教师同样有着自己的需要，同样也应该是一个有权享受健康的人。尊重教师，关键要把教师真正当作人。这就要求学校领导，特别是校长要真正树立以人为本的办学理念，把教师看作最为宝贵的办学资源，充分认识到教师是活生生的人，他们有自己的独立性、主动性、灵活性、创造性，要时时处处依靠他们、重视他们、爱护他们、信任他们、欣赏他们，公正平等地看待他们、关心他们、帮助他们，让每个教师在工作中感到自己是一个有头脑、有思想、有主观能动性、有价值、有作为的人。为此学校校长和各级领导在实际的学校管理工作中要注意工作意识的"强化"和"淡化"，从而充分激发和调动全体教职工在学校教育教学、民主决策、民主管理和改革实践等各项工作中的自主性、积极性和创造性。

(二) 理解教师，经常倾听教师呼声

教育是一项崇高而又复杂的事业[1]，但教师工作的艰辛并非所有人都能体谅和理解。而校长作为教师队伍中的一员，作为教育实践的带头人，对教师的甘苦都有深切的体验。校长要乐于倾听教师的呼声，这既是教师事业情感的需要，又是校长自身领导工作的需要。一方面，如果校长能经常倾听教师的呼声，充分了解教师在工作中的酸甜苦辣、成败得失、喜怒哀乐及他们的合理需求，不仅能够得到教师对校长在工作中的各种困难和过失的理解和谅解，从而增强对教师的亲和力、凝聚力和号召力，而且能够大大增强校长的人格魅力，很容易在干群之间产生较强烈的责任感和信任感，进而避免许多不必要的误解和摩擦，减少许多无谓的表白和解释，从而大大节约双方的时间和精力，提高办学效益；另一方面，如果校长忽视教师的普遍呼声，无视他们的合理需要，就很容易形成相互间的情感隔阂和信任危机，造成工作上处处被动，甚至为了琐事和误解耗费双方不必要的时间和精力，严重影响办学效益的提高。倾听教师呼声的方法多种多样，既可以深入基层一线主动了解体验，也可以通过学校中层领导集中反馈；既可以通过召开教师座谈会小范围接触，也可以利用校长信箱广泛听取。不过，笔者认为最好的方法还是深入一线基层亲身体验。随着新课改和教育的发展以及教育对象的不断变化，教师面临的工作要求和压力日益增加，他们在实际工作中遇到的困惑和难题也逐渐增多，校长往往只有身临其境，才能真正感受其中甘苦，也才能更好地理解教师的呼声。

(三) 用好教师，充分发挥教师特长

充分培养发挥教师的个性特长不仅是教师自身发展的需要，也是发展学生特长、培养新型国际化人才的需要，更是学校整合师资素质优势、彰显办学特色的迫切需要[2]。这里的个性特长，不仅包括教师的知识、技能和能力，而且包括教师的思想、理念和经验等许多方面，甚至还体现在教师与众不同的个性品质和气质特征上。作为一名教师，在教育思想、理念和教育创新实践方面的素质特长则显得尤为重要。

首先，校长要善于观察，不断研究和发现每个教师的各种特长。研究和发现教师特长的方法和途径应该是全方位、多方面的，不仅要借助于书面材料和各种评价，而且要在具

---

[1] 叶澜. 教育概论 [M]. 北京：人民教育出版社，1999：98.
[2] 袁建国. 当代教育学 [M]. 北京：教育科学出版社，2004.

体的教育教学实践活动中,对每位教师的特长进行多方面比较和深层次了解,从而为实现因"才"施教的优化组合提供更为准确的资源信息。其次,充分发挥教师的特长就要建立有利于教师自由选择的环境和评价机制。校长及学校主要领导要有计划、有组织、分重点地对教师的各种特长进行培训和强化。教师特长素质的发展与其他各种专业素质的发展一样,仅靠教师自身的自由发展和自我充电远远不够,需要学校为他们提供各种学习进修的机会,加强对他们的强化训练。对教师特长培训的方法多种多样,既可以参加培训班进行专门训练,又可以请有关方面的专家讲座面授;也可以与有关高校联合培训,或借助于有关社会专业队伍①。通过一系列强化培训,教师的特长素质一定会得到较大发展,学生全面素质和特长素质的均衡发展也具备了资源上的保证。

(周华英)

案例 5 优秀教师生产线
—— "一条龙"式教师培养平台的构想

[案例介绍]

最近几年,上海教师队伍"青黄不接",多数名校长、名教师面临退休,特别是中小学,50 岁左右优秀校长已出现断层。为"修复"结构断层,近两年,本市每年投入 1.1 亿元着力打造"教师工程",效果已开始显现。日前新评出的 81 名特级教师中,45 岁以下的中青年教师有 33 名,其中 35 岁以下有 3 名,特级教师平均年龄比三年前年轻 4 岁左右。

据统计,自 2006 年起,"双名工程"两期共培养了 320 名校长、1500 多名教师,新评选的特级教师有 75% 来自"双名工程"。

如今,师资培训正走出上海,吸收国内外优质教育资源为上海所用。最近,市教委在北京新设 L 卓越校长培养基地,邀请知名中学校长、北京某中学校长 L 授课。本市首批 20 名中小学优秀教师开展"跨地域"学习。上海又在美国和新加坡设教师培训基地,10 名上海优秀教师实行五周"跟岗实习",吸收优秀教学理念和经验。

——资料来源 http://www.jfdNily.com/N/356601.htm

[案例分析]

叶圣陶曾经说过,教师教育是推进和革新教育事业的根本,树立正确的教师教育理念是教师教育改革的前提②。我国经济的发展不断地给教育提出新的任务。如何培养出应对社会需要,维持社会、经济的继续发展的优秀人才?这不仅仅是教育工作者的首要任务,更是全社会关注的问题。许多学者在谈及教育问题时,都不约而同地强调教师在教育事业中的重要地位。

---

① 沈曼昌. 中小学学校管理也要以人为本 [J]. 经济论坛,2004.
② 叶圣陶著,叶至善编. 叶圣陶答教师的 100 封信 [M]. 北京:开明出版社,1989.7:81.

师范生成长为成熟优秀教师是分阶段的,并且每个阶段都存在着不同的困难。克服这些困难不仅需要教师自身的努力,更需要外界给予适时、适当的帮助,因此教师的培养不仅是师范院校的任务,也不仅是局限于入职前的教育。教师的培养尤其是优秀教师的培养是个动态、系统的过程,中小学校长和有经验的教师在其中起着重要的作用。教师的培养,需要各个方面提供"一条龙"式的服务资源。

[启示建议]

教师专业成长是教师在教学生涯中,为提升自己的专业知识、能力、态度、技能和素质,积极主动地参与学习、进修等活动,以提高自己在教学能力、教育知识、班级管理、学科知识、学生辅导、专业态度等方面的能力的成长过程。它包括了教师本身所持的想法、知识内涵、技能、态度、意愿等外在行为和内在情况等的改变。[1]

学习"教育领导学课程"近一年,我领略了众多耳熟能详的名校长、名领导的风采。我发现教育界的领导者尤其是校长们,都非常关爱自己的教师,甚至会关心到一些非常细微的事情,比如青年教师买房子、中年教师的子女就学等等。这些无微不至的关怀也反映出校长关切教师的生活是因为希望教师无后顾之忧地全身心投入教学中去。换言之,他们将教师的专业成长看作是校长工作的落脚点。我不禁憧憬起来:假如我是一名优秀的校长,我会怎样领导我的教师队伍向着更优质、更成熟的方向发展呢?于是,我结合自己初步的想法和文献,从多种关于教师成长的理论中总结出共性,将教师成长分为预备阶段、适应阶段、迅速发展和稳定阶段、持续成长阶段四个一般发展阶段[2],并以此为准来讨论各个阶段需要教师自身努力以及外界给予的辅助的类型,各种辅助联合起来就为教师的专业成长提供了"一条龙"式的服务平台。

(一)强化理想,提供实践平台

预备阶段的教师通常具有以下特点:1.富有理想和抱负;2.具备一定的理论知识和教学技能。针对这些特点,作为校长要经常与新老师沟通,或建立一个自己的博客,将自己从教多年中或温馨或感动的事情与他们分享。一方面坚定他们成为教师的信念,进而督促他们专业知识的学习,另一方面也展示出真实的教师生活的点滴,给他们一种氛围上的亲切感。

另外就是要提供实践的平台,根据调查[3],师范生在实习前后对于是否从事教师职业的观念转变非常大。本来持有从教理想的学生会坚定他们的理想,而原本对于教师职业兴趣一般的学生在实习后也发生了转变,开始关注或者希望从事教师职业。作为校长,我不仅想要激发大学生想成为教师的热情,我更希望通过提供实践的平台,使得教师在入职前获得一部分的"个体实践知识"[4]——通常呈内隐状态,只能在实践中获得,渗透在教师实际的教育教学情境和行动中。

为使教育实践产生良好的效果,使大学生的实习对于我校的学生的学习不产生或者尽

---

[1] 杜杰,李争婕.论教师成长途径及其实现.教学与管理[J].2007(11).
[2] 赵昌木.教师成长论[M].兰州:甘肃教育出版社.2004:100—104.
[3] 赵昌木.教师成长论[M].兰州:甘肃教育出版社.2004:114.
[4] 曲铁华,冯茁,陈瑞武.教师专业发展与高等师范院校课程改革[J].教育研究,2007(9).

量少产生负面影响,受刘京海校长"成功教育"理念推广时的启发,我认为采用标准化到统一化的模式更具有高效性:我会组织我的教师队伍对于如何带实习生进行讨论并汇集成文档,而且还要委托我的教师队伍中执行力最强的教师对实习生进行带教。然后利用我名校长的影响力将这一措施推广、普及,同时和高校合作,这样就可以从整体上提高师范生教育实习的效果,增强他们入职前的素质能力。从总体上来看,可以实现降低成本、最优化利用资源的目的。

(二) 师徒制指导,全方位关怀

师范生度过预备阶段踏入教师岗位,他们通常有这些特点:1. 由浪漫的职业理想到复杂多变的教学现实;2. 由实践知识和智慧的缺乏到教学应对策略的探求;3. 由单纯的学生身份转向多重的教师角色。针对这些特点,我作为一名校长,在新教师入职的时候,我会结合新教师的性格、气质特点为新教师指定经验丰富的师傅,师傅的职责就是对新教师在写教案、上课等教学环节进行悉心的指导。对于师傅们我会组织他们讨论多种形式的培训,让师傅们在指导新教师的时候不会"孤军奋战",并可以提高师傅指导新教师的效率。同时也加强新教师之间的沟通,让他们在同伴关心下迅速获得专业上的成长[1]。

由于教师待遇的理想与现实有差距等问题,这段时间新教师会有比较大的心理波动,我作为校长除了力所能及的解决他们困难之外,还会聘请专门的心理导师对于这一时期的新教师进行心理上的疏导,减轻新教师入职初期的焦虑感以及角色变化的心理波动。

另外,教师的反思能力在这一时期就应该列入教师培养的议程中,校长要号召全体教师并以身作责经常进行教学反思,以书面或者录音的形式将各位老师的教学反思分别汇集,将优秀的案例汇集成资料,供以后参考,教师的反思能力的高低是职后教师专业成长的重要决定因素[2]。

(三) 提供展示舞台,激励促进成长

新教师在岗位上进行了四五年左右的历练之后就开始迅速发展,进入稳定阶段。这一时期,初入岗位的焦虑已经逐渐消失。他们通常有着如下特点:1. 专业信念逐步确立;2. 实践知识和智慧逐渐丰富;3. 专业角色渐进形成。

针对这一时期的特点,我作为校长会利用自己的社会资源为教师寻找展示的平台,比如帮教师联系一些校际的教学交流活动,像互相观摩公开课、撰写论文、进行科研项目等。这样可以给成长期的教师一些适当的压力,使得他们更快地寻找到自己适合的教学风格、长项领域(教学设计、课堂实施等其中某一方面)等。一方面,校际交流等活动可以为这一时期的教师提供更多的同行之间的讨论机会,进而产生思想的火花。另一方面,这一时期的一些理论、实践方面的成果也会给教师极大的成就感,这些都可以促进教师的成长和定型。

(四) 关心教师生活,加强职中培训

教师经历了迅速上升期和稳定期后,随着年龄和阅历的增长,逐渐进入生理上的中年期。他们经验已经很丰富,但是由于家庭责任变大,不可避免地产生职业倦怠。这一时期的教师普遍会出现以下特点:1. 职业理想的动摇与成长动机的低落;2. 专业知识和智慧

---

[1] 操太圣,卢乃桂. 挑战、支持与发展:伙伴协作模式下的教师成长[J]. 教育研究,2006 (10).
[2] 同上.

发展步入"高原期";3. 专业角色趋于模糊和丧失。

在教育领导学的课程中,我听到很多校长都提到他们会帮助教师解决孩子的就学甚至就业问题。事实上,这正是这一时期的教师最需要的帮助。这一时期的教师除了教学任务外,上有长辈下有子女的家庭责任也会让其感到压力。因此,在此期间,一方面,作为校长要充分利用自己的社会资源为教师解决一些家庭方面的问题,让教师体会到学校的关怀,进而增强他们在"高原期"积极进取的动力;另一方面,激发教师积极进取的内在动力后,学校要提供培训的机会,为教师摆脱"高原期"提供理论上的支持,还要配备心理专家对这一时期的教师进行心理方面的辅导,使得教师免受过大压力的侵扰。

(五)汇集经验,加强交流

教师如果可以顺利度过"高原期",将会在专业上有所成长,并跻身优秀教师的行列。这一时期的教师的共性是"教师信念的反思与重建,知识与智慧的持续增长,专业角色的不断调适"。

这一时期的教师已经非常优秀,并且通常是学校的教学骨干。校长和教师也非常熟识,这一时期校长可以和教师进行协商,促进教师进行经验的总结,并以书面的形式呈现。校长可以将其作为重要的学校内涵建设的资料进行保存,和以后的新教师分享。除此之外,校长还要多创造机会使得老教师和职前教师、新教师多交流,不仅是传授经验,也是职业梦想的一种传递,形成教师专业成长的良性循环。

(崔　舟)

第六章 教育领导之课程领导

1999年发布的《中共中央国务院关于深化教育改革全面推进素质教育的决定》明确提出,"调整和改革课程体系、结构、内容,建立新的基础教育课程体系,试行国家课程、地方课程和学校课程",随后全面推广的基础教育课程改革,也对课程建设及改革提出了新的要求,由此形成了我国以国家、地方、学校三级课程并驾齐驱的局面。同时这也是课程权利的下放,各个学校在执行国家课程的同时,可针对学校的实际情况开发适合本校学生和教师的课程,满足学生不同的需求,发展学生多方面特长,培养个性独特的学生,创建不同的学校办学特色。那么,在这一过程中,作为一所学校的课程的主要领导者——校长,校长的课程意识、开发与实施的价值取向、对学校课程项目的洞察力将直接影响课程在学校层面上的实施效果,完善学校教师的课程执行力,进而决定学校整体教学质量乃至学校的内涵式发展。由此,本章重点探讨了学校校长在保证国家课程和地方课程的有效落实和学校层面上的校本课程的有力开发与实施上的经验、教训及启示。在此基础上,介绍了部分中小学的课程落实和校本课程建设情况,其中既有名校也有普通学校,但无论何种类型的学校,都是根据各自学校的校情及学情构建了相应的课程体系。这些课程充分挖掘了学生兴趣潜能,改善了学生的思维品质,为学生的终生发展打基础,为学生的幸福人生做准备,同时也促进了教师的专业发展,提升了学校的办学质量。

案例1 学生个性发展的一泓活水
——校长积极推进校本课程构建

[案例介绍]

北京某中学近10年来在培养学生的创新精神和实践能力上取得了巨大成就。自1994年至今,该学校获得国内外市级以上科技发明奖励100余项,其中包括国际金奖6项,国际银奖5项,国际特等奖1项;2003年全国劳技创新大赛金奖获得者,该校的三位劳技科代表陈曦等全部被保送清华大学;曾获得国际发明金奖的曲杨被保送到芬兰国家重点实验室攻读博士学位;已获得博士学位的赵越洋的名字也被篆刻在牛津大学的名人墙上。

北京某中学创新教育取得的成绩,主要源自L校长的教育理念,源自学校的校本课程。L校长曾多次强调:"劳动技术教育是中小学与社会相联系的最直接的纽带,是中小学与社会共脉搏的最敏感的部位。因此,劳动技术教育必然是中小学教育系统中调整最频繁、发展最快捷的部分。"正是基于这一认识,北京某中学把"发明与创造"融合在劳技教学中进行。经过近10年的努力,该校已形成了一套从小学到高中的技术创新教育体系,牢牢地将劳动技术与科学技术整合在一起,以此形成了技术教育的鲜明特色,即以发明创造为龙头,以金工、木工、电子为基础,面向21世纪的必备技术,学有所长。

在L校长的领导下,老师们以发明创造课程为统领,编写出了初高中的发明创造校本教材,并将各年级的技术教育课程以学年为时间单位进行了安排。它将发明创造课与每一个学年的技术课程相结合。一个学年结束,也就意味着完成了一个发明创造的学习过程。担任"发明与创造"课程教学的12名教师,全部来自劳技教育的教师队伍。为了便于教学及交流,L校长把科技和劳技的老师合在一起办公,把这个教研组变成一个科技发明的俱乐部,每天都会有智慧的火花和思想的碰撞。

令人惊喜的是,学过"发明与创造"课的学生,不仅课内学习没受影响,而且他们的综合素质也全面提高了。2003年有多人分别考取剑桥、牛津等著名大学。2004年高考,该校获得了7个第一:北京市文科状元和两名理科榜眼;北京市理科平均分第一;北京市文科平均分第一;640分以上总人数第一;考入北大、清华、人大总人数第一。

[案例分析]

国务院于1999年发布《中共中央国务院关于深化教育改革全面推进素质教育的决定》。其中关于"智育工作"提出:要转变教育观念,改革人才培养模式,积极实行启发式和讨论式教学,激发学生独立思考和创新的意识,切实提高教学质量。要让学生感受、理解知识产生和发展的过程,培养学生的科学精神和创新思维习惯,重视培养学生收集处理信息的能力、获取新知识的能力、分析和解决问题的能力、语言文字表达能力以及团结协作和社会活动的能力。该校"发明与创造"校本课程的开发和实施,其实正是贯彻了这一精神,以培养学生创新意识和实践能力为主线来创新实践教育,从而全面提高了学生的综合素质。这些都是一位优秀的校长课程领导力的体现。

(一)校长是学校校本课程建设的领导者和创新者

笔者认为校长的第一身份应该是教师,他是一位对课程有深刻理解的教师。校长的首要任务应是领导、组织好学校的课程建设。长期以来,我国学校的课程习惯于按国家课程规定来开设,而"给我什么样的书,我就教什么"的观念深深地影响着教师,这就使教师对校本课程的开发一时感到困惑,而且目前教师的教学任务普遍繁重,他们的精力有限,因此在教学任务和科研工作的协调上存在一定的困难。但是我们必须清楚的是,校本课程是对国家课程的重要补充,也是促进学生的综合素质有效提高的重要方法,是实施素质教育的重要途径。这正是为什么国家要落实三级课程管理,给学校以自主权的缘由。[1]

校长应根据时代的发展,在学校原有基础上,引领老师设计学校校本课程。需要校长牵头组织、积极参与和指导、提供必要的协调和帮助以使校本课程在学校生根以及变成现实。比如,大部分的教师对校本课程开发缺乏相应的理论知识和实践能力,导致了他们对研究工作的积极性不高,对校本课程开发的重视程度不够。这就需要校长协调教学工作的负担与校本课程具体实施的矛盾,合理安排人员及课时,引导教师及时更新理念,真正认识校本课程的意义和价值,这样校本课程才会由教师负担变成教师自主自觉的行为。

---

[1] 钟启泉,崔允漷,张华主编.为了中华民族的复兴,为了每位学生的发展——基础教育课程改革纲要(试行)解读[M].上海:华东师范大学出版社,2001:47.

(二) 校长应理清自己的教育理念，把握好校本课程开发的基本理念

校本课程开发只有基于学校教学才有直接的现实意义。校本课程开发体现"学生发展、教师成长"的教育理念。许多学校在办学实践中，虽然也提出了自己的办学目标和发展方向，但其表述不够准确，内涵模糊，不能引领学校向着独具特色的方向发展，致使校本课程开发目标和思路摇摆不定，影响了校本课程开发的质量。而校本课程开发的重心应在学校的教育教学情境中，校本课程目的在于使学生更好地学习与发展而不是相反。所以校长应反思自己的办学目标、教育理念，从而提出自己的校本课程开发的基本理念。校长更应认识到校本课程开发是从学校办学实践中归纳和汇集的，而不是预设，更不是应付的。它要求在学校真实的教育教学环境中发现问题、分析问题和解决问题，即以一种"自下而上"的方式。① 这是一种顺其自然的过程，而非刻意为之。校本课程开发，如果脱离了具体的教育教学环境，脱离了学生的实际需要，只是为了迎合当前的教育趋势与潮流就，会起到相反的效果。

每个校长都有各自的办学理念。校长要立足于此，更要以学校为基础，以满足学生需要、促进学生发展、提升教师专业化水平和体现办学理念为目的，充分利用各种资源，开发出形式多样、内容丰富和各具特色的校本课程，这才是使校本课程开发实现可持续发展的保证。

(三) 校长应注重在校本课程的开发过程中促进教师专业素质的提高和学生的发展，这是校长课程领导力的根本落脚点

校本课程开发要求教师对自己的角色有一个新的理解，因而校长应努力使教师认识到在校本课程开发中的角色，并给提供各种机会，让他们从一个课程的讲述者变成一个课程的开发者与研究者。而且，教师的专业发展不只是一个意识的转化问题，更是教师专业素质的提升。课程开发的能力也是教师专业素质的表现。就我国的实际而言，教师还普遍缺乏课程开发的能力，许多教师对课程开发还采取拒斥的态度。年轻的教师虽容易接受校本课程开发的理念，但尚缺足够的实践经验，因而校长应根据教师专业发展的不同阶段分别采取不同的指导策略，以便有效地促进教师的专业成长。校长应鼓励所有的教师都参与力所能及的课程开发研究，并保证他们有足够的时间在研究过程中养成课程开发的意识，发展课程开发的能力，最后达到专业成长的目的。

在校本课程的开发中还应意识到学生不但有个别差异，还有主动学习知识的能力和愿望。校本课程要满足学生的需要，校本课程的开发要不断地了解学生的需要和教学中的问题，并以此为突破口推进学校的校本课程建设，让学生在校本课程中找到自己的兴趣，挖掘自己的潜力，培养自己的创新精神和实践能力，树立信心。

［启示与建议］

十年树木，百年树人。教育的兴衰关系到国家和民族的未来。今天，教育也越来越成为全社会关注的焦点，人们纷纷建言献策，各种各样的教育理念、教学模式也纷纷涌现。而当前我国基础教育的尴尬之处在于：我们先进的教育理念与当下应试教育追求高分的现实严重对立。因此，这就要求我们的校长必须切中素质教育与中考、高考的结合点，抓住

---

① 崔允漷. 校本课程开发：理论与实践 [M]. 北京：教育科学出版社，2000：107.

当今教育的脉搏。我们应该深刻地认识到素质教育是理想,中考、高考是现实,我们不应因现实而牺牲理想。而笔者认为校本课程就是沟通这个理想与现实的桥梁,就是解决这一矛盾的有效途径。

校长应引导教师认识到开发校本课程不会影响学生的中考和高考,同时也应该改变我们对老师的评价方式。真正让教师认识到校本课程的主要目的是扩展学生和教师视野,充分挖掘学生兴趣潜能,提高学生的思维能力,为学生的全面发展和终生幸福打基础。校本课程是素质教育的必然,它与中考和高考的改革是一致的。随着校本课程的开发与发展,学生的综合素质和考试成绩都有很大的提升,比如本文中北京某中学的实例。因此校本课程既有利于学生的应试能力,又有利于学生在实践中增长见识,提高应变能力和动手能力,培养创新思维,真正使素质教育得以实施。

宋代的大学问家朱熹曾有这样一句诗:问渠那得清如许,为有源头活水来。校长对校本课程的领导是学校特色发展的源头。学校校本课程的构建正是学生素质培养、教师专业化提升和学校发展的一泓活水,它使处于其中的学生、老师和学校生机勃勃,也使我们的教育春意盎然。

总之,在现代教育中,校长在校本课程的开发中要成为校本课程与教学的引领者,要具有现代教育理论和课程与教学理论,充分理解国家课程政策和课程标准,了解教师和学生的发展特点及现实需要。校长在此基础上进行校本课程改革,进而使师、生、校三方形成合力,开发出对学生、教师、学校都有利的校本课程,使学校的办学层次得到提升,促进学校的可持续发展,学校的特色也就自然孕育而生了。

(郭勤一)

案例2　充分发挥学生的自主性
——校长以课程改革来促进学生发展

[案例介绍]

某校是一所农村初级中学。1997年前,它是当地远近闻名的一所薄弱校,学校设备简陋,学生住宿条件差,师资力量薄弱,教学秩序混乱,师生关系紧张,生源差,学生无心向学,流失十分严重,家长怨声载道。学校升学率连续十年全县倒数,并面临被撤并的危险。

在这样危急的情况下,一名新校长入职该校,深入调研,采取措施对教学进行改革,取得成功,并被推举为"新课程改革的典范"。该校的成功改革源于它的自主教学模式,也称"三三六"模式,即三个特点(立体式、大容量、快节奏)、三个模块(预习、展示、反馈)、六个环节(预习交流、明确目标、分组合作、展示提升、穿插巩固、达标测评)。

"三三六"模式以学生在课堂上的自主参与为特色,课堂的绝大部分时间留给学生,老师仅用极少的时间进行点拨。他们把这种特色叫做"10+35"(教师讲解时间少于10分钟,学生活动时间大于35分钟)。这样就把课堂充分交给学生,利于发挥他们的自主性,也实现了教师的主导地位。为了便于这种教学模式的实施，该校每一间教室的三面都有黑板，学生桌椅是摆成6个方阵，每个方阵是一个学习小组，学生分两排相对而坐。课堂上，学生可以大声地读书、随意地和同学讨论，需要时，还可以在黑板上、墙壁上写字，甚至蹲在地上写。每节课经历讨论确定学习目标—分配学习任务—小组自主学习—展示交流这样一个过程。

经过学校师生的共同努力，这一改革模式取得了很好的成绩，就在改革实施的当年——1998年，该校在全县的排名中由23上升到17，第二年又升到了14，从2003年起，该校的排名连续3年居全县前三名。

[案例分析]

教学改革对学生的学业成绩、学校的名声、教师的工作热情等方面都有影响。受赫尔巴特传统的教学思想的影响，班级授课制这一教学模式也在全球教育系统中根深蒂固，中国的大部分地区的学校教育都是采用这一模式。要想改变这一传统的模式确实不是一件容易的事。然而，上述案例中的校长在深入调查该校的情况后，找准突破口——课堂教学，颠覆传统的班级授课制，采取了教师主导、学生自主的教学模式，并最终取得成功。仔细分析，该校的成功得益于这名校长有很好的课程领导力，主要体现在以下这些方面：

首先，他有很好的课程判断能力。该校长主要从学校的课程文化形态、教师对课程的理解力、课堂教学状况、学生对课程的满足度和学校课程资源等角度来分析判断课程。[①]他接手该校后，经常走进课堂广泛听课，课间与师生对话，了解师生的心声，甚至和家长及相关人员等交流。经过长期的观察与调研，他发现教师普遍教学水平差，学生学习积极性不高。于是他得出结论：既然师资有限，教学水平差，那就干脆不用讲了，直接把课堂归还给学生，让学生自主学习。

其次，他重视营造好的课程氛围。面临师资差和教学水平低下的情况，该校长坚信"众人拾柴火焰高"。于是，他采取了一个学科组的几个教师一起备课的措施，集合多个老师的意见，共同制定教案。一般采用同年级的几位老师分工合作、资源共享的方法，由几位老师主编一节学案，编写完老师们一起修改，最终形成共案，同一年级使用相同的教案。这样就能取长补短，使教师的课堂设计达到最优化、最科学化，使老师的智慧形成合力。在这个过程中，身为校长的他主要致力于营造民主、开放和合作的氛围。他通过会议、演说的形式来宣传和讲解，赢得教师、家长和学生的认同。通过切实有效的课程实施的培训来引导和支持教师的课程实施，帮助他们排忧解难，使教师产生依赖感和信任感。

再次，他躬亲示范，实时监控和管理课堂教学。身为校长，他带头给老师上示范课，严格贯彻执行他们制定的"10＋35"的讲课方针，即教师讲课时间不得超过十分钟，把课堂的主动权充分下放给学生，让学生自由发挥，教师只是起引导作用，让所有的教师都学习体会这种新型的教学方式。他对课堂严格监管。其他老师上课时，他亲自巡回检查，当发现哪个老师讲课时间超过10分钟以后，他会严令其停止讲课，然后敦促他检查反思，最后组织学习观摩其他合格老师的授课，并练习直到合格为止。严重违纪的，甚至停职、

---

① 周柳贞，夏雨娟. 试论中小学校长的课程领导力[J]. 上海教育科研，2009（3）.

落聘,决不手软。

最后,他重视教学评价和科学的管理。该校课堂教学重视评价的全过程,制定了课堂教学考核奖惩方法,每月进行考核,采用综合打分制,赏罚分明,公开公平。该校的校园里,随处可见激励、赏识的话语,也可见针对性强的批评。他们的评价是动态的、激活的。他还采取了层级管理的方法,依次有班主任、年级主任、学科主任和验评组四个层次,逐层管理、细则分明,落实到人。他们因责任而自律,进而反思,自我要求并超越,形成责任感,进而产生荣誉感和成就感。他们有好的团队合作意识,大家都通力合作,相互督促,相互参照,相互激励,最终形成坚不可摧的团队。

[启示建议]

常言道:一位好校长就是一所好学校。校长是一所学校的灵魂,是决定学校生存质量和发展方向的角色,是学校课程改革的"领头羊"。上述案例中的学校的成功教改证明了:校长应该具备相关的课程知识和课程领导能力,这是决定课程改革成败的重要因素。[1] 这极大的丰富了教育领导理论,对教育领导实践起了很好的引导作用。

第一,校长要刷新观念,成为学校课程理念的设计者。观念是行为的先导,校长作为学校课程改革的领导者,其观念具有群众影响力。只有校长刷新了课程观念,充分认识课程改革的必要性,全体师生才有实施课程改革的教育自觉性。因此,刷新观念是校长对课程改革进行领导的"第一要务"。[2] 校长要从课程管理走向课程领导,体现课程和教学改革的关系,提高自己在该领域的专业水准,变革课程观,革新课程功能。另外,校长还要引领教师更新观念,将新课程的理念在校内推广,让广大教师理解新课程改革、支持新课程改革、认同新课程改革。[3] 教师从课程的"传递者"变为课程的"参与者""主导者"和"引领者",进行富有个性和创造性的教学。

第二,校长要革新制度,引领教职工建立新课程管理模式。校长要着力建立民主、合作、交流的课程领导机制,善于协调学校与上级主管部门、学校与社区、校领导与教师、教师及学生间的各种关系,促进各成员间的互相配合与协作,形成良性互动的课程机制。教师应当参与学校课程管理全过程,建立全体教师参与的机制,搭建对话平台,对课程管理中遇到的问题展开讨论、研究和解决。校长要建立能促进学生全面发展和教师不断提高的新型的评价体系。

第三,校长要亲自实践,监控课程实施的过程并检测实施的效果。课堂教学是践行新理念的有效途径。校长进行课程领导,应该起带头作用,直接参与课程实施,亲自示范,通过自己的课堂教学实践来诠释新课改的理念,做新课程改革的忠实实践者。校长还应该深入课堂听课,监控课堂实况,诊断课堂教学,引导教师以新理念、新角色审视教学过程,把教学过程变成学生主动参与,师生积极互动的过程。校长应该和教师同仁共同合作,建立学校课程的标准,以专业发展带动教师的成长,以身则则,作为教师同仁课程领

---

[1] 王传金,谢利民. 价值、场域与愿景——论中小学校长的课程领导能力 [J]. 天津师范大学学报:基础教育版,2006 (4).
[2] 彭显波. 中小学校长如何对学校进行课程领导 [J]. 武汉市教育科学研究院学报,2006 (1).
[3] 张文. 试论中小学校长课程领导的角色定位 [J]. 岱宗学刊,2009 (3).

导方面的典范。① 通过课程"诊断"能够反馈、检测、调控新课程的实施，保证好的效果。通过校长对课程实施过程的适度监控，可以提高课程实施的效率，保证课程发展的一致性，使校长能更多参与课程实施，进而促进学校进步。

综上所述，课程领导是课程改革的重要推动力，而校长在课程领导中扮演重要角色。因此，在课程改革实施的过程中，要重视校长课程领导的职能，积极参与课程改革，使课程改革真正做到促进学生发展，帮助教师提高和推动学校发展。

（徐小敏）

案例 3 走出低谷，创立名校
——校长实施课程领导促学校发展

[案例介绍]

案例一：在上海市，有一所中学曾经是出了名的"差校"，在升学竞争中，绝大多数学生成了失败者，它曾被当地人称为"垃圾学校"。但是现在，它成了一所在国内外有一定知名度的学校，也被称为"明星学校"。这所中学之所以现在能取得这样的成绩，是因为它有一名非常优秀的教学领导者，他就是上海某中学的校长，同时也是我国"成功教育"的最早探索者和最有成就的实践者。

上海另一中学当年面临的突出问题是学习困难的学生最集中，学校各项教育教学工作难以有效开展。其实这些学生的智力水平并不低下，但由于在长期的学校教育中反复遭受失败，因而形成了比较稳定的失败者心态，学习上缺乏自信，行为习惯上也有诸多问题。学校针对这个在同类初级中学普遍存在的突出问题，开展了课题研究。这位校长积极搜集国内外学习困难学生的研究资料，创造性地运用成功教育思想，提出改变学习困难学生的主要对策，转变教育观念和方法，通过老师帮助学生成功，学生尝试成功，逐步达到自己争取成功，并总结出"成功教育"的经验。他所主持的成功教育研究有效地转变了大批的学习困难学生，促进了学生较快的发展。

[案例分析]

"校长是一个学校的灵魂。要评论一个学校，先要评论他的校长。有什么样的校长就会有什么样的学校，就有什么样的教师和学生。"② 一个好的校长是一所好学校的缩影，校长是一校之魂，是最核心的教学领导者，在教学领导体系中起着举足轻重的作用。校长对教学领导的关注程度及教学领导能力的提高直接关系到学校教学的质量。校长的教学领导对提高教学效率、推进学校改革和学校效能等方面起着重要的作用，因此推行校长领导教学具有非常重要的意义。

许多校长在成为校长之前，在教学实践与改革方面努力探索，不仅自己做出了成绩，

---

① 马云鹏，王波，严劲松. 谈新课改下农村中小学校长的课程领导[J]. 教育理论与实践，2005（3）.
② 陶行知. 陶行知全集（第一卷）[M]. 成都：四川教育出版社，2005.

而且推动了其他教师的教学进步,发挥了强有力的教学引领作用,但成为校长后却不能很好地定位,不能很好地领导教学。学校的核心工作是教育教学,其他活动都从属于这一基本职责,学校教育教学能否取得成功的关键就在于能否有效地进行教学领导。教学领导是一门科学,更是一门艺术。案例中的两位校长都充分发挥自己的教学领导才能,把处于低谷的学校变成了沪上名校。刘校长热心投入,善于发现问题,切实从学生特点出发来进行学校的发展规划。他设身处地为教师着想,真诚地帮助教师取得进步。成功教育认为,学校首先应该是提高教师的学校,然后才是提高学生的学校。他注重传统教学经验与现代教育理念的融合,注重优秀教师的教学经验积累,他将优秀教师的课堂教学实况用摄像机拍摄下来与其他老师进行对比、集体分析、总结经验、互相学习、共同提高,举行教师发展方向研讨会,让教师定期充电;同时他针对本校学生的特点重新调整教育、教学要求,对大纲、教材所规定的教学内容进行增、删、调、变,增加培养学习能力和适应能力的课程,删减教学中一些过高的要求,然后进行针对性的教育;还鼓励教师们思考如何更好地结合学生的特点在教育教学过程中尊重学生、承认学生,充分发挥教学民主。

[启示建议]

教学领导是一种教学管理理念。新课程的改革,教师的教学效能和学生的个性特点等都对教学领导者提出了挑战。美国全国小学校长协会(NNESP)按照"领导学习共同体"来架构教学领导。根据 NNESP 的观点,教学领导有六项任务:把师生学习置于首位,对表现设定高期望,根据标准调整内容和教学,创建教师持续学习的文化氛围,运用多渠道数据评估学习,激发社区对学校成功的支持。[1] 教学领导已经成为学校领导中的热点,通过上述两个案例分析,我们知道,好的教学领导者对教师教学效能的提高和学生素质的全面发展起着承上启下的作用。两位校长的案例使我深受启发,为此提出如下建议:

(一)与教师形成共同体,不断帮助教师改进教学

教师的教学方法和教学技巧直接影响学生的学习行为方式,教师的成功直接影响着学生的成功,领导又成为教师成功的动力。教学领导的实质就是和教师要形成共同体,不断帮助教师改进教学,要经常对教师和学生阐明教学期待并且要不断反思,共同寻找影响教学质量和学生能力提高的问题所在,共同改进和解决。同时领导要运用沟通的技巧和渠道与教师进行互动、沟通,真诚地帮助教师发展,真正关心教师,尊重教师的专业自主权,在教学上给教师足够的支持,为他们提供各种各样的资源和平台,帮助教师解决教学上的困难和问题,让教师从工作中获得尊严与快乐,实现自己的生命价值,引导鼓励教师和学生发现最优化的教与学的方案。

(二)扮演好教学实践者角色,领导教师开展以学生为中心的教学

新型的教学观的核心就是确立学生的主体地位,充分发挥学生的主动性、能动性和积极性。在课堂教学中使学生积极主动参与教学过程,让学生处于积极乐观状态,真正成为学习的主人。把教师的主导地位与学生的主体地位有机地结合,在教学活动中教师关注学生的差异、需求、特征和学生的发展,让学生去有"梦"、追"梦"、圆"梦",充分挖掘学生潜能,让学生成为课堂的主人,只有这样才真正有利于学生发展。教育领导者领导教

---

[1] 孟卫青. 教学领导研究的新进展:理念与技能 [J]. 外国教育研究,2008(6).

学，必须关注支持和帮助教师实施"以学生为中心"的教学方法，同时领导者应扮演好实践者的角色，走进课堂参与教学、指导教学和管理教学，切实关注教学，关注教师教学水平的提高和学生的学习与发展。温州市瓯海区40余位校长纷纷上台执教，参加该区举办的初中校长优质课评比活动，接受专家的评判。像这样专门针对校长开设的优质课评比活动，在温州市尚属首次。[①] 这样的讲课评优实现了教育理论与教育实践的完美结合，也只有这样才能更好地理解教师，增进和教师之间的沟通与了解，才能更好地领导教师开展以学生为中心的教学，达到教学相长的目的。

（三）创造有益于学校整体教和学的氛围

良好的学校教学氛围不但可以凝心聚力，增强教师对学校的认同感和归属感[②]，激活教师的希望，点燃教师的激情，而且可以提高教师的教学效能，激发学生的学习兴趣，缩短学生与教师的心理距离。良好的教学氛围是顺利进行教学的前提。否则，如果仅仅是一味地强调教学领导，不注意学校整体教学氛围的培养，则会影响教师教学效能的提高。

总之，教学领导者能否很好地引领教学关系着整个学校教师和学生未来的发展，教师的教学质量的提高和学生学习能力的提高又是检验教学领导者的重要体现。它们之间是相辅相成、相互依存的。只有领导者很好地领导教学，学校才能立于不败之地。

（乔继叶）

案例4　倾听与反馈
——校长掌舵课程改革

[案例介绍]

张校长最近一直很头疼，有一件事情一直困扰着他，就像心头悬着的石头让他每天吃不香睡不安稳。每天到学校去，张校长也是整日眉头紧锁，让老师和学生们见了他都感到很紧张。

到底是什么事情让张校长这样担忧呢？原来，张校长所在的学校是市里的一所重点小学。两年前学校被选为课程改革的实验学校，作为一校之长，张校长就挑起了学校课程改革的领导重任。为了能成功对学校的课程进行改革，张校长投入了很多的时间和精力，付出了许多的心血。当时，计算机技术作为20世纪的新技术受到了社会的广泛关注。于是，张校长就把计算机技术引入到了小学的课堂，开设了计算机信息技术课，这一举措在计算机还未完全普及的年代是一大创新，许多学生家长也为孩子能够学习到计算机知识而感到高兴。同时，随着英语的日益普及，许多学校都开办了双语教学的校本课程，张校长便组织学校的英语和语文老师共同开发学校的双语教学的教材。通过开设信息技术课程和双语课程，使学校课程实现了时代化和现代化，不仅丰富了学校的课程而且使学校的课程更加贴近生活的实际，更加符合社会的需求。"通过对学校课程的改革，实现学校课程的时代

---

① 潘虹，文霞. 校长也要上课评优 [N]. 温州日报，2008-11-28.
② 陈汝平. 教学领导：提高学校效能和促进变革的策略 [J]. 当代教育科学，2004（20）.

化和现代化"是张校长对学校课程改革的定位。

然而，随着时间的推移，张校长所在的学校在经历了学校课程改革初期的辉煌之后逐渐陷入了停顿。原来，张校长在学校开设了计算机技术课和双语课后，许多周围的学校也开设了这两门课程。这样一来，学校和学校之间就没有什么优势和特色的区别了。不仅如此，由于开设计算机技术课程需要购买计算机以及相应的设备，还要修建新的多媒体教室，这对于学校来说是一笔很大的经费开支。于是，为了能够在学校开设计算机课程，张校长决定先收紧学校教师的培训经费以解目前的燃眉之急。除此之外，问题的关键还在于许多家长慢慢改变了原先支持学校课程改革的做法，因为家长们认为计算机技术课程是校本课程，并不是国家设定的课程，这也就意味着学生在参加小升初的考试时并不需要考计算机技术，因此，家长们纷纷要求学校应该把所有的时间都用在需要考试的课程的教学之上，其他的课程都是次要的。更为重要的在于学生们自己对这两门课程的反馈上，许多学生表明他们对这两门课程并不感兴趣。

面对着这样的情况，面对着学生、老师和家长的不理解，张校长也在反思着自己当年的决策是否正确。难道当年开设计算机课程和双语课程是一种错误吗？但是，学校开设这两门校本课程不是正适应社会的需要吗？若自己当初的决定是正确的，但为何会出现两年后学校的校本课程改革停滞不前成为了一则空谈的局面呢？这其中的原因究竟在哪儿？

[案例分析]

张校长为了能成功对学校的课程进行改革确实付出了不少的心血，但是，最终的结果却不尽如人意，这其中的问题主要有以下几个方面：

首先，张校长在对学校的课程进行改革时，虽然注意到了社会的需要和学校课程设置之间的重要关系，但是忽略了学校自身的实际。如果没有结合学校自身的文化来进行课程改革，那么学校的课程改革是很难做到有特色的。这就像案例中的那样，刚开始计算机课程和双语课程都是很新颖的课程，但是随着许多学校的竞相效仿，之前的新颖之处就渐渐变得很平常了。另外，学校为了开设计算机技术课程，投入了很多资金来购买相关的仪器设备。这样做，使学校出现了资金短缺的问题，而为了解决这一问题，张校长不得不压缩教师培训的经费来使学校渡过难关。"校长在领导学校课程改革中要注意到学生对课程丰富性要求与学校提供条件有限性的协调。"[①] 因此，案例中的张校长就没有协调好学校课程的丰富性与学校自身条件有限性之间的关系，才会让学校出现资金紧张的局面。

其次，由于学校资金困难，所以张校长不得不削减学校教师培训的经费。这种做法虽然能让学校短时间内恢复平稳的局面，但是却不利于学校长远的发展。这是因为，教师的专业发展和学校的课程改革之间是相互关联、相互促进的关系。因此，让教师参加专业培训，不仅能让教师的教育观念得到及时的更新，而且能够扩展教师的专业知识并提高教师的科研能力，最终使教师的专业水平得到提高。只有教师的专业水平不断提高，教师才会转变思想，把新的课程理念运用于课堂，也才有能力突破自身所教科目的限制，根据学生、学校和社会的需要，融合其他科目的知识，开发符合学校实际的校本课程，从而使课程改革得以顺利实施。案例中张校长显然忽略了教师专业培训和课程改革之间的关系，从

---

① 唐盛昌．提升课程领导力［J］．北京教育：普教版，2006（10）．

而使得老师们的教育观念跟不上课程改革的思路，即使是在用新的教材上课，但采用的仍然是填鸭式的老方法。于是，课程改革的先进理念并未在课堂上落实。而且，由于老师们专业知识的局限性，原本的双语教学也因非英语教师的英语水平无法胜任而成为了一种形式。

再次，张校长对学校进行课程改革收效甚微的原因还在于他没有突破现实的瓶颈，只注重目标取向的课程评价。案例中所介绍的学校开设有计算机课程和双语课程，但是，由于家长们只重视学生的学习成绩，所以并没有支持学校开设校本课程。张校长面对这样的情况也显得很力不从心。其实，要对学校进行课程改革，就要调整学校的课程评价体系，因为原本的目标取向的课程评价体系只注重学生的考试分数，并不重视学生的全面发展。而对学校进行课程改革的最终目的就是要丰富学生的知识，最终实现学生个性的全面发展。因此，如果不改变以目标为取向的课程评价体系，课程改革是很难最后取得成效的。案例中的张校长正是在进行课程改革时没有相应地改变其课程评价体系，才导致在面对升学的压力时做出了让步。

最后，张校长对学校进行课程改革没有最终成功的原因还在于他忽视了学生对新课程的反馈。开发校本课程的最终目的是让学生的个性得到全面的发展。然而，若不顾及学生自己的学习体验，开设再多的课程用再好的教材也不会得到很好的教学效果。这就像俗话说的那样，"强扭的瓜不甜"。

[启示建议]

在课程改革的过程之中，校长起着极为重要的作用。校长就像是一位舵手，他的理念和决策指引着学校课程改革的方向。在课程改革中会遇到很多的困难，这就需要校长利用自己丰富的经验做出英明的决策，从而解决这些改革过程中的问题。从案例中张校长对学校课程改革的经历，我们可以得到启示如下：

（一）要结合学校自身的条件和文化进行课程的改革

课程改革不仅要结合社会的需要，还得结合学校的实际条件。学校自身的实际条件是学校进行课程改革的基础。要在学校实际条件允许的范围内，对学校课程进行改革，使学校的课程逐渐地得到丰富和发展。除此之外，学校课程改革还得以学校自身的文化为改革的依据。正如钟启泉教授所说的那样，"课程改革的实质是重建学校文化"。因此，要做到对学校课程进行改革，就要依据学校自身的文化，开发具有学校文化传统和优势的校本课程，从而彰显学校的特色并使学生的个性得到全面的发展。

（二）要注重教师专业培训，促进教师的专业发展。

教师是课程改革的执行者，课程改革最终能否落实到课堂的关键就在于教师是否忠实于课程改革。通过让教师参加专业培训，能使教师的教育观念得到及时的更新，能够丰富教师的专业知识并提高教师的科研能力。教师专业水平的提高，有助于教师转变观念和教学方法，从而切实落实课程改革的要求。

（三）要改变以往只重视目标取向的课程评价

"要关注评价过程，打破单一的评价形式"[①]。课程改革不仅仅是课程结构、课程设置

---

① 课程范式的转换［M］．上海：上海科技教育出版社，2003：348．

上的改变，以往只注重分数的课程评价体系也要改变。这就要求我们采取多样化的课程评价形式，要采用过程取向的课程评价、主体取向的课程评价等评价方式，注重学生在学习过程中的体验，以及学生和老师在教学过程中的自我完善、自我发展。

（四）要重视学生的反馈

学生是学习的主体，因此，在课程改革的过程中考虑到学生对新课程的接纳程度，要了解学生的感受和体验，并根据学生的反馈及时地有针对性地对课程改革做出调整，这样才能调动学生学习的积极性，从而使课程改革取得理想的效果。

（王　珲）

案例 5　小球带来大提升
——校长在校本课程开发中的多元角色

[案例介绍]

某初级中学是一所有着深厚乒乓球历史底蕴的学校。为此，1999 年该校把乒乓球列入实施教育现代化工程示范初中的办学特色项目。学校成立了乒乓球课程开发和实施领导小组，由校长任组长，定期召开会议，把乒乓球校本课程列入学校课程计划之中。建立了由校长、教导主任、教研组长、年级组长、班主任、乒乓球教练员组成的分层管理网络，把此项工作列入校行政议事日程，成为学校和教导处工作计划及管理目标之一。

该校利用校园电视台、黑板报、橱窗等途径对全校师生进行乒乓球知识的介绍和培训，积极承办组织各级各类的乒乓球比赛，请乒乓球专家来校考察并指导课程的进一步开发和建设，添置一系列的硬件来保证乒乓项目的教学、训练和比赛的开展，选派体育教师参加省、市体育局组织的各类乒乓球培训学习，熟练掌握乒乓的教学和训练方法。

学校根据教材编写原则和学生实际情况，在广泛征求各方面意见的基础上，经专家组反复论证，编写好《乒乓球运动技术》的校本课程教材。从 2002 学年开始，从开设两周 1 节的乒乓球课，逐步过渡到 2004 学年的每周 1 节乒乓球课，保证了乒乓球课程的授课时数。在抓好体育课堂教学主阵地同时，把乒乓球教学向课外延伸，组建校级、班级乒乓球代表队，定期开展活动。该校坚持"普及教学"与"尖子发展"两条腿走路的方针，以开发与实施乒乓球校本课程为载体进行普及教学，以重点集训为形式培养特长学生，要求全校师生人人参与乒乓球运动，能掌握一定乒乓球基本技术，同时能出尖子人才。

最后，在对学生乒乓课程学习成绩评价上，既重视教师的评价，也重视学生的自我评价和相互评价；既重视定量评价和终结性评价，更重视定性评价和过程性评价。所有这些措施和活动，有效地推动了该校校本课程的实施，对增强广大师生的身体素质产生了积极的影响，师生奋发向上的精神面貌得到极大的提升，该校的乒乓球校本课程也取得了很好的成果。

[案例分析]

校本课程开发是指根据学校和学生的实际情况，恰当地对课程资源进行整合和开发，使学生得到最大限度的发展[①]。它是学校课程领域中的一项重要变革，要求学校要充分挖掘校内外资源，利用已有经验和社区文化资源，设计符合本校的拓展课程，整合全校的课程资源。课程领导是在学校情境下课程领导者影响教师参与课程发展的历程，被视为学校课程发展与学校变革的"同心轴"。[②] 它是一种转向型的领导方式，注重团队领导方式，领导者应当而且应该多元化。

从上面的案例描述当中，我们可以发现，该初级中学在推进校本课程开发的过程中，课程领导在当中起着极其重要的作用。一般而言，校本课程的开发要经过启动、推介、实施、总结4个阶段。该校的课程领导者们根据每个阶段的特点与变革需要，促使学校校本课程向着开放、灵活、优质的方向发展。

首先，在该校乒乓球校本课程开发的启动阶段，少数课程领导者扮演着发起者的角色。一般性的校本课程开发之初，往往面临来自教师、家长、社会等诸多因素的障碍。因为校本课程的开发是一个系统工程，大众在没有透彻理解校本课程开发对学生发展的重大意义基础上，所表现出来的负面行为是可以理解的。然而由于该初级中学有深厚的乒乓球底蕴，该校领导紧紧抓住了这一优势，组织发起乒乓校本课程的开发，建立了由校长、教导主任、教研组长、年级组长、班主任、乒乓球教练员组成的分层管理网络，不仅解决了先期发展面临的阻力难题，而且还有效地调动了广大教师的积极性，引起了变革共鸣，促使课程领导走向多元领导。同时这种分层管理的网络激起了广泛的研究热情，有效地保障了校本课程开发的顺利启动。

其次，在推介阶段，课程领导者扮演着推动者与扶持者的角色。学校进行了各种方式的宣传、组织承办比赛、请专家来校指导等一系列措施，有计划地把其规划方案在更大的范围内进行推介，为后续的深入实施作坚实的准备。在推介的过程中，可以想象会遇到各种各样的难题。从案例当中我们发现，为保证推介的效果，学校主动送教师进行再深造的学习，提高理论和技术水平，通过推进教师的持续学习，为校本课程开发的全面实施提供了保障。而且添置更好的硬件设施，能够唤起教师参与课程改革的积极性与信心。此时的课程领导带动了更多的教师共同参与校本课程开发，使更多的教师以多元身份和形式参与课程变革，不断实现其作为课程领导者的角色与价值。课程领导内涵的丰富，决定了领导角色由最初的发动者转变为校本课程开发的推动者与扶持者。[③]

再次，在实施阶段，课程领导者充当着促进者与协调者的角色。在实施的时候，一个更为现实的问题是如何确保校本课程开发在各学科范围内均衡发展。而案例中，学校采取了组织编写校本课程的课本，从一开始的两周1节逐步过渡到后来的每周1节乒乓球课，在抓好体育课堂教学主阵地同时，把乒乓球教学向课外延伸，组建校级、班级乒乓球代表队等一系列的方法来解决这些问题，并且收到了很好的效果。在这一过程当中，我

[①] 翁和弟.校长课程的思考[J].教育旬刊，2009（11）.
[②] 熊梅.校本课程中开发中的课程领导[J].课程与教学，2008（9）.
[③] 熊梅.校本课程中开发中的课程领导[J].课程与教学，2008（9）.

们不难发现，课程领导者在校本课程与学科课程同时进行而产生的矛盾中，在不断地进行着协调和探索，既要不耽误国家课程规定的任务，又要能保证校本课程的开展实施。这些问题的缓解与解决，需要课程领导者们的控制力和执行力，彰显了课程领导集体在实施校本课程中的重要性。

最后，在总结这个阶段，课程领导者是一个评价者和推广者的角色。该校对学生课程的评价，注重了学生实际能力的获得，而且最后通过乒乓课程的开发，使全校的精神风貌得到了很好的升华。课程领导者们在此阶段要为校本课程的评价提供方向，为经验和成果的分享与推广提供支持与帮助。一方面要关注多元视角，全面、客观地审视校本课程开发的成果；另一方面要搭建交流平台，积极推广校本课程的研究成果，使校本课程的开发经验在更多的学校生根发芽，让更多的学生从中得到益处。

[启示建议]

在学校校本课程开发的过程中，课程领导者要让校本课程指向学校长期的可持续发展，以保障其变革收到良好的效果。同时课程领导者具有明显的团队化特征，在其背后需要一个具有协同精神的共同体支撑。由此我们可以得到一点关于课程领导和校本课程开发的启示和建议。

（一）关于课程领导

我们必须要意识到课程领导的重要性：它在校本课程开发过程中是一种革新的领导；它要实施革新的教学，推行革新的评价，创造性地规划学校的课程方案，发扬和再造学校的传统文化与组织；还必须要分清校本课程和国家课程与地方课程的界限，澄清校本课程内涵。

课程领导者在校本课程的发起阶段，是少数几个领导者在行使决策权，他们需要根据实际情况开启改革，承担可能的风险和担当一定的责任，需要改革的魄力和勇气。到后来的推介、实施、总结阶段，就需要发动更多的人参与进来，包括任课教师和家长，使校本课程得到一个全方位的立体式的展示，收到预期良好的效果。纵观校本课程开发的整个过程，我们要看到学校课程领导的内部结构上呈现出多元化的发展态势，即除了校长以外，随着课程开发深入推进所涌现出的各级教师，甚至包括学生家长和关心学校发展的社会人士都可以参与进来献言献策，形成多元力量的课程领导群体，从整体上提高课程领导的能力，帮助校本课程很好的发展。

（二）关于校本课程开发

校本课程的开发，要求结合本校的实际情况和传统优势，深入课堂、社区，调查分析当地政治、经济、文化、科技等情况，然后才可能采取准确到位的行动。作为学校最高课程领导者的校长，要加强现代课程理论、教学论的学习与研究，把校本课程的开发作为学校教育变革的前沿阵地。因为他在这个过程中扮演着一个开发课程的主体者角色，校本课程的成功与否，很大程度上取决于他的领导艺术才能，需要调动各个方面的积极性。

同时，校本课程的开发需要具有足够的资源与能力，需要教师具有一定的理论水准与实践能力，要有资金上的支持，还要得到家长和社会的认可。并且校本课程的开发，要始终坚持"以学生发展为本"的理念，注重学生全面、个性化地发展，更要有益于他们未来的成长。

总之，课程领导者在校本课程开发的四个阶段所经历的角色转化，以及因此而表现出的不同领导策略，是为了全面调动教师和学生广泛、持久地参与学校课程的发展，从而推动学校课程制度的重建，使学校能够更好地服务于学生发展，体现素质教育的魅力。

（周鹏飞）

第三编

组织管理篇

管理的重要性为每一个现代人所明了,它也是长久以来,国人所一直深切关注和倾力对待的重大主题。管理体制不健全、不顺,必然给工作带来无穷尽之烦恼,工作效率必然大打折扣。学校各项管理工作亦适用此理。教育领导在学校具体事务方面的组织管理功能,包括了学校管理工作所涉及的方方面面,它决定着一所学校的发展和成败。教育领导的组织管理功能同样具备综合效应,这种综合效应是组织中的成员共同作用的结果,组织中的成员互相协作配合、共同劳动,有效实现组织目标;同时它亦是一个动态的协调过程,是实现管理目标的手段和过程。教育领导者既要协调学校内部人与人的关系,又要协调学校与外部世界的联系,强调的是对各种管理要素的综合考虑。国内外不少名校这方面的成功经验值得我们借鉴,相关教训值得我们吸取。此外,时至今日,教育领导不得不掌握的一项重要管理技能便是危机管理,面对那些突发的危机事件,有的学校只有恐慌,也有的学校拿出了令人称道的应对举措。同样的危机事件,会有不同的结果,正反两方面的事实凸现了危机管理的重要性。造成这种差异的原因首先归于学校有没有很好地实施学校危机管理,而根源则在于学校有无危机管理制度。

本篇的文章从多层次、多角度对上述问题展开了探究,希望能够引发读者对相关问题的思考。

第七章　名校经验

他山之石，可以攻玉。诸如上中、七宝等等一系列名校教育领导者在组织管理上的经验，是一笔可以让后来者少走弯路的宝贵财富。学习名校经验中，比较重要的是学习名校管理经验，可从诸如学校管理思想、学校教学管理、校长自我管理，学校品牌管理等方面的学习入手。要赶上这些名牌学校，其他学校虽然要走很长一段路，但经过自身努力，加上一旦具备天时地利人和的条件，成功移植、嫁接这些名校经验不是没有可能。

本章所选文章，对国内外一些名校成功背后的本源皆有所涉及，相信对其他学校学习名校经验，打造学校品牌，真正办好人民满意的教育事业，定当有所裨益。

案例 1　提高家长参与度
——校长协调公共关系的专业能力

[案例介绍]

洛根中学（Logan Middle School）是威斯康星州拉克罗斯市（the city of La Crosse）的一所典型小城市中学（small-city school），有学生 524 人。拉克罗斯市蓝领居多，贫困、教育水平低等问题限制了该地区 14 所中学的发展。洛根中学也面临着这样的情况：学校中有超过 25% 的学生接受特殊教育服务，有四分之一的其他民族学生（15.5% 是亚裔，6.5% 是黑人，1.7% 是西班牙裔，1.3% 是印第安人）。面临这些挑战，洛根中学从该地区众多学校中脱颖而出，取得成功。

该校出钱资助了许多针对家长的课外项目，其中比较优秀的两个项目是："家庭教育系列讲座"和"多元文化家庭之夜"。系列讲座的主题囊括家庭和学校两方面的内容，比如必要的教养方式、在逆境中培养坚强的孩子、网络危险面等。系列讲座会免费提供晚餐并照顾孩子，曾经有单场超过 1000 名家长参加。"多元文化家庭之夜"会让不同的少数民族家庭能够在一个更和谐的环境中沟通、交流和展示。比如非裔美国人"家庭之夜"包括对区域资源和服务的讨论，对黑人学生的表彰仪式、晚餐和与黑人历史相关的晚会，包括唱歌、报告、表演等。几乎全部洛根中学的少数民族学生都参与到了这些活动中，贯穿了从策划、宣传、表演、晚餐准备到表彰仪式等各环节。

这些活动为校长提供了非常宝贵的与学生家长交流的机会：回答问题，消除误解，并让家长认识到他们参与到学校活动中的重要性。[①]

---

① 案例来自 NASSP. Big Challenge for a Small City School. Principal Leadership[J/OL]. (2007-11). [2010-03-10] http://www.principals.org/Portals/0/Content/56409.pdf.

[案例分析]

案例中洛根中学举办的课外项目，最重要的无疑是如何引起家长的兴趣，吸引他们参与其中。洛根中学立足于学校所在社区的情况，以家庭教育系列讲座和少数民族家庭多文化沟通为立足点，展现出了教育领导者的智慧。以系列讲座为例，校长采用了以下方法引起家长的兴趣：

一、在教学日向学生发布讲座信息。这样做可以让学生知道家长在晚上来学校要做什么，消除疑虑；处于青春期的学生总认为家长不了解自己，如果讲座可以增进学生和家长间的交流，学生会向家长提出，邀请他们来参加讲座。

二、每次讲座前，校长会通过短信通知每家每户，还会在早间新闻、广播节目和报纸采访中发布讲座的通知。通过多渠道的信息传播可以弥补第一点的不足，让家长与学校的沟通不仅仅局限于"学生"这样唯一一个"中间人"。同时，在不同媒体上的频繁曝光，还可以增加学校的影响力。

三、校长通过在线调查、家长教育组织等方式搜集家长感兴趣的主题。在复杂的社区环境中，不同的家庭有不同的宗教信仰、文化背景、教育水平，对家庭教育中困惑或者感兴趣的方面也纷繁复杂。校长自己凭空想象出来的主题很难吸引家长的参与，立足于调查和专业组织提供的信息是明智的选择。

四、在讲座时免费为家长照顾孩子。提供免费晚餐和"儿托"，解决了家长时间上的两难抉择。洛根中学所在社区居民经济水平普遍不高，也是一个需要考虑的方面。

洛根中学张开双臂热情欢迎家长来到学校，通过这些积极的措施、多变的形式和主题、基于当地环境设置的活动、人性化的考虑，赢得的不仅仅是家长的参与和自主，还有学生的发展和学校教育的优化。

洛根中学出资举办课外项目旨在"通过提供家长和家庭教育项目，提升社区的受教育程度、增加家长的参与程度、使家长更好地了解学生的教育需要，并增进家庭和学校的联系"[1]。其课外项目不仅仅是案例中的两个，还有如九月的"Open house & Chicken Que"、十月和二月的"PTC"、Jump Start、Team Yes Parents night、Viterbo - Career Day、Boys & Girls Club tutors 等20多个项目，这些项目的出资者不仅仅是学校，还有家长团体、社会组织和政府。[2] 洛根中学只是美国许多中学的代表和缩影。"美国的教育工作者愿意把学校、家长和社区之间的关系比作一个以学生成长为中心的'等边三角形'。"[3] 重视家长和社区的参与，将学校定位于社区的一个组成部分，是美国大部分中小学校长的共识。

---

[1] NASSP. Big Challenge for a Small City School. Principal Leadership[J/OL]. (2007－11). [2010－03－10]. http://www.principals.org/Portals/0/Content/56409.pdf.

[2] Logan School Profile[EB/OL]. [2010－3－10]. http://www.lacrosseschools.com/se3bin/clientgenie.cgi?schoolname=school291&statusFlag=goGenie&geniesite=273.

[3] ［美］刘京秋，［美］奥威. 校长管理手册：美国中小学校长成功管理之路［M］. 北京：中国财政经济出版社，2007：168.

[启示建议]

随着时代的发展,教育越来越受到重视,同时教育过程中的问题也越来越多的暴露出来。如果仅仅依靠校长、学校去解决教育中出现的问题,即便可能也会是事倍功半的。作为学校的校长,最需要树立的观念就是"全心全意地办好学校以满足社区居民对学校的期望"[①]。有的学者认为,"建构学校、家长、社区共同为学生成长负责的机制"、"指导和帮助家长理解、接收与认同学生的学业成就"、"选择家长和社区满意的行动以改善学校教育行为"等都是中国中小学校长应具备的专业能力。[②]

如何才能充分发挥家长的作用?如何才能加强家长与学校的联系?洛根中学的教育者提出了这样四点建议:"想要通过有效的项目得到家长、社区的支持,校长一定要意识到领导力的重要性并发挥出来;学校必须要会推销自己;校长必须主动寻求需要的帮助;活动必须为学生、家庭、员工和社区提供互惠的、明确的利益"[③]。

有了这样的理念,还需要具体层面的操作才能在实质上使"等边三角形"发挥作用,共同促进学生成长。以美国为例,校长与家长合作的方式大体可以分为两种:

(一)请家长进学校

请家长进学校,对于家长来说,可以了解学校的硬件设施甚至教师教学方式,身临其境地感受学生平时学习的环境;对校长来说,可以展示学校的教育成果,听取家长的意见建议,甚至可以吸引家长的资助。

请家长进学校,常常采用的活动有:家长知情会、家长咖啡会、家长读书会、家长汇报会、亲子学习会、家长/社区感谢会、学习的网页、作业电话线等形式。[④] 活动要尽量做到方式和内容多样,在活动中要促进家长与学生、家长与学校的交流,鼓励家长为学校提意见和建议。以洛根中学为例,该校就有 "La Crosse Tribune/reading in the classroom"、"Viterbo - Career Day"[⑤]这种邀请家长走进学校协助教学的活动。

(二)向家长靠近

校长不仅要积极设计活动邀请家长到学校内来,还要走进社区,走到家长中。把活动安排在社区中,或者将活动带进社区,学生有了参与社会实践、服务社会的机会;家长能够不再为工作繁忙没时间到学校发愁;学校可以扩大影响,以赢得家长和社会的帮助。

可以采用的一些活动形式有:社区会议、为社区服务、学校史/社区史图片展、职业理想、周六早晨家长主题聚会等。[⑥] 活动要做到因地制宜,根据不同社区设计不同的活

---

① [美]刘京秋,[美]奥威. 校长管理手册:美国中小学校长成功管理之路[M]. 北京:中国财政经济出版社,2007:184.
② 魏志春,高耀明. 中小学校长专业标准研究[M]. 北京:北京大学出版社,2010:226.
③ NASSP. Big Challenge for a Small City School. Principal Leadership[J/OL]. (2007-11). [2010-03-10]. http://www.principals.org/Portals/0/Content/56409.pdf..
④ 活动形式的例子源自[美]刘京秋,[美]奥威. 校长管理手册:美国中小学校长成功管理之路[M]. 北京:中国财政经济出版社,2007:178.
⑤ [美]刘京秋,[美]奥威. 校长管理手册:美国中小学校长成功管理之路[M]. 北京:中国财政经济出版社,2007:168.
⑥ 活动形式的例子源自[美]刘京秋,[美]奥威. 校长管理手册:美国中小学校长成功管理之路[M]. 北京:中国财政经济出版社,2007:180.

动。如洛根中学所在社区居民受教育程度、收入普遍不高，该校的走进社区的活动有"Before/After school tutoring and programming"[①] 这种帮助家长辅导学生课后学习的项目，还有"Field Trips to higher education institutions for minority/at-risk students"[②] 这种针对少数民族设计的项目。

如前文所述，洛根中学只是美国众多中学的一个缩影和代表。美国学校教育中，以学生为中心的，学校、家长和社区的"等边三角形"不是我国可以在短期内实现的，其中有着众多方面的深层原因。但是重视家长的参与，重视学校与家长、社会的联系和沟通，是我国中小学亟须改进之处，也是我国教育领导者应树立起的信念。以优秀的案例、先进的理念为指引，在中国特殊的国情环境下，提高家长在学校教育中的参与程度、提高学校在家庭教育中的参与程度，无疑是校长必须努力的方向之一，而不仅仅是评判优秀校长的标准。

(孔祥博)

案例2 有教无类，方可成功
——一所外国名校的经验

[案例介绍]

George Green's School（乔治格林学校）位于英国伦敦，它始办于1828年，得名于学校创始人George Green先生。经过180年的发展，学校已经获得了较高的社会地位和影响力，并打造出了学校的特色学科，如戏剧、公民等人文学科。2006年，该校被评为"文科特色学校"。

目前，该校有一千多名在校学生，他们分别来自英国、孟加拉国、中国、索马里等国家，因此，它是一所融合了多种文化的学校。乔治格林学校的教育目的是在尊重和包容每一位学生的基础上使学生获得成功，这一教育观在该校的校训中得到了充分体现："All Different, All Equal, Learn Today, Succeed Tomorrow"。学校坚信，使学生获得成功的关键是要鼓励并培养学生找到适合自己的学习方式，使他们的学习旅程有艰辛，有付出，有奉献，也有快乐。

同时，该校也是一所拓展学校（Extended School），这意味着在学期日之外学校还将对学生本人、学生家庭及社区提供各种服务和活动，以满足学生、学生家长以及社区的需要。开展这些活动和服务一方面能帮助学生解决一些实际问题，提高学生的学习动机和自我尊重，另一方面也让家长更多地了解并参与孩子的学习和生活。

此外，学校还非常重视培养学生的公民意识与社会意识，因此，学校与许多社区、志

---

① Logan School Profile[EB/OL]. [2010-3-10] http://www.lacrosseschools.com/se3bin/clientgenie.cgi?school-name=school291&statusFlag=goGenie&geniesite=273.
② Logan School Profile[EB/OL]. [2010-3-10] http://www.lacrosseschools.com/se3bin/clientgenie.cgi?school-name=school291&statusFlag=goGenie&geniesite=273.

愿者机构、慈善机构都保持了密切的联系，让学生在学习知识的同时也学会奉献，学会服务社会和回报社会。

[案例分析]

乔治格林学校以先进的教育理念以及独特的管理与领导模式使学校真正实现了全纳教育，也使学校赢得了较高的声誉。以下就学校在学生的管理和领导的管理两个层面上做进一步分析与阐述。

（一）学生管理层面

乔治格林学校是一所典型的具有多元文化的学校，人人平等的教育理念是其最基本的教育价值观。但是，每个学生作为一个单独的个体都是不一样的，如果以追求"平等"为理由对每个学生都完全一样对待，实际上是牺牲了一些特殊群体的利益，也不是真正意义上的平等。因此，乔治格林学校在尊重平等的基础上也尊重各种差异性。

一方面，学校非常注重对质优生的培养。学校每年大约有10%的学生被列为质优生，学习成绩是其评价的重要指标，他们或是各学科都出类拔萃，或是在某一学科或某一方面有突出才能。这些学生会被单独列班，并且有专门的部门和人员对他们进行管理，目的是更好地挖掘他们的潜能，使他们能更好地发展。除了校内学习，学校还会资助这些学生参加校外的各种活动，以此开拓他们的视野。学校的这些举措得到了英国相关部门的肯定。

另一方面，学校也特别注意保护弱势群体。所谓弱势群体是指那些学习成绩相对较差，在生理、行为或其他方面有缺陷或困难的学生。在乔治格林学校，有专门的语言帮助中心来帮助那些非英语国家的学生或英语水平较差的学生。对于在日常行为上经常犯错的学生也有行为矫正中心的老师来帮助他们。而对于一些特殊人群，如残疾学生，学校还专门成立特殊教育小组来负责对他们进行特殊教育。另外，学校还特别制定了《反欺凌条例》，分为学生版和教师版。制定学生版的目的是让学生明白什么是欺凌，哪些行为是欺凌，如果欺凌其他学生会有什么后果，如果学生被欺凌可以通过哪些渠道来保护自己、维护自己的权益等等，而其深层次的目的则是让每一位在校的学生都有良好的学习与生活环境，让每一位学生都能与他人互相合作、互相尊重。

乔治格林学校的学生有着不同的国籍、不同的种族、不同的信仰以及不同的语言，这为学校的管理增加了不少难度，但乔治格林学校坚定不移地秉承着其"人人不同，人人平等"的校训，不会因任何原因对任何一名学生有任何歧视。在此基础上，学校也考虑到学有余力的学生，尽可能地为他们提供更好的机会来使他们更好地成长，对于需要帮助的学生也是尽可能伸出援助之手。学校在其理念的支持下，也注重依法管理，如对于学生的日常行为规范，各种奖励与惩罚等都有明确可操作的条例与规定，从制度上保障了其教育理念的贯彻与落实。

（二）学校管理层面

在学校管理方面，学校实行董事会领导，校长负责，20位管理人员共同维持学校运作的管理模式。这20位管理人员主要有以下四类：一是由学生家长选举产生的管理人员；二是由学校教职员工选举产生的管理人员；三是由地方当局委任的管理人员；四是由政府机构任命的由社区成员担任的管理人员。他们的职责包括为学校制定政策、方向和目标，预算学校经费，协助校长工作等等，但这些管理人员在作出决策前都会参考负责具体事务的委员会(如课程委员会、财政委员会等)提出的建议。由于管理人员的来源渠道多样,他们分别代表了不同的利益群体,这一方面使学校在作出决策前能综合考虑多方不同的意见,使其决策能在较大程度上平衡各方利益从而达到决策的最优化效果;另一方面也使管理层之间有了更多的相互制约与相互监督,有利于学校的长远发展。

为了提高学校的领导能力,该校非常重视对相关人员的领导力和管理能力的培训。该校与"London Challenge"[①]合作开设了"通往管理之路"和"通往领导之路"的课程,并针对不同的人群,如教师、辅导员、中层管理人员、正副校长等分别提供个性化的培训,以此提升他们的领导和管理能力,并积极鼓励学校成员申请学校的相关领导和管理职位,为每一位想参与学校管理的有志之士提供了良好的机会。

乔治格林学校还积极要求管理人员参考学生提出的各种建议,并成立专门的理事会负责收集采纳学生提出的问题与建议,这既培养了学生的民主意识和管理能力,也增强了学生的归属感和自我价值认同感,同时也能使学校及时地了解学校各方面最真实的情况。

[启示建议]

(一)完善的制度是教育理念得以实施的重要因素

教育理念是学校文化的核心,是学校文化的灵魂。好的教育理念能指引学校全体成员向着正确的方向发展,但是,好的教育理念应该有好的制度来保证它的贯彻与实行,特别是在中国这样一个深受儒家思想影响并非常注重人情的国家,从"法"的角度来进行制约和管理显得非常重要和必要。在乔治格林学校,对学生和教师的许多方面都有着严格、清晰、明确的成文规定,使学校从法理的角度维护学校与个体的利益,使学校能遵照其教育理念对学生和全体教职员工进行管理,事实证明这是成功的。在我国,由于体制和传统文化的影响,还没有真正实行以"法"行事,有些是因为根本就没有"法";有些虽然有"法",却存在着执行不力的情况,因此,我国学校的法理意识和对"法"的建设与实行还有待加强,只有这样,学校才能实现真正意义上的可持续发展。

(二)学校领导、管理人员来源与任命方式应该多元化

很长一段时间以来,我国学校的领导与管理人员大多都是由学校内部或教育局等行政机构直接任命,因此,领导和管理人员的层次和结构相对单一,任命方式也比较单一。而纵观整个世界,特别是一些西方发达国家,学校的管理方式具有高度的自治性与民主性。如文中的乔治格林学校,管理人员既有学校内部的,也有学校外部的;既有学校产生的,也有社会产生的;既有直接任命的,也有选举产生的。因此,笔者建议,我国的学校也可以尝试采取这样的机制,使学校的管理人员能来自不同的群体,代表不同的利益方,充分整合校内和校外的可利用资源,使学校的管理人员多元化,同时,也可以更多地采用直接选举的方式来选拔领导或相关管理人员,使领导任命方式多元化、民主化、透明化。

(三)更多地倾听教师与学生的声音

学校的绝大多数活动都在学生和教师之间展开。学生和教师这两个群体是学校中最为重要和活跃的两大群体。一线的教师和学生最了解各自群体的问题、各自群体的需求甚至

---

① London Challenge,即伦敦挑战,该机构为伦敦五个区的中学提供专业支持,帮助学校改进、提升中层领导和教师的领导能力。

学校的问题和需求。而在当今的学校管理模式中，很多决策都是凌驾于这两大群体之上的学校管理。虽然有时也会向教师代表或学生代表征求意见，但总体来讲，范围不广，力度不大，一线教师和学生在决策过程中的话语权还相对较小。因此，在学校管理过程中，决策者不应仅局限在领导和管理者之间的对话、讨论和会议，而应在此基础上深入基层，多了解学生和教师的学习、教学和生活情况，这样才能有的放矢地针对学校的真实情况作出正确、合适的决策。

（靳一波）

案例3 成功乃成功之母
——每一个孩子都可以获得成功

[案例介绍]

Z中学门口，一个少年死赖着不肯进去。一个中年男子——显然是少年的父亲，拉着他硬要他进去，一场"拉锯战"在持续着。

这是1987年暑假发生的一件事。这位少年是小方，同弟弟一起小学毕业了。弟弟以261分的总成绩进了本市一所小有名气的完中，他却只考了242.5分，比弟弟低了近20分，被统分进当时人称"垃圾中学"的Z中学。接到通知的那天，方家演出了一场"悲喜剧"。一对双胞胎兄弟，一个喜气洋洋，一个垂头丧气。报到这天，弟弟高高兴兴地背上书包走了，而哥哥却磨磨蹭蹭死活不愿去上学，于是就出现了上述的一幕。

刚进Z中时，小方情绪消沉，"失败"的心理重荷压得他终日抬不起头来。正在积极投入"成功教育"实验的班主任老师决心以小方为试点，卸下他的心理负担，让他重新扬起成功的风帆。其他各学科老师也主动关心，不断鼓励。终于，重担卸去，小方的头慢慢抬了起来，劲也鼓起来了。班主任又及时让他担任劳动委员，老师的信任使小方更进了一步。努力学习和积极工作使他不久被评为校"三好学生"，后来又入了团。在初二时，他和同学们一起参加了全区"中学生学习方法知识竞赛"，为学校赢得了团体第五名的荣誉。

1990年暑期前夕，小方和弟弟这对双胞胎兄弟又将从各自的中学毕业了。此时的小方信心百倍地参加了区直升会考，弟弟也在自己学校参加了直升考试，结果是小方以总分401分的好成绩直升进入本区一所重点中学，弟弟因成绩比哥哥低了近50分而名落孙山。成绩公布的那一天，方家又演了一场"悲喜剧"，但这次的悲与喜的承受者却与三年前互换了位置。

面临这种变化，长大了的小方并没有喜形于色，他懂事地鼓励着情绪懊丧的弟弟："不要泄气，认真复习，准备在升学考试时再次搏击。"

爸爸妈妈看着这场面，心中激动不已，小方这孩子成熟了，这成熟来自"成功教育"。①

---

① 上海市闸北区教育局. 成功教育：成功教育100例[M]. 天津：天津教育出版社，1992.

[案例分析]

说到成功教育我们就不得不提到成功教育的创始人，享有"成功教育之父"美誉的上海市Z中学L校长。

L校长自从1974年在S中学教书，1980年到上海市Z中学担任副校长直到现在，他从来没有停止过对成功教育的执著追求。成功教育正式发起于1987年，距今已有22年。在成功教育的理论研究和转变学习困难学生的改革实践中，从具体操作的角度，L校长是这样来认识和把握"成功"的：(1)成功，表现为不断提高、不断发展，因而没有终极意义上的成功；(2)成功，意味着超越自我、超越他人，其最高目标是获得自己争取成功的能力；(3)成功，是在原有基础上找到新的起点，并付诸行动而取得成效；(4)初中学生的成功，就是达到九年义务教育的基本要求。

L校长认为：成功教育是主要针对学习困难学生实施的，使之由"失败者"变为"成功者"，并不断取得新的成功的教育。它是一种具有新意的教育思想、教育观念，也是一种新颖的教育方式、教育形态。

学校不仅仅是传授知识的场所，更是培养人格的场所。成功教育的思想内容是指反映成功教育思想实质的一系列概念与命题。成功教育的思想大体上可以概括为六个方面：

——承认学习困难学生同其他学生一样，具有很大的发展潜能。他们的困难是暂时的，是可以克服的，他们也有成功的愿望和需要。教师应对学生的成功抱有热情和期望，坚信每一个学生都能成才，并通过教育的改革，使这种可能变为现实。

——学习困难学生之所以形成，其主要原因在于他们在学习过程中遭遇反复失败而导致自信心日渐丧失，最终形成了失败者心态。成功教育提倡努力为学生创造各种成功的机会和条件，引导学生在学习活动中积极发掘自身的潜力。通过不断帮助学生成功，以成功后的欢乐和满足来强化学生的学习动机，改变其自卑心理，充分调动学生学习的积极性，促使他们激发内部动力机制，主动内化教育要求。

——成功教育的教育、教学过程的基本特点是根据学生实际，调整教育、教学的基本要求和进度（如实行"低起点，小步子，多活动，快反馈"的运作方式），从而使教育、教学过程具有较强的针对性、可操作性和实效性。

——成功教育坚持对学生实行鼓励性评价，其立足点是从学生原有的基础出发，发现和肯定学生的每一点进步和成功，促使学生发现自己，看到自己的力量，找到自己的不足，满怀信心地不断争取新的成功。

——成功教育认为，非智力因素的培养既是提高教育质量的手段，也是培养人才的目标之一，因而十分注重改善学生的非智力因素，将自信心、意志力、成就动机的培养作为转变学习困难学生的基础性工程。

——成功教育的目标是追求学生在原有基础上的发展，追求学生个性的全面发展和社会适应能力的提高，培养学生成为学习的成功者，进而为其成为社会的成功者作好基本素质的准备。

但是为了让大家更清晰地认识与了解成功教育，笔者认为还要注意以下几点。

首先，我们应该充分认识到学生的差异，认识到每个学生都希望，甚至是渴望成功。他们所需要的只是来自教师的鼓励和支持。评判学生不能靠简单的成绩论英雄，不歧视每一个学生，认识到很多成绩不佳的学生也是可以取得很多其他方面的成功的，他们需要的只是更多的表现机会。

其次，教师应该对每个孩子都有期望，并且通过有效的方法把这种期望传达给学生，帮助他们树立能够实现这些期望的自信心。敢于带着学生树立理想，树立追求，即使结果不尽如人意，依然对他们充满信心，并且鼓舞他们再接再厉，告诉他们其实已经取得了不小的成绩。

然后，教师要在教育方法上多下工夫，真正做到"因材施教"。关心、了解每一个学生的特点，并且研究一套适合他的教育方法，帮助他取得成功，树立信心，并走向最终的成功，实现期望。

[启示建议]

（一）当一个好的教育领导一定要有自己独特、先进的教育管理理念

教育理念是一名教育领导者特别是校长办学、治学的核心理念。比如：新课改理念是"以学生发展为本"，不同的学校校长肯定会有不同的理解。但是作为一所学校的校长，就应该根据自己学校附近的社会、文化、经济状况，对这一理念做到符合自己学校的独特的解读，只有这样才能不失去一所学校的"校格"。记得L校长在报告中提到他本人对国家课程校本化实施的理解与思考，他认为作为一个学校的校长一定要在国家核心课程实施贯彻好的基础之上再开设校本课程，而校本课程从本质上来讲应该是对国家核心课程的补充，是为国家核心课程服务的。所以在全国大搞特搞样本课程的"潮流"下，他仍然专心搞国家课程。L校长认为，校长不应该总让教育政策牵着鼻子走，一校之长一定要有自己的思想，千万不要"跟风"。

（二）当一个好的教育领导一定要懂得师生的真正需要

报告中L校长说，互联网兴起伊始，我们便把所有材料分批地都传到网上。在教师节时为每位教师送上一份小礼物，虽然可能不用花太多的钱，但是会让大家有归属感，知道他们的校长心里有他们每一个人。除此之外，L校长还会找老师谈心，了解他们的困难……

作为一校之长，如何才能了解学生和老师呢？我们想那一定是一校之长的本事所在，他们可以通过教师和学生的日常生活判断出他们在做什么，在想什么，有什么困难，有什么需要……只有这样的校长才是老师和学生的"父母官"，才是他们真正需要的。

（三）当一个好的教育领导一定要有反思和创新精神

L校长给我们举了个例子。他说：原来我们主张成功，后来我们主张成功多于失败，再后来我们主张有失败，但是要指向成功。所以我们产生了帮助成功、尝试成功和自己成功的三个阶段的模型。也就是说我们越来越接近于知识，越来越接近于教育的规律。二十年来，我们不断在寻找孩子成功的路。一开始时是帮助成功，后来发现帮助得多了，小孩子就会产生依赖，你不帮他，他就不动。所以，我得出一个结论，所有的改革都是利弊同在的。但是我们现在很多的教育改革是只讲利，不讲弊的。我们在十年前就发现了。所以我们后来就发现，对于成功已经多余出来的孩子，老帮助是不行的，要减少帮助，要增加他的尝试探索，使得他的高层次的成功心理和能力得到发展。在帮助成功这个阶段，我们的课的模型是坚持"低起点、小步走、多活动、快反馈"的课堂改革的模型，它解决的主

要是知识的问题。

作为一校之长,一定要有超出平常人的创造力和教育理念。因为只有有了它,一所学校才会有它自己的特色,才会有它的核心竞争力。一所好的学校少不了好的领导,一个好的领导也少不了创新意识和敢为天下先的精神。

最后笔者引用 L 校长的"三句话"来为本文结尾。

——L 校长最赞赏的一句话就是:"把孩子当天才来欣赏,当天才来培养。"

——L 校长平常最喜欢的一句话就是:"帮助每一个孩子成功是校长的'天职'!"

——L 校长和老师们交谈时说得最多的一句话就是:"用'成功'激励孩子们取得更大的成功。"

(王小明)

案例 4 以领导智慧激扬校园文化
——文化建设对学校发展的独特作用

[案例介绍]

A 中学作为一所老牌的重点学校,也曾遇到发展的瓶颈。1994 年当 B 校长来到 A 中学担任校长时,这所学校正处于低谷:学校没有明确的办学思想,办学模式僵化,校内人心涣散,区内优秀初中毕业生都不愿意报考 A 中学。面对这样的挑战,B 校长提出了"全面发展,人文见长"的办学思想。"全面发展"是学校教育的基础;"人文见长"是学校教育的特色。作为一种管理思想和学校风格,这一办学思想构成了独特的学校管理文化。

在学校的文化建设方面,A 中学的校风、学风、教风、班风都让学生参与讨论。学校的校旗、校标、校徽、校歌,都向全校征集。学校里校园的楼名、路名、雕塑名,也都请学生参与。学校还为每一届新进校的高中生开设了一门课程叫"文化与人生"。这门课聘请华东师范大学中文系教授主持。每个星期五下午,学生都可以同各行各业的专家学者对话,探讨对艺术、对人生的感悟。

校园的八个主题文化节日也全部由学生组织实施。三月的体育节、狂欢节,四月的艺术节,五月的科技节、感恩节,九月的爱生节,十月的读书节,十一月的班主任节,这些活动动静结合,以感恩教育为主线,师生互为施受体,每项活动都充满人文内涵,大家都自觉参与,形成浓郁的人文氛围,慢慢地形成了特有的学校文化。

[案例分析]

"学校文化"最早是由美国学者华勒(W. Waller)于 1932 年在其《教育社会学》中使用的,他指出,学校文化形成的来源之一是年轻一代的文化,之二是成人有意安排的文化。前者是由学生群体中的各种习惯传统、价值观念以及受影响而产生的情感心理和表现行为等构成,而后者则代表了教师的成人文化,由教师群体的各种习惯传统、规范准则、价值观念和心态行为等组成,是"学校中形成的文化"。由此可见学校文化应该是学校全体成员所共同具有的和共享的信念。在之前的教育实践中,笔者有幸在 A 中学体验了其浓厚的校园文化，其丰富的课程设置，多元的校园活动，使学生在各个方面都大有收获。而在笔者看来，教育领导者在其中扮演的角色不容小觑。而在这，笔者着重将这个教育领导者定义为学校的校长。校长在学校文化建设中所扮演的角色，简单来说笔者认为有以下三个。

（一）校园文化的掌舵者

校长的办学理念、学校的定位认识对学校的总体发展有着至关重要的影响。办学理念即"为什么要办学""办什么样的学"和"怎样办学"这一系列的问题的思考。这些问题看似简单，却要求校长具有自己成熟、系统的管理思想以及实践经验。对于学校文化的塑造也是基于特定的办学理念和办学特色。校长如果缺少独特科学的办学理念，那么其对于学校发展的规划势必是盲目的，这样学校就无法形成其鲜明的文化特色。

B校长充分了解A中学的办学历史，同时对整个社会背景下的教育发展方向也有很清晰的把握。对于A中学"全面发展，人文见长"的办学理念，他并非是盲目或是投机的。他认识到长期以来，A中学的教育更重理轻文、重智轻德，而社会上对于教育也存在急功近利的现象，对于人文精神的培养成为了许多学校的漏洞之一。同时，B校长清晰地意识到，经济全球化后，社会需要更多多元化发展的人才，学生不应该仅仅死捧书本，应该有更多空间去了解人文，拓宽知识面，同时充分发展自我的个性。

在对于学校的办学理念、文化特色有了清晰的定位以后，B校长并没有将这些停留在纸张文件上，而是一步步地从学校各个环节加以落实。用他自己的话来说，"有了目标，就好比有了'图纸'，按照'图纸'去完成'施工'，而课程就是落实这一工程的重要途径"。从1998年起，A中学就开设了一门"文化与人生"的课程，邀请在人文领域有建树的学者同学生一起交流探讨。与此同时，各类校园活动的开设也为学生建立了广阔的平台，给予其实践和创造的机会。

（二）校园文化的服务者

在校园文化的建设过程中，校长必须要认识到，校园文化的形成是全校师生共同缔造的结果。校长作为最高权力的象征，不应该独断专行，而应该用其职能之便为广大的师生提供服务，如创造良好的校园环境，提升教育科技应用系统；体察民情，尊重理解教师，为其提供一个安定、和谐的工作环境；整合资源，利用各类交流活动，为学校的发展寻求更多有力的资助等。B校长在A中学期间就为改善教师工作环境做了许多实事。比如为教师提供班车、早餐，购置热水器等等。B校长在平日的工作中善于察言观色，他能从教师的神情、语气中体察出他们的难处并适时给予帮助。

另一方面，在校园文化建设中，B校长也放心将大梁交给学生挑。B校长为学生提供了施展才华的平台，而如何搭建这个平台，如何在这个平台上展现一幅好的蓝图，他都会绝对尊重学生、信任学生。只有当他们碰到难题时，B校长才给出自己的建议。这样在无形之中就锻炼了学生的综合素质。

（三）校园文化的凝聚者

学校文化的建设不仅仅是校长个人对于学校发展的理论体系建设，更需要教师、学生的一并参与。它需要学校中的每一个成员分享一致的价值观和目标。在它的形成过程中，它需要一个和谐温馨的氛围，教师的组织配合和学生的参与支持将有助于校园文化的奠定。

A中学的班主任节就是凝聚校园各个方面的很好的措施。在教育实习的过程中，我也有幸体验了这样一个独特的校园文化节日。为了让所有的师生员工都能更深切的体察班主任工作的辛勤，A中学将校庆日定为班主任节，这样的一个节日首先是校方对所有班主任老师的尊重和肯定，同时也寄予了学校对班主任的信任和期待。校方在这天会寄给每个班主任家属一封慰问信。而班主任在那天也可以卸下平日的威严，学生会为班主任设计那一天所穿的服装，奇装异服班主任也要穿。同时，学生也会在那天列出许多喜爱班主任的理由。这一系列的活动缩短了师生间的距离，也增进了校园的凝聚力。教师从这些活动中也能真切感受到从教的幸福感，从而提升内驱力，塑造敬业垂范的良好氛围。

[启示建议]

我们应该意识到，先进的学校文化一旦形成，就会将该学校变成强有力的文化"磁场"。从学校的管理层，到基层的教师，再至学生，都会不自觉地被这样的文化所吸引。学校文化是凝聚全体教职工的重要精神力量，也是推进素质教育、生命教育的强大内驱力。

在建设校园文化的过程中，也有几点值得学校的领导者注意。

首先，学校的文化应该适应学校的历史以及所处的时代大环境。社会对于人才的需求是会随着历史的变革而发生改变的，教育者需要有敏锐的洞察力去判断、去感知。校长可以发动全体师生开展讨论，根据学校的办学条件、人文历史、社会背景、师资力量等各个方面建立适合自己学校的文化。对于一些历史悠久的老学校，校园文化应该是一种传承，同时也应当赋予一定的创新。校长应当强化办学过程中积极的核心价值，同时整合新的、更适应时代的办学理念，让学校的文化建设也做到与时俱进又可持续发展。

其次，校长应该认识到文化建设是一个长期的过程。学校文化不仅仅只是简单的文本制度，文化氛围的形成更不是一朝一夕的。在整个校园文化形成的过程中，教师内部团体的文化以及学生群体的文化都会无形之中影响校园文化。一些学校因过分看重成绩而导致的教师间恶性的竞争，会使得教师团体出现利益冲突，导致某些教师文化对校园文化产生反作用。学生中也可能会有部分的学生群体，因无法得到正确的导向而产生过于偏激的人生观、价值观。学生是校园文化的主体，一旦学生文化出现问题，那么势必会破坏校园文化的健康发展。

再次，校长应当同学生的监护人建立起密切的联系。校园文化的建立并不可以忽略外部因素的影响。我们发现，一些个性有偏差的学生往往来自问题家庭，父母作为孩子的第一任老师，对于孩子整个人生的发展起着不可磨灭的作用。倘若学校的文化建设得不到父母的支持，那么可能老师在学校做的努力很容易被家长用一两句话给抵消。所以学校应通过多种形式与家长进行沟通交流，对于家长的意见必须洗耳恭听。同时也要让家长了解孩子在校各个方面的情况。这不仅仅只是告知学生的成绩，更应该从心理、行为等方面同家长做良好的沟通。只有做好与学生家长的工作才能使学校教育事半功倍，才能加快学校文化建设的步伐。

最后，校长作为学校文化建设的核心人物，必须具有一定的人格魅力，必须具有强大的凝聚力。校长要了解到，要想得全体的教职工、学生的尊敬和欣赏，自己必须具备良好的个人素质。无论是在专业理论还是在思想道德方面，都必须行得正、站得直。具备了一定的人格魅力，校长才可能凝聚方方面面的力量。这力量首先一定来自学校内部。俗话说：人心齐，泰山移。校长要善于组织学校的队伍，不论是管理人员或者是教学人员，只有将他们都凝聚到校园文化建设中，才能产生强大的实际力量。校长可以通过一定的制度规范来激发每一个人的潜能，调动大家的工作积极性，有意识地让每一个学校成员为学校的文化建设献计献策。而在同学校内部建立良好关系的同时，校长也应该走出校门，多参加校际的研讨交流活动。现在学校办学不能仅仅是闭门造车，更需要去吸收其他学校的经验。校长应本着谦虚的态度同周边学校多交流，深入其他地区的学校进行考察和探访，从他人的经验中总结借鉴对自己有益的实践方式。

（周梦凉）

案例5 "篮球"的力量
——非正式组织在学校文化建设中的作用

何单位都会有管理者，但是，并非所有的管理者都能够成为领导者。领导的真正含义是在群体中形成一种公认的价值观，并以此来号召群众，凝聚力量，成为一面奋斗的旗帜。组织文化对于形成这样一种领导力具有重要的意义。学校作为育人机构，组织文化的形成就显得更加重要。下面我以上海市南洋模范中学为例，具体探讨一下学校组织文化在学校领导中的作用。

[案例介绍]

上海市南洋模范中学是原南洋公学的附属小学，南洋公学是晚清进步人士盛宣怀组织筹建的一所近代大学，后来一部分演变为举世闻名的上海交通大学，另一部分就是现在的南洋模范中学。南洋模范中学的光辉历程自不必说，在上海能成为一名南模人，是一件非常值自豪的事情。作为上海师范大学的一名研究生，我有幸在东方讲坛上聆听了南洋模范中学高崎校长的讲座。

一个名牌中学的校长来讲学校领导，他并没有过多阐述南模中学在教育教学上的独到之处，而是浓墨重彩地介绍了南模的篮球队。这似乎有点不可思议，在学习考试压力如此之大的中学阶段，南模中学从领导层面上甚至可以把篮球放在学业之上。

南模中学一直有打篮球比赛的传统，在这里学生有充分的篮球运动时间，经常会有篮球比赛。有时候篮球比赛会在中午举行，那么对于获胜的球队，一定会庆祝一下，下午第一节课通常是上不好的，对于输掉的球队呢，心情不好，下午第一节课当然就更上不好了。但是，无论是哪个老师，都不会因此去责怪学生，恰恰相反，老师会在课堂上安慰失败者，甚至共同探讨失利的原因，以便下次比赛吸取教训；也会和获胜的同学们一同庆祝一下，再上课。

在南模中学，篮球队员是整个学校的英雄，不仅是老师经常表扬的对象，也是广大女生的青春偶像。南模中学篮球拉拉队员历来是广大女同学竞争的焦点，每次纳新，都会是南模中学学校生活中的大事，报名者会成群结队，而最终被录取的，则会引来众多羡慕的眼光。

在南模中学曾经发生过这样一个例子：2008年在一次篮球比赛的时候，有个同学右手骨折,当时这名学生正在上高三,马上面临高考。于是家长就来闹,而且闹得很厉害,家长说,孩子上高中是为了考取名牌大学,而现在右手受伤了,这必将影响孩子的学习并最终严重影响孩子日后的高考,家长提出,南模中学必须保证,他们的孩子一定能考入一所好大学。学校领导对这件事情十分头疼,无论如何协调,这位家长都不肯作出让步。但是,正当学校领导一筹莫展的时候,这名学生家长忽然不来学校闹事了,并向校长道歉,表示不会再为此事纠缠学校。为什么呢?原来这位同学所在班的同学一起告诉他,如果你家长再闹的话,全体同学都不再承认你是我们的校友,校友录里将把你除名。以后在校庆的时候,我们也不想再看到你了。

由此可见,篮球文化在南模中学是多么的根深蒂固,篮球生活多么深刻的影响了一代又一代南模人。那么,有人会问,既然学校在篮球上花费了如此多的精力,南模的日常教学有没有受到影响呢?我们来看一下南模中学今年的高考情况。据不完全统计,2009年南洋模范中学普招进入清华大学3人,上海交通大学85人,上海复旦大学39人,上海同济大学47人,上海外国语大学14人,上海财经大学12人,另外还有其他各地名牌大学共计219人,高考进入一本线的学生稳定在95%以上。自建校以来,南洋模范中学共66人次被评为两院院士,并且培养出了诸如王选、邹韬奋、张光斗、何祚庥等一大批社会各界精英人物。由此可见,南洋模范中学的学子并没有"玩物丧志",因为篮球而耽误了发展。恰恰相反,正是在南洋模范中学这样的环境中,成长出了一大批国家栋梁。

[案例分析]

南洋模范中学在其一百零八年的办学历程中探索出了一条独特的育人之道。南模中学的重视发展篮球文化和文化课教学取得优异成绩的这种似乎很不协调甚至矛盾的现象中,实际上蕴含了一种领导之道。

学校作为一个集体,必须有集体的文化,也就是我们通常所说的组织文化,这个集体才有凝聚力和战斗力,才能做出一些事情。

南洋模范中学固然有着骄人的高考业绩,和一批名人校友,但是南洋模范的成功不仅于此。它的教育,使每一个在此地奋斗过、生活过的人都在内心深处烙上了南模印,具有了一种南模气质,正如北大人的激情浪漫,清华人的勤奋务实,南模人的活力四射和以天下为己任的胸怀,也成为了南模学生鲜明的特色。

我想,南洋模范中学注重校园文化建设,至少有如下四个好处:

(一)立意高远,真正为社会培养栋梁之才

众所周知,高考制度有其难以克服的弊端,在这种选拔体制之下,很容易出现一些高分低能的学生,这也是许多学校摆脱不了一个误区,那就是为了考试而教学,传授解题的技巧,而不是去启迪学生的创造力、想象力,最终难免使学生讨厌学校、厌恶学习,把考上大学当作跳出苦海的途径,而不是学习知识的机会。而南洋模范中学不仅仅把精力局限在学生的考试分数上,而是通过发展学校文化让学生热爱学校、热爱学习,并奠定学生继续学习的基础,这就为学生日后的成功做了很好的铺垫,从而真正让教育为国家和社会培养出优秀的人才。

(二)凝聚人心,让南洋模范中学成为心灵归属

很多校长抱怨学校纪律涣散,人心不齐,同事勾心斗角,中层干部相互拆台,学生不服从

纪律，还时不时有家长闹事。原因何在？我们可以回顾一下中国的近代史，历史雄辩地证明，在国共之争中，共产党的战斗力远远弱于国民党，我们共产党之所以能够以弱胜强，打败了设备先进的国民党部队，其中重要的一点就是共产党人有一个共同的奋斗目标，大家为了这一共同的伟大目标结为同志，不惜牺牲个人的一切来争取这一共同目标的实现，而国民党虽然也有三民主义为其共同的旗帜，但是事实上国民党内部却山头林立，各个派别为了自己的利益而明争暗斗，这就削弱了他们整体的战斗力，共同的奋斗旗帜名存实亡，于是国民党的失败也就注定了。在一个学校，如果大家都在为了自己的利益而独自奋斗，没有共同的目标，一个人的成功必须建立在另外一个人的失败之上，那么这个集体就名存实亡，就会勾心斗角，内部矛盾就很难解决。但是，如果大家能哪怕在一件似乎与主题工作不相干的事情上共同奋斗的话，那么集体成员之间的矛盾就会好解决得多，这个集体就会产生巨大的向心力，就会成为一个紧握的铁拳，从而所向披靡，成就非凡的业绩。

[启示建议]

南洋模范中学优良的办学条件，令人羡慕的骄人业绩固然值得学习，但是我认为，现在的中学最应该学习的是南洋模范中学的领导方式，学习南洋模范中学运用组织文化的力量来培育人才，凝聚力量，发展教育。

当今我国已经普及了九年义务教育，保证孩子有书读已经不是问题。接下来，我们的工作重点就应该转变为，多办优质的教育，满足广大人民对优质教育资源的需要，真正实现教育的现代化。要实现中国基础教育的腾飞，我们就必须全面实行素质教育，改变应试教育的传统教学模式，改变千校一面的不良现象。在这许许多多的改变之中，学校组织文化的建设起着至关重要的作用。我们至少应该做到以下几点：

（一）立足校本实际，构建独具特色的校园文化

每个学校都有自己独特的历史和现实情况，在构建校园文化时，一定要立足于这些历史和现实的实际，构建符合自己学校特点能突显学校特长的校园文化。绝不能人云亦云，一定要经过仔细的调查研究来确立究竟建设什么样的校园文化才能够促进自己学校各项事业的发展。

（二）转变观念，以素质教育培育社会精英

高考作为一种选拔人才的手段，有其巨大的社会意义。但是高考也有明显的不足，我们这些教育工作者一定要认识到高考的弊端，在教育过程中有意识地弥补这种不足。只有这样，我们才能真正培养出社会需要的精英人才。

（三）教职员工同舟共济，共建校园文化

用校园文化凝聚人心，使全校教职员工深刻理解学校文化的内涵，自觉学习、发展学校文化，并灵活运用校园文化改进自己的教学。

（四）与时俱进，在教学实践中发展校园文化

"问渠那得清如许，为有源头活水来"，任何有生命力的真正有价值的文化，一定是那种能够与时俱进，发展变化的文化，否则就是死的东西，就难以发挥作用。校园文化也是一样，它不是一成不变的，而是随着时代的发展而发展变化。

（牛德军）

第八章 组织协调

有学者曾认为"管理就是协调",管理不是靠管理者自己亲自去做那些具体工作,而是组织协调其他人去完成工作,因而优秀的教育领导者一定会具备杰出的内部协调能力;同时一所学校组织不是孤立的存在,它总是存在于特定的社会环境之中,优秀的教育领导者当会认识到组织与外部协调的同等重要性。教育领导者对自己学校的教师、学生,乃至学生家长,能否视之为宝贵的财富,能否在行动中处处凸显这一指导思想,会成为决定学校生存与发展的关键。

倘若教育领导者能够如同本章所选文章中的那些正面事例一样,则必然会增强整个学校的凝聚力和战斗力,有效发挥教育领导作用,维护学校平稳向上的良好局面,有力促进学校的快速、协调和健康发展。

案例1 教师成长的生命线
——校长如何领导教师评价

[案例介绍]

我为何不是一个优秀教师[①]

假如你是基蒙·尼伯格(Kym Nyberg),一个中等规模学区(平均学生出勤数2100人)的一所规模较大的高级中学的校长。一天早上,你在检查你的邮件,其中的一封信件的内容如下:

收信人:基蒙·尼伯格

寄信人:凯利·琼斯(Kelli Jones)

事由:职业阶梯——水平Ⅲ:优秀教师

你知道,我没有达到职业阶梯水平Ⅲ的要求。我感觉受到了较大的伤害,此外,我也感到十分气愤。

14年前,我就到这个学区来任教。我一直为我们的学区感到自豪,认为它是本州最好的学区。在此之前,我从未感觉到学区对我的不公平。在14年的从教中,我一直被评价者告知,我的工作做得非常好,是一个优秀教师。我的工作一直得到较好的评价。去年,评价者就告诉我达到了水平Ⅲ的要求,可是现在,我被告知没有达到水平Ⅲ的要求。

我一直尽我所能做好工作,当然我也有许多地方需要提高。为了帮助我改善教学水平,我非常郑重地要求你和其他的管理者提供以下三方面的材料:

---

① 杰拉尔德等. 校长论——有效学校的创新型领导 [M]. 黄崴等译. 重庆:重庆大学出版社,2004:344-345.

1. 5年来关于我工作的评价分数，请给我一份计算机打印件。

2. 一份达到水平Ⅲ的教师名单，并允许我观察这些教师，这样我可以决定他们在哪些方面做得优秀，我在哪些方面做得不足。

3. 一份帮助我达到水平Ⅲ的书面成长计划。

[案例分析]

这个案例凸显的是"校长如何管理教师评价"的问题。教师评价是学校教育评价的重要组成部分，是一个非常重要但又相当敏感和棘手的问题。教师评价的核心是教师的教学评价，所以一般说来，教师评价归属于校长的教学领导范畴。教师评价虽然没有一致的内涵定义，但大多同意它是在判断学校每一成员的表现达成预期目标的程度。[①] 如果从学校整体系统来看，教师评价是评估教师对学校教育目标达成的贡献程度，换言之，即决定学校教师表现的品质与效能。

在此案例中，作为评价主体的校长应该有较大的失误，而作为评价对象的教师可能也有不当之处。

(一) 校长的失误

1. 评价结果使用不当

尼伯格校长没有及时将评价结果合理地反馈给琼斯老师，未能发挥评价结果的最佳效能。这里所说的评价结果，不是指最后的结论——告知她没有达到"职业阶梯水平Ⅲ"的要求，而是指应该反馈给她可以公开的有关评价的所有资料，包括评价标准、评价程序、评价方法等。这一点从琼斯老师的前两项要求中可以看出：第一项要求说明她不仅不知道自己此次评价的分数，而且5年来一直没有得到过自己评价结果的反馈。第二项要求说明她并不十分了解"水平Ⅲ"的评价标准，试图通过对那些达到标准的教师的观察来推测"水平Ⅲ"的标准并加以反思。当然，也可能是该校长还未来得及将相关评价结果全面地反馈给她，但起码可以肯定的是，在告诉琼斯老师结果的时候，没有同时告诉她原因，也就是没有做到及时、合理、全面的反馈，因此就等于错过了发挥教师评价真正功能的最佳时机。从整体上看，可能会使这次评价的真实性、民主性、合理性都令人怀疑。

2. 评价目的出现偏差

教师评价一般有三种目的，即品质控制、专业发展、教师激励。[②] 其中，品质控制在于判断教师的教学品质，可以将评价结果与奖惩、职称评定及晋级等挂钩；专业发展的目的，在于协助教师更好地改进教学，提升教师教学素质，促进教师的专业发展；而教师激励的目的，则侧重于强调对教师的非智力因素的影响，目的在于建构和孕育教师对教学的兴趣、动机、意志等，激励其对学校工作事业的投入。我们通常所说的总结性评价和形成性评价，实际上也是根据评价目的所划分的评价方式，总结性评价的目的主要在于品质控制，形成性评价则致力于专业发展和教师激励。总之，促进教师更好地发展，既是教师评

---

① Lipham,J. M. ,Rankin,R. E. ,and Hoeh,J. A. . The principalship:Concepts,competencies,and case[m]. New York,NY:Longman,1985.

② Sergiovanni,T. J. . Theprincipalship:Areflectivepracticeperspective[M]. NeedhamHeight,MA:Allynandbacon,2001:257.

价的根本目的，又是最高目标。案例中的"职业阶梯水平"将评价结果与教师的职业水平评定挂钩，应该属于一种总结性评价，但不应该只着眼于判断、甄别和选拔，而不考虑反思、激励和发展的目的。琼斯老师的第三项要求——希望得到"一份帮助我达到水平Ⅲ的书面成长计划"，表明了她对自己专业发展的需求，也暗示出她对校长忽视这一问题的不满。

（二）教师的误解

假如这次评价的过程和结果是公正合理的，那么，我们就有理由推断，琼斯老师也可能误解了本次评价的性质。总结性评价具有判断、甄别和选拔的性质和功能，可以根据具体情境和特定目的而有所侧重。她申诉的理由有两点：（1）在14年的从教中，她一直被评价者告知，她是一个优秀教师，并得到较好的评价；（2）去年，评价者就告诉她达到了"水平Ⅲ"的要求。但这里她所说的达到要求的"水平Ⅲ"应该侧重于判断，即判断她已经达到"水平Ⅲ"的基本标准和条件；而案例中她没有达到的"水平Ⅲ"应该侧重于选拔，作为一种选拔性评价，必然存在着比较激烈的竞争，并不是所有具备"水平Ⅲ"基本条件的教师都能够在这次选拔中胜出。在这一次竞争中，琼斯老师或许就是因为自己的条件不如其他教师而又有名额限制而成为被淘汰者。这种情况在任何国家都司空见惯，我国中小学的职称评定制度就是一个比较典型的代表，比如"中学高级教师资格"的评定，每个学校达到基本条件的人很多，他们都具备参评的资格，但一般情况是差额评定，往往被评上的都是参评者中的优胜者。当然，我们说琼斯老师有过失，并不是说她采取申诉的行为和方式有过错，她的三个要求合法、合理、合情，这是一位教师所拥有的基本权利。

总之，在这个案例中，校长应该承担不可推卸的责任，既然他是冲突的制造者，也责无旁贷地应该是冲突的化解者。其实有冲突并不全是坏事，管理心理学的研究表明，有破坏性冲突，也有建设性冲突。案例中的冲突就属于一种建设性冲突，这样的冲突直接触及教师评价的症结所在，足以引起我们对校长如何领导教师评价问题的反思。

[启示建议]

校长如何管理教师评价？起码有以下几个问题需要考量。

（一）评价目的的正确性

教师评价的本质目的是促进教师发展，所以评价应该作为对教师本身予以关怀的一种途径，而不应成为一个令人生畏的强迫性的监控手段。比如，从一名教师的成长历程来看，初期应该偏重专业发展和教师激励的目的，评价的功利性目的不应过多强调；随着教师的逐渐成熟，再适当地将评价与他们的评优、评先、晋级、评职等目的联系起来。再如，如果评价的目的确是为了品质控制且评价者是学校行政人员，那么，公平、客观、科学是相当重要的基础。学校可依据上级教育行政部门的相关政策，结合本校的实际情况，事先拟定合理的评价标准，公开讨论，使所有评价者与被评价者都清楚并达成共识；同时，保证评价程序的科学性和民主性以及评价结果的客观公正。

（二）评价方式的适用性

总结性评价是对教学结果的评价，形成性评价是对教学过程的评价。从理论上讲，应两者兼顾，互为补充，因为教学过程和结果本来就是密不可分的；在实践中，两种评价方式应参照适用，以形成性评价为主，总结性评价为辅。组织学的研究认为，"评价是组织内部在实现组织目标过程中以提高人们的效力为目的的一个连续的过程",[1] 这里有两点启示：一是注重评价实施的连续性，即教师评价应该是一个序列化的、动态的、不断深化发展的系统工程；二是强调评价内容的过程性，实际上指出在校长的教学领导实践中，形成性评价是常态的、主要的，而总结性评价是次要的、辅助的。

（三）评价结果使用的合理性

如何使用评价结果，实际上与评价目的密切相关。校长在制定一个评价方案时，就应该考虑到评价结果的受众，并确定以何种形式呈现评价结果，在评价后要把这些结果及时恰当地反馈给评价对象。无论是何种形式的教师评价，校长都应该记录并报告每一阶段的评价结果，教师也必须在整个评价过程中都获得及时的反馈，即便是着眼于品质控制的评价，也应该给予教师改进的时间、机会和建议，比如上面的案例，提供教师一份个人的书面成长计划就是一种有效的做法。

（四）开发科学的评价工具

有了正确的评价理念和评价目的，还需要开发科学的评价工具。教师评价是一个复杂的系统工程，评价工具的开发和使用也是动态发展的，开发评价工具的基本原则是要尽量减少评价的误差，并以评价目的和内容为依据。有研究表明，在众多评价工具中，临床视导、合作式的目标订定、教室观察三种，最适合现代教师评价使用。[2]

（步　进）

案例2　幸福的老师带出幸福的学生
——如何为教育提供合理的解压途径

[案例介绍]

梁老师是一所郊区中心小学的三年级某班的班主任，他热爱教育工作，对学生十分认真负责，有扎实的专业知识和教学能力，是全校师生公认的好老师。蔡校长是一位教育思想开放、管理民主、有着多年教学经验以及学校管理经验的领导。该学校的学生主要来自附近的居民（农村小孩居多），生源在当地属于中等水平。学生家长的知识层次基本上不是很高。

一天上午，梁老师突然气急败坏地来到蔡校长的办公室，满脸委屈地向他诉说着："蔡校长，我不想做班主任了，随便你安排我教什么学科，我就是不想做班主任了！"原来，梁老师班上的涛涛同学经常不做作业，还在课上影响教学秩序，各学科的任课教师都屡次向她反映孩子的不良表现。于是，她放弃了课间的休息时间，对孩子进行思想教育，进行无偿的知识补习。然而，家长非但不关心孩子的学习，反而过分地袒护孩子而责怪老师，把孩子的不是都推卸到老师的身上，并出言不逊，侮辱了梁老师的人格。再分析那位家长，42岁得子，非常溺爱孩子，对孩子的言行经常是睁只眼闭只眼。经过与蔡校长的

---

[1] 塞尔伯特·L. 德雷克等. 校长学 [M]. 刘润刚等译. 南京：江苏教育出版社，2008：250.
[2] 林明地. 学校领导：理念与校长专业生涯 [M]. 北京：九州出版社，2006：184－185.

一番沟通，梁老师慢慢地平静了下来，并表示会尽自己最大的努力引导好家长。梁老师走了，但蔡校长却陷入了深深的思考：如何为教师提供合理的解压途径。

[案例分析]

在当今中小学中，像这样兢兢业业、认真负责的老师却受到家长误解的情况，是十分常见的。现在的小学生都是独生子女，况且，案例中的涛涛是家长中年得子，孩子是他的掌上明珠，疼爱有加。由于过分溺爱，导致该孩子的厌学、不认真听讲、违反课堂纪律等不良习惯的形成，这已经是在学校中无人不知、无人不晓的事了。再者，家长的文化水平不高，以至于教育孩子的方法不恰当。这就不免造成在教育孩子方面与老师的冲突。

从老师方面来看，小学班主任的工作繁琐、辛苦，是有目共睹的。梁老师向来是一个对工作和学生都尽职尽责的人，在教学中也出了不少好成绩。梁老师在百忙之中抽出时间教育涛涛，并无偿地帮他补缺补漏，并及时地与家长进行联系和交流，这是该教师具有高度的责任心和高尚的敬业精神的集中体现。可是，由于与家长沟通上的不顺利，造成了教师较为消极的情绪。

听了梁老师的叙述后，想到当今小学教师工作的辛苦，蔡校长着实为梁老师鸣不平。他意识到：这不完全是梁老师的问题，家长也有很大一部分责任，双方的目的都是为了孩子好，只是在交流过程中由于双方知识背景、文化层次不同，因而各自有不同的立场。只要梁老师与家长能平心静气地好好沟通，双方的矛盾一定能够化解。但是，蔡校长认为，首先要解决的是抚平梁老师情绪的问题。教师也是普通人，受到误解时肯定也会生气。这个时候，蔡校长就做得非常好，他所做的就是认真地倾听，使教师在交谈时在心理上得到愉悦和尊重。教师在与校长交谈完之后心灵上得到安慰，就会有愉悦的心情，这样不仅有利于各项教学内容的开展，也有利于教师与学生、家长建立和谐友好的关系。作为一个优秀的校长，理所当然要做一个专注的、耐心的倾听者，需要具备良好的倾听素质。蔡校长知道其实梁老师说的是气话，并不是真的要求不做班主任，而是觉得自己的努力和好意受到了别人的误解，心理上受到了不小的打击，想找一个人倾诉自己心中的不平。因此，蔡校长也意识到"让教师感悟幸福，让教师体验快乐"是校长的工作职责，这是一个生命对另一群生命的承诺。因为"只有幸福的教师，才能带出幸福的学生"。因此，校长除了要耐心、善解人意地倾听教师的心声，还需要采取各种方法和措施来解决如何为教师提供合理的解压途径的问题。

[启示建议]

校长不仅要关心学生的利益，还必须关注教师的利益。他要了解他们的喜怒哀乐，了解他们的所思所想所求，从而给予正确的引导，解危难于他人需要之时。蔡校长思考着并探索着作为校长应该如何做才能提高教师的幸福指数，这是一位具备高度思想修养和责任感的校长才能做到的。幸福感是一种心理体验，它既是对生活的客观条件和所处状态的一种事实判断，又是对于生活的主观意义和满足程度的一种价值判断。它表现为在生活满意度基础上产生的一种积极心理体验。而幸福指数，就是衡量这种感受具体程度的主观指标数值。蔡校长认为自己作为学校的领导者应该关注教师们的幸福指数，并应以实现幸福为目标。因为，教师除了在学生面前是一名教师，同时也扮演着不同的社会角色，对儿女来说是父亲或母亲，对老人来说是儿女。因此，他们在工作和生活中都会面临困难、挫折、困惑等等。在有压力、幸福指数不高的情况下，任何人都不能以最佳状态和饱满的热情进行工作，何况是教师。因此，这是每一个校长和教师管理者都应该深入思考和亟待解决的问题。以下对如何为教师提供合理的解压途径以及如何提高教师的幸福指数提出几点建议。

（一）注意善解人意的倾听

沟通是双向的。教师管理者不能单纯地向教师灌输自己的思想，还应该学会积极的倾听。倾听是了解别人的重要途径，是一种艺术，也是一种技巧。教师的管理者善解人意的倾听，能促进教师管理者对教师的了解，使教师管理者和教师之间的关系和谐，不仅提高学生的学习效率，而且使教师的各项教学工作都能够顺利展开；教师管理者通过倾听教师，可以及时了解教师的困难和需要，同时"及时疏导，调整需求"，用一些富含哲理的故事、寓言去引导教师感悟幸福。只有当教师没有任何心理负担和基本的生存需求都得到满足的时候，他才能静下心来工作，并能在工作岗位上发挥自己的聪明才智。由此可见，教师管理者的倾听体现了一种民主的氛围，消解了教师管理者的绝对权威；体现了一种理解的态度，使教师管理者与教师沟通融洽，精神愉悦；体现了一种真诚的期待，促成心灵的共鸣，是一种发自内心的欣赏和尊重。

（二）营造良好的校园人际氛围

为了调节教师情绪，减轻教师们的工作压力，激发教职员工的工作积极性，使教师充满激情向前走，教师管理者应努力营造良好的校园人际氛围，尽量满足教职员工的心理需求。如，学校经常组织运动会、茶话会、卡拉OK赛等活动，并利用节假日，组织外出考察、暑期旅游等活动，增强教师的身心活力。再如，学校每学期开展各类教师专业竞赛；每年度的考核推优；学校党支部的结对互动；学校团支部的活动……这一切，不但增加了学校组织的凝聚力，更激发了教职员工的工作热情。

（三）给予教师积极、及时的评价

教师管理者不应该吝啬对教师们的赞扬，应让教师们知道校长认可他们的付出，尊重他们的劳动。作为教师管理者的校长应不辞辛劳地经常出入各个办公室，深入观察、了解教师的工作、学习、生活情况，对全校所有教师的信息了如指掌。因为只有对每个教师深入观察和仔细了解，才能适宜地找到赞扬的理由，给予教师积极、及时的评价。因为往往是一句轻轻的赞扬都会让当事人激动不已。比如，某校长了解到：细心的某班主任老师看到一年级刚入学的孩子生活习惯尚未养成，常常会出现一些需要用纸巾的尴尬，于是，就主动地为孩子备了一些生活用纸。校长认为事情虽小，但这是老师体贴入微地关爱学生的具体体现。因此，在周五的教师大会上，他以此事为例，对学校中的关爱学生事例逐一作了表扬。校长的做法极大地鼓励了教师的积极性。

（四）提升教师的专业化程度

对于教师而言，不仅要有对学生终身负责的意识和能力，要有胜任今天的工作的能力；而且要不断进修，不断提高自身的专业知识、专业能力；在传授知识的同时，传播思想、理念，培育创新精神，创造能力，以适应未来的教育。在培育学生的同时，作为教师必须要有教学相长的意识，在提升学生的素质的同时让自己得到持续的发展。因此，作为教师管理者要为提升教师的专业化程度提供丰富的资源，开展各类活动，为教师们搭建成长的平台。例如,可以通过开展教育科研实践活动、教师专业技能培训等等。

总之,教师管理者除了关注学生利益和学校利益,还要积极保护教师的利益,通过各种方式实施人性化的教师管理,因为"只有幸福的教师,才能带出幸福的学生"。

(陈 佳)

案例 3 正确决策的途径
——校长决策时有条件性

[案例介绍]

有一所中学,教学质量长期落后于其他学校,上级部门就抽调了一名新的校长,希望能够改善这所学校的状况。

新校长上任一周后,召开学校领导班子会议,他说:"要提高质量,摘掉落后学校的帽子,就必须加强教学管理,尤其是课堂教学的检查。"校长提议,从明天起进行经常性的突击听课。所有副校长、主任按自己所学专业分学科到班随时听课,事先一律不给任课老师打招呼。

第二天,副校长和主任们分别开始执行。第一次听课后,部分校长、主任肯定了这种做法,有人说:"这次不打招呼听课发现了不少问题,有的老师不备课,就是读书。"也有人说:"这次听课发现了一些老师教学能力很强,以前并不知道。"第二天,大家仍按事先分工不打招呼听课。但是情况与前一天截然不同。这位教师说:"这节课主要让学生做作业。"那位老师说:"这节课我主要让学生背书。"一句话,就是不愿意让领导听不打招呼的课。

这样的听课已经无法进行下去。

[案例分析]

从这个案例,我们看到,校长本来是出于对学校发展的考虑而作出了决策。按照预期的设想,效果应该是好的,事实上经过第一天的突然试行也起到了一定的效果,但最后却无法再落实下去。究其原因,我们发现,主要是由于一线教师,也就是受监督者,对这个政策委婉地表示了抵制。为什么会出现这样的情况?我们可以做如下考虑:一个决策能否成功,主要受决策实施者、决策实施环境以及决策实施对象三方面的影响。

我们首先来看这个决策的实施者。虽然具体到查课的是各位副校长和主任们,但实际上他们只是新校长意志的执行者,所以这个决策的实施者还是这名新的校长。同时,我们再看这个案例,新校长是上任一周后就发布这个决策的,可以说是"新官上任三把火"。从褒义理解,这是一种锐意进取的改革精神;从贬义理解,则是一种急于求成的心态。那么这种上任一周就采取新决策的做法是否正确我们不能一概而论,领导水平不同,各个学校情况也不同。但从这个案例我们发现,这名新校长的做法明显是欠考虑和不妥当的。从新校长的做法出发,即使不是出于本意,也会被猜测他认为这个学校以前的教学质量不佳是由于教师的原因。而事实上,一所学校教学质量低的原因是多方面的,生源和教学水平很可能是一个良性循环和恶性循环。马太效应尤其在当前的中国教育界是普遍存在的，也就是强校愈强，弱校愈弱。名校由于声誉卓著，能够吸引大量的优秀生源；同时因为其能提供更好的待遇，也能够吸引大批优秀的师资。而弱校则反之，优秀的生源吸引不来，优秀的师资也会逐渐向名校流失。这是一个当前难以解决的问题。在义务教育阶段，地方行政当局还可能通过严格执行划片入学来缓解这个问题。高中阶段这个问题就变得激烈了。最近有地方教育行政部门提出，教师要轮校任教，似乎可以慢慢解决这个问题，但事实上学校作为一个独立的事业法人，这可能侵犯了学校的办学自主权，也侵犯了教师的权利，在实际中具有多少可操作性还有待商榷。所以在此案例中，教育决策的实施者并没有统筹全局来考虑，显然对教育质量低下没有正确归因。

其次我们来看决策实施环境和决策实施对象。既然这个决策是在学校中实施的，我们当然得清楚地知道学校是什么。学校虽然是一个独立的事业法人单位，法律赋予了学校一定的办学自主权，但同时学校又处于一个被教育行政部门掌控的尴尬境地。学校不是军队，令行禁止在这里似乎不能绝对得到贯彻；学校也不是企业，无论是经济人假设还是社会人假设在学校中都不是绝对正确的。学校有着自己独特的特点，它本身是一个被神圣化的地方，社会对学校提出了更多的道德要求，似乎学校中的教师都必须得是高尚的和无私奉献的。然而事实上我们必须得承认，教师也是社会中的普通人，他们也有自己的利益诉求。当然，这种利益诉求不一定是经济上的，很大程度上也可能是精神上的。所以，作为学校的领导者，任何决策，都必须得考虑到由于决策触动既得利益者而产生的抵触。不要试图轻易去动别人的"奶酪"。很显然，学校领导不打招呼开始对教师的课堂教学进行突击检查，触犯了一线教师的利益，教师们很容易感觉到自己不被尊重和利益可能受损，从而产生思想上的反弹和对抗也就不足为奇了。

[启示建议]

虽然在学校中每一项决策的执行都可能会遇到阻力，但经过慎重考虑和仔细部署，我们还是可以做到使决策尽可能顺利地执行下去的。以本案例为例，应注意以下四点：

（一）熟悉情况

新校长作为学校领导者，想改变学校教学质量落后的心情是可以理解的，但他到新单位开展工作时的第一要务应该是了解、熟悉学校的情况，而不是迅速做出决策改革。可以想象，作为新领导者的校长无论是在中层的下属还是一线教师中都还没有足够的威信，那么此时做出决策，即使是完全正确的决策，执行中也很容易被打折扣。当然，并不是说，非得要求领导者熬年头，熬够了资历才能去做改革的决策，但在不了解情况的前提下作出的决策，也很显然是对全校师生的不负责任。而且我们有理由相信，一名合格的领导者能够在数月之内在学校中建立起自己的威信。

（二）正确归因

当对学校的情况足够熟悉了后，学校领导者应当对造成学校困境的主要原因做出清晰准确的判断。以本案例为例，学校教学质量低下的原因可能由三方面造成：师资、硬件、生源。任何一方面都不是孤立的存在，而是容易并生的。其实这位新校长的判断从一定程度上来说也许是正确的，确实可能是由于部分教师在课堂上的不负责任才造成了教学质量低下，但从另一面讲，他的判断并不够深入，他并没有去认真思考，为什么这些教师不备课，在课堂上只照本宣科？原因可能是多方面的，也许是教师产生了职业倦怠，也可能是教师的家庭生活碰到了困难，没有时间去备课，还有可能是教师的水平实在跟不上，需要进修和继续教育培训才能解决。这些问题都不是简单采取对教师课堂随堂监督所能够解决的。当然，实际情况中如果真碰到如此多的状况，作为学校领导者并不可能全面了解和解决，但作为决策的制定者，必须要有全面考虑问题的意识。

（三）谨慎施行

这里的谨慎并不是要束缚手脚，而是建议领导者在决策的施行过程中应该采取合适的有策略的施行办法。当然，在现实生活中，我们也不乏许多大刀阔斧的改革者，他们的改革案例似乎是成功的。但这些激烈的措施往往会导致学校教学秩序的短期或长期动荡，从而影响本届的学生。而且各所学校的校情并不相同，改革措施不是可以适用于每一所学校的。"正如同一个失去双臂的残疾人用双脚写出了一笔好字，我们不能要求所有的人都自断双臂用双脚去练字。"[1] 在本案例中，我们看到，新校长是召开了领导班子会议发布的决策，执行者都是学校的中高层干部，结果招致了软对抗。那么，他应该怎么做合适呢？我们还得把前提做好：这位校长熟悉了学校的情况和工作，对教学质量低下的原因做了准确的判断，他现在只是想整顿一下课堂环境，想监督和激励教师在课堂中良好表现。在这种情况下，他完全可以先通过领导班子讨论，再与一线教师探讨，确定一个可施行的随堂听课方案。然后再通过教代会或各年级教研组将方案公布出去，充分表达了对一线教师的尊重和理解。这样再去实施方案，即使触动了个别教师的利益，可以相信绝大多数教师也会配合下去。

（四）积极反馈

决策并不是单纯为了执行而执行，而是应该以解决问题为首要目的。正如本案例的随堂听课决策，显然并不是为了发现那些讲课不认真的老师，而是想改进学校的教学质量。那么对课堂教学认真、教学效果良好的老师，应考虑学校情况制定一定的激励措施；对课堂教学认真、教学效果不好的老师，应考虑让其进修培训，以提高自身的水平；而对那些课堂教学不认真的教师，则应认真分析其态度不认真的原因而采取具有针对性的措施。只有在系统思考后，经过一系列的努力，决策才能算是真正被实施到位。

（刘亚峰）

案例4 以情感人
——校长的领导艺术

[案例介绍]

刘老师为什么不走了[2]

沈校长调到某县一所农村中学不久，一天，教初三化学的骨干教师刘老师郑重地说：

---

[1] 郑杰. 顾此失彼：教育理论与实践的困境 [M]. 上海：华东师范大学出版社，2008：82.
[2] 程凤春. 学校管理的50个经典案例 [M]. 上海：华东师范大学出版社，2008：117.

"校长，这是我的请调报告。这所学校条件差，没奖金，福利薄，我大学毕业来这所学校已经五年了，还没房子住，孩子也无法入托，实在有困难。"

沈校长听了，先是心头一震，转而深情而诚恳地说："小刘啊，你能把心里话说给我听，就是看得起我，信任我。五年来，你工作勤勤恳恳，自从你教初三化学课以来，教学大有长进，学生很爱听你的课。只是学校经费短缺，欠老师的太多，伤了老师的心，才迫使有些教师调走！在我任职的五年里，如果不把学校面貌改变，我就自动下台！调动的事你尽管办，初三的课你照样上，你这个人我知道，不让你上课，你会不舒服！"

自打这次谈话以后，刘老师与沈校长之间的距离缩短了。他有什么话都愿意跟沈校长讲，沈校长也时常与刘老师拉个家长里短。事实正如沈校长所预料的那样，刘老师虽然在办调动，但从不缺课，而且初三的复习迎考工作抓得有条不紊。

一次，刘老师向沈校长反映：由于学校没有院墙，各种设施不好看管，玻璃总被打破，还经常有不三不四的人进校；值班室里的被子又脏又破；学校油印机坏了，出套复习题都没法印……刘老师没完没了地说，沈校长一一记在心里。一天，轮到刘老师值班。他来到值班室，室内干干净净，床上一床新被子，桌子一瓶热开水……这一夜，刘老师感到心情非常舒畅。不久，教研组长告诉刘老师，学校新买了一台速印机，今后印材料，一律送到打印室，由专人负责。

中考后，估计考试成绩快下来了，刘老师来到学校。只见后勤人员正建围墙，沈校长也在其中忙着搬砖。见到刘老师，沈校长说："告诉你一个好消息，刚才接到县招办的电话，我们学校打了翻身仗，有 35 个学生考上了县示范高中。你为我校作出了贡献，就是调走了，功绩也会记在全乡父老的心中。午后你和我一起到县里去取成绩单，我顺便找找熟人，争取假期给你办好调动，一开学你就去新单位报到……"沈校长还没说完，刘老师有些内疚地说："现在，我已经不想调动了。"沈校长听了，一拳打在他的肩膀上："太好了，那我们一起干吧。"

[案例分析]

近年来，随着教师资格证书制度正式实施，教师和学校可以进行双向选择，所以在教师中也掀起了一股"择校热"。这样就使得工作条件、经济欠发达地区很难招到教师，更严重的是一些农村中小学校的年轻教师和骨干教师不断地流失，这给本来就比较薄弱的农村学校带来很大的冲击。教师的不稳定，带来了教学的不稳定，严重影响着农村学校的教育质量，而且教师这种单向的、无序的流动扩大了城乡差距，有悖教育公平理念，影响教育的均衡发展。尽管国家实施了一系列的经济补贴政策来解决这一问题，但是教师作为特定的群体，有其特殊的职业特点，物质待遇并不是他们唯一的需求，他们更希望得到人们的尊重和自我价值的实现，尤其需要一种升华的超越职业的人生境界。所以作为学校的管理者——校长应该抓住这一特点，给教师一份真情、一份善意、一份美感，满足其情感方面的需要，从而为学校保存优秀师资。

案例中的沈校长也遇到了这一问题。这所农村中学条件差，没奖金，福利薄，导致许多年轻教师都进城里的学校，或是改行另谋出路了。当刘老师提出要调动的时候，沈校长不是坚决地反对和阻止，而是首先表示能理解刘教师的难处，尊重他的选择；其次，让刘老师继续给学生上课，表示仍然信任他；再次，认真、耐心地听取刘老师的建议和意见，关心教师的工作和生活，积极解决教师提出的问题，急教师之急，想教师所想；最后，努力改善学校的环境，为教师创造一个良好的工作环境。这样，沈校长以情感人，巧用情感管理留住了刘老师。

[启示建议]

俗话说：人非草木，孰能无情。现代的管理也十分倡导"情感投资"。特别是在学校，学校管理实质上就是对人心的管理。因此，要想使学校的管理达到最优化的程度，情感在管理中的作用是少不了的。用校长的真挚的情感去联系每个教师的心，保证学校各项工作的顺利展开。具体应该做到以下几点：

（一）尊重

自尊需要的满足能使教师产生一种自信，能让他觉得自己在这个工作岗位上有价值、有实力、有能力、有用处，从而大大提高了积极性。所以，作为校长，应该做到以下几点：

首先，要尊重教师的主体地位。古人云："处人不可任己意，要悉人之情；处事不可任己见，要悉人之理。"校长要意识到自己和广大教师是都是学校的主人，在心目中时时处处都有教师，特别是在做工作时，要耐心地听取教师们的意见，使教师非常自然地产生主人翁的责任感和事业心。

其次，要尊重教师的人格。校长要树立人人平等的意识，在一所学校里，管理者或教师只有分工的不同，担任着不同的社会角色，在人格上都是平等的。校长不能凭借手中的权力对教师百般指使，要尊重教师的人格，让教师在平等的前提下接受并很好地完成工作任务。

最后，要尊重教师的劳动。教育无小事，教师在工作中所做的任何一件事，只要是为了学生、为了学校，校长都要洞察明记，并且给予公正、客观、恰当的评价，让教师的工作得到学校的肯定和认可，体验到成就感。

（二）关心

教师也为人父母，也有自己的家庭。所以作为学校这个大家庭的"家长"，不仅要关心教师工作上问题，也要关注教师生活上的困难。要及时利用时机，帮助教师解决实际困难，满足其需求，排除其后顾之忧，使其产生一种安全感，促进其工作积极性。

1. 能耐心地听。校长通过走访、座谈乃至闲侃闲聊等多种方式，以坦荡的心胸，坦诚的言语，广泛与教师进行交流，深入了解和掌握他们的思想动态，逐渐让教师对校长产生一种信任感，让他们敢于并愿意向自己诉说忧愁、埋怨或牢骚。

2. 能认真地做。教师的劳动复杂、繁重，而且周期长，往往是付出的劳动与待遇相比不太相称。在此状况下，校长应尽可能坚持从小事入手为教职员工办实事、办好事，对有困难的教师从精神上、物质上给予资助。尽力帮助教师解决诸如住房、医疗、子女就业等一些实际困难，对暂时无力解决的问题给出解释说明，尽量指明前景，给人希望。

（三）信任

每个教师都有自尊心和自信心，有成就感和荣誉感，有通过自己的努力而完成教育事业的心情和愿望。所以作为校长，既然任用了这个教师，就要充分信任他，放手使用他。这种信任包括思想上的信任和工作上的信任，思想上信任表现在尊重教师，对教师以诚相待，平等待人，既做他们的管理者，又做他们的朋友；不嫉贤妒能，不怕别人超过自己，能够客观地正确地评价教师的功过是非；不轻信各种流言蜚语，对有些教师的缺点错误能够开诚布公地提出批评。工作上的信任要求校长放手让教师在一定范围内拥有独立处理问题的权力，使他们创造性地做好工作。

（四）营造良好的校园环境

美国管理学家哈罗德·孔茨给管理下的定义："管理是设计和保持一种良好的环境，使人在群体里高效率地完成既定目标。"[①] 所以校长要重视对教师的工作环境和学生的学习环境——校园环境的塑造，这里说的塑造不是说要学校处处彰显现代化的气息，而是要使学校环境清洁、优美、安静，像个学习、做学问的地方。其次要加强校园文化建设。校园文化作为一种无声的力量，潜移默化地影响教师的行为，良好的校园文化有利于教师价值取向、人际关系、团队精神、文化氛围的培育与提升。所以作为校长，要通过开展各种有特色的校园文化活动，通过与教师不断地进行沟通与交流，形成独特的校园文化，从而增强学校的凝聚力、向心力和战斗力。

法国作家拉封丹有一则寓言，讲的是南风和北风比赛，看谁能把行人身上的大衣脱掉。北风一开始就拼命刮，企图一下子把行人的大衣掀掉，哪知道风越刮，天越冷，行人把大衣裹得越紧；南风则不同，它徐徐吹动，顿时风和日丽，行人热得受不了，最后就脱下了大衣。结果逞强好胜的北风输给了温文尔雅的南风。[②] 我觉得情感管理就好像是南风一样，有春风化雨的效果。案例中的沈校长就是把握住了情感管理的四个关键的方面，尊重教师、关心教师、信任教师、为教师营造一个良好的环境，慢慢感动了刘老师并使刘老师看到了学校发展的希望，最终留了下来，把学校看作自己的家，建言献策，积极参与到学校的建设中，与校长风雨同舟，为学校的发展共同努力。

（巩　婷）

案例 5　教师的心灵亦需呵护
——关注教师心理健康问题

师者，所以传道授业解惑也。教师，自古以来受到世人的尊重。随着社会的发展，教师的地位越来越高，人们对教师的期望也越来越大。当人们更多关注于教师专业培养的时候，一个潜在的问题却悄悄降临——教师的心理健康受到来自四面八方压力的威胁……

[案例介绍]

22岁的重点中学女教师小马，上班3个月后留下遗书在宿舍上吊自杀。亲人、同事扼腕叹息之余，更多的是震惊——长相漂亮、工作出色，又没有情感纠葛的她，没有自杀的理由。而留在她寝室的遗书却显示，不能承受工作之重致使其产生了心理障碍，最后走

---

① 雷丽珍. 以人为本的管理理念与学校管理工作［J］. 教育探索，2003（7）：64—66.
② 朱世统. 尊重·理解·信任——浅谈学校领导促进班主任心理健康的策略［J］. 中小学心理健康教育，2006（6）：30—31.

上不归路。昨日，死者所在的石柱县中学谭校长呼吁，教师的心理健康亟待社会关注。

石柱中学校长谭中长说，小马给自己施加的压力太大，多次找到学校领导，提出感觉上课很吃力，但校领导去听她的课后，感觉还不错。11月初，她还请假外出调整情绪，谁知回来不久就出事了。

小马一位不愿透露姓名的大学同学透露，小马生前是一个典型的完美主义者，工作后感觉压力大，经常失眠，死前半个月一直靠安眠药帮助睡眠。

小马的同事兼远房亲戚秦某认为，小马从小成绩优异，在赞扬声中长大，她认为自己教不好学生，就无颜面对曾经的恩师。她对自己要求太高，压力太大造成了心理障碍。

警方在小马的寝室找到的笔记本中看到了这样一段话：

"工作以来，除了第一个月相对开心以外，后面这段时间，我连笑是什么感觉都不清楚了……我感觉到我的生活没有阳光，一片灰暗，我觉得自己没有资格当一名教师……彻夜失眠，使得第二天精神不振，上课质量更差。教学工作做得不好，我自觉得没脸面管班上的学生……许多该做得来的题不会做，该讲得清的题不会讲，我觉得自己愧对教师这个称号，甚至当别人叫我'马老师'时，我真想叫他们别喊……"

渝中区一年轻女教师小琳（化名）听说此事，并不觉得吃惊："压力太大，没有足够的心理承受能力，很容易出事。"

据她介绍，每天早上7点钟赶到学校辅导早自习，晚上8点晚自习下课才能离开，改作业、出考题、参加教研活动，时间安排得满满的，每天睡眠时间不足6小时。此外，还要担心班上孩子出事，学生打架、上网等事，家长和社会都把责任推到学校，学校归根结底将责任划到每个老师头上。[①]

[案例分析]

一、分析案例：案例中的马老师刚刚参加工作三个月，开始的时候是开心的，后面的时间"却连笑是什么感觉都不清楚了"，觉得自己没有资格做一名教师，彻夜失眠，对自己要求很高，造成了很大的压力。这在教师生涯中是普遍存在的问题，即良好愿望与客观现实之间的冲突。一般在接受教师职前教育时，教师对未来的职业生涯都有一个良好的愿景，但是理想和现实有时毕竟不同，有的新教师缺乏教学经验，教学方法单调，课堂管理束手无策，遇到问题就会产生心理困惑。同时，教师都会对自己的期望很高，当压力过大，身心疲惫时，对课堂的掌控能力就会降低，教学效率也会降低，工作变得机械，如案例中"许多该做得来的题不会做，该讲得清的题不会讲"。自信心受挫后压力就会更大，进而导致了恶性循环。

二、社会链接：随着社会竞争的加剧，从事各种职业的人压力越来越大。作为服务性、助人性行业的教师，是经受压力最多的职业之一。据09年9月份对上海13个区1300多名教师关于工作压力的调查报告显示，当前教师存在过重的工作压力，80.1%的小学教师感到压力大，属最重，初中教师和高中教师感觉压力大的比例分别为72.7%和77.7%。75.4%的教师赞同"现在，各方面对教师的要求越来越多，我都不知道怎么做教

---

① 张一叶，安铈君．年轻女教师上班3月后自杀［OL］．http://www.ep-china.net/content/psy/a/20041203110234.htm．

师了";91.6%的教师认同"社会对教师的要求高于常人,使教师感到压力"。此外,不少老师也表示,非教学任务越来越多,如管理学生、发表科研论文、应付各项检查、评估,令他们分身乏术。① 同样为了了解中小学教师职业压力与心理健康的状况,东青实验学校所有在职教师进行了问卷调查,结论发现:教师中有92%患有职业倦怠症,情绪严重的占到22%;在与学生相处中92%感觉有压力,程度严重的占43%。作为一名教师,100%感到压力,有11%认为自己的压力是很大或极大,84%感到压力较大,5%感到压力一点点。②

三、压力来源:自古以来,教师都被认为是个神圣的职业,教师的形象也是非常崇高的。在教育事业越来越受重视的今天,教师的心理压力也越来越大。研究表明,教师压力的来源有很多种情况,主要表现在以下几个方面:第一,社会对教师角色的期望与教师自我价值观的冲突造成的压力。现代社会赋予教师很多的角色,除了传授知识,教书育人,更要为人师表,做模范公民,太多的角色意味着更多的义务和要求,教师已不单纯为一个平凡的社会人。第二,来自学校和家庭方面的压力。现代社会的应试机制决定了教师的评价机制,更多的学校和家长看重学生的分数,对于教师而言,无论有什么特长和能力,最终都要以学生的分数来衡量。第三,作为一种工作,教学中也同样存在着跟其他职业一样的问题,如工作量太大、学生管理难度大、教师间的竞争等等。过重的教学任务和心理负担容易让教师产生职业倦怠。

从案例中,我们不难发现,马某在出事前曾多次找到学校领导,提出自己的问题,但是学校领导只是从听课方面进行了评价,觉得还不错,就没多在意。关注教师专业培养的同时,是否也需要提高教师的心理自我调节能力呢?

[启示建议]

在这种情况下,学校领导应该扮演什么角色呢?当然作为一个教师,最基本的义务是要把课上好,学校领导认为马某的课没有问题,却忽视了她的心理承受着巨大的压力。学校是教师的发展舞台,不仅是教师的工作场所,也是施展才能的场所,学校环境的好坏直接影响到教师的生活质量及心理健康,从而影响到教师的专业发展。笔者认为学校可以采取以下几点措施:

(一)建立教师心理干预机制

众所周知,很多学校已经建立了针对学生心理问题的咨询机构,而很少有学校为教师开设类似的机构。面对压力,有些教师选择忍耐,自己憋在心里默默承受;而有些教师则采取了消极的发泄方法,把怒气发向了学生,造成师生关系紧张。笔者认为学校应该建立教师专门的心理干预机制,如心理咨询室,教师热线或校长信箱等,能够科学地对教师进行指导,使教师正确认识到自己的状态,及时排解压力和不快。

(二)营造一种关注教师健康发展的氛围

教师只有休息好,才能工作好,学校可以组织教师开展丰富多彩的活动,如教师运动

---

① 钱珏.八成教师压力大小学教师列首位[OL].http://news.qq.com/a/20090921/001044.htm,2009-09-21,13:18.
② 教育工会.教师职业压力与心理健康调查[OL].http://www.wjedu.net/jygh/contentview.asp?contentid=39018,2009-10-6,15:00:50.

会、歌唱大赛、团体出游等等，充实教师的精神生活，完善教师的人格。活动的开展不仅有利于教师的身心健康，而且有利于提高教师本身的素质修养。另外，鼓励教师成立兴趣小组，如课程交流小组、篮球队、象棋小组、书法小组等，使其在不影响工作的情况下，有了排解压力的好去处。

（三）对教师公正评价，减轻教师负担

校长是教师的教师，就教师的心理健康来说，校长应是调节员，教师应该在民主、友善的领导气氛中发挥其积极性。学校要营造和谐的发展环境，制定一套科学的评价教师的体系，减少无意义的评比和考核，赋予教师更多的发展空间。学校应该推行人性化管理，为教师提供有力的社会支持，尽可能为教师提供再教育和培训的发展机会。

（四）为教师的个人发展提供条件和机会

教师作为知识的传授者，学生的引导者，需跟上时代的步伐，不断发展和完善自己。学校应该给教师提供培训和再教育的机会，让教师及时接受新的教育知识，更新教育观念，掌握新的教育方法。这样，教师在课堂上才能充满自信，并能积极应对各种教学问题，使工作成为一种愉快的过程，真正实现教师职业的神圣职责。

教师的身心健康直接影响着学生的学习和发展，本文主要是从学校领导的角度探讨了如何有效缓解教师心理压力。当然，教师心理健康问题还需要社会各界包括政府、家庭等的支持与关注。著名教育专家叶澜曾说："没有教师生命质量的提升，就很难有高的教学质量；没有教师的精神解放，就很难有学生精神的解放；没有教师的主动发展，就很难有学生的主动发展；没有教师的教育创造，就很难有学生的创造精神。"[①] 没有教师的心理健康，就没有学生的心理健康，呵护我们灵魂的工程师，从此刻做起！

（刘月婷）

案例6 以"无为"行"有为"
——学校管理的"无为而治"

[案例介绍]

如何把一个学校管理好，是每个校长孜孜以求的目标。在学校管理中，经常存在两种情况。

有的校长很少管理学校事务，经常忙于校外社交活动，担任很多校外职务，挂有很多头衔。校长身在校外，学校大权由多位副校长把持，偶尔在学校中，碰到教师和学生向他反映问题时，他往往回答"我知道了"，然后从容潇洒地交给相关领导或负责人来处理。就这样学校工作井然有序，教职工各司其职，各守其责，教师乐教，学生乐学，教学质量稳步提高，教育科研和对外交流工作成果丰富，学生的主要学科成绩也在同类学校中名列前茅，学校发展蒸蒸日上，在全市享有很高的声誉。

然而有的校长就不那么幸运。他们年轻有为，能力颇强，有很强的事业心和进取精

---

① 叶澜等.教师角色与教师发展新探[M].北京：教育科学出版社，2001.3—4.

神，立志要把学校搞好。工作中，他们处处以身作则，真抓实干，有非凡的洞察力和决策力，能敏锐发现学校存在的问题，并迅速找到有效的解决措施，同时又十分重视群众基础，倾听来自教职员工和家长学生的心声。但兢兢业业、雷厉风行的结果是学校领导班子的工作主动性下降，事事请示校长，事事由校长决策，于是校长事无巨细，忙得焦头烂额。但学校整体面貌改观不大，学生成绩依然平平，学校内部矛盾重重，问题何在呢？

[案例分析]

分析两种校长的行动策略，都是想有所作为。前者能整合资源，有效放权，调动各方的积极性；后者虽处处以身作则，事事亲力亲为，最终却没能处理好与其他管理者之间的关系，学校成绩也没能提上去。一个看似"无为"，却大有作为；一个时时刻刻在"为"，却似碌碌无为，我们可以从先贤的"无为而治"思想中获得启发。

无为而治的管理思想，最早由老子提出。"人法地，地法天，天法道，道法自然。"[①]他认为天地万物皆由道化生，其运动变化遵循道的规律，即自然而然、本然。因此对待一切事物和人，应遵循其自身发展的规律，顺其自然，而不横加干涉，不人为地改变事物的"道"的发展进程，这样它才能正常存在，健康发展。"是以圣人处无为之事，行不言之教。"[②]"为学日益，为道日损，损之又损，以至于无为。无为而无不为。"[③] 总之，作为一个领导者，不能人为干涉事物的发展进程，不要改变事物的本然状态，而是根据自然规律顺其发展，达到无为而治的效果。但无为而治，绝不是一无所为，什么都不作为，而是不妄为，不随意而为，不违道而为，要把握好"为"的尺度，从而以"无为"行"有为"。

要切实做到"无为治校"，校长首先要对自身角色有清晰的认识，是校各项活动的监督者、学校事务的管理者、开拓型的经营者、学校变革与发展的引领者，还是管理大师、社会活动家、教育家等等，校长选择什么样的角色定位，对其工作重心和管理策略有很大影响。然后校长必须明确自己的职责范围，知道哪些是必须要做的，哪些是可以不做的，因地制宜地加以选择，适时放权，而不是事事亲力亲为。

那么哪些是校长必须做的呢？《全国中小学校长任职条件和岗位要求（试行）》（教人[1991] 38号）文件中，明确了中小学校长的主要职责，包括：（1）全面贯彻执行党和国家的教育方针、政策、法规，自觉抵制各种违反教育方针、政策、法规的倾向。坚持社会主义办学方向，努力培养德、智、体全面发展的社会主义事业的建设者和接班人。按教育规律办学，不断提高教育质量。（2）认真执行党的知识分子政策和干部政策，团结、依靠教职员工。……（3）全面主持学校工作，……做好党团建设、德育、教学、体育、卫生、美育、劳动教育及课外教育活动等工作。（4）发挥学校教育的主导作用，努力促进学校教育、家庭教育、社会教育的协调一致、相互配合，形成良好的育人环境。

[启示建议]

校长是一个具主体性的人，即使能力再强，他的精力毕竟是有限的。在学校管理事务

---

① 道德经·二十五章．
② 道德经·二章．
③ 道德经·四十八章．

中，如何在资源有限的情况下，最大限度地发挥领导作用，提高管理的效率，达到"无为而治"呢？笔者认为，需要从以下五个方面努力。

（一）建构理念

"无为而治"，要以一定的学校管理理念为支撑。首先要有特色的办学理念为引导。苏霍姆林斯基认为：校长对学校的领导，首先是教育思想的领导。因此，校长应努力建设特色的办学理念，并使之成为全校师生共同遵循的价值理念。其次要调动人的主观能动性。"需要层次理论"指出了人有基本需要和成长需要，在低层次的基本需要得到满足后，会追求更高层次的自我实现。因此，学校领导者要善于调动教师和学生的积极性，敢于放权，充分发挥个体的能动性和创造性，这样无须事事躬亲，依然会运筹帷幄。再次要掌握现代管理理念，如科学管理体制、人本思想、网络化信息化管理、资源整合、过程与结果评估等等，这是现代学校管理不可缺少的一部分。

（二）目标管理

目标管理是学校管理的"导航仪"，学校管理目标的制定和评估都要符合"SMART"原则。即目标是清晰、明确的，考核者与被考核者都能准确地理解目标（Specific）；目标要量化，是可测量和评价的（Measurable）；目标是双方认可的（Agreed）；目标要和工作相关，是可以达到且富有挑战性的（Realistic）；目标要有时限性，明确了最后期限和回顾日期，要求在规定的时间内完成（Tim－based）。[①]

总之，有符合"SMART"原则的目标体系作支撑，引领全校师生朝着这个共同的目标奋斗，学校管理离"无为而治"就更近了一步。

（三）文化熏陶

校园文化是一个学校的品牌，也是学校管理"无为而治"得以顺利实现的一个重要领域。校园文化包括物理层面、精神层面、制度层面和行为层面。学校文化作为教育的重要载体，具有内涵丰富、形式多样、潜移默化、渗透性强的特点。[②] "无为而治"的校园文化还应具备以下特点。

首先，校园文化必须是和谐的、以人为本的，这是和谐社会的重要组成部分。学校管理者要关注人的发展，注重以人为本，构建自身和谐。其次，校园文化必须是开放的、多元包容的，这是都市文化背景下学校文化发展的一个必然趋势。因为学校是文化思想的汇集地，它本身必须是开放的，能接纳并提供多元思想，使师生在多元文化中学会学习、学会包容，学会价值判断和理性选择。再次，校园文化必须是科学的、民主公平的，这是建设和谐校园的必备要素。既要崇尚科学，符合科学规律，又主张人格平等，一视同仁。最后，校园文化必须是创新的、充满活力的，这是学校发展的源动力。这种文化要求提倡合作共赢，主张调动最广泛的积极性，激发人们自我实现的需要，只有这样，校长才有可能"无为而治"。

（四）领导团队素质

一所好的学校，离不开一个好领导，无为而治的成败很大程度上取决于领导者的素质。首先，教育领导者必须是充满智慧的。他要具有敏锐的洞察力、果断的决策力、强有力的执行力和自知之明，知道什么可为，什么不可为，反思自我，不断改进。其次，教育

---

① 郑燕祥. 教育领导与改革新范式［M］. 上海：上海教育出版社，2005：309－310.
② 闫美丽，陈军涛. 浅谈老子的"无为而治"及其在学校管理中的应用［J］. 现代教育科学，2007（6）.

领导者要有服务意识。教育领导者无需集所有大权于一身,要放低姿态,树立服务意识,全心全意为学校师生服务,为学校谋发展,为社会造福。再次,教育领导者要有包容多元文化的心胸,要有处理突发事件和应变公共危机的能力,有独特的领导艺术和风格。最后,教育领导者要始终以身作则,率先垂范。

同时,一所好学校,更要有一个优秀的领导团队。学校领导集体的凝聚力和战斗力十分重要。要通过校本培训、行动研究等,不断提高整个领导团队的素质;要整合利用学校内外部资源,包括社会资源、政府资源、市场资源等,壮大学校的内外部力量;要构建权责分明、富有成效的管理网络,这是实现无为而治的有效形式。"一个好汉三个帮","众人拾柴火焰高",只要充分调动教职员工参与学校事务的主动性和能动性,大家团结协作、齐心协力,学校一定会有个更加光明的未来。

(五)制度保障

俗话说,无规矩不成方圆。学校管理亦是如此,无论是教育家治校,还是管理家治校,都离不开制度的有力保障。

一方面,要有稳定的制度保障。"治大国若烹小鲜"。治理学校也是这样,不能总是变换政策,而应像烹小鱼一样清静取道,无为而治。另一方面,法治与人治并重,这是符合中国国情的。制度是死的,人是活的。因为人是复杂的,有不确定性,很难靠强制措施来规范。在学校管理时,要注重科学管理和人文管理并存,法治与人治并重,既要靠制度来规范和约束,又要以人为本,灵活变通,这也是中国式管理的奥妙和艺术所在。

最后需要强调的是,"无为而治"的柔性管理方式,也有一定的局限性,它基于中国几千年的道家传统,其应用应有一定的经济基础和文化依托。

(乔莹莹)

案例7 "任务"与"人"
——两种领导方式的比较

[案例介绍]

案例1:A中学

下午四点,A中学的年级组长、教研室主任会议即将开始,与会者面前摆着笔记本,两个座位空着。差一分四点,张校长进来说:"现在开会了,大家都很忙,这是会议议程,每人取一张。大家都知道教委即将在本市选择一些学校作为'内部管理体制改革'的试点,我打算争取改革试点的机会。我相信大家都已看过教委的文件以及我为学校拟定的内部管理体制改革试点计划。"这时门开了,迟到者小心翼翼进来,关上门,坐到空位上。校长看了他一眼,继续说:"对于我所拟定的改革试点计划表以及对你们年级和教研室的要求,大家认为实行起来有什么困难吗?"

会议如此继续下去……

案例2:B中学

B中学的年级组长、教研室主任会议将在五分钟后开始。王校长在室内一角正热心地与一位教研室主任交谈。四点零三分,校长看了一下室内说:"我们再等宋老师一会儿,我知道他对这个议题很感兴趣。"四点零八分,王校长建议会议开始。大家随便围成一个圆圈坐好。王校长说:"我想了解一下各位对教委提出的学校内部管理体制改革试点计划,以及我们学校是否争取成为试点单位有什么看法,请大家发表一下意见。"大多数与会者都发表了意见。大家都同意学校争取试点,并提出了改革试点的建议。王校长正要说话,宋老师进来说:"抱歉,迟到了。我与家长谈话,多用了一些时间。""没关系。倒杯茶,拉把椅子来坐,我们告诉你刚才谈了些什么。"校长说。

宋老师坐好了,会议开始讨论校长提出的问题:"我们如何拟定学校的改革计划。……"[1]

[案例分析]

从上面这两个案例中,我们可以看出这两位校长的领导方式有明显的不同:A中学的张校长采取了任务领导型的领导方式;B中学的王校长采取了以人为中心的人际关系型的领导方式。从本例来看,A与B两校长在召开会议的过程中有以下几点不同:首先,是对成员的态度以及与成员相处的关系不同;其次,决策与做出决定的方式不同;最后,会议召开的方式及时间要求也不相同。B校长的领导行为方式要优于A校长,在学校管理工作中真正做到了以人为本,实行了人本管理。

A中学张校长只是简单地把任务布置下去,不要求本校成员提出任何意见和建议,对本校成员的态度是要求其绝对服从,在与成员的相处上也是领导与被领导的关系,决策上、会议召开的方式和时间上都是以自我为主,他决定的事情只有服从的义务而没有建议的权利。这种做法无法有效调动学校成员工作的积极性,成员只要被动接受张校长的安排就行了,而集体智慧也就这样被埋没了。

B中学的王校长的做法属于典型的人本管理,他不是简单地提出要求,而是把要解决的问题提出来,让大家讨论。这样一来,学校成员集思广益,不仅可以找到一种好的解决问题的方法,将其智慧充分发挥出来,而且此种决策方式自下而上,代表了学校的大多数人的思想和智慧,科学性和可操作性都很强。更重要的是大家了解了王校长的这种工作作风,在以后类似的活动中也会给王校长提出一些合理化的意见和建议,这对于王校长今后的工作来说是十分有益的。在会议召开的方式上是让大家围成一个圆圈,对因事晚来的教师给予谅解,这些都体现了对学校其他成员的尊重,使大家能够在平等、尊重、和谐、愉快的氛围中开展工作,真正把学校管理由校长一人之治变为了大家之治,而校长的各种决策也由此变得更具科学性、群众性和可操作性[2]。

[启示建议]

从上述的案例中,我们可以看出在学校管理工作中应如何有效地实施管理工作。作为一名学校的领导人,在管理的过程中应采取什么样的管理方式,是实施任务领导型一人之治的领导方式,还是实施人本管理的方式在一定程度上体现了学校的管理水平。教师和学

---

[1] 王泽农.治校之道:学校管理的方法与理念[M].吉林:东北师范大学出版社,2009:176.
[2] 同上书:177.

生作为现实的人，都有着具体的、自身特有的、不断发展的对各方面的期待、愿望和要求。学校管理中的以人为本就是充分尊重人的价值，充分挖掘人的潜能，以激励师生的自我发展，全面为师生的发展服务，满足师生的合理要求，最大限度地激发每个人的积极性、创造性，从而促进学校、教师、学生的整体发展。针对以上案例，在以后的学校管理工作中我们可以从以下几个方面来改进：

首先，提高学校管理者的人本意识。哈佛大学教授英格尔斯说："如果一个国家的人民缺乏现代心理基础，如果执行和运用这些现代制度的人还没有从心理、思想、态度和行为方式上都经历一个向现代化的转变，那么失败和畸形的悲剧结果就是不可避免的，最完善的现代制度和管理方式，最先进的技术工艺，也会在一群传统人的手中变成废纸一堆。"[1] 学校的教育教学质量和办学实效主要取决于管理者的管理水平，而其中起重要作用的就是管理者自身的素养。因此，学校管理者应当努力提高自身素养，认真学习管理理论、技术和方法，积极转变管理理念，围绕"以人为中心"开展工作。对于 A 中学的张校长来说，其自身的管理素养还有待于进一步提高。作为一校之长，就应该有良好的素养，只有通过"以身作则"的示范效应，才能影响周边的教师和同事，而不是简单地采取一人独揽大权，使教师处于被管理者和绝对服从的地位。

其次，管理内容要体现人性化。学校管理对象不同于企业管理，学校管理的最终目标是使教育者和被教育者获得全面自由的发展。因此在学校管理系统中要以人为中心，其他要素都要服务于并服从于人的管理，人成为学校管理活动中最有能动性、创造性和最活跃的资源；肯定教师在学校管理活动中的主体性，尊重教师的基本权利，真正把学校的每一个成员当作完全意义上的人来看待。A 中学的教师就没有自己的发言表决权，对于校长下达的任务和命令只是单纯接受，自己的看法和建议根本就没有机会去反映，到底学校该不该参加试点，老师们的一些想法是怎样的，张校长都没有做好很好的沟通。而 B 学校的王校长就很会利用教师们的集体智慧共同出谋划策，积极听取教师的建议，充分调动教师的主动性、积极性和创造性，共同为学校的将来发展贡献自己的一份力量。

再次，管理形式要注重参与式。要培养学校师生的主人翁意识，把自己的命运与学校的发展目标紧密联系起来。教师作为学校的骨干力量，对关乎学校长远发展的事情，就应该积极参与发表自己的看法和见解，学校就应该建立自上而下、自下而上的管理反馈机制，让每个人对管理的建议都有一个正式、畅通的反馈渠道。在案例中，虽然两个学校都是对同一件事情进行讨论，但在讨论的过程中却大相径庭：一个是被动的接受参与式，另一个却是积极主动讨论参与式，共同参与发表自己的看法，很明显，在参与的程度上 B 学校要比 A 学校好很多。既然是开会共同商讨就应该充分尊重教师，充分发挥他们的发言表决权利，只有让教师参与进来，学校的决策才有可行性和操作性，而不是冒昧地进行改革试点。

最后，管理者要有好的领导作风。作为领导，要采取"以人为本"的管理方式就应该学会尊重人、理解人。A 中学的张校长在这一点上就比 B 中学的王校长做得稍差些，虽然案例中两个教师在开会的时候都迟到了，但是两位校长采取的措施确实截然不同。教师开会迟到是不对，但是如果是有正当的原因而耽搁了，我想作为校长就应该给予理解，并

---

[1] 王泽农.治校之道：学校管理的方法与理念［M］.吉林：东北师范大学出版社，2009：185.

非教师有意迟到，所以校长应该理解他人、尊重他人、以情治校。使校长和教师就形成一个民主平等、充满了爱心的人际环境，形成了宽松和谐、奋发向上的人际环境。只有校长和教师打成一片，融为一体，学校的各项工作任务才能出色地完成。

　　新世纪我们倡导构建社会主义和谐社会，同样，构建和谐校园也是构建社会主义和谐社会的一部分。和谐的学校建设要依靠和谐的学校管理。尊重教师是学校和谐管理的最基本要素。和谐的学校管理模式，必将为学校、教师、学生的发展注入强大活力，极大地提升学校的凝聚力、吸引力和向心力。总之，创造一个人际关系和谐的校园，将会带给教师以宽松的工作空间。给师生以极大的对话空间，给学生以亲密的交流空间。作为学校的领导就应该从学校的长远发展考虑，营造一个和谐的校园氛围。因此，校长要加强学习和修养，努力做学者型、专家型校长，不断提高自己的品质和格调，提高自己的人格影响力，在制度管理的基础上施以情感管理、人本管理。

（石学霞）

第九章　危机管理

危机管理其实是一门专门的管理科学。对一所学校而言，危机管理是指教育领导者通过危机监测、危机预警、危机决策和危机处理，达到避免、减少危机产生的危害，总结危机发生、发展的规律，对危机处理科学化、系统化的一种新型管理体系。危机事件，有的属于突发性的，但也有的属于渐进性的。它包括人身危机事件、信誉危机、学校发展危机等多方面的危机事件。学校管理者应当根据学校的危机管理制度和计划对学校危机进行预防、处理和复原。

希望本章所选有关危机管理的正反事例，能够引起学校管理者对学校危机和危机管理意识的思考，从而提升自己的危机管理意识和危机管理水平。

案例1　教师管理的人文关怀
——由外聘教师的"不辞而别"引发的思考

[案例介绍]

A校为某市知名重点高中，几年时间内，先后十几名外聘教师以各种形式离开了该校。对于这样一所知名高中，很多教师趋之若鹜，却又为何有这么多教师纷纷离开，而且选择"不辞而别"？这使校领导产生了困惑，也引起了其他教师的猜测。

有人认为：这些教师不辞而别太不应该了，至少要提前打个招呼，这既对不起学校，也对不起学生。

也有人认为：A校虽是名校，它面临的压力自然也大，社会、学校对教师的要求都很高，很多教师就是因为承受不了这种压力才离开的。

外聘教师的关系办不进来，学校也未制定相关政策，使他们享受到同在编教师一样的福利，导致外聘教师总有一种漂泊不定的不安全感，因此他们的离开也是情理之中了。

为此，校长召开了领导班子会议，商讨对策。

有的领导说：我们要缓解教师的工作压力，多关心他们的生活，这样才能留住教师的心。

有的领导说：学校管理上仍存在漏洞，应赶紧制定措施，以防同类事件的再三发生。

最终校长给出了自己的看法：我过去还是手太软。今后对外聘教师，除了签订合同之外，还要让他们缴纳数量较大的保证金。对我们这样的名校，不愁没人来，对那些教学上不能称职的教师早点更换。

一个月后，学校秩序井然，教师们积极投入教学工作。

半年后,又有两名外聘教师离开了学校①

[案例分析]

当今社会,人才流动司空见惯,本无可厚非。而教师,由于其职业的特殊性,如果流动过于频繁,无论对于学校的教育管理活动还是学生的培养工作都是很不利的。本案例描述的就是学校中的教师管理的问题,它也折射出了一定的社会问题。

首先,从本案例发生的主体——教师层面来看,因为是外聘教师,虽然与在编教师做一样的工作,却享受不一样的待遇,这难免会造成他们心理上的不公平感;学校也没有建立相应的外聘教师保障制度,使外聘教师产生一种"漂泊不定"的不安全感,从而使他们中有些选择了"不辞而别",以示抗议。

同时,在"唯成绩论"、"唯分数论"的今天,教师们也承载了太多的压力,来自社会的、家庭的、学校的,这也会使很多教师选择离职,尽管这是一所知名的高中。因为在这些教师看来,更多的人文关怀、心情上的愉悦,比名校教师的光环更加重要。这也从侧面反映了当今社会普遍存在的问题。随着社会的进步,人们越来越认识到教育的重要性,"学校"自然成了人们关注的焦点。为了生存,为了提高社会知名度,学校必须提高教学成绩,提高升学率,其直接结果必然是造成教师的精神压力与日俱增,"不堪重负"的教师逼不得已只有选择"离去",这种情况在名校中尤为严重。

其次,该案例也暴露了 A 校内部管理上的诸多不足。一是该校没有一套完善的针对外聘教师的管理措施与制度,从而使得很多外聘教师得以"不辞而别"。二是学校的教师教育,尤其是在外聘教师的教育方面存在不足,一些外聘教师"不辞而别"就是很好的证明。第三,也是矛盾最突出的,校长在教师的管理理念上存在误区。在出现外聘教师离职后,校长想到的对策是采取"强硬措施"——签订合同、缴纳保证金。认为只有通过相应的严格的规章制度才能管住教师、留住教师。诚然,没有规矩,不成方圆,在管理活动中,规章制度是必要的,也是必需的。但该校校长没有意识到,教师首先是一个人,只有充分注意到了人的内心感受,做到真正关心教师,满足教师的内在需求,才会充分发挥、调动教师的工作积极性和工作热情,才会使教师心甘情愿、心情愉悦地为学校奉献自己的才华。A 校的管理实践也证明,简单的制度约束不可能从根本上解决教师的流动问题,相反,它加速了教师的流动。

[启示建议]

该案例给我们的教育领导者,尤其是校长们,上了很好的一堂课。在今后的教育管理中校长应该引以为鉴,不断学习、不断反思,认真实践,为打造一支优秀、稳定的教师队伍而努力。

(一)校长首先要树立正确的教育管理理念

教师在学校教育中的作用十分重要,因此教师队伍的建设在一所学校发展中的作用十分关键。但到底如何管理教师、激发教师的积极性,从而打造一支优秀、稳定的教师队伍,相信很多校长并没有正确的理解与认识,如同本案例中的这位校长。靠一些简单的制

---

① 周俊. 学校管理案例教程[M]. 杭州:浙江大学出版社,2006:93-95.

度来约束、限制教师流动不是一位英明校长所为,因为某种程度上这只会扼杀教师的工作积极性,加速教师的离开。因此要加强教师队伍的建设,校长必须重视每位教师个体的发展、成长,真正从内心调动教师的积极性,这就要求校长必须树立正确的教育管理理念。如果说学校是一个大家庭,校长是家长,那么教师就是其中的孩子,换言之,教师不仅是校长的管理对象,更是一个与自己关系密切的"人"。因此,一个成功的校长,在管理学校时,其个人魅力不是体现在"人治管理"、"法制管理"方面,而应该体现在"人文管理"方面。以人为本,注重人的观念和情感在管理中的作用,注重人在管理过程中的能动性,从而实现人——教师在管理过程中对自身的完善。

(二) 做到真正尊重、关心外聘教师,将他们纳入学校教师队伍的大家庭

外聘教师是学校中一个特殊的教师团体,他们不同于普通的"在编教师",不一样的身份难免会给他们带来一些负面的心理影响。因此,对于校长而言,要注意到这一特殊团体,要认识到他们对学校发展的重要性。平时多找这些教师谈心,了解他们生活中的困难,尽力帮助其解决,建立健全外聘教师管理办法,使他们真正感觉到同"在编教师"一样同属一个学校大家庭。我想,如果案例中这位校长能够早点解决外聘教师的生活问题,解决他们的后顾之忧,使他们能够全身心地投入到工作中,也不至于落得如今这么多的教师"不辞而别"。

(三) 缓解教师的压力

这是最难、也是最重要的。有研究表明,教师是职业倦怠最为严重的职业之一,这主要源于教师所面临的巨大的压力,社会的、学校的、家庭的,这些压力来自社会对教师的高要求,对教育的高重视,因此,如何缓解教师压力成了学校管理中不容忽视的问题。除了上述提到的关心、尊重教师外,校长还应该从完善教师评价体系等方面做文章。要改变传统的"唯分数论",重视学生综合素质的提高,注重教师个性的发展、创新能力的展现。对待教师,要以激励为主,鼓励教师在原有成绩上的提高。在应试教育的背景下,这对校长的能力、魄力与定力,不能不说是一个挑战。

我想,A校的案例,带给我们的不仅是对外聘教师管理的反思,更多的还是对我们整个教师队伍建设的思考。

(唐晓艳)

案例2 "刚"与"柔"
——校长实施制度管理的道与度

[案例介绍]

小赵是某幼儿园的教学骨干,样样都干得很出色,尤其是近几年,为幼儿园争了不少荣誉。一次,爱人不幸生病,住了医院,家里又有一个不满两岁的儿子,这无疑增加了他的负担。小赵经过反复考虑,不得不向园长提出了请假的要求,并表示:服侍爱人期间,不忘教学,认真备课。然而,园长的答复十分强硬:请假可以,但要按章办事,每请一天假,扣奖金50元,如一个月超过三天,该月奖金当全部扣除。另外,还要从工资中支付

部分代课金。显然,这无疑让小赵寒心,但为了照顾妻儿,没办法,只好认扣了。不久,小赵的爱人出院了。与此同时,小赵向园长提出了调离本园的申请。这是园长万万没料到的。于是,园长的态度来了个180度的大转弯,收回当初所说的一切,补发扣除的奖金和工资。然而,小赵却坚持一定要走。①

[案例分析]

身为园长,负责幼儿园的全面管理,主持全园工作。而一个幼儿园就像在园长带领下行驶的大船,船不止要靠船长掌舵,更需要船员们的通力合作,并肩作战,才能在大海里平稳地前行。案例中介绍的小赵,是该幼儿园的骨干教师,在教学上广受好评,并为幼儿园争取了不少荣誉,像这样的优秀人才,难道不是每位园长急于网罗、重点培养的吗?既然已经拥有了,但又为何错失呢?

从管理角度来看,园长的态度和行为是导致小赵离开的主要原因。作为一个园长,不应该冷漠地对待一位教师,更何况是一位为幼儿园劳心劳力的出色的骨干教师。而且,在小赵提出要离开时,园长对还自己说过的话反悔,这一点更让人无法苟同。如果当时园长主动关心,嘘寒问暖,排忧解难,小赵一定不会提出调离申请,也许在以后的工作中会更加努力,发挥更大的作用。从这个角度来看,园长的管理确实有问题,不够人性化,所以才会让这么优秀的人才心灰意冷地离开。

在众多的案例分析中,针对管理能力方面的已经不少。今天,笔者想从另一个视角来分析这个案例。园长给予小赵的待遇,肯定是不人性化的,但也是按照园里所订立的制度实施的,算是有法可依。但不可否认,在这样制度下工作的教师员工们是心存不满的。而作为园方,当然希望招贤纳士,但如此的工作制度又怎能提高员工的忠诚度和工作热情呢?由此可见,作为园长,应在制定和完善园内制度的过程中发挥一定作用,与教师携手并进,加强建设,共创佳绩。接下来,笔者将从该案例中,着眼于制度建设方面进行分析探究。

首先,小赵是一名骨干教师,并且一直对幼儿园的工作尽心尽责,为园争光。可想而知,一定受到园长的器重和喜爱,对他的态度当然也是春风细雨。但飞来横祸,不得不让小赵面临了一次工作和家庭的抉择。案例中也提到,小赵曾试图去平衡这两者间的关系,但是确实负担很重,最终逼不得已向园长反映了自己在工作和生活中所遇到的困难,希望园长体谅自己多年的劳苦功高,批准自己的请假要求,并表示服侍爱人期间,不忘教学,认真备课。从别人眼里看来,小赵遇到困难,在情非得已下,去选择照顾自己的妻子和儿子,并且态度极其诚恳,再三表示不忘教学,真是难能可贵。故事发生到这里,大家都希望是一个圆满的结局,园长批准了小赵请假的要求,并且不扣除任何费用,解其后顾之忧,让小赵好好照顾家人。当然,这样的回复绝对凸显出这所幼儿园人性化的管理风格。但是,弊端在于一定程度也反映出制度建设的缺失。

我们先不看园长对小赵的请求所给予的态度,单单只关注园方做出的决定:按章办事,每请一天假,扣奖金50元,如一个月超过三天,该月奖金当全部扣除。另外,还要从工资中支付部分代课金。从园方本身设立的请假和奖金制度,针对请假事宜,每请一天

---

① 朱萍.幼儿园思想工作管理案例及剖析[J].早期教育.1993(2).

假，扣奖金50元，如一个月超过三天，该月奖金当全部扣除，并且支付代课金。这一制度的设立合理但不合情。合理在按章办事，多劳多得，根据劳动法，扣除奖金和因请假所产生的额外支出，看似天经地义。不过，这一硬性制度运用在具体情况下，确实显得差强人意，毫无人情可言。对小赵，也是当头棒喝。一名优秀教师，单看平时的工作能力和对幼儿园的付出，是功不可没的。更何况自己提出请假也是万不得已，不是为了偷懒，或是跳槽等某些不恰当的理由，而是老婆生病，儿子需要照顾，这些都是些人为的客观因素，作为园方应该是体谅小赵的不容易，而不是冷冰冰来回应教师的要求，并把一切后果算到自己一个人的头上。对于这样的工作单位，一点情意都不讲，小赵又怎会再留下来为幼儿园卖命呢？而作为园方，本想用这样苛刻的硬性制度来回绝小赵的请求，希望他不要再提请假的事情，自己家的事情，自己去搞定，无论如何都不要连累幼儿园。即使最终不能打消他的请假念头，至少也没有损失园方的利益。但人算不如天算，小赵的离开是他们万万没有想到的。毕竟小赵是一名不可多得的人才，是同行都争相引进的"镇园之宝"，当初的"按章办事"最原始的出发点就为了不想让对方请假成功。这下假也请了，人也走了，作为园方怎么肯让这么个优秀的人才流失呢？当然是百般殷勤，千般顺意。而此时所做的一切，不存在任何制度可言，纯粹从功利主义出发。这样是既不合情又不合理，又怎么能挽回一段本身就已经残破不堪的劳动关系呢？

纵观整个事件的发展过程，从根本上说，应归咎于园方所设置的制度——过于硬性的制度，缺乏人性化的管理。同时又无法真正起到制度本身的权威性，园长也失去原有的领导力和权威。

[启示建议]

本案例的分析，主要是从制度建设角度入手。作为一名园长，良好的制度就像船长手中的舵盘，为船的平稳行驶保驾护航。可见制度建设是十分重要的，也是我们当前教育领导界比较欠缺的一块。有些制度由于其过度强硬而丧失其本身的行使权，被抛在一边；另一些制度又过于松散，存在许多漏洞，而使得其形同虚设，缺乏威慑力。

当下，我们要思考，让建设的制度如何做到刚柔并济，深入人心。先从刚性制度来看，我们必须做到一是一，二是二，起到一个准绳的作用。比如案例中提到，请假就是按请假天数扣除奖金，并上交代课金，这就是一条硬性规定，身为该幼儿园的教师，就必须遵守，不会因为你的丰功伟绩而有半点的不公或偏私。而一系列的硬性制度的建设，必须要让制度的内容普及化，最优的处理方式是让员工一起来参与制度的建设。同时，对新进员工有一个制度培训和了解的过程。人人都知道不能越过雷池半步。但不告诉别人雷池在哪里，让别人如何去遵守这个"游戏规则"呢？到了真正要用到这些制度的环节，又会因为教员对制度的不熟悉而显得不近人情，从而失去教员本身的职业忠诚度和工作热情。

其次是柔性制度。在大众眼中，制度永远是硬邦邦的产物，所以，对于规章制度，大家抱着嗤之以鼻的态度去对待它们的存在。为什么会造成这样一个窘迫的局面呢？因为在当今的制度建设中，缺少一种分类讨论的精神。所谓分类讨论，就是根据具体情况作具体的安排。在案例中，园长并没考虑到小赵请假背后所包含的具体情况，去酌情地给予回复。然而，这种分类讨论的精神往往被看作是钻空子的机会，是一个不明不白的恩惠。如果把这些情况作为制度的一种形式来加以呈现，不也是体现制度人性化的一种方式吗，又何苦这样"私相授受"？

针对小赵的案例，作为园长，可以根据硬性制度的条例规定，做出扣除奖金的决定，但同时又根据小赵请假的具体原因，酌情地给予具体的补贴或是经济上的安慰，而不是用抵消的方式来把这笔人情账划平。从制度角度来看，解决小赵所遇到的具体情况，既不失公允，又让小赵感受到了园长和整个幼儿园对其的关心和爱护。何乐而不为？

（徐晓滢）

案例 3　"头发"引发的退学
—— 制度建设不能偏离教育本质

[案例介绍]

2009 年 9 月 23 日，广东佛山禅城实验高中高三五班 32 名女生被该校门卫挡在门外，作"停学"处理，原因是她们拒绝剪掉长发。当天上午，学校检查学生仪容，其中一项是头发长度。一名被停学的女生说，头发太长的学生被校方强制放假，直到剪短头发才能返校上课。"我们是音乐班的学生，因为马上就要面临考试，学姐说在面试的时候长发会在仪表分上占优势，因此我们拒绝剪发。"一名女生表示。当日中午，学校与拒绝剪发的 32 名女生谈话，并给她们三个选择，"剪头发、退学和停学"。而所有学生的回答都约好为"不剪发，不退学"。鉴于此，学校在当天下午强制这 32 名女生离校。

禅城实验高中一廖姓副校长表示，学生的仪容规定是去年 3 月开始实行的，通知早已发出。昨天早上，开始由老师和班干部检查，发型不合格要修剪后才能继续上课。当天与这 32 名女生沟通无果，才做出停学处理。该副校长还表示，女生剪短发是经过学校有关行政部门讨论通过的，作为德育处的相关负责人，只能执行这项规定。统一学生发型，一方面是为提升学校的整体形象，另一方面是为了方便学生的学习生活，提倡团队精神。此事件媒体炒得沸沸扬扬，最终迫于舆论压力，学校废弃了这条校规，32 名学生重返学校继续上课。①

[案例分析]

中学生因种种问题被赶出学校的事件在现实生活中屡见不鲜。究其原因学校的回答都是为了学生的未来考虑，初衷很好但结果却有如此大偏差。学校工作千头万绪，管理任务繁重。为了便于管理，学校中的制定学生管理制度来维护学校正常的教学活动秩序，促进学生更好地学习。学校管理制度是以现代教育观为指导，学校依法民主制定的，得到全校师生的认同，有效管理是学校管理制度的核心。而学校管理制度却屡屡闹出笑话，是制度执行有问题还是制度制定本来就不科学？学生头发长短影响学校形象，案例中的校规恐怕不合情理。学校管理制度从制定好就要严格执行，学校管理制度是学校的一种文化，是长年累月沉淀的结果。案例中，学生仪容规定是去年 3 月份制定的，今年才开始执行，中间

---

① 张涨. 32 名女生因拒绝剪短发被学校赶出校门［N］. 广州日报，2009-09-24.

相隔那么长时间实在让人难以理解。

"学生仪容规定是学校有关行政部门集体讨论制定的。"多人讨论就制定出如此荒谬的规定，恐怕还是某位领导自己拍脑袋想出来的吧。在现代领导科层权威的领导下，教师对校长唯命是从，不考虑命令的对错，其聪明才智无法展示与发挥。更有甚者，校长负责制变成校长独裁制，那些教职工代表大会、工会等民主监督机构形同虚设，怎能不造成决策失误？学生头发剪短了有可能方便学习生活，能否提升学校的整体形象有待商榷，如果学生头发整齐划一能提高学校教学质量和提升学校的升学率，要号召全国中小学生头发都剪成一个标准。国外学生穿校服是为了避免中小学生之间因家庭贫富差距互相攀比而造成心理影响，我们国家中小学生穿校服是为了提升学校形象，为了迎接领导视察。为何我们只学习别人的表面现象？

教育本质是爱与责任。即使学生违反学校纪律，也应该通过说服教育，感化他们使他们改正。更何况学生违反的是不合理的校规，难道只能用强制的办法，把学生赶出校门才能解决问题？学校领导学习的那些先进的教育理念岂不白费？那些违反校规被赶出校门的学生万一流落到街头，学校领导是否考虑了今后他们的命运如何？假如不是那32名学生的坚持，舆论的压力，学校领导能否让学生返回校园，废除那条不正确的学生管理制度？这件事的确令我们去反思。

[启示建议]

（一）建立科学民主的决策机构

众多人参与讨论，应该不会制定出来像案例中荒谬的校规，可见，学校各项重大决策要民主协商。我国中小学实行的是校长负责制，校长对学校的各项工作全权负责，党委和教代会起监督作用。校长负责制实际上是一长制，其特点是责任制和内行领导，采用个人决策的方式，决策迅速，效率高。校长负责制的实施在很大程度上依赖于校长个人的综合素质。目前我国有50多万在职中小学校长，很难保证每个校长的素质都很高。随着时间的推移，校长的个人决策也在一定程度上助长了校长的独断专行作风，这会在很多时候影响决策的正确性，并最终影响到学校的发展。因此我们不妨仿照西方的学校委员会制度，尝试在学校领导层中设置一个新的机构来平衡校长的权力。这种机构应该有一定比例的教师、学生和家长参与，并且通过立法保障其合法地位。这样才能从根本上保证决策的科学性。依法治校能保障学校各项工作的科学性和公平性。

（二）规章制度的制定和执行要科学

俗话说："没有规矩，不成方圆。要办好一所学校，必须有章可依、有规可循。每所学校有自己的一套管理制度，但制度的内容和执行方式是有很大差别的。有的学校规章制度是规范的，是与时俱进的，是真正起到了"制度管人，人服人"的作用；有些制度一旦形成或出台，几乎成了一个永久性的东西，时空再变制度还是原样，起摆设、对付各种检查的作用，也不知道修订。甚至有些学校制定出错误的制度，起着相反的作用。

因此制定规章制度要遵循以下原则：

1. 有明确的目的。要根据教育的方针政策和要求服务于教育人、培养人、调动人的主动性和积极性这个目的。在制定中，要发动有关人员进行讨论，统一认识，使建立的规章制度有可靠的思想基础。

2. 要从实际出发。规章制度制定是为了具体执行的，因此要顾及执行对象的认识水平，符合其身心发展的规律，符合学校的历史传统与目前的发展状况，使规章制度提出的要求和措施都能切实可行。

3. 师生参与。制定规章制度，要征询师生意愿，使内容能体现师生需求，并取得认同，以增强规章制度的有效性和可执行性。学生亲自参与制定校规，肯定乐于遵守。

执行规章制度时要做到以下方面：

1. 大力做好宣传工作，给学生讲明规章制度的意义，制定好就应该坚决执行。规章制度是学校师生都要遵守的法规。领导要求员工做到的，教师要求学生做到的，都必须自己先做到，带头执行规章制度。

2. 严格检查督促。规章制度应该有一定约束力和强制性，这种约束力和强制性，主要是依靠经常检查和督促。学校领导必须加强检查规章制度的执行情况，对模范执行规章制度的人和事，要及时表扬奖励；对违反规章制度的，要恰如其分地给予批评和处分。

（三）转变领导方式

我国最擅长的管理方式就是传统的集权式科层领导，科层领导依靠职位赋予的权力和外在的等级制度对教师、学生进行监督管理。教师和校长的地位极不平等，教师是高素质者，有自我管理的能力，等级制度束缚了他们的积极性，限制了他们的创造力。没有制度制衡的集权式科层领导有时会变成独裁专制的领导，在一些人眼中是得力的领导，在另一些人眼中可能是暴君。集权式领导不能真正激发教师的创造力。

学校领导要向服务型领导转变。义务教育已经在全国普及，目前向提高教育质量的方向发展。人们越来越意识到教育的重要性，人所接受的教育直接与其一生的幸福有关。由于国家教育资源的不均衡等种种原因，社会出现了学生择校现象。教学质量高的学校生源充足，而一些学校却因为教学质量差而收不到学生，变成空学校，面临被合并或倒闭的危险。学校教学质量高，是学校全体师生共同努力的结果，教学质量高的学校，服务质量不会差。因此校长要改变那种的传统依靠职位权力的科层领导方式，向服务型领导转变，为教师、学生服务，激发教师的工作潜力，提高教学水平，办好学校，办出学校的特色。

（四）对话协商，解决矛盾冲突

学生和学校管理者是矛盾的对立体，二者之间发生矛盾不可避免。学校矛盾无非是学生与老师、老师与学校领导之间的矛盾。学校出现问题并不可怕，关键是采用何种方法解决问题。学校是培养人的地方，学校要相信任何事情在教师的说服下都能解决。面对问题，学校要做好危机公关处理，尽量采用对话协商的方式化解矛盾。学校要事先制定和实施一系列管理措施和应对策略，事情发生时要尽快根据事件本身制定根本性解决方案，利用舆论导向第一时间处理事件。这样学校才真正起到其教育的作用。

（赵　帅）

案例 4　请多看一眼您的教师
——论校长的人性化管理

[**案例介绍**]

　　某学校前任校长非常崇尚制度管理的作用。这位校长上任伊始，就制定实施了一系列的规章制度，当然也包括教师上下班的时间规定。只要教师迟到了5分钟，或者早走了5分钟，这个月的考勤奖金就一分也没有了。从此，学校经常有教师和人事干部就考勤发生争执，教导处经常会因为安排课时与教师产生不愉快。最后甚至还出现了这样的镜头：下班之前，学校门口就聚集了部分最后一节没课的教师。虽然校门已经打开，但却没有一个人离开。大家都频频看表，最后一节课的铃声一响，教师们就像潮水般涌了出去，与对面那家工厂门口的下班洪流遥相呼应。遇到校长外出开会的时候，学校的有些规章制度就有点儿形同虚设了。不久，这所学校换了校长。这位校长的管理与前任完全不一样。他尊重教师，信任教师，他也强调规章制度，但他更看重教师的自觉。他以学校长足的发展和教师个体的进步为出发点让教师努力工作。后来，这所学校的老师变了。他们自己不无自豪地开玩笑说：校长不在学校不要紧，只要司铃的钟师傅不外出，学校的一切工作都会正常运转。

[**案例分析**]

　　对于学校老师这种评价，这位校长当然是很开心的，因为这显示了一种管理理念的成功。从表面上看起来，学校的运转是规章制度在起作用，但是，稍稍分析就会发现，真正起作用的是学校的管理文化。后上任的校长采用的就是人性化的管理理念，而正是这种理念，让他赢得了学校老师的如此评价。

　　一所学校，有一位老师在上交评职称材料时，发现自己的毕业证丢失，需要加紧补办，不然会错过职称评定。这时校长并没有作为一个"路人"出现，而成为"鼎力相助"为教师解决实际困难的"积极分子"。他派出学校专车，驱驰数百里，当天为教师解决了这一实际困难。这位教师感激不尽，所有教师也都赞叹不已。为教师解决实际困难，关注教师切身利益的校长就能聚人心、升人气，教师就会成为校长忠实的"追随者"，校长就能带领教师成就一番事业。还有一所学校的校长出台了这样一个规定：凡是家中有高三学生的教师，下午可以提前一节课回家照顾学生。这样的规定尊重了教师的实际困难，所以校长就让人敬重。有人担心：让老师提前一节课回家，会不会耽误了学校的工作呢？校长则回答：校长为教师的切身利益着想，教师当然也会为学校的利益着想，早回家一节课尽心照顾孩子，回到学校就会尽心地搞好学校工作，工作劲头高着呢！提高了工作效率，落下的工作不但能补回来，而且还会超前呢。这无不体现出了校长对教师的人性化管理理念。只要教师认可了学校的管理，就会激发出较高的工作效率。

　　许多教师都曾有过这样的想法：其实，教师的愿望最朴素，就是校长要瞧得起教师。什么叫瞧得起？"就是校长有事没事经常到教师办公室走走，到各年级、各科室走走，不要等到开学生大会或教师大会时才见到校长"，"校长要礼贤下士，不要高高在上，随意发号施令","校长对教师的情况要了如指掌,关心教师的家庭、婚姻、子女、身体等问题,设身处地为他们解决后顾之忧","校长要关心教师的成长,教师出现问题时要多劝慰,教师碰到挫折时要多鼓励,要想方设法为教师创造进步和成功的条件和机会","校长要大公无私、胸怀宽广,对不同意见者要多关心,不要乱扣帽子,更不要泄私愤、报私仇"……这无不表明,教师最需要的就是校长的人文关怀。

校长无论从责任上,还是从道义上,都要尊重教师生命的存在和人格的权利。如果校长能密切关注教师的爱好、需求,给教师营造迈向成功、发展的支持性环境,让教师体验到校长宽容、公正、无私的人文情怀,那么,教师就能获得愉悦和满足,就能主动与校长一道,无怨无悔地为学校的发展争做贡献。就是说,校长之德能激发教师之情,教师之情能丰富校长之心,校长之心能开发教师之智,教师之智能完善校长之能。从这种意义上说,校长对教师的人文关怀,已经成为现代教育发展的催化剂。

[启示建议]

作为一个校长,必须构建一种"和谐合作,共同发展"的学校文化,营造学校工作真正"以人为本"的小环境。这样的学校文化,在管理上首先应该体现出"刚性规章,柔性管理"的工作原则。毋庸讳言,学校管理,必须要建章立制,确立行为规范,这是管理刚性的一面。刚性规章保证学生有学生的日常守则,教师有教师的行为规范,议事有议事的规章制度,用人有用人的客观标准。但是,学校校长的管理更要有柔性的一面,要尊重人,要关心人,要以人为本,要激发所有教师内在的工作积极性,让他们感受到自己是在为自己,而不是为他人,更不是在为校长工作。在这样的环境中工作,外紧内松,忙而不乱。教师有自己的价值和尊严,有自己的理想和追求。久而久之,教师的淡泊之志、敬业之心、爱生之德就会逐渐生发并升华。

首先,人性化管理可拉近校长与教师的距离。许多校长常常会抱怨一些教师平时工作态度不端正,对于工作中表现消极与工作中出现差错的教师常会抱以责备。同时,为防止教师出现各种违规现象,又制定出许多规章制度来规范教师。殊不知,这种规章制度越多,越可能压抑教师的工作积极性,也越容易造成管理者与教师之间的隔阂。实际上,教师也渴望得到理解与关爱。校长如改变高压管理的做法,给予教师真正的关爱,就能够有效消除管理者与教师间的隔阂。

其次,人性化管理能帮助教师不断成长。一些教师有时会由于惰性心理而安于现状,此时,校长应给予教师们充分的关爱与帮助。在教学上,指导他们上好每节课,深挖课本内容,提醒他们向课堂要质量。另外,鼓励教师们多写教育、教学心得。同时,多给教师们创造一些外出学习与交流的机会,争取让教师特别是青年教师尽快成长起来,让他们尽快地成长为各学科的骨干与业务能手。

再次,人性化管理会提升学校的教学质量。学校教育的基础是教师,学校管理者应适时、适度地给予教师一些关爱,做到欣赏、信任每位教师,那将会极大调动全体教师们的工作积极性,学校教学质量也会随之提高。作为校长,应真正懂得如何去欣赏并关爱每位教师,让他们各自发挥自己的长处,为学生的成长和学校的发展做出各自的贡献。

在追求和谐的校园文化里,教师对校长人性化关怀的呼声越来越高。校长不但要充分考虑学校利益,还要充分考虑教师的切身利益,要把帮助教师解决困难当成分内的事去做，让自己成为教师的依靠。只要教师认可了学校的管理，就会激发出较高的工作效率。以人为本、以情动人的校长，是教师可以依靠的人，这样的校长是教师敬重的领导。那么，怎样才能做到真正的人性化管理呢？结合案例，我们可以从以下几个方面努力：

第一，让人性化的学校管理文化激活教师创造的原动力。努力做到"柔一点，多一些春风化雨；文一点，多一些生命关注；粗一点，多一些个性张扬；活一点，多一些宽容理解"。校长首先应该是事业的领路人，是一个思想者和向导，其次才是管理者和服务者。校长要善待教师，真诚地欣赏每一位教师，不吝啬对任何一位教师的鼓励与赞美，乐于为教师的成功喝彩。让每一位教师都感受到自己是重要的，在校园生活中是有尊严的；让每位教师感受到学校因他的成长而骄傲，让教师感到在校园里心灵是自由的。

第二，努力在学校构建一个积极的健康和谐、向善的人际世界，给教师提供学术与生活交流的平台。比如在有限的空间里，腾出一个房间，摆上几张小圆桌，放上几壶好茶，播放轻松的音乐，让劳累或心烦的教师偶尔到这个港湾稍作休息调整。在这里可以有学术的争论，可以有心灵的交流，让教师在良好的沟通交流中学会彼此尊重、彼此欣赏、相互激励、互帮互助。校长应清楚地认识到人际关系对工作质量的影响，从某种意义上说，是人际关系决定了工作的效率和质量，所以校长应努力在学校构建一个积极健康和谐向善的人际世界。

第三，营造浓厚的学术氛围，尊重不同的文化追求。作为校长，可能无力改变教师的工作性质，但可以改变学校的小环境，营造学术的氛围，让教师的工作充满成就感。在"让教育充满思想，让教学蕴含学术"思想的指导下，既要尊重那些与校长的办学理念志同道合的人，弘扬团队协作精神，也要尊重那些独立的思考者，提倡兼容并包；不仅尊重那些虚心好学、谨言慎行的人，也尊重那些在工作上敢于直言、特立独行的人，以宽广的胸怀容纳他们。只有在这样一种环境和氛围之下，每一个教师作为独立个体的不同才可能得到充分的尊重，他们也才可能找到真正属于自己的发展领域而专注其中，并乐此不疲。

总之，作为校长，应时刻遵循"以人为本"的管理思想，多考虑给予教师更多人性化的关爱。校长需要用理性去管理教师，但更需要用自身的真情去感化教师。

（叶　慧）

案例5　我们离幸福有多远
―――学校管理应走向科学

[案例介绍]

新学期，C中为了提高升学率，借鉴河北某知名中学的管理办法，推出了一系列的"改革新政"，弄得学生和家长叫苦不迭。其中争议最大的就是令人窒息的学习、作息制度。此外，如果家长和学生不同意，只能接受转学的命运。

一名学生向记者简单介绍了该校改革的内容：早上5时10分起床，5时40分晨跑，6时早自习，7时吃早饭，中午趴在课桌上睡午觉，22时晚自习结束，22时50分全体关灯睡觉；取消节假日，每个月放假两天，学生在校期间实行全封闭管理，没有班主任签字不许出校门，严禁学生使用手机，每天早晨晨跑的时候，学校播放英语单词……

"算来算去，我每天睡眠不到6个小时。新学期，最大的感觉就是严重缺觉。我身边很多同学都有这种体会。学校现在这样根本没法让学生好好学习，只有仇恨，仇视这个学校。"还有的学生如此留言。家长在万般无奈之下签署过一份校方提供的倡议书。一名不愿意透露姓名的学生家长向记者介绍了大致内容："在倡议书的最后一部分，校方的意思很明确，如果家长不同意改革，学校愿意退还所有的学费，同意学生转学。看到这句话，谁也不敢不签字啊。"

"我们发过倡议书，学生家长百分之百签字表示同意。"徐主任也承认，如果家长不签字，他们的孩子只能接受转学的命运。①

[案例分析]

新教育实验创始人、全国政协常委、苏州市副市长、苏州大学博士生导师朱永新教授在诠释新教育实验时曾倡导孩子应该"过一种幸福完整的教育生活"。朱永新强调，过一种幸福完整的教育生活，不仅有对教育终极意义的思考追求，也含有对当前某些畸形教育提出治疗的企图。在许多地方，某种形式的教育，使学生享受不到童年和青春，没有美好的梦想，许多学生已经失去了凝望世界的明眸，失去了追求理想的冲动，失去了淳朴的情怀和感恩之心。② 我们的教育日渐把孩子局限在一个狭小的世界里。而这样的教育已经背离了教育的初衷：追求幸福。案例中C中的改革举措无疑在让我们的孩子远离幸福完整的生活。学校硬性的规定，刚性化的管理，活生生地把学生推向痛苦的泥沼。而这一切是由于学校的诸多不善管理。

（一）不恰当的决策

学校的决策工作是学校管理的关键。学校为了管理好学生，提高升学率，推出所谓的"改革新政"。这本身的出发点就是错误的，违背了教育的目的。教育是让人拥有科学的观念，客观的选择，行动的智慧和向善的德性，达到人生幸福的境界，而不是仅仅为了一张大学通知书，学校在教学理念上本末倒置。且国家三令五申要求学校"减负"，杜绝盲目追求升学率。C中的做法也违背中央关于教育的政策。决策的动机是错的，决策的内容又怎么会切实可行呢？在学校看来，新政的直接受益人就是我们的学生。"知屋漏者在宇下，知政失者在草野"，由于没有从学生的角度考虑，管理条例最终因其不科学、不合理之处没有得到学生的认同。显然，学校没有正确决策，更没有民主决策，没有集"民"意，采"民"智，导致决策制定的不科学和片面性，决策落实遇到了很大的阻力。

（二）刚性的管理

学生基于学校决策制定的不合理、不科学之处，提出自己的意见。学校非但不采纳，还提出不同意改革者只能接受转学的命运。硬性规定，强权管理，这也正说明学校的管理还停留在传统的以"物"为中心的管理模式阶段：一旦某些管理规章制度建立好以后，管理者就会要求学生服从管理规章制度。学校管理者为了减少麻烦，常常简化工作，硬性管

---

① 辛明，桂杰. 承德一中，你不能这样改革[N]. 中国青年报，2008-11-27（1）.
② 周波，朱永新. 教育应该是幸福完整的生活[N]. 成都日报. 2007-11-05.

理。在这个案例中,拒之门外就是退还学费继而转学。学校让家长签订倡议书,表明学校实行刚性的管理模式。这也暗示凡事由学校决定,没的商量。管理的目的本来是为了减少混乱,提高效益,把事情做好,为管理对象提供更好的服务,这也要求管理人员实行人性化管理。C中的治校之道显然与现代教育管理理念背道而驰,改革结果并不乐观。

(三) 忽略学生身心健康

各级各类教育组织的主要功能就是为社会培养一定质量与规格的人才。教育管理也就成为育人的手段之一。育人的手段之一就是学校的规章制度、工作条例、各种活动都要具有教育意义,有利于学生的身心健康。学校不能做出损害学生身心健康的事情。案例中C中的学习、作息制度,把学生的时间限制得很死,连仅有的休息时间都被剥夺了。紧凑的学习安排,时间被压缩到最大限度全部用来学习。学生每天睡眠不足6小时,严重缺觉,上课打瞌睡,疲惫状态下的学生很难进行高效的学习。学校的这种作息规定违背了青少年成长规律,同时过重的学习负担也损害孩子的心理健康。有学生在网上留言:"学校现在这样根本没法让学生好好学习,只有仇恨,仇视这个学校。"学生已经对学校的管理产生逆反心理,其做法已经让自己站在学生的对立面。然而面对学生和家长的呼声,校方却仍"振振有词":为了激发学生潜能,考出更好的成绩。作为教育者,不懂得教育的规律,不懂得孩子成长、发展的规律,就不能有效地开展学校的管理。

[启示建议]

当前的学校不乏上面案例所出现的情况。笔者认为倡导新的教育管理理念刻不容缓。如何科学有效地管理学校,笔者认为应该坚持以下四个方面:

(一) 实行"以人为本"的管理

学校管理的特殊性归根到底是对"人"(教师与学生)的管理。学校管理必须改变过去见物不见人的管理模式,现代教育管理观念,其创新的要点就是变过去以"物"为中心的管理为以"人"为中心的管理模式,把过去强调学校规章制度的硬性管理变为更加关注人的生存发展的软性管理。以人为本,以学生发展为本,不仅体现在教育教学过程中,而且要体现在学生对教育的选择上,要给学生提供最大的选择机会,包括学习时间、学习方式和学习内容等等,还要体现在学生对学校事务的管理以及学校改革发展的参与程度上,使学生的主体意识得到最大的张扬。简单地说,以学生发展为本,就是要使学生对教育的方方面面,无论教学还是学校的管理都享有"参与性"和"选择性"。

(二) 实行民主化管理

主要包括三方面:第一,从学校自己管理向社会参与管理转化。学校教育工作是社会性活动,必须有社会各方面的大力支持才能正常运转。学校的管理需要各方面给予支持和监督,尤其是学生家长。第二,从少数教育行政人员的管理向全员管理的方向发展。完成教育管理转型,从宝塔式的组织管理形式向扁平化的组织管理形式过渡。在学校管理方面,学校领导的角色从政策制定者、总管理者转变为参与者、统筹者、调控者;中层干部的角色从传达者、子项管理者转变为参与者、参谋者、沟通者;教师的角色从受命者、执行者转变为参与者、操作者、意见反馈者。第三,从学校管理学生转向在教师指导下的学生自我管理。学生是活生生的现实的"人",也就是说,要承认学生在学习和发展中的主体地位,在班级管理中尊重和发挥他们的主体作用,培养学生的自我管理意识。此外还应尊重学生的民主权利。学生是学校的主人，是自我教育的主体。

（三）树立服务的观点

党的十六大明确提出"教育为人民服务"——教育即服务的观点。学校必须树立为学生（家长）服务的意识，办人民满意的教育。学校的活动要以服务学生为宗旨。所谓服务的观点，在教师工作层面上，要加强职业道德的学习，使教师成为学生学习的组织者、参与者、引导者、促进者，以服务学生学习成长；在管理工作层面上，教育要将服务的观念贯穿到具体的教育管理工作中，让学生在安定轻松的环境里学习。

（四）教育管理人员应专业化

从上面案例中我们看到，该校是由一批不懂教育的人来管教育，或者说是不够专业的人来管学生，对教育的不甚了解，带来了一些问题。随着社会的发展，职业专业化的范围在扩大，教育管理人员也应走向专业化，尤其在当前我国基础教育改革不断深化，素质教育全面推进的形势下，教育管理人员应该是熟谙教育原理和孩子成长规律的专业人员。特别是作为学校的领导者、组织者和管理者，校长专业水平的高低，很大程度上决定了学校管理水平的高低。一个好校长就是一所好学校，只有实现校长专业化，才能提高学校的管理效能，才能促进学校的优质发展，才能带领学校在教育改革的大潮中从成功走向辉煌。

（张　倩）

案例6　未雨绸缪临危不乱
——建立"事先预防型"的危机管理机制

［案例介绍］

1分36秒，2200多名学生，上百名老师，从不同的教学楼和不同的教室中，成功撤离到操场上，以班级为组织站好，无一伤亡，这是四川安县桑枣中学的同学们和老师们在地震来临时创造的一个奇迹。桑枣中学校长叶志平从2005年开始，每学期要在全校组织一次紧急疏散的演习，每一次的演习会事先告知学生，但学生们不知道具体是哪一天。等到特定的一天，课间操或者学生休息时，学校会突然用高音喇叭喊：全校紧急疏散！每个班的疏散路线都是固定的，学校早已规划好。两个班疏散时合用一个楼梯，每班必须排成单行；每个班级疏散到操场上的位置也是固定的，各班级都站在自己的地方；教室里面一般是9列8行，前4行从前门撤离，后4行从后门撤离；每列走哪条通道，都是固定的；还有，在2楼、3楼教室里的学生要跑得快些，以免堵塞逃生通道；在4楼、5楼的学生要跑得慢些，否则会在楼道中造成人流积压，这些学生们早已熟知。当学校紧急疏散时，叶志平会派人计时，但是他决不比速度，只是讲评各班级存在的问题。刚开始举行紧急疏散演习时，学生只是当作娱乐，除了觉得好玩外，还认为多此一举，很多人有反对意见，但是校长叶志平坚持了下来。后来，学生老师都习惯了，每次疏散都井然有序。正是有了叶志平校长的坚持，才成就了桑枣中学的奇迹。

[案例分析]

桑枣中学的感人事迹虽然永远定格在2008年5月12日短短的1分36秒，但是桑枣中学的校长叶志平在地震来临之前对于校园可能发生的潜在危险进行了干预，作为一个校长，他对于学校危机管理的原则是未雨绸缪，把危险降到最低点。虽然汶川地震已经远去，但它留下了许多思考。它既是一次危机也是一个契机，它使学校的危机管理迅速提上了决策者、管理者和研究者的日程。危机管理在学校发展中越来越起到举足轻重的作用。

据马荣助对捷兰德和詹姆斯观点的归纳来看，学校危机可以解释为：凡是发生在校园内或与校园成员有关的事件或情境，对学校成员造成不安、压力、伤害，而以校园现有的人力与资源，难以立即有效解决的，均称之为学校危机。谢谨如主张学校危机是指突发于校园内外，可能造成学校全体或部分成员心理或生理伤害的紧急事件。从上述定义来看，学校危机与普通危机一样，具有突发性、不确定性、风险性的一般特征。了解关于学校危机的含义后，就可以界定学校危机管理。学校危机管理，是指学校教育管理者在学校或学校师生面临潜在危机或现实危机威胁的情境下，为了达到有效预防危机、及时处理和消弭危机、化危机为转机等目的，通过组建危机管理机构、制定危机管理预案、危机预警识别、危机处理、危机事后恢复等方式采取的一系列有组织、有计划、有步骤的应对行为和动态管理过程。其目的就是减少危机导致的直接损失，并为危机的恢复创造条件。

在中小学校可能发生的危机事件，可分为自然性灾难事件和人为性灾难事件。自然性灾难包括地震、洪水、台风等；人为性灾难包括社会动乱、严重污染、中毒、校园动乱、暴力、传染病的暴发和流行等。从学校管理角度看，这些事件都属于学校危机管理的范畴，学校都应当对此有应对机制和预案措施。① 然而现实是，危机管理存在很多理念和制度上的真空。主要问题表现在以下几个方面。

第一，学校管理的危机意识淡漠。我国的学校管理理论中很少探讨学校危机管理问题，校长培训中也基本没有相应的内容。校长只能从自己的实践中获得一些零散的管理经验。学校管理中缺乏危机意识就成了一种非常普遍的现象，致使我们面对突发事件时由于没有应对预案而常常出现手足无措的恐慌局面。

危机意识的淡薄不仅使各学校普遍缺乏必要的危机管理预案，也使得上级领导部门很少检查学校这方面工作。因此，要尽快从"事后动员型"转变到"事先预防型"的危机管理理念和机制。

第二，学校管理中重视生命的意识淡漠。突发事件来临时反应迟钝，这只是学校危机意识淡漠问题的一个方面，其另一面则是对学校发生的非危机问题却反应迅速而激烈，进而做出许多不尊重生命、健康和个性的事情来。

[启示建议]

现在的教育倡导的是一种快乐教育，是一种让学生真正感受到学习是主动的、是快乐的教育，但是快乐教育的前提是健康的教育，而比健康教育更重要的是安全的教育。这次的汶川地震让我们意识到学校也并不是一个完全安全的地方，任何一个不安全的因素都可能带给学校潜在的危险。但是学校的管理者普遍危机管理意识淡薄，而各学校也普遍缺乏

---

① 朱建平．未雨绸缪，临危不乱——浅谈中小学学校危机管理［J］．科技资讯，2007（16）．

危机的应急处理预案。因此汶川地震给学校的决策者敲响了警钟：学校的危机管理应该提上日程，建立"事先预防型"学校危机管理机制。

第一，增强学校危机意识。现在学校很少涉及到危机管理，总认为学校一个很安全的地方，似乎与危险没有丝毫关系，学校没有防范的意思，也没有相关的管理培训。但是等到危机来临之后，大多数的校长只能根据以往的经验和个案来处理和解决危机。校长这种盲目的经验主义，只会给危机的预防处理带来很大的限制和弊端。古人云："生于忧患，死于安乐。""居安思危，思则有备，有备无患。"增强学校的危机意识，学校的管理者应该具备战略性眼光，在危机酝酿阶段，把握时机对其加以制止和防御，避免危机的产生，降低危机所带来的负面影响。另一方面也要培养学生的忧患意识，提高学生的素质。

第二，建立学校危机管理计划。学校对可能发生的不测事件，应在总结经验和吸取相关预防研究成果的基础上，制定出应对措施和计划，并使之制度化。对于一些较容易定性的灾难事件，如地震、火灾、大面积食物中毒、爆炸、恐吓、室外活动中的意外伤害等，更应制定具体的应对预案。对于三个主要环节——预防、应对、恢复正常秩序，预案中都要一一设计出具体举措。学校的危机管理计划主要涉及学生安全，如师生意外事故造成的伤亡疾病、自杀、交通事故等；也包括危急事件管理计划。当然，针对危机的培训是必不可少的，包括危机后的事例讲解周期性回顾和更新有关材料等。许多学校利用课程和特定的危机训练程序来使师生能够预防有害的行为。

第三，加强日常防灾训练。学校危机管理的目标在于保护和保障学生的生命安全，这是"以人为本"的教育理念在防灾事务中的体现，也是世界各国处理学校突发事件的基本理念，确保学生在危机当中尽量处于安全境地。学校危机管理的基础环节是提高师生自我防护、救护的知识和技能，努力提高师生防灾、减灾和保护生命健康安全的意识和基本技能，对于学校沉着应对突发事件、尽可能减少事件的负面影响至关重要。对于以保护学生生命健康安全为第一的危机应对体制而言，持续有效地开展防灾教育训练，认真着手危机管理研究已经迫在眉睫。定期的安全防护训练，可以提高危机管理小组的快速反应能力，强化危机管理意识；可以检测已拟定的危机应变计划是否现实可行；还可以提高师生的自卫和自救技能。学校要把师生的安全防护训练列入教学计划，进行危机管理的模拟训练。学校应根据学生不同的年龄阶段、不同的所在地区、本校的特点安排训练计划，并使之融于教育教学活动中。必要时可以选派教师外出做防灾知识和技术的进修，也可以聘请校外专业人员到学校进行训练辅导。

第四，去除安全死角，从危机点抓起。校园危机管理中的危机点可做如下分类：与人有关，如歹徒闯入校园伤害学生、绑票，同学关系恶化等；与事有关，如上体育课、进行打扫活动过程疏忽等，不遵守交通规则、任意穿越马路等；与时间有关，如教师不在时，课间、午间休息时，上课前，放学后，天气燥热时等；与地点有关，如上下学途中，马路上，施工地点，专用教室，活动中心等；与物有关，如建筑物老旧、年久失修，器材、用具锈腐缺保养，废弃物未及时妥善处理等。学校应从危机点抓起，定期排除安全隐患。

与其说桑枣中学的学生和老师创造了一个奇迹，不如说作为教育领导者的叶志平校长未雨绸缪，转危为安，他的坚持与努力帮助整个学校度过了这次灾难。只要每一个教育领导者的心中时时刻刻想着学校、老师和学生的利益，那么奇迹时刻都可以发生。

（赵　婷）

第四编

反思探索篇

  思路决定出路。没有思想的超越，就不会有发展的超越；没有思想的领先，就不会有发展的率先。教育理念创新是新时期下教育改革发展的前提和必须，只有理念创新才能真正实现教育的新突破、新跨越、新发展。社会不断发展进步，新的形势为教育领导者们带来了挑战，也带来了机遇。作为一名新时期的教育领导者的基本素养之一就是理念创新，即在敢于打破陈旧观念、积极解放思想、构建新的教学理念以更好地适应社会发展。教育领导者还应掌握教育改革新动向、关注研究新问题、思考解决新方案，并做出正确决策。对各种教育管理活动要进行多因素、多方位、多角度、多手段的分析思考，具有敏锐的观察力，创新的思维能力，能够努力做到教育目标系列化，教学环境最佳化，教师素质全能化，并且具备发展意识、超前意识、合作意识、国际意识、竞争意识和忧患意识等符合时代发展的意识理念，只有这样才能使教育成为现代化建设的先导性、基础性工程，才能培养出优秀杰出人才。

  随着社会进步和女性受教育程度的提高，各行各业中女性领导者越来越多。教育领域也是如此。领导层的多样性给现代的教育增添了一道新的风景线，也引发了很多思考和关注。由于性别差异，女性教育领导以其特有的领导风范引领教育领导团队的发展，以其细腻的观察力从不同角度窥探教育发展的新契机，能够悉心呵护团体中的每一个人，集思广益从而使发展得到最佳效果。

  然而当前，我国教育从发展的方向而言仍然存在着相当数量的问题，教育资源分配的不均衡导致我国各地区贫富、文明素质等都产生了较大的差距。各种教育尖端问题也逐一呈现在教育领导者的面前，究竟该如何选择和面对是现在的主要探讨方向，这也需要教育领导者们在实践中不断地开拓思维，采纳最好、最有效的方式面对新时代、新发展带来的挑战。一切从学生、从教育的主体出发，根据时代的要求不断探索教育创新的过程，突出办学特色，打造教育特色品牌，向着成功教育之路勇往直前。

第十章 制度建设

随着经济全球化的出现，教育不得不面临激烈的国际竞争，要使我国的教育在竞争中占据优势地位，就必须推进教育制度的改革与创新。然而教育制度的改革并非一蹴而就，教育领导者与教育制度监督部门的制度实施对改革的成败起着举足轻重的作用，因而加大教育制度问题的关注力度和加强教育制度研究势在必行。

当前，我国的教育制度建设上确实存在许多问题，如"绩效工资"、"校长负责制"、"教育决策制定"、"择校"、"教育问责制"、"校长任命"等制度还不够完善，诸如此类的热点问题，已经涉及教育制度的各个层面。正是这些不够完善或合理的教育制度，在今天的教育中引发了许多诸如教育公平、民主，资源分配、权力分配合理与否等问题，给教育改革与发展带来莫大的阻力。在此，让我们一起探讨现行的教育制度在实施中存在的一些颇具争议的问题，为我国教育制度的进一步完善与创新添砖加瓦，为我国教育永葆竞争优势与发展活力，深化教育改革献计献策。

案例1 规范我国教育问责制
——"校园暴力"案件引发的思考

[案例介绍]

2009年11月23日下午，昆明市某中学11名初中男生因"看不惯初二年级女生徐某平常在学校内的行为"，在上课期间，邀约初二女生徐某到学校附近的季官村老宝象河河埂上，对其进行长时间殴打，并用手机对殴打过程进行录像。随后，这段长达9分46秒、充满暴力的视频，在该校男生的手机里相互传播。

2010年1月8日，学校得知徐某被殴打的视频录像在校内传播后，立即向该区派出所报告，派出所迅速介入调查。1月15日，媒体报道了此事。该区区委、区政府党政主要负责同志从报纸上了解到这一情况后，高度重视，立即批示区属有关部门处理，并于1月15日、17日多次召开专题会议研究。

该区决定，由区公安分局、区检察院成立工作组，迅速查清案件事实，对案件进行准确定性，本着保护未成年人的基本要求，依法处理；启动行政问责，责令区政府分管副区长施晓玲同志写出深刻检讨，给予区教育局局长王永泉同志停职处理，给予区教育局分管副局长、该一中校长魏泽明同志免职处理。该区一中分管德育、安全保卫的副校长、保卫科长、相关班级的班主任则由区教育局纪委进行问责处理。

[案例分析]

近几年,"校园暴力"案件层出不穷,令人触目惊心。案发之后,问什么责,问谁的责,谁来问责,以什么程序问责等问题就摆在我们面前。此次两会,民进中央再一次将教育问责提为党派提案,这是一个党派对教育核心问题的真诚呼声。[①] 面对这些问题,教育问责制的健全和完善迫在眉睫。

（一）何为教育问责制

教育问责制从制度建构的角度而言,主要是指教育外部实体采取措施令教育组织说明其责任兑现情况,并就结果进行奖惩的一套制度安排。关于教育问责制的含义,不同学者有着不同的观点。如我国研究者张喜军认为,教育问责制是指"政府通过立法确立参与教育活动各方的责任与权利,制定内容标准和表现标准,定期评估活动成效并辅以奖惩措施,从而激发各方潜力以达到最终提升教育质量的目的。"[②] 上海市教育科学研究院的宋懿琛认为,教育问责制指教育的有关部门和相关人员,包括中央、地方、学校、社区和教育行政人员、教师、学生、家长,要理清各自的责任,对学生表现和教育目标负责,依据执行的过程和目标的达成度进行奖惩,改进与提升教育的品质。[③]

（二）我国教育问责制存在的问题[④]

1. 教育问责制度不健全,执行不规范

健全完整的制度支撑是教育问责能够良好运行的重要保证。由于我国目前还没有形成一套完整的教育问责体系,导致教育行政部门存在着很多问题,如：僵化的行政管理、根深蒂固的官僚腐败、集团性越轨受贿违法、难见实效的政策措施、职责不明的教育财政、干部文凭的权学交易、忽视公正的评价机制,等等。由于校长权力过大,问责制在实践中带有大量人治色彩,在执行过程中往往是根据上级组织或领导的批示进行问责。这样可能会导致责任人在问责制的"庇护"下逃避本应承担的民事或刑事责任,而只受到失责的处分,也可能因为责任范围的扩大而打消积极性,甚至使问责无法实现。

2. 教育问责的权责不清

责任与权力是紧密相连的,享受多少权力就要承担多少责任。教育问责制的本质在于权责对等,也只有获得了相等权力和责任才有被问责的可能。如果权责不清,就无法确定谁应该承担什么责任,必然会使问责"弹性"过大,也就无法有效地追究责任。从目前对教育问责制理论探讨和实践操作来看,权责关系仍然界定不清。一般认为,教育问责的对象是学校的教职工,尤其是校长。而事实上,教育是一项系统工程,需要教育的利益相关者担负起其应当承担的责任。

3. 教育问责相关法律法规的缺失

建国以来,我国先后出台了 1986 年的《中华人民共和国义务教育法》、1991 年的《中华人民共和国未成年人保护法》、1995 年的《中华人民共和国教育法》和 2006 年修订的《义务教育法》。

---

① 包松娅. 再问教育为何不能"一票否决"——民进中央关于教育问责的呼吁[N]. 人民政协报. 2009-03-18：1.
② 张喜军. 美国教育问责制探析[D]. 上海师范大学, 2006.
③ 宋懿琛. 构建提升学校教育品质的绩效责任体系[J]. 教育家. 2004（7）.
④ 参见吕建. 对当前我国教育问责制运行的理性思考[J]. 天津师范大学学报：基础教育版, 2009（3）：1—3.

这些法律虽然在一定程度上提供了依法办学的依据,但对于学校与上级部门、教职工、学生家长以及社区成员之间的权力与责任没有作出明确划分,对于校长的选任没有作出详细规定,对于教育者该在哪些方面接受责任追究以及责任追究的标准和程度也缺乏清晰的说明。

[启示建议]

"校园暴力"案件的接连发生,多是由于学校缺乏有效的监管所致。完善我国教育问责制,建立一套完整健全的教育问责体系,做到教育问责有法可依、权责清晰,做到合法公正,及时有效,将会使学校不断调整改善学校的机构设置,完善各项规章制度,明确每一个职位的具体权力与责任,加强监管力度,从而避免类似事件再次发生。为此,我们可以采取以下几方面措施:

(一)建立、健全教育问责制度体系

落实教育问责制,首先要建立权责对等的责任体系,明确每一个职位的权责内容,使教育相关者在获得权力的同时也知晓相应的责任。其次要进一步建立、健全各种责任制度及失职失责的追究制度,保证问责有法可依。我国当前出现的很多教育问题,都是由于政府没有履行自己应尽的责任造成的。教育问责不仅是问校长的责,更应是问所有教育相关者的责,我们必须建立一种"谁接受了多少教育委托,谁就要承担多少教育责任,谁就要承受多少失职后果"的追责的机制。

(二)明确责任划分,完善相关法律法规

管理学原理告诉我们,在合理的职能划分基础之上才有可能准确无误地分担责任、承担责任。职权越明确,责任承担就越清晰,问责也就越容易。要对学校的依法办学责任、决策责任、教育教学质量责任、绩效责任等进行清晰的界定,一旦出现问题,就可以准确进行问责。为使教育问责制成为一种长效机制,还应当在整合现有教育法律法规关于权、责、利等规定的基础上,增加专门的教育问责法规,以法律的形式对何人所负何责、谁来问责、依照何种程序问责、问责之后如何处置等问题都进行明确而细致的规定,使得教育问责有法可依,保证问责的公正性、合法性,增强教育问责的权威性和导向性。

(三)积极借鉴国外教育问责制的成功经验

教育问责制(accountability in education)在美国发轫于20世纪70年代,是针对当时中小学校培养的学生不能满足家长和社会的要求而产生的。当时,教育问责运动让社会各方共同关注学校教育,从而使学校以更低的成本培养出更合格的学生,为美国社会的繁荣做出了不可磨灭的贡献。

从英国高等教育发展的历程来看,问责是必要的。它可以通过监督和评估高等学校资源的使用情况以及所产生的效果,来避免紧缺资源的浪费,更为重要的是,它还可以在一定程度上提高教育质量。

虽然我国与美国和英国在教育制度和教育实践上存在着明显的差异,但他们的教育问责制是为了提升学生学习成绩和提高教育质量而实施的,其出发点是符合我国教育总体目标和教育改革诉求的。因此,可以从美国教育问责制的具体实践中总结出一些具有普遍意义的经验,为我国的教育问责制提供参考。

(李国徽)

案例 2 "陪读"与"择校"
——陪读家长现象的思考

[案例介绍]

在某市,有一类特殊的群体——陪读家长,他们多来自周边县区甚至更远的地方,其陪读的目的就是让自己的子女拥有良好的学习环境,尽可能得到最好的教育资源。有的陪读家长只是在孩子高考补习这一年陪读,有的从孩子上高一开始,有的从孩子上初一就开始陪读了。当然,陪读现象并不新鲜,早已有之。但是,现在陪读队伍的规模和家长的重视程度却在发生着变化,往往父母亲自出马(为此向单位请假,工资被扣也在所不惜),不光照料孩子的生活,对孩子的学习甚至心理进行多方位的监护,可谓煞费苦心。

据《南国都市报》2009 年 7 月 7 日报道,为了能让孩子进海南省海口最好的学校之一的某分校上学,三百多位家长通宵达旦在学校值班室外排队,等待领取的是一张能让小孩进入九小分校上学的《入学申请表》。另据中国江西网 6 月 25 日报道,2009 年江西名校某中再创佳绩,600 分以上的考生达 207 人次。而我却有一个疑问,举全省之力的某中,这 207 人中,有多少是当地人呢?抚州市政府成立临川教育集团,将教育的行政权力下放,鼓励更多的优秀学生来校学习,既延续了一中的辉煌,也打造了一个教育界的"超级航母"。

[案例分析]

为何越来越多的家长加入到陪读队伍中?究其原因,不难理解。

首先,教育资源分配不均。县区、农村的教育水平的确无法与大城市相比。现在的孩子多为独生子,是家长唯一的希望,只要财力、精力允许,家长是绝不能让自己的孩子在这条起跑线上吃亏的。看看现在的就业形势,没有理想的大学、理想的专业,将来就业就成问题,孩子找不到理想的工作,家长的日子也过不安生。当然,并不是所有的陪读家长都能收到预期的效果,但毕竟为孩子付出了、努力了,将来对自己、对孩子都算有个交代。再说了,有的家长认为,看着孩子身边的同学一个接一个地去大城市读书,家长去陪读,而自己不去心里不平衡,你能去我也能去。就这样,陪读大军就像一条河从小城镇流向大城市,浩浩荡荡,波澜壮阔。

其次,陪读也体现出家长的收入水平。如果家庭收入只够日常开支,又没有积蓄,即使想让孩子出去读书,也是有心无力,不能如愿。出来陪读是很费钱的,要租房子(也有经济条件好的家庭干脆为此在孩子学习的城市买一套房子),要重新置办一套日常用品等等……总之,陪读是要有一定经济承受能力的。

为什么家长甘愿排队为孩子"申请入学"呢?小孩上学,本就是天经地义的事情,《教育法》规定,适龄儿童有上学的权利。

毫无疑问,因为希望自家小孩有一个好学校可上。昔日孟母三迁,只为让孟子有一个上学的好环境,但跟现在相比,也不过是小巫见大巫吧!中国家长的望子成龙、望女成凤心理,的确源远流长。

家长为什么愿意通宵达旦地排队呢？很明显，《入学申请表》有限，不能满足每一个家长的需求，如果去晚了得不到表，会耽误孩子的上学大事。问题就来了，作为公共财产的教育资源稀缺，如何分配才能合情合理？

资源是稀缺的，所以需要合理分配。经济学知识告诉我们，蛋糕的分法不在于切割，而在于如何将蛋糕做得更大。"申请入学"不应该仅仅是家长通宵达旦的一场竞争，更应该是给政府更多思索的强心针。

[启示建议]

（一）教育公平问题

教育公平包括两个最基本的内容，首先是人人享受平等的教育权利，其次是人人平等地享有公共教育资源。很显然，我们国家越来越重视每个人平等接受教育的权利，这从国家的一系列减免学杂费的措施中就可以看得出来。但是，在这个过程中，资源分配不公平问题难以得到解决。

总的来说，我国教育资源分配不公平有如下表现：

第一，区域经济发展不平衡导致教育投入不均衡。经济发展较快的东部地区在教育投入方面明显要大于中西部地区。教育资源分配呈现出东中西部的不均等。知识是当代经济发展和社会转型中最重要的因素，知识资源是一个国家或地区经济发展的最大优势资源。而西部地区是中国知识资源最贫乏的地区，也是知识发展差距最大的地区。如不改变这种状况，东西部差距、城乡差距不可能产生缩小的趋势，若干年以后，必将对中国综合国力产生严重的负面影响。

第二，城乡教育投入差距巨大。在农村义务教育不合理的筹资机制下，农村特别是落后地区农村的义务教育投入远远少于城市中小学教育的投入。教育资源分配呈现城乡不均等现象。这既是一个历史问题，也是一个现实问题。众所周知，新中国建立以来，走的是一条以牺牲农民利益来快速发展工业化国家的道路。改革开放以后，虽然有一部分农村地区已经和城市一起加入到富裕地区的行列当中，一部分农民也率先进入富裕者行列，但其在教育投入中的比例仍然偏低，而且近来又有所下降。

第三，学校与学校之间差距明显。明明相隔几百米远，重点名校却比普通学校的资源更为丰富。重点学校问题，在实施义务教育的背景下特别引人注目。政府教育投入多年来厚此薄彼的结果，使不少中小学学校不仅校舍十分简陋，甚至连个像样的操场都没有；另一些中小学校则盖起了游泳池，有的甚至耸立起像模像样的游泳馆，每天仅规定时间向社会开放，就可得到一笔可观的收入。

第四，家庭与家庭之间经济实力悬殊。在学生当中，因为家庭经济实力雄厚而享受到更多的教育资源的现象也见怪不怪。而在我国转型期间居民收入差距不断扩大的情况下，一部分相对贫困的民众难以在短期内支付高昂的学费。

（二）引发的思考和建议

任何一个国家的公办义务教育都属于公共产品。从经费来源看，这个公共产品与高中教育和高等教育的根本不同，在于它靠政府的税收支撑。正如罗尔斯在《正义论》中所强调，每个人对其他人所拥有的最广泛的基本自由体系都应有一种平等的权利。不管他们属于什么类型，什么阶层，只要是这个国家的公民，在教育资源配置时首先要考虑他们是否都具有接受教育的权利和机会。国家的政策在这里就是为保证各个层次的每个公民权利的实现创造条件，强调社会阶层不分等级，都拥有基本的受教育权和接受各种教育的机会。

而另一方面，我国作为一个发展中的大国，为了迎接国际竞争的挑战，保证国家和民族长远发展的需要，又要重点建设一批学校和学科，使之达到或接近世界先进水平，这样，教育资源就不能完全平均分配。这就要求在情况特殊和待遇要求之间寻找平衡点，做到合情合理。例如，在农村教育与城市教育的关系上，政府的投资取向和政策选择，首先是不扩大城乡教育的差距，然后逐步缩小城乡之间的差距，目前则特别需要增加政府对农村教育的投入，解决农村教育面临的严重的生存性危机。在一般与重点的关系上，教育经费的分配应更多照顾普通学校的紧迫要求，帮助他们改善教育条件，提高整体办学质量，使每一所学校接近、达到或超过现在重点学校的水平。这样将使大部分人成为受益者。普及义务教育，办好每一所基础学校，是全面提高国民基本素质的关键。这既体现了合理的公平，又具有较好的整体的、长远的效益。可以说，义务教育、基础教育乃"重中之重"，是最大的效率，是最大的公平！在中西部地区与东部地区的关系上，既要承认区位优势的客观性和区域差距的长期性，不能用行政手段人为地缩小地区之间的差距；同时又要运用经济的、政策的和行政的手段，使地区差距不再继续扩大，并且通过实行投资和政策适当向西部倾斜的战略，为缩小地区之间的差距创造条件。

（李 琼）

案例3 "校长推荐制"下的公平原则
——当代校长面临的新挑战

[案例介绍]

2009年7月初，北京大学邀请全国近80所中学校长参加自主招生座谈会。北大的设想是在公众的监督下，各个高中校长可以用自身名誉作担保，以实名制的方式向北大推荐优秀学生，这些出类拔萃的学生在经过北大专家面试之后，就不必再参加自主招生的笔试，并且可以享受高校自主招生录取优惠政策，直接成为高招候选人。这就是"校长推荐制"。尽管其试点范围、推荐程序及考核标准等具体方案并未出台，但是这个制度一经公布便闹得沸沸扬扬，引起社会上极大的争议，各种舆论和质疑不断抛向北大。"优秀学生是否真能得到推荐"、"赋予校长推荐的权利是否会滋生'权钱交易'"、"优秀中学校长是否真是识别'千里马'的伯乐"、"校长推荐制是否会使普通中学、农村中学的学生失去上北大的机会"等等。总而言之，公众对此项制度的态度是——忧虑和不信任感大于支持和乐观。

[案例分析]

事实上，校长推荐制是自主招生政策发展到一定阶段后很自然的一种选择。自主招生的本意是试图改变一考定终生的人才选拔格局，因而高校不仅需要获取更多有关考生的信息，也需加强与中学之间的沟通与合作，中学校长的推荐实际上充当了一个纽带的作用。

其实早在 2007 年，香港大学就在北京等城市推行了"校长推荐计划"，部分中学的优秀生可通过校长推荐，提前进行面试和笔试，通过考试的学生则有机会在录取时获得 5 至 30 分的加分。事件发生后，却几乎很少听到大众质疑甚至反对的声音。为何同样的事件会引起如此大相径庭的反应？原本一项重新洗牌的变革应该得到大家的鼎力支持，毕竟这是内地教育界的一次全新的制度改革，宣布之前总是经过了领导层和许多专家的深思熟虑，目的自然是希望招生制度变得更加灵活和人性化。但北大遭遇的困境不免让人深思。

一方面，公众的主观感受总是基于对社会现实的经验判断。在经历了"罗彩霞替学事件"、浙江航模高考加分事件、重庆考生民族成分造假事件等不良事件"洗礼"之后，公众对制度公正性的关注远甚于制度目标本身的达成。制度的出台只是一个开始，如何行之有效才是关键。这所谓的"校长推荐"是不是能经得起现实的人情、权势关系的诱惑，断然拨开周边的层层迷雾，真正以学者的身份爱才、惜才、保才，现在确实言之尚早。

另一方面，"校长推荐"这主角自然是校长。如果说公众对此制度吹毛求疵，不如说他们很大部分是对所谓"校长"持怀疑态度。有人就认为校长不能一人说了算，要想更加公平可以通过成立班主任、任课教师、考生和校长共同组成的推荐小组来执行这项制度。据媒体了解，"校长推荐制"实施后，北大将向社会公示担任推荐者的校长和被推荐的优秀学生信息，欢迎社会监督，如有举报，北大将专门调查核实。该校还计划建立诚信推荐档案，"相信高中校长们会珍惜声誉，为北大推荐优秀生源。"北大招办有关负责人表示。然而对校长的质疑也是不无道理的，理由有三：第一，目前的中学校长大多并非由"职业教育家"而是官员担任，这可能使得部分校长并不肩负太大的压力和责任感。第二，校长推荐的标准是校长来掌握，若凑巧推荐的是平民，则舆论的压力可以减轻；若推荐的尽是富家、高干子弟，则难免令公众耿耿于怀，惹得各种评论满天飞。第三，"校长推荐"是一条除高考之外的踏入大学门槛的终南捷径，家长们为了孩子的将来，很可能会不顾一切挤破校长的家门，"素质的竞争"，到时很可能会变成校长"后门的竞争"。

[启示建议]

暂且放下公众的各种评论不予计较，从"校长推荐制"本身来分析，不难发现，若是各个校长具备独特的人格特质和领导特质，切切实实地忠于自己的角色，那么到真正执行此项制度时，许多困境及疑惑便会迎刃而解。那么如何使校长有强大的领导力呢？

（一）校长应恰到好处地运用自己的职位权力

《中华人民共和国义务教育法》规定，在我国中小学中，实行校长负责制。校长是学校的法人代表，对学校的教育、教学和行政工作全面负责、统一领导；校长领导学校的教育、教学和人事、财务、总务、校产等行政工作，对学校的重大工作和重大改革措施等拥有最终决策权。不可否认，校长具有外界赋予的威严的、不可抗拒的领导和组织权力，但是只有合理有效地运用这种职位赋予的权力才能产生令人信服的深远的影响力，否则只会带来敬畏感而非敬重感。

（二）校长应注重自身的道德品质

孔子说：其身正，不令而行；其身不正，虽令不从。在中华民族几千年沿袭下来的传统文化中，道德总是被放在第一位的，因而一个优秀的校长首先应当具备良好的道德品质，以德服人。在学校中，校长是一个公众人物，他的一言一行都会被看在眼里，并且能产生巨大的影响力，不论是积极的还是消极的。因此校长必须注意自己日常的行为举止，谨言慎行，引导学生和老师向好的方向发展。当然，校长不是圣人，也会有失误犯错的时候，若能虚心倾听周围人的意见，大方承认错误并及时改正，必会得到大家的谅解和敬重。

（三）校长应具备专业的知识和突出的能力

校长是一个领导，但同时也应该是一个具备专业知识的教育专家，是行政和学术人物的集合体。如果一个校长没有丰富的教育教学知识经验，自然难以被人认为是一个专家，如果不是自身领域的专家，那么他所推荐的人选会有多大的信服力，能有多强的认可程度？因此，一个优秀的校长必然也是一个优秀的教师，这是不无道理的。

此外，作为一个学校的权威性的领导，校长的自身能力是不可或缺的。这种能力包括审时度势能力、战略决策能力、沟通协作能力、信息处理能力、组织管理能力、权变创新能力等方面。这些都需要校长在经验经历中不断磨炼成长。

由此，校长也需要关注国家教育界及相关领域的政策信息，不断汲取各种直接经验和间接经验，时常投入教学实践发现问题，有强烈的探索欲望，保持教育教学的热情，有计划地与教师及专家研讨，并有效地找出症结及解决方法。遇到教学瓶颈的时候，果断而不武断，灵活而不放任，细致而不刁钻。

（四）校长应适当地处理好人际关系

管理学中的人际关系理论认为，影响组织成员工作效率高低的首要因素是人际关系。在学校里，如果校长对教职工关怀体贴，互相多交流、多沟通，那么校长的影响力将会在不知不觉中逐渐提高，教职工会对校长产生一种亲切感。当然，这种交流和沟通是有一个界限和尺度的，过度的关怀有时也会降低校长原有的威严。如何拿捏和收放校长与教职工之间的关系，需要校长自身的素养和判断，也可以多搜集相关的资料，多听多看。

总之，校长的领导力是一个综合素质的体现，是校长在领导实践中的智慧的结晶，这是一个持续不断的过程。只有当校长的领导力得到最大的体现，"校长推荐制"才能得到大众的信任与支持。当然，在高校自主招生的过程中，必须完善相关具体的制度，不能急于求成，而在具体制度出台以前，校长自身的领导力建设变得尤为重要，因此，且不论"校长推荐制"最终的去向，至少是一场不会失败的洗牌。

（曾晓瑾）

案例 4　全面落实诚信教育
——高考舞弊现象思考

[案例介绍]

目前高考存在很多问题，要求高考改革的呼声也越来越强。作为最能维护和体现考试公平的高考，现在其公平性也正面临着巨大的挑战，高考舞弊现象屡禁不绝。伴随着高考前各个学校"严厉打击高考作弊"的口号，不是高考考场的安静和公平，而是暗藏玄机的高科技、产业化、组织严的高考舞弊现象。

一、考试舞弊已形成产业链。高考前夕,吉林省公安机关在 5 月 28 日破获吉林省最大的非法生产销售高考作弊器材案件,收缴各类器材达 600 余套。松原市公安局副支队长马宏哲说,考试舞弊已经成为一个巨大的产业,从生产销售作弊器材到卖试题、卖答案,形成一条龙的产业链条,涉及范围从英语四级、六级、高考,到律师资格、财会、司法、公务员等,所有国家组织的考试均有相应的作弊网络,研发者、生产者、销售者们不仅通过网上邮购,各取所需,而且还有论坛,交流信息,讨论产品的性能,在哪个省好用,哪个省不好用。[①]

二、教师贩卖高考作弊器材。刘艳华是松原市扶余县一中高三的英语老师。6 月 4 日晚,刘艳华与本校另一名女教师何淑杰在扶余县四中考点附近一栋居民楼调试高考作弊用的设备时,被公安民警抓获。经审讯核实,犯罪嫌疑人刘艳华从网上购买并向考生出售高考作弊工具 27 套,涉案金额 40 余万元,非法获利情况正在核实,所售设备在考前收缴了 24 套。[②]

三、家长为孩子作弊护航。6 月 7、8 日,在松原市扶余县,记者看到,开考之后一些家长在"坚决打击高考舞弊行为"一类的横幅下席地而坐,高谈阔论中冒出的往往是"抄"、"仪器"、"买场"等字眼。每场考试过后,都能听到有学生谈论刚才抄了多少或哪个没抄上。一位父亲说:"现在这学生,啥招都使,只要能考上就光荣。"家长们感慨,"高考就是考家长","学习好是赚钱的"。成绩不好的学生,家里得处处花钱;成绩好的学生,不仅可免学费、拿奖学金,还能在高考考场上卖答案,大赚一笔。[③]

[案例分析]

(一)内在高考压力促使家长铤而走险

高考似乎已然决定着考生的一生,高考成绩的优秀成了所有人共同的追求。但是,当压力足够大,而现实中又没有合适的办法达到心中的理想时,心中存有的对真善美的评价就模糊了,高考的压力异化成了对高考的亵渎。本案中,刘艳华最初也是以一位家长的身份,为了自己的孩子能考高分才接触考试作弊器,最终没有忍受住巨大利益的诱惑,不得不与贩卖作弊器材者合作,才落得今天的下场。从另一方面说,考试舞弊产业链的形成缺少哪一环都不可能顺利形成,而家长为考生购买考试作弊器就是这个产业链的最后一环,是终端,考试舞弊产业如此猖狂,让我们看到的是家长以及考生对于作弊器材的巨大市场需求。

(二)唯利是图者钻高考市场和法律的空子

目前我国的市场经济还不成熟,完全以利益为取向者大有人在,在利益面前,唯利是图者忘记了良心和公正,他们丧失了基本的做事原则,站在了道德的对立面,钻了家长对高考过高期望的空子,也钻了中国法律不够健全的空子。那些制作生产、销售贩卖作弊器材的人在巨大利益的诱惑下,置国家法律于不顾。今年在教师贩卖作弊器材事件的推动下,高考舞弊现象再次进入民众的视线,掀起了又一轮打击考试舞弊的高潮。

---

① 郎秋红,王猛. 高科技·产业化·组织严——吉林"5·28"贩卖作弊器团伙案折射新型犯罪成为高考舞弊帮凶. 新华网,2009 年 06 月 17 日.
② 孟海鹰. 27 套作弊工具后面的利益链 [N]. 人民日报. 2009-06-15 (5).
③ 王俊秀,张国. 严查之下高考舞弊仍禁而不绝 [N]. 中国青年报. 2009-06-10.

另外,在考试舞弊的产业链中,还有一帮组织考试的教育行政人员。在我国,《国家教育考试违规处理办法》是处罚考试违规的通用规则,可是涉及到行政工作人员的处理条款大都只是有关人员受到纪律、行政处分等,根本不用承担法律责任和刑事责任。与他们被考生家长收买所得到的巨大利益相比,违规成本是如此之低,因此,很多人不惜铤而走险,从高考中获利获益。

(三) 高考舞弊是"应试教育"不可避免的结果

虽然素质教育的理念早就提出来了,然而中国教育目前最大的问题还是应试教育;素质教育喊得轰轰烈烈,应试教育却搞得扎扎实实。分数取向的应试教育使得学生、老师甚至校长都被学习成绩牵着鼻子走,只要考试分数提高了什么都好说,学生的品德、修养等都在其次。在追求高分的目标定位下,在分数为重的考试氛围下,难免有学生会为了获取高分而不择手段,家长甚至老师不但不制止纠正,反而有些家长围攻考试作弊屏蔽车,相互交流作弊经验,此种状况堪称教育界一大怪现象、丑现象。

[启示建议]

(一) 改善高考制度,不让高考过于"严肃"

高考制度改革目前是民众都很关心的一个问题,自从《国家中长期教育发展规划纲要》征求民众意见以来,网上很多人都在讨论高考制度改革的问题。2009年出现的一系列高考舞弊的丑陋现象也从另外一个侧面向我们证明了高考制度改革的必要性和迫切性。然而,高考怎么改却是一个比较复杂的问题。我认为应该注意的一点是不要让高考过于"严肃"。高考只不过是一场考试而已,不要再让它决定学生的未来。可以通过设置多场考试,多给学生一些机会来决定自己的"命运",也要设置多重考核评价的标准,而不仅仅是高考的分数。通过种种办法降低高考在决定学生命运上的重要性,必然能够降低高考竞争的激烈程度,减轻学生和家长的心理压力。

(二) 推出强有力的考试违规处罚法案

法律是规范人们行为的保障,在考试作弊事件上也急切需要法律的保障。近几年来,多次出现教育行政人员集体性作弊的恶性事件,一个很大的原因就是作弊所取得的回报远远大于他们所面对的风险。因此,需要设置强有力的考试违规处罚办法,来扼杀他们作弊的想法,而不只是简单地行政纪律处分。另外还应完善教育考试方面的法律。随着科技的进步,高考舞弊也呈现出高科技、组织化的特征,必须针对这种新型的犯罪方式设立新的法律,以尽可能地限制考试舞弊犯罪的出现。

(三) 把诚信教育落到实处

学生是考试的主体,又是学校教育的对象,因此对学生进行诚信素质教育尤其是考试诚信教育,是打击考试作弊最容易入手的地方。目前许多学校在考前都会宣传考试诚信,拉出一些"严厉打击考试舞弊"、"做诚信考生"等条幅,但是这些条幅真的有提醒考生不要作弊的作用吗?这些条幅更像是拉给来检查的教育领导看的,而不是让学生看的。诚信作为一种素养不是一时就能培养起来的,诚信素质教育更要渗透到日常的教育教学工作中。只有把诚信的品质真正为学生所内化了,才会对限制考生作弊起作用。因此,从小处来说,要减少考试舞弊现象,必须把对学生的诚信素质教育落到实处,真正提高学生的诚信修养。

(温金燕)

案例 5 标准管理难落实
——均衡发展幼儿教育

[案例介绍]

当前学前教育存在的诸多问题，大都是源于学前教育体制改革的遗留问题，国家没有将其纳入到义务教育范畴内，各地区孩子们能享受到的学前教育很不均衡。来自教育部的数字显示，2008 年全国有 3—5 岁学前适龄儿童 5240 万名，而在园幼儿人数仅有 2479 万名，入园率为 47.3%，也就是说仍然有 2761 万名 3—5 岁学前适龄儿童不能进入幼儿园接受教育。从中可以看出现在学前教育的普及率还比较低，"入园难""入园贵"问题在全国范围内都不同程度地存在着。同时政府机构在对幼儿园的管理上也存在着许多空白，对学前教育的办园标准没有明确的规定，民办园按成本核算收费，更是没有标准，国家在这方面也没有统一的规定，导致上幼儿园的费用非常乱，出现了幼儿园费用高涨的情况，在郑州就出现了每月每生收费近七千元的天价幼儿园；另外一个问题就是越来越多的公办幼儿园也因为政府投入不足只能靠提高收费标准养活自己。除了向家长收费，再就是降低教育质量，而这就意味着损害孩子的健康发展。另外就是农村的学前教育现状也不是很乐观，师资力量薄弱，学前教育普及率低，制度建设松散，缺乏统一标准。这样的师资对正在成长发育，迫切渴求感知外界事物的孩子来说是远远不够的，这对儿童今后的认知及语言发展是很不利的。长期下来，这种状况对我国的幼儿教育事业非常的不利，也会影响到整体的发展水平，会形成很明显的教育差距。

[案例分析]

学前教育是基础教育的重要组成部分，具有基础性、全局性和先导性的作用，它的重要性已经受到广泛的认识。

近年来学前教育工作也取得了一定的成绩，教育规模逐渐扩大，多元格局基本形成，各种形式和类型的幼儿园如雨后春笋，有个体办、合办、联办等形式，呈现出投资主体多元化、服务类型多样化的特征。城市经济的飞速发展，民办园小区化、高档化、规模化及连锁化日渐出现。同时在师资队伍建设方面相比以前也显著加强，幼教的整体素质的提高对提升学前教育质量，促进孩子们的健康成长是非常重要的。但目前学前教育事业存在的问题也是不容忽视的，对这些问题的解决关系到儿童的成长和中国的基础教育事业。因为学前教育事业是今后教育的基础，我们必须先打好根基，才能够实现每一个儿童的全面发展。我们要做到教育均衡发展，办有质量的教育，要有正确的基础教育观。

首先，是我国的幼教事业发展缺乏必要的保障，我国的幼教至今没有一种法律文件能明确界定、规范和约束学前教育。随着经济、社会的快速发展，现有的学前教育法规、规章在相当大程度上已经不再满足学前教育事业进一步改革与发展的需要。法律关系不明确、无法可依导致的无谓纠纷或执法障碍，阻碍了新形势下学前教育事业的顺利发展。其次，是政府及相关部门对学前教育的重要性、公益性及特殊性认识有些偏差，学前教育并未纳入义务教育范畴，所以在事业规划、布局调整、经费安排、体制改革中极少考虑幼教。学前教育扮演着可有可无的无计划的顺其自然的尴尬角色，这也导致了教育质量好的公立幼儿园难进，而私立幼儿园收费又高，农村和城市的学前教育差距大。再次，是对幼儿教育的专业性、特殊性及相关政策法规缺乏足够认识与重视，重义务教育、轻幼儿教育的现象普遍存在，一些缺乏幼教知识及技能的中小学落聘教师加入幼教队伍，城乡教育差距明显，"均衡发展"任重道远。另外，经费投入的明显不足也阻碍了教育的均衡发展。这些问题只是现在学前教育发展中的一小部分，还有更多的不足之处，所以我们要积极关注它的发展，尽力完善政策，优化师资队伍，促进城乡学前教育事业均衡发展，使每一个儿童都能受到良好的早期教育。

[启示建议]

在我国全面建设惠及十几亿人的全面小康社会的时候，必须重视学前教育在这方面的重要作用。在当今时代，学前教育应该满足大众对优质学前教育的需求，并适合广大群众的经济承受能力，充分发挥其支持就业和终身学习，提高基础教育效益和国民素质，促进社会发展的功能，切切实实发挥早期教育的作用。

首先，应适时调整学前教育的发展思路。学前教育不应是局限于幼儿园中的教育，家庭、社会、政府、媒体都是社会资源中的一部分，必须树立这样的教育观念。这样才能真正认识到学前教育的重要性，家长也可以认清自己在学龄前儿童成长与教育中的作用。同时政府机关要充分利用学前教育管理体制，发挥强有力的领导核心作用，调控作用，加强监督，保障学前教育事业的健康发展。

其次，应积极克服政策上存在的不足。将学前教育纳入义务教育范畴内，这样已有的政策在管理层面就能得到很好的贯彻和落实，使孩子们接受早期教育的权利得到有效保障。其实，法国、英国及加拿大等都实现了幼儿的义务教育，美国、北欧等国家的义务教育延伸到学龄前一到两年，即使没有实施学前教育全免费的国家和地区，公立幼儿园收费也是很低廉的。同时各地政府应该强调幼儿园的公益性，明确公办幼儿教育中的成本和承担机制，给予补贴，使所有的孩子能够上得起幼儿园。在此基础上，还要解决经费短缺的问题，必须加快学前教育立法进程，将我国的义务教育向下进行延伸，覆盖学前教育。

再次，国家应加大对农村幼儿教育的投资力度。有计划、有规划地对一批建设质量好、有规模的乡村幼儿园给予补助，以缓解当前农村学前教育资源紧张的局面，也可以积极发挥城区资源优势，充分利用和发挥城市办园管理、师资、环境等资源和优势，广泛开展城区与乡镇、公立园与私立园缔结"姐妹园"的双向交流活动，多层次、多形式为结队建设提供支持和扶助，尽可能把最基本、最实用、最需要的信息及技能传递给教师，增强竞争实力，提高保教质量，示范、辐射、带动、促进城乡学前教育的均衡发展。

最后，相关部门要对幼儿园分布进行合理的科学规划，统筹兼顾，完善布局合理的学前教育生态系统。政府相关部门应遵循适应、平衡和发展的原则，从而保证整体布局的合理性，在类型、数量、规模等方面尽量与社会的教育需求和生源保持平衡，为适龄幼儿提供平等的受教育机会。同时调整收费标准，规范收费行为，随着经济发展、社会事业快速进步，生活水平、生活质量明显改善，家长、社会对幼儿教育的需求不断增长，硬件设施、队伍建设及保教质量有了长足的发展，教育成本逐年提高。但由于收费标准十五年未变,办园经费严重不足,幼儿园不得不采取扩大班额、减少园舍维修、降低设施更新、延长在园时间举办兴趣班、特色班、培训班等收取费用弥补资金缺口。当务之急是相关部门加强收费指导和管理,按成本合理收费,为幼儿园可持续发展提供支持。

(项 燕)

案例6 不患寡而患不均
——论绩效工资的实施

[案例介绍]

2009年,起义务教育学校开始实施绩效工资制度。绩效工资制度虽好,但出现很多问题,其中包括:

(一) 制度本身有待完善

作者了解到,部分教师有不满和质疑,主要是因为市属学校和乡镇学校教师收入差距较大,同时年轻教师在绩效工资改革后收入过低。部分中小学教师反映,在教师基本工资中,岗位工资已按职称分档,而在占绩效工资总量70%的基础性绩效工资中,又按职级分档,中低职称与高职称差别太大。而在一线干活的多数是初级和中级职称的教师,高级职称的不是领导就是快要退休的,干活少却拿得多,这对年轻教师不公平。

(二) 具体操作困难重重,教师屡有意见

还有人提出,绩效工资改革如果操作不当,就可能成为新一轮"大锅饭"。贵州省政协委员徐谦提出:"我国各地经济发展水平差异很大,教育教学水平也有很大不同,绩效工资改革如果完全采取'一刀切'的方式'削峰填谷',对于那些超工作量、压力大的教师来说,实际上又是一种新的不公平。"

(三) 政策目标实现困难,缺乏意见反映部门

绩效工资制度因为上述的问题难以实现其政策目标。某小学马校长的说法基本概括现状,该校长称对于绩效工资发放一事,学校也是按照教育厅的文件来执行,学校和教师都有意见,但是没有适当的渠道去反映,对于绩效工资制度的前景表示怀疑。

[案例分析]

义务教育学校实施绩效工资制度,是贯彻落实义务教育法,深化事业单位收入分配制度改革的具体措施,对于吸引和鼓励各类优秀人才长期从教、终身从教,促进教育事业发展具有重要意义。教师的绩效工资,简而言之便是将原工资构成中的各种津贴、补贴、奖金等加以合并,根据对工作业绩的考核结果,决定工资发放的数额。绩效工资分为基础性和奖励性两部分。基础性绩效工资主要体现地区经济发展水平、物价水平、岗位职责等因素,占绩效工资总量的70%,一般按月发放。奖励性绩效工资主要体现工作量和实际贡献等因素,在考核的基础上,由学校确定分配方式和办法。但是绩效工资的实施也是需要一定条件的,这其中包括:

1. 工资范围足够大,各档次之间拉开距离;

2. 业绩标准要制订得科学、客观,业绩衡量要公正有效,衡量结果应与工资结构挂钩;

3. 有浓厚的企业文化氛围支持业绩评估系统的实施和运作,使之起到奖励先进、约束落后的目的;

4. 将业绩评估过程与组织目标实施过程相结合,将工资体系运作纳入整个企业的生产和经营运作系统之中。

义务教育学校因为旧有的计划经济体制,单位性质较为模糊,再加之教师职业较为特殊,难以量化其绩效,而且其职业本身使用绩效工资制度来运作是否合适也是需要时间来检验以及过渡,所以现阶段难以完全按照企业标准搞绩效工资。

出现上述问题的原因归纳如下:

(一)在政策制定上,全面性、科学性、激励性等都不完善

无论是考核方案、考核细则、工资标准还是分配方案都是绩效工资制度执行的核心机制,这些核心机制的制定都需要达到全面、科学和准确客观的要求。正是因为这些核心的辅助机制没有达到上述标准,才会造成教师对于绩效工资制度提出异议和质疑。所以,做好绩效工资制度改革必须要完善好配套制度,打好绩效制度的基石。

(二)不能体现政策群体尤其是广大教师的意见

政策制定出来后要经过民主评议和选择才能生效,这也是决定政策群体能否积极执行政策的一个重要原因。如果只是教育领导部门一方制定规则方案,没有听取一线教师的意见,没有反映教师的意愿,那么政策很难落实好。所以只有听取和反映广大教师意见,才能"取之于民,用之于民"。

(三)执行上僵化不灵活、缺乏监督和完善过程

有些学校和教育部门在绩效工资制度的运作上不能实事求是,不是具体问题具体分析,而是一味地紧扣绩效工资改革的《制度指导意见》和其他文件纲领,造成执行上僵化,失去制度的本来意义。另外,新政策制定后在执行过程中难免会出现偏差和不公平,所以应该设立适当的组织部门受理制度执行上的投诉意见,并在这个过程中使得制度逐步完善。

[启示建议]

管理学在政策制定上分以下几个部分:第一是制定政策原则和政策目标,第二是收集政策信息资料,第三是进行多种方案制定,第四是选择方案。

首先,要明细教师绩效工资制度的目的和原则。在关于义务教育学校绩效工资指导意见中,反映出的政策目的在于促使教师多劳多得、优绩优酬,重点向一线教师、骨干教师和成绩突出的其他工作人员倾斜,把义务教育学校实施绩效工资同深化学校人事制度改革、完善义务教育经费保障机制、规范学校收费行为和经费管理紧密结合,注意研究解决实施中出现的问题,妥善处理各种关系,积极稳妥做好工作。具体来说,应反映下列原则:

1. 要充分体现按劳分配、多劳多得的原则,不得平均发放;

2. 发放项目要根据单位的主要工作任务来设置,档次按照工作的责任大小和难易程度等具体情况划分,适当拉开差距;

3. 绩效工资的发放标准要在认真测算的基础上制定,不得突破核定的总额。

其次，是政策信息资料的收集。这应包括各项法律法规和专项条款，以及教育部指定文件和指导意见，各专家和学校、教师的代表意见，历史情况和他国经验等等。

最后，是方案的制定。方案应该是反映多角度，体现各方利益的，所以应该积极听取多方意见，从众多方案中择优选取。

（秦怀杰）

案例7　培养现代化人才
——"中学校长实名推荐制"思考

[案例介绍]

资料一：

中国青年报北京2009年11月8日电（记者原春琳）北京大学8日晚正式对外公布了此前流传甚久的"中学校长实名推荐制"的实施方案。凭知名人士的推荐信便可获得一流大学的招生面试资格，从此不再是纸上谈兵。

按照此方案，部分地区中学校长的一纸推荐信一旦通过北大相关部门的审核，其推荐的学生便可以免考，直接进入面试阶段。这部分招生人数原则上控制在北京大学本科招生计划人数的3%以内，具体人数则视申请中学以及中学推荐学生的情况而定。

"实名推荐制"的方案不是面向全国各地的高中生。根据北大的方案，招生对象是北京、天津、重庆、黑龙江、吉林、江苏、浙江、河南、湖南、湖北、广东、陕西、新疆等省（区、市）综合素质优秀或学科特长突出的高中毕业生。不是全国所有的中学校长都具有推荐资格，只有获得参加北京大学"实名推荐"的资质才能申请。同时，中学校长所具有的推荐资质并非终身制。如存在弄虚作假等情形，一经发现，立即取消该中学及校长的推荐资质，并取消学生的资格。

资料二：

北京大学2010年"中学校长实名推荐制"推荐学生名单（部分）

中学	校长姓名	学生姓名
北京人大附中	刘彭芝	刘顿
北京人大附中	刘彭芝	姜一晨
北京人大附中	刘彭芝	乔禹森
北京人大附中	刘彭芝	赵墨
北京人大附中	刘彭芝	高姗
北京四中	刘长铭	楼悦晨
北京四中	刘长铭	马越原
北京四中	刘长铭	孙文昊
北京四中	刘长铭	奚牧凉

[案例分析]

作为一个中国响当当的名校,北大在历史上出现过很多使人津津乐道的事情,蔡元培先生的"兼容并包"办学方针影响了中国大学的教育思想,北大诸位文化名流和大师的充满睿智的思想犹如日在中天,熠熠发光。北京大学2010年"中学校长实名推荐制"引发了舆论热潮。我们不必论其在全国范围内实施的公平性,也不论其是否最后落入"唯分数论"的窠臼。我们不妨给北大"校长实名推荐制"一次机会,研究此项改革给我们的启发才更有意义。

北大今年首次试点"实名推荐制",全国39所中学校长获得推荐资质。舆论大多认为,"校长推荐"是这次北大招生改革的亮点,北大和中学校长们应有"不拘一格降人才"的气度,向北大推荐偏才怪才。且抛开校长的行政权力及其专业性,中学校长缘何有单独决定推荐哪个学生的权力及力排众议的能力?我们分别从社会心理角度和学校道德领导角度予以阐释。

(一)社会心理学角度

社会心理学中的晕轮效应可以很好地解释这一现象。晕轮效应(英文 TheHaloEffect),又称"光环效应",属于心理学范畴。晕轮效应的核心是人们对他人的认知判断首先是根据个人的好恶得出的,然后再从这个判断推论出认知对象的其他品质的现象。在中学,往往校长就是我们所认为的头上顶着"光环"的人,其气度、学识、魅力,在老师同学们中的影响力、号召力往往是我们最认可与敬佩的。再加之其专业的知识,领导决策能力,我们不可否认,在推行"实名推荐制"的过程中,校长是我们最值得信赖的人选,校长实名推荐制的推行也有其生长的沃土。

(二)学校道德领导角度

以校长实名制来推荐上北大的学生,正是对校长的情感、信念、价值观以及道德的充分肯定。资料一中也提出"同时,中学校长所具有的推荐资质并非终身制"。可以想见,每一名被推荐至北大的学生,如资料二中,都有一位为其负责的校长,这不仅仅限于推荐的行为,该学生在北大面试以及在北大的表现直到该学生走入社会后的表现,我们也会将此和当时的校长名字联系在一起。这正体现了道德领导的理念。

改革政策的初衷,是在现行高考招生制度的整体框架下,进一步探索多样化人才培养的新模式,为不同类型优秀学生的脱颖而出创造条件,使中学和学生能够逐步转为主动培养素质,从而逐步影响乃至改变高考"一考定终身"的现状,使那些综合素质更加全面、学科特长更加突出的优秀学生能有更多的机会进入北大接受教育。北大试行"中学校长实名推荐制"是对高校自主选拔录取政策的进一步深化的积极探索,是建立和完善教育诚信体系的有益尝试,为不同类型优秀学生的脱颖而出创造条件。其实在北大公布了这一自主招生的新举措之后,社会上对这一政策能否得到公正执行持质疑态度,公众担心在中学校长实名推荐的过程中,会受到权力和金钱的介入或影响。真正可悲的不是在高校招生改革中发生腐败个案,而是所有大学只知按分数高低遴选"人才",任由"一考定终身"的应试体制捆住整个中国的基础教育。

[启示建议]

第一,教育领导者自身素质的提升,对变革和变迁具有深刻的理解,突破现行学校领导惯性的屏障。道德领导的理论假设在于,美好的东西促使人们去做。道德领导理论的倡导者萨乔万尼认为,"我们的情感需要得到认可接受,我们需要与我们的基本价值观、他人相连接,我们必须于己于人变得更为可信。"①

第二,教育道德领导不再是一种控制,而是一种建设性的努力,领导的任务就是去创建一种能使领导者与他人紧密联系的道德秩序。道德领导的实现要依赖专业权威和道德权威,与此同时,有利于社会诚信体系的完善和人们对于改革的宽容的态度。

第三,教育领导者要具有个人身份感,有勇气,敢于冒险,通过与他人的反思性互动,解释自我并形成自我身份。领导者要分析和解释自我,要具有个人身份感,具有鼓动性和冒险精神。教育体制的深层改革,很难再有类似 30 年前恢复全国统一高考制度时那样一致叫好的情形。然而,要去除积弊,回答钱学森先生"中国教育为什么不出人才"的疑问,纵然阻力与风险再大,改革尝试也势在必行。无论是对教育改革还是其他的教育领导问题,教育领导者都应该有这样的胆魄和胸怀。

第四,我国高等教育已经进入了大众化的发展阶段,外部环境逐渐宽松,公众对高等教育的选择性逐渐加强。不失时机地推进高考制度改革,对于办"人民满意的教育",培养多样化的适用人才和创新型人才,开创基础教育与高等教育的新局面,具有十分重要的意义。我们需要坚定改革的方向,通过理性、建设性、渐进性的方式,用改革的实践推进改革,使高考改革走出困境。

(贾　媛)

案例 8　取之于民,用之于民
——制定人文化的教育政策

[案例介绍]

全国政协十一届三次会议开幕会结束后,政协委员崔某被各家记者拦下,接受"集体采访"。提问中,记者们关注最多的是教育问题,并提到了两个"门槛":

(一)保障农民工子女教育权需取消门槛

当崔某被问到如何在制度上保障农民工子女的受教育权利时,说:"在制度上非常简单,我觉得取消门槛就可以了。现在学校不光分农民工,还分城市——一个城市的孩子就不能在另一个城市上学;不光分城市,还分街道。我觉得我们取消这个门槛就行了,适龄儿童在哪儿都可以上学。"

(二)打破代课教师与公办教师的门槛

有记者问,如何破解代课教师问题?对此,崔某回答:"我觉得一刀切不太好。现在一刀

---

① [美]托马斯 J. 萨乔万尼. 道德领导:抵及学校改善的核心 [M]. 冯大鸣译. 上海:上海教育出版社,2002:53.

切的理由就是这些教师不具备教师的素质,他们会误人子弟。但是我觉得是不是我们主管教育的领导也能每天早上4点起来,走走那15公里的山路,你就会想出比这个更完美的政策。"

[案例分析]

案例中崔某表达了自己对教育现状的认识,保证农民工子女教育权需取消门槛,而公办教师与民办教师的门槛也需要打破。他从自己接触的一些事实说明了很多决策的制定其实是缺乏实际依据的,政策是为人民服务的,一旦政策成为了人民的阻碍,肯定实施不下去,也不能实施下去。所以教育决策的制定一定要汇总民意,考虑好各方面的利益,不能把政策当作游戏。

近日,中国国务院总理温家宝先后主持召开五次座谈会,就正在制定的《国家中长期教育改革和发展规划纲要》听取社会各界人士的意见和建议。"纲要应该反映国家的意志、决心和战略眼光,让人民看到希望,从而增强对中国教育的信心。"在座谈会上,温家宝作出上述表示。

自2008年8月底启动制订《国家中长期教育改革和发展规划纲要》以来,已经数十次易稿。中国教育部部长袁贵仁透露,将在春节过后、全国"两会"之前向社会公示规划纲要的征求意见稿。去年首度征求意见时尚未有蓝本,是"问需于民",结果汇集了各界200多万条关于教改的建议。而本次是"问计于民",汇集意见,再做修正。

袁贵仁近日在教育部2010年度工作会议上坦陈,当前,中国正处在社会转型、改革攻坚、实现科学发展的关键时期,全社会对教育问题的关注度、敏感度、期望值空前提高,教育工作的外部环境日益复杂,办好让人民满意的教育任务繁重艰巨。教育改革已进入"深水区",即将揭开面纱的规划纲要寄托着人们对自身和下一代太多的希望,需要政策制定者有足够的智慧和勇气。

从今年的教育工作会议上,可以透露出本次教改的一些端倪。如:

1. 义务教育要以推进均衡发展为突破口,率先在县域内实现均衡发展。要通过推进义务教育均衡发展,有效缓解择校、学生课业负担过重等老大难问题。

2. 职业教育要建立健全政府主导、行业指导、企业参与的办学机制,鼓励校企合作、加强实习实训基地等工作,促进职业教育与经济社会发展相适应。

3. 高等教育要以创新人才培养为中心,统筹好高校人才培养、科学研究、社会服务三大功能,整体提高学生素质,积极影响和有效引领中等教育以及初等教育教学模式的改革创新。

而基础教育方面,城乡、地区之间教育发展的不均衡,是中国的基本教育国情。农村教育的薄弱和艰难,集中了中国教育公平所有重要问题。上世纪90年代以来,由于社会贫富差距加大,择校热、高收费和学生的家庭背景都影响着学生的教育机会,教育的阶层差距成为一个突出的问题。

当然,本次教改给人的期待还很多,如:民办高校、中外合作办学能否有新突破?九年义务教育普及之后,如何普及学前教育和高中阶段教育?以高考为中心的考试模式如何更加合理有效?残障等特殊人士的受教育权利如何得到更充分保证?……

知易行难。中国教育所面临的困境众所周知,但改变这种局面却非一日之功。我们正处于教育改革的浪潮中,这就需要确定清晰的目标和整体的谋划,并使其建立在法治、民意的基础上进行实践和实验。进入"深水区"的教育改革,难免会触碰到一些人、一些部门的利益，在操作层面也必须有冲破阻碍的坚定信念和化解矛盾的政治智慧。怎样听取民意，做到真正对人民的关怀，成为了政策制定中亟待解决的问题。庆幸的是，政府已经逐渐认识到了这个问题，而且正在努力扭转这种局面。

[启示建议]

一、决策制定要深入地听取民意。这种民意应该是广泛的，既包括城市，也包括农村，还要囊括社会的各个阶层，只有这样才能做到真正的"深入民意"。

二、决策的实施要事先实验。在不同的区域找好试验点，然后真正把决策实施起来，这样才能发现症结所在，从而对政策做出修改，使它能够更好地实施。

三、决策的执行力度要加大。很多决策在中国这样国情复杂、结构繁多的国家并不能够很好的实施，经常出现"上有政策，下有对策"的不好现象。因此，决策执行的力度一定要加大，使决策能够充分地实施，从而推动教育的进步。

四、决策的监督要做好。在社会中经常出现只执行决策，而决策执行的好坏，带来了什么后果却无人问津。这样下去，决策的效果大打折扣，而且决策的效果还容易变质。因此，决策的监督也是重中之重，只有这样，从制定决策到实施决策的各个方面才能完整，才能真正的做到"取之于民，用之于民"。

（苏　生）

案例9　日本校长任命变革
——我国未来教育领导启迪

[案例介绍]

我国校长采用任用制，一般由教育主管部门委任，但随着经济、政治、文化和教育体制改革，其制度性疲惫已日益显现。局部地区正逐步推行选任制、考任制、招聘制的改革试点，更多地区则根据自身条件积极地对原有委任制进行内部改良。在寻求出路之际，我们不妨看一下，同样有着教育委员会任命校长传统的日本，在基础学校由行政管理转向自律运营的这几十年间都是怎样变革校长选拔制度和实践的，思考总结其中的经验与教训或许能给我国未来教育领导发展带来一定启迪。

[案例分析]

这里将五十余年来日本校长任命变革划分为五个主要阶段：

（一）中立性斗争（1956年—1960年）

在日本，1956年校长任命可实现独立于政治和普通行政，只依据教育行政进行。随之，校长任命权由作为地方教育行政中心的教育委员会[①]把持之政策被加以确立。这一制

---

① 依据规定，各级行政区划各自设有教育委员会，都道府县和市教育委员会设6名以上委员、町村教育委员会设3名以上委员，且委员中至少有一人是学生的监护人。

度潜伏着重大隐患：一方面，由基础自治体内教育专门职务集团所构成的学阀系统及其深刻的影响力不见消退；另一方面，出于学校管理之需而新设的存在大量专职指导室（课）长职务的都道府县级别人事行政机构（相当于我国省级行政），为这场教育政治斗争搭建了又一个舞台。显然，在这校长任命的政治斗争的台前幕后，基础自治体和都教育委员会各自扮演了怎样的角色，发挥了哪些作用，决定性因素为何等等，这些对于教职员、学生家长、地区居民而言都是无从知晓的。校长任命成为黑箱系统。

（二）公开化潮流（1960年－1980年）

及至20世纪60年代末，民众们开始不满于校长们对于教育行政管理者的唯命是从，对该不透明的校长提名任命制的批判也变得愈演愈烈。作为学校民主管理的重要条件和内容，"校长人事明朗化"成为当时备受关注和推崇的命题。当时各方探讨的直接对象范围虽限于教头、指导主事等管理职，但对校长任命也产生了连带影响，因为日本校长选考采用的多是从教头等管理层提拔的模式。

（三）能力主义（1980年－1990年）

进入80年代，《教职员信赖》栏被取消，更为重要的是，随着以终身雇佣和年功序列为核心的日本型管理体系在新经济环境下受到能力主义管理的有力冲击和挑战，教育管理也开始逐渐接纳能力主义。如何具体确立校长的资格标准始终未被确定下来，只能依靠校长直属上级（教育长）经验性地（主观性）、简单地（片面性）、不公正地（黑箱操作）进行判断。在一长制的任命体制下，上级管理者的随意性被肆意放大，而能力主义的初衷却反遭背弃。

（四）自律经营（1990年－2000年）

进入90年代，面对泡沫经济的破裂和长期经济不景气，日本不断追求经济运营以及对其提供支持的社会运营系统的根本变革，使"地方分权"和"规制缓和"成为社会运营系统变革的核心与关键。在这场变革中，学校自律和教育经营成为基础教育改革的主旋律。中小学管理从他律转向自律，校长的理想形象从行政管理者转型为自律型经营者，成为时代所需。

（五）参与性运营（2000年以后）

进入20世纪，日本确立了未来教育的三大支柱：教育行政的地方分权化、学校的自主性和自律性的确立、居民参与学校运营。可见，教育行政改革的基本方向就是缩小国家和都道府县权限，扩大市町村等基础自治体的裁量权，与此同时促进教育委员会将权限转让给学校，以此确立学校的自律性并发挥校长的领导力。在参与性运营被空前强调的环境下，以往必须持有教师资格证书、5年以上教育工作经历的校长任职前提被打破，修订后的《学校教育法实施规则》放宽了校长录用资格，允许录用有"一技之长"的"民间人士"，以期革命性推进学校与社会的联系，并同时从社会管理界寻找领导精英。

[启示建议]

日本校长任命变革能够为我国校长任命带来一定启示。

（一）任命权限

日本有教育委员会掌握校长任命等学校人事的传统，这点很近似于我国现状。不管在日本还是中国，教育主管部门控制任命权限势必削弱学校教师、学生、家长和地区居民的决定权,在一定程度上与当前学校自律、地区居民的趋向参与相背;不仅如此,校长人事或成为政治战场,于是普通居民、学校教师连知情权都难获保障,校长人事成为"黑箱",既远离了教学现场,也远离了地区社会。在国际上,将任命权限交由教育主管部门以外单位或个体的情况尚不多见,这或与基本教育的公共属性存有密切牵连。而在任命权限没有根本变革的前提下,扩大知情权相比决定权而言恐怕更具现实性。另外,提高任命权者的素养和能力也是提高选拔公正性和公平度的必要条件。

（二）任用制度

任命权限的归属并不必然性地决定任用制度。美、日、中等各国校长任命权限虽基本同属地方教委,但任用制度却截然不同,即为明证。通过任用制度的改革能够有效扩大知情权,委任→考任→招聘是一步步提升选拔性、吸引社会参与并借此增进学校人事公开的方法。集权制国家较多实施委任制,我国受过往体制影响,委任制仍是当前主流的任用制度,但委任制下校长的能力素质最易遭致怀疑;美国在校长任用上始终贯彻招聘制,公开程度高、选拔性强,不过这需要与行政分权体制、校董会制度、校长职前培养模式和校长人才库等相互配套,于我国现今地区社会而言尚不具备相关条件;日本则是比较典型的考任制,虽与我国一样不具备真正意义上的校长职前培养,但通过完善的制度规范,对候选人资格、选拔程序加强管理,综合考察候选者各方面素质,加强校长任命管理,相对而言于我国更具借鉴意义。

（三）考核项目

知情权的扩大（公开）并不一定相应带来公正,公开而不公正的校长任用更易受到诟病。随着地区、教育和学校发展的需要更新选考内容,不管是中国或是日本的教育界,都在谋求通过设计更恰切的考核项目择才。譬如日本关于校长形象和校长力的探讨（这场探讨也可看作是对国家放宽校长资格的反动）及我国中小学校长专业标准研究等。当前,需要通过考核项目发现个体在多大程度上具备作为一校之长所需具备的本质能力。近些年来,日本教育研究界倾向于从使命感与责任感、学校前景勾画、组织环境建构、教职员培养以及与地区居民和教委协调等五个方面定义理想校长,其积极方面可供我国教育主管部门在校长任用时参考和借鉴。

怎样合适地任用校长,校长究竟应该是行政校长、经营校长、社区校长抑或是其他？那些探讨校长必备能力的书刊比比皆是,每一本仿佛都可以列出一长串差不多的校长必备能力、特质、素养和经验,然而,这些似乎同其他行业领导者素质要求并无二致。就根本而言,校长素质的探讨不应当脱离基础教育这一大环境。美日等国近来倾向于将所有的校长力置于提升"学校力"或学生"学力"的框架下实施对策性研究,其背后的公理便是"判别校长力应以是否有效改观学校或提升学生学力为准绳",笔者认为这也应当是每位教育领导研究者所必须谨守的观念。同样,是否能最大限度地提升学校力及学生学力也应成为现实中各地考核任用校长的首要标准。

（李昱辉）

第十一章 困境思考

改革开放以来,大量的农村剩余劳动力涌入城市,他们为城市建设做出了不可磨灭的巨大贡献。但是,伴随着这浩浩荡荡的"民工潮",民工子弟的教育问题也随之突显。他们无法享用和城市学生一样接受平等教育的权利,他们受教育的主要方式是进入所谓的"棚户学校"或"打工子弟小学"。在这样的环境下他们能否接受到良好的教育,这个问题逐渐地受到社会各界的质疑,也带来了有关部门的重视。

与此同时,未成年人的思想道德建设工作成为全国上下高度关注和重视的热点话题。在纪念胡锦涛同志发表"八荣八耻"讲话四周年之际,如何更好地弘扬荣辱观,弘扬中华民族的传统美德,切实提升学生的思想道德水平成为当今教育关注的另一热点。品德养成是育人工程中最重要的"大厦"之一,德育大厦的基底是尊重!人类社会有多种多样的准则,而最起码的是人必须有自尊,否则人与动物无异,何谈优良品德?有自尊,懂得尊重的人,才会有更高更美好的生活目标。有了尊重这个基底,其他优良品德的形成就有了可靠的依据,追求高雅,追求卓越,就是有源之水,有本之木了。

伴随着科技进步和社会生产力的提高,人们同时也面临着人口剧增、资源过度消耗、环境污染、生态破坏、国家或地区之间贫富差距扩大等全球性问题。因此环境教育这一新理念油然而生,怎样适合地将环境教育纳入中小学课程将有助于培养中小学生的忧患意识和可持续发展的观念,树立正确的人口观、环境观和发展观,促使他们从关心身边的环境问题入手,积极采取行动,共同创造可持续的未来。

案例1 薄弱公办学校的生存困境
——校长如何应对生源危机

[案例介绍]

夏意渐浓,暑假渐近。对学生来说,这是一个幸福快乐的季节。然而,这也是几家欢笑几家愁的时刻。尤其对Y校长来说,这是个煎熬的时刻。每到这个时候,学校面临着招生的艰巨任务。自2005年至今,Y校长所在的学校报名与入学人数成递减趋势。2009年学校入学人数不到计划人数的十分之一,学校的教室闲置,教师没有事情做,纷纷离去。有时候,Y校长在校园里巡视,往昔热闹的校园,如今显得安静与落寞。Y校长陷入了沉思之中。

学校的一位负责人说:"不少优秀的学生都被优质中学吸引走了,成绩一般的学生,只要家庭经济条件承受得起,也通过借读的方式进入了优质中学。去年按片招生计划,该校本应该招400余名新生,但最后就读的只有40多人,生源大多为下岗家庭、进城务工者的子女。这种状况已经持续几年了。今年，预计这种现象仍会出现。"

与薄弱公办学校受"冷遇"的现状相比，该市的一些私立中学招生则堪称火暴。一所热点学校原计划招生450人，但后来因报名人数过多，只好向教育部门申请"扩招"。

该市一位教育部门负责人分析，家长是左右孩子择校的主要力量。他们关注学校的师资力量、整体环境，对普通公办学校抱有怀疑态度，怕耽误了"有潜力的孩子"。①

[案例分析]

Y校长所在的学校是一所历史悠久的中学。八九十年代，这所学校吸纳了当地五个村的学生入学。虽说不是名校，但由于就近入学方便，教学质量还算可以，家长们也乐意把学生送到这所学校来。然而，随着我国市场经济的快速发展，我国教育经历一系列的改革，尤其是2003年9月《中华人民共和国民办教育促进法》实施以来，办学主体的多元化，导致涌现出一批教学质量高师资、力量强、硬件设施齐全的民办学校。这些"新星"的出现，极大地冲击了我国公办中学。由于民办学校资金来源比较多元，管理制度灵活，教师工资待遇比一般公立学校好，因此也吸引了一批公立学校的优秀教师加盟。公立学校优秀教师的流失，尤其是一些名师的流走，同时也间接造成了一批学生的转学。渐渐地学校招不到学生，大量的教师转调其他学校，学校每况愈下。

Y校长面对的问题，并不是一个个案。这是我国目前存在的一个很普遍也很严重的问题。由于教育资源配置不合理，区域内和区域间普遍存在教育公平问题，由此引发了"择校热"等一系列的教育非正常现象。其中，笔者发现一些薄弱的公立中学，在教育市场化浪潮中风雨飘摇，艰难生存。对于Y校长而言，他面临的难题可以归结以下几点。

一、教师流失问题。20世纪80年代末，我国进行中小学管理体制改革，实行校长负责制、教师聘任制和结构工资制。教师聘任制在一定程度上增加了教师职位的流动性，教师的就业与择业变得更加灵活。教师结构工资制的施行，一方面有利于调动学校的积极性，提高办学效益；另一方面，由于我国经济发展存在区域不均衡等问题，学校的发展也必然存在效益的高低差距，这就造成了学校的不均衡发展。区域间以及学校间的差异性，使得部分优秀教师资源流向优质学校，从而使教学资源变得更加集中，不利于教育均衡化发展。对部分薄弱学校来说，优秀教师大量流失，学校正常教学难以进行，教学质量不能得到保障。

二、生源不足问题。生源不足问题可以分为两个方面：一是绝对生源不足问题，这是因为人口出生率下降，适龄入学儿童减少造成的；另一种是相对生源不足问题。由于教育制度改革，经济市场化发展带动教育市场化。虽然我国义务教育法规定：适龄儿童、少年免试入学。地方各级人民政府应当保障适龄儿童、少年在户籍所在地学校就近入学。这种按户籍的分类方法和"免试划片就近入学"的原则与家长为孩子设计的发展路线并不一致，家长们希望自己的孩子能接受优质的教育，占有优质丰富的教育资源。在此背景下，必然导致学校生源分布不均，薄弱学校面临生源危机。

三、教育资源不足。我国教育存在区域性差异、城乡差异相当显著，在义务教育阶段更加明显。义务教育经费来源由中央和地方共同分担，这使得一些经济不发达地区，尤其

---

① 资料来源：楚天金报[N].2010-05-06.

是农村落后地区的教育经费存在严重不足。城乡差距导致大量农村学生选择城镇学校，城镇学生选择省市学校，对农村学校来说生存压力极大。Y校长所在学校不但面临着教育经费不足的问题，而且学校自身创收项目没有发展起来。由于教育资源不足，学校招聘教师和改善教学条件显得捉襟见肘，举步维艰。

Y校长面临的三个问题，同时构成了一条循环链，学校发展每况愈下。笔者发现，这些问题在我国很多地方都十分普遍。因此，教育均衡化发展的问题更加突出。

[启示建议]

薄弱学校之所以存在，笔者认为有一定的历史原因。归纳起来，有两方面的原因：一方面是外因，包括地方经济发展水平、政策导向和社会支持；另一方面，是学校内部原因，包括学校历史传统、学校发展规划和学校目前资源等原因。Y校长的困惑和困境在我国普遍存在，这不仅是教育问题，同时也是社会问题。

我国是一个教育大国。2007年我国包括小学和初中在内的九年义务教育，在校人数近1.8亿，小学和初中入学率分别达到了99%和98%以上。[①] 我国在义务教育阶段取得了可喜的成绩，但在量的背后却有质的隐忧。我国义务教育阶段教育不均衡问题十分突出。教育不均衡不仅是教育不公平的问题，同时也是"择校热""应试教育"问题的根源所在。薄弱学校如何发展，归根结底是教育均衡发展的问题。从宏观方面分析，是政策的问题、社会支持的问题；从微观方面分析，作为一校之长，如何做好分内工作，领导学校走出困境。笔者认为，目前情况下，薄弱学校应该从以下方面来考虑问题解决的对策。

一、寻找社会支持。普通公立学校可以通过吸纳社会资金等方式解决经费不足问题。我国教育改革尝试办学主体多元化，在此背景下，公立民助、合作办学等方式能有效解决我国教育经费来源的多样化。同时，学校可以通过社会募捐等方式寻求社会支持。在西方，社会对学校的支持作用并不比政府弱，甚至在一些地方，社会尤其是社区是学校的最大经费来源。

二、学校特色定位。义务教育阶段最大的问题就是追求"模式化"办学。诚然，义务教育阶段学校各种设施师资统一标准，是教育均衡的一个方面，但这并不等同于全国中小学按统一标准办学。义务教育阶段学校发展要有特色，这样学校才能更好地发展。没有特色的重复办学，不但浪费了资源，而且使学校没有任何优势。目前，我国北京上海等地中小学特色办学优质发展，成为我国义务教育阶段的领头羊。以上海为例，上海中小学在完成国家地方教育目标的基础上形成自己学校的发展特色，或以人文见长，或以科技见长，或以外语见长，在基础教育大观园里争芳斗艳、灿烂夺目。

三、打造一流的师资队伍。教育质量是一个学校生存的重要因素，也是吸引生源的重要方面。一流的师资队伍就等于一流的学校。薄弱学校难以吸引名师，所以加强学校师资培训是关键。一流的师资队伍不一定是名师团，薄弱学校要合理配置现有师资，同时吸纳新生力量，形成与学校特色发展紧密相连的教师队伍。

我国教育中长期发展规划把教育均衡发展列为教育发展的重中之重，对薄弱学校来说是一个福音。但这是一个机遇，也是一个挑战，薄弱学校如何抓住机遇，摆脱困境，需要

---

① 焦树国，管刚，王闯. 农村义务教育均衡发展问题研究[J]. 中国商界. 2010（1）.

学校尤其是校长的努力,也需要社会的支持与认同。

(袁 盎)

案例2 "放弃"与"改变"
——关爱学困生

[案例介绍]

笔者的表姐是一位普通的初中语文教师,她所教的一个班级中最低四个人的成绩相加的总分只有11分——非常让人惊讶的数字,尤其是对语文来说。可想而知,这些学生的成绩差到了什么程度。她的另一个班级有一个很牛的班主任,想方设法让一个学生调了班,结果她的这个班级的语文平均分从年级最低一跃变为年级最高。她的说法,我相信也代表了大部分教师的声音,这些垫底的学生根本无法教或者说教师对他们几乎不起任何作用,教师遇到这样的学生只能是倒霉,有时他们甚至成为了领导"惩罚"教师的工具。

[案例分析]

(一)学校和教师真的无可作为吗

在实际教学工作中也确实有这样那样的困难。首先,中小学属于九年义务教育范畴,即所有的适龄儿童都必须接受学校教育,这在很大程度上导致了普通中小学的学生异质性高。例如,有部分学生智力水平正常,但由于各种不适应症,注意力难以长时间维持,学习动机弱,目标不明确,自制力差等,使其无法很好地适应学校中规中矩的教学模式从而导致学习效果不理想。其次,据笔者了解,义务教育阶段学校基本取消了留级制度,可能是出于对学生自尊心的保护和义务教育实施上的便利等原因。既然没有了留级,除非家长和学生强烈要求复读,一般情况下,即使学生的学习成绩再差,他也将带着无数的疑问进入下一学年的学习。再者,教师一般是按照普通学生的发展水平来制定教学内容和教学目标,同时需要兼顾很多学生,他无法也不可能花大量的时间和精力在少数的几个学习后进生身上;再加上现在是个重效率的时代,转化一个差生的成本可能可以使数个中等学生有更好的进步。效果是甚微的,代价是易见的。

放任的方式也许是最简单的,但其实质就是放弃,反应了教育的盲点和无能。学校教师可能采取的消极应对方式主要是让学生在校期间可以平平稳稳地渡过,不闯祸,平时多加关照,拖到毕业为止。而真正对学生的将来发展有益的积极应对方式却很难见到。面对这一块,很多人正在做出努力,但主要以个案研究为主。在更大的层面上我们是否可以找出一些积极的方式来摆脱这种无可作为、难以作为的局面呢?

(二)对"学困生"的教育存在明显缺陷

我们的学生作为不同的个体当然就有个体差异,包括不同的智力发展、个性特点乃至家庭成长环境,社会历史成长环境等。在学校这个主要以学习来衡量评价学生的简单系统中,个体差异自然就集中体现为学习成绩,这种对集中性的过分强调必然就导致一种常识:成绩越好的孩子代表聪明和勤奋,而成绩不好的孩子不是笨就是不努力。而长大后的我们都明白，这一常识是有失偏颇的。这里引入一个概念：习得性无助。习得性无助是指由于个体连续地经历失败、挫折的体验而导致个体对事物感到无法控制、无能为力，从而产生自暴自弃、丧失信心的心理状态和行为。学习后进生中，这种习得性无助几乎是无处不在的，他们成就动机低，自我效能感弱，又由于学习生活失败的经验和他人的负面评价从而形成了刻板消极的认知定势。注意，这种无助感、失尊感都是习得的，并不是天生的，而让孩子们习得这些消极心理和行为的不是别人，正是我们的教育。

这里主要从两方面来说明。第一，教师对学生静止刻板的印象，导致学习落后学生学业不良状况的长期积淀。并不是所有的差生都没有努力过，但由于种种原因，经过了努力仍然得不到理想的成绩，很少甚至从来没有体会到成功的快乐，得不到老师和同辈的赞扬，长期被忽视等等，促使他们对此做出了消极的归因，认为自己没有能力且无法改变，放弃了主动的尝试性努力。第二，教师对学生的评价方式单一，过于关注学习成绩。绝大多数的孩子刚开始的时候都是充满热情，积极向上的。当出现不能顺利完成学习任务的情况，如果常常受到老师的批评甚至是嘲笑，就会对学习产生焦虑和恐惧心理，久而久之，泛化到学校的一切活动之中。在经历了一系列的失败之后，又反过来强化了这种负面情绪，使其畏首畏尾，固守在自己圈起的所谓"自尊"当中，对失败的恐惧远远大于对成功的希望，认为自己学习不好在其他方面也不可能成功。同时，教师也往往倾向于将一些活动锻炼机会不安排给差生来做。在应试和忽略人性的教育大背景中，作为牺牲品，难道这些学生不够倒霉么？

[启示建议]

差生问题一直是教育的一大难题。在此笔者仅针对先前的一些分析来提出些许思考，希望能够带来一些启示，更希望能够唤起基于宏观层面的更多关注和讨论。

（一）重审留级制度

先前提到过，现在的中小学已经基本不存在留级制度了。有一位数学教师有个比较形象的说法：比如，一个学生初一的成绩是五十分，他到初二的时候成绩只有四十分，那到初三的时候可能只有三十分了，不明白的东西越积越多，到最后上课就像听天书，完全跟不上了。留级制度对于义务教育来说到底是否应该存在，利大于弊，还是弊大于利，笔者觉得还有待商榷，一味简单地取消留级制度还为时尚早。笔者认为应当保留学生的留级权利，制定出一些科学合理的留级复读方案，让教育的核心人物——学生可以自己去选择。同时应当给予此部分学生充分的理解和平等的学习环境，让巩固学习成为一种学习欲望的表达方式，而不是学业不良的惩罚手段。

（二）建立多样的评价方式与角度

分数不能代表一切，学习成绩更不能体现一个人的所有价值。这些观念应当贯彻在整个学校的教学活动中，具体可体现为改变往常单一的评价方式与角度。首先，应提倡成功教育，即在校期间尽量能让所有孩子都能体会到成功的喜悦。这其实并不难，相信每个孩子都有自己优秀的一面，教师要用"放大镜"来发现它们，挖掘它们。比如，这个孩子画画好，让他负责出黑板报并经常赞扬他；那个孩子某个体育项目强，鼓励并推荐他去参加各类比赛；有个孩子你找不到他的什么强项，你甚至可以只是安排他负责排桌椅，然后三番五次地表扬他的认真仔细，桌椅排得比其他班都整齐。学校也可多组织各种各样的兴趣活动、比赛评比等。总之，只要教师用心地去做，每个孩子都能成为成功者。再者，应尽量避免负面评价，负面评价对于孩子的影响力有时会远超过我们的想象，如何采取正确积极的评价方式是每个教师需要好好研究的课题。

既然对教师教学水准的判断主要是以学习成绩来衡量的，那为了避免教师之间丢包袱的问题，是否可以在计算班级平均分时采取一些改进方法，如去头去尾法，即成绩好的前几名和差的后几名不列入计算范围等；或者干脆舍弃用学生学习成绩来评判教师的做法，采用学生评分评价的方式等。如果评价教师的方式有所改变，那教师评判学生时心态自然会有所改变。

（三）面向未来的规划

学校教育出来的学生最终是要走向社会的，撇开应试教育不谈，学校教育的根本目的应当是让学生能够更好地适应社会在社会上拥有一席之地，并且更好地生存下去。对于那些学习后进生而言，他们将来的出路如何？学校显然不能只是简单地扔这些"包袱"到社会上，让他们成为学校的淘汰品。所以，学校是否可以在应对升学考试之外，为学生多做做面向未来的规划？比如，可和其他的社会教育机构合作，开设一些职业技能方面的初级课程供学生选择，将社会实践等纳入成绩考核系统，可供那些后进生用他们学业之外的优势或努力来弥补他们在学业上的欠缺。学生会自觉或不自觉地迎合别人对他们的期待，如果在学校能够让他们感受到并没有被放弃，那他们自己也不会放弃。

（四）加强心理学的辅助功能

应试教育的一大缺点就是用分数衡量学生的一切。学生的真正失败往往是从"心"开始的，这就是为什么大部分后进生在非智力性上弱化的缘故。心理学作为教育领域的一大工具，应该日益发挥出它的促进作用，从学生的情感、群体心理特征、个性特点等入手，在学生处理学业不良问题、人际关系问题、家庭问题上帮一把。学校可以逐渐建立完善的心理关怀系统，包括方便的心理咨询通道、健全的学生心理档案，加强各层教师对心理学的学习理解和运用等。

（王樱靓）

案例3　偏见放大差距
——农民工子弟教育的现实状况

[案例介绍]

大四的上半学期，我在徐汇区某小学进行教育见习。这是一所普通公办小学，生源绝大多数来自于所在街道的适龄学生，根据教育部《关于进一步推进义务教育均衡发展的若干意见》的精神，近年来吸收了一部分居住地在街道的外来务工者的子女入学。我所见习的班中共48名学生，有22名是民工子女。第一次踏进班级站在讲台上的时候，我就发现，其实上海孩子和民工子女两者之间的差别是相当明显的。前者通常肤色白净，着装整洁，坐姿也比较端正；而后者则往往皮肤黝黑，校服上有或多或少的污渍，上课时比较多动，字迹也大多不怎么工整。另外一个比较明显的情况就是上海孩子和民工子女之间往往没什么互动，下了课各玩各的，互不干扰。带教老师说她也不断尝试让两群孩子多接触交流,但到了需要分组活动时还是老样子,两个群体孩子的隔阂显而易见。

[案例分析]

孩子们的心理不难猜测:上海的孩子们一定是觉得民工子女口音习惯都和自己不同,成绩也较差,玩不到一起,甚至大人们可能告诫不要和邋里邋遢的外地小孩一道玩;而民工子女也会认为自己和上海孩子有差距,或者觉得上海孩子比较娇气,不愿意和他们玩等等。由于我见习时间有限,没有合适机会和孩子们沟通,甚觉遗憾。看到如此情景,不由感觉到:对大人们来说教育公平是指缩小师资、设备等的差距,但对那些民工子女们而言,可能更多的是无法融入这个城市的幼小的惶恐。

对于外来人口而言,即使孩子可能会在学校受到歧视,家长仍执意将孩子放在上海念书。这一点我也有较深刻的体会。上个月家中新请了一个阿姨,安徽人,四十来岁,有一九岁的儿子,见过几面,虎头虎脑一脸聪明相,阿姨视为珍宝。我家对面的新江宁学校也是静安区接受民工子女的基础教育学校之一,阿姨的儿子便在那里就学。暑假中有很多机会和阿姨独处,便问起"小虎子"在学校的情况。阿姨说,本来把儿子放在家乡的小学,无奈校舍条件令人堪忧:农村学校大都没有实验室、图书室,连孩子活动的操场也不保证,孩子们下课后只能被关在教室里;而教室的照明也成问题,有的没有电灯,一片昏暗,有的4盏日光灯只亮了1盏,不是没有灯管,就是开关坏了,电线断了;甚至原来所在的学校还无限制扩大班级人数,最多一个班有八十多人,第一排学生离黑板仅0.5米。长此以往,孩子的身心健康将受到严重影响。于是她下定决心要让儿子来上海接受良好的教育。

不论是民工子女就学难、城乡学校教育环境差距大,还是高考移民等现象的产生,都反映了我国目前教育不甚公平的现状。笔者在本科和目前研究生的学习中,课上课下也不止一次和老师讨论过此类话题。"教育公平是社会公平的起点,是构建和谐社会的基石。"教育的公益性,决定了公平是教育的内在特征。教育不仅是社会发展的助推器,而且是社会发展的均衡器。促进教育公平,保障社会公平,是构建社会主义和谐社会的客观要求。公平的教育还有利于改变社会分层、形成合理的社会阶层结构,也是缩小社会差别、促进社会公平建设的重要手段;反之,不公平的教育却能够成为凝固和复制贫富差距的工具,加速两极分化,影响社会稳定,与构建和谐社会背道而驰。

[启示建议]

经济学家阿玛蒂亚森认为,发展不能单纯理解为工业化或居民收入增加,应当是一种拓展自由的过程。而教育对于拓展人类自由、提高生活质量具有重大意义:教育状况将影响个人赖以享受更好生活的实质自由,教育发展尤其是基础教育的发展有利于消除贫困和贫富差距。改革开放以来,中国的经济建设取得了巨大成就,但贫富差距不断拉大,社会阶层两极分化现象已是不争的事实。中国幅员辽阔但发展极不均衡,人口众多但素质参差不齐的特定国情,奠定了教育公平在实现社会公平过程中的基础性地位。"在现代社会,受教育已经是一个人生存、发展的必要条件。没有受过教育的公民难以融入现代社会,其个性、尊严和基本需求也得不到充分的发展和实现。"[①] 也就是说,教育自身具有的公益性、全局性和延续性特点直接影响到每个社会成员的生存和发展;只有维护和实现了教育公平,社会其他领域的公平才是可期待的。事实上,随着中国劳动力市场化程度的提高,教育和人们的收入关系也越来越密切。外企中,硕士和本科生起点工资普遍相差在千元左右。可以看到,缩小社会差别,促进社会公平,首先要缩小教育差别,使人们具有平等接受教育的机会,并且通过有效的措施努力控制教育结果上的差距。只有借助公平的教育,才能将中国庞大的人口资源转换为人力资源,为社会发展提供动力,为社会公平奠定基础。

在一些欧美国家,教育不公平甚至被认为是"国家危机"。如果一个社会的教育资源、教育机会处于畸形的状态,作为市场经济合理性的机会公平在主体上便缺乏必要的基础。社会分层理论认为,阶层是满足社会需要的必然存在,其中底层成员尤其能够有机会向上层流动。在现代社会,学校教育正越来越成为一种重要的流动资源,在社会分层中扮演着极为重要的作用:人们接不接受教育、接受什么层次、类型、质量的教育,都会直接影响到未来的职业发展、经济收入和社会地位。记得刚进大学时读过一本书,作者观点的大意为:教育是限制经济领域中具有优厚报酬职位的竞争者数量的筛选工具,帮助那些接受过高层次教育的人占据到这些职位。可见,教育公平是社会合理流动的保证,而社会正常流动是社会充满生机和活力的源泉,也是构建和谐社会的必然要求。

但目前的现实情况却不容乐观,教育不公平给社会带来了不和谐因素。教育不公平的表现很多,以教育收费制度为例,因支付子女的教育成本所导致的家庭贫困已经成为了一个严峻的社会问题。据调查,教育已是城乡居民致贫的首要原因。2004年10月至2005年10月,在拥有就学阶段子女的农村家庭中,教育花费为2724.2元,占家庭收入比重达32.6%;城镇居民的比例也将近25%。家庭教育支出的高涨,让很多家庭不堪重负,教育几乎成了富裕群体才有权享有的"奢侈资源"。贫困家庭"缺乏知识和技能"的素质缺陷如同某种疾病基因,不得不"遗传"给后代,使得出身贫寒的子女永远输在起跑线上,无法与富家子弟公平竞争。进一步分析,通过教育获取的文化资源是人们竞争就业、晋升等社会资源的必要条件,尤其是一些高薪、稳定的工作,对于教育背景要求更高。教育的不公平,将演变为文化资本的分配不公。在一定条件下,文化资本可以向经济资本、社会资本转化,导致社会的政治、经济、文化等资源过多地向少数的社会上层集中,使大多数的社会成员由于各种资源的长期匮乏而长期处于社会中下层,容易引发社会的不稳定。

城市公办学校接受民工子女以及在民工集中区域开办民工子弟学校,是构建社会主义社会教育公平的第一步。但如何在实际操作过程中真正把事情办好,及时发现实践中的问题,做好投入教育资源的比例,加快拉近民工子女和城镇学生之间的差距并密切关注民工子女的心理状况,是各级官员、校长、老师以及我们这样的"准教师"应长期思考的问题。

(周晓舟)

---

① 胡卫. 中国民办教育发展现状及策略框架[J]. 教育研究, 1999.

案例4　改善资源贫乏的现状
——农村教育发展的必需

[案例介绍]

电影《一个都不能少》里魏敏芝的故事曾经打动了很多人，令其为之潸然泪下，然而却总觉得那是艺术表现形式，距离生活很遥远。我想讲述的是一个我亲身经历过的切切实实的生活中的事情。2002年的一个春雨绵绵的周末，我去乡下的一所小学看望母亲。电话里听母亲说过这所学校的情况，是偏僻的山村学校，已几年没有老师愿意过去任教。村里学龄的孩子需要步行到最近一所距离约十几里的邻村小学上学。孩子们每天大清早起床，步行两小时去上学，中餐自备，下午再步行两小时回家。母亲自告奋勇，申请去了这所学校。我从城里坐汽车到镇上，便没有交通工具了，步行了许久，终于到达目的地。尽管对学校的情况已有所闻，仍是到了才有具体的了解：学校只有母亲一个老师，母亲自然是身兼数职——负责各门功课以及行政事务。学校里面还住着好几户人家，晾晒的衣服，饲养的家禽，大人的训斥声和孩子的哭闹声，实在混杂。学校一共有二十来个小学生，聪敏好学，常常问母亲能否一直留在那里。母亲年岁大了，独自一人撑起这个学校确实艰辛，一年后因为身体不适退休了。后来我上大学了，再没有去过那里，只是听说依然没有老师愿意去，学龄的孩子依然风雨无阻地每天徒步几个小时求学。

[案例分析]

事实上，如电影《一个都不能少》中水泉小学的乡村小学在中国的广大农村并不少见。简陋的校舍、辍学的儿童，遍布中国各穷乡僻壤。首先，资源短缺、经济落后是基础教育迟迟未能在贫困山区中普及起来的最主要原因。虽然建国以来或者说改革开放三十年以来，中国的经济有很大的增长，对教育的投入也在逐年增加，然而一部分居于穷乡僻壤的学龄儿童仍没有入学读书的机会，有幸入学的也常在求学和生计间作拉锯式的取舍。九年义务教育的实施是一个很大进步，确实推动了国民基础教育的普及。国家1985年颁布的义务教育法，从1986年元月开始实施，但直到2006年才宣布农村免除义务教育费，2007年城市免除教育费。而且在多数的中小学，学校义务教育也并不意味着分文不收，总有这样那样的理由来收钱，当然名为学费的钱不再收了，但零零碎碎的加起来也不少了。这些各种各样的费用对于极度贫困的家庭来说，也是不轻的负担。

对于正在上学的贫困地区孩子，情况也不是那么乐观。中国教育资源的分布极不平衡，城市与乡村两极分化严重。教学资源的贫瘠使山村的孩子无法受到更好更全面的教育。在城市里的学校普遍开设计算机课程的时候，贫困地区的孩子甚至没有触碰过这个神奇的工具；城市的孩子可以选择各种各样的手工类艺术类课程，山村的孩子对有老师来教他们基础的课程就非常满足了；城市的孩子在父母的安排下参加各种各样的特长培训班，课后回家有各门功课的家庭老师，山村的孩子即使具有某个艺术领域的天赋也会因得不到指导教育而埋没。教师年龄和知识结构的老化一直是贫困地区基础教育的一大难题。新毕业的大学生，几乎没有人愿意跑到山里去，都想到城镇的中小学任教，穷乡僻壤就只能靠老教师撑着了。在中国经济高速发展了这么多年之后,虽然乡村在基础教育的硬件设施方面有了一定的改善和提高,但是乡村教育并没有因此而得到彻底的改善。

[启示建议]

(一) 如何改变由于经济落后给乡村教育带来的问题

农村儿童上学难。小学到初中本来正处于义务教育阶段,却还存在着一边是义务教育一边乱收费的情况。2008 年我国实现了义务教育全免费,但即使如此,我国的义务教育对于家庭和学生的负担还是很重。当然,希望小学的建立,各界社会人士的捐助,于改善这种现状是有益的,但却不是解决问题的根本途径,唯有完善的制度才能从根本上改变现状。熊丙奇在 2009 年 12 月 21 日的《羊城晚报》上撰文指出:"《义务教育法》规定:'国家实行九年义务教育制度。义务教育经费由国务院和地方各级人民政府依照本法规定予以保障。'但《义务教育法》颁布之后,很多地方并没有执行,而是继续把'希望工程'当作解决中小学义务教育的重要依托。学校获得捐赠,就意味着政府部门少投入、少履行义务教育经费保障责任。还有一些地方,对'希望工程'学校并不重视,在完成'希望'任务之后,小学即被舍弃。让'希望小学'消失,是为了强调政府对义务教育的保障责任。民间资金并不是不能资助义务教育,而是应从兴建学校、捐建硬件转移到关注贫困家庭学生的资助以及农村教师的培训上来。也就是说,民间资金是在政府履行投入责任之外做加法,而不是替代政府部门、做政府部门本该做的事。"①

系统改革目前的教育体系,政府应该承担公共教育的投入,主要是义务教育:一方面,需要政府加大对教育的投入水平;另一方面,需要建立一个规范的机制去保障实施。2008 年,教育部公布全国财政性教育投入要占 GDP 的 3.48%,这已是 1993 年以来我国教育投入水平最高的一次,但实际上,这离 1993 年颁布的《中国教育改革与发展纲要》规定的 4%还相差 0.52%。其次,就是达到了 4%,在全世界范围来说也是低水准。从世界水平来看,发达国家是达到了 5%左右,欠发达国家的比例是 4.1%,也就是说,中国的教育投入水平,还低于欠发达国家的平均水平。十多年来,国家还没实现 4%的目标,某种程度上说明我们对教育重视不够。虽然我们有专门的教育机构,可是实施国家政策的效果不是十分令人满意,究其原因还是在于没有相对的机制去保障实施。发达国家基本都设有教育拨款委员会,这个部门专门监督政府按照预算拨发教育经费。但我国是由学校或教育部门去向政府财政部门要钱,要政策。未来中国教育投入要达标,需要探索建立国家和地方的教育拨款委员会。这个拨款委员会应该是属于全国人大或者地方人大的机构,它一方面进行教育预算的审议,同时监督政府按照预算进行拨款。建立教育拨款委员会应该是未来教育改革一个重要的议题,这是保障教育投入的基本制度。

(二) 如何改善乡村学校的师资贫乏难题

乡村教师资源的贫乏是乡村教育发展的一大难题。年轻一代的老师多数不愿意去偏远的乡村从事教育工作,更愿意选择经济发展较好的地区作为工作地点;受号召去西部地区支教的志愿者,也只能是待几年然后回到城市。而且,一个教育难题不是靠一些具有牺牲和奉献精神的人来解决的,一定存在某种切实可行的且公平公正的方法。首先,可以通过

---

① 熊丙奇. "希望小学"本不应该再存在 [N]. 羊城晚报, 2009-12-21.

制定法规政策以保证农村教师的数量和质量；其次，还可以通过远程教育实现教育资源的共享。

为改善农村教育的师资问题，政府部门和民间组织已经开始实施了一些有效的政策和方法。中国青少年发展基金会决定从1999年起实行希望工程实施战略重点的转移，其中最主要的一条就是希望小学由硬件建设为主转向以教师培训、现代化教学设施配置等软件建设为主。2007年，教育部也正式施行新的师范生政策，规定六所部属师范院校享受国家助学政策的学生毕业后必须回到原籍工作，希望通过这样的制度性激励来改变乡村教育愈发贫瘠的现实。完善的制度才是长期保证农村师资的有效方法，国家的教育应该由制度来保障。关于农村的远程教育建设在1999年的时候已经提出计划，也发布了文件。教育部2004年制定的《2003—2007年教育振兴行动计划》提出实施"农村中小学现代远程教育计划"。"按照'总体规划、先行试点、重点突破、分步实施'的原则，争取用五年左右时间，使农村初中基本具备计算机教室，农村小学基本具备数字电视教学收视系统，农村小学教学点具备教学光盘播放设备和光盘资源，并初步建立远程教育系统运行管理保障机制。"这些计划的提出是一个很大的进步，从中可以看到中国农村教育改善的希望。计划的发布和政策的制定是解决问题的首要一步，计划的推进和政策的实施则是决定性的一环，这需要政府、专家以及各个在教育界工作的人们共同努力。

（张　玮）

案例5　一个都不能少
——农村中小学生辍学现象的思考

[案例介绍]

去年3月初至4月中旬，云南省德宏傣族景颇族自治州潞西市某中学的初三年级，181名学生中有94名陆续离校，不参加本校组织的初中毕业考试和全省统一的中考，回家干活或准备外出打工。在媒体曝光的舆论压力下，潞西市教育局成立"控辍保学"调查工作领导小组，积极动员流失学生返校，至4月下旬，94名学生被一一找回。

如果说"某中学事件"有其特殊性的话，那么，去年6、7月份先后发生在江苏省赣榆县某中学、辽宁省沈阳市于洪区光辉乡某中学以及福建省闽侯县某中学的有组织的中考替考事件，则说明了问题的普遍性。而这些学校无一例外都是农村学校。全国教育科学"十五"规划国家重点课题——"转型期中国重大教育政策的案例研究"课题组的研究报告称："在以乡镇为样本抽样调查时发现，被调查的17所农村初中学校，辍学率参差不齐，差异性较大。最高的为74.37%。平均辍学率为43%，大大超过了'普九'关于把农村初中辍学率控制在3%以内的标准。在不少地方存在着初一三个班、初二两个班、初三一个班的情况。"问题严重性由此可见一斑。[①]

---

① 张晓霞．农村学生厌学拷问什么[J]．教育旬刊，2009（12）．

[案例分析]

我国有农村人口8亿多，其中仅农村中小学在校生就达到1.6亿。农村教育搞得好，这8亿人是人力资源，反之，是巨大的人口负担。全国"普九"人口覆盖率虽然已提高到91%，初中入学率达到90%，但是不少地区的义务教育基础十分薄弱，学生辍学率一直居高不下。而辍学率只要降低一个百分点，那就意味着上百万孩子的人生进入灰色的困境。显然，中国教育的重点在农村，难点也在农村。农村教育是横亘在中国教育发展大道上的一座必须跨越的高山。[①] 上述案例表明，中小学生辍学现象像顽疾一样困扰着基础教育的健康发展和义务教育的巩固提高，甚至成为"普九"大业完成的最大障碍。因此，探讨学生辍学的原因并进行深刻剖析，寻根溯源，为正确解决问题指明方向，就显得尤为重要。

以前，从对我国农村中学学生辍学的原因分析中发现，经济因素占主导因素。基于这种认识，党和各级政府从减轻学生经济负担入手进行了不懈努力，社会各界也纷纷伸出援助之手救助失学少年儿童。在全社会的共同努力下，农村中小学生的辍学现象在某种程度上得到了遏制，部分离校学生又重返校园，尤其是国务院作出"从2006年春季学期开学起，对农村义务教育阶段中小学生的学杂费和书费部分或全部免除以及补助寄宿生活费"的决定后，为从根本上解决农村学生因贫困而流失的问题提供了政策和财政保障，应该说农村学生从此可以安心在校读书了。[②] 近几年来，农村辍学出现了大的反弹现象，有关的学者对此进行了研究，结果发现，现在我国农村学生辍学诸原因中，经济因素不再是主导因素，非经济因素反而成了农村学生辍学的主要原因。在这些非经济因素中，大部分因素与学校有直接或间接的关系。学校作为专门的育人机构，教育领导者（校长）发挥着领导与指导的作用。那么，现在农村中小学生辍学现象，学校方面的原因到底有哪些呢？

教育领导者对基础教育的性质、任务及其重要性、紧迫性不够明确，理解不到位。有些地方各级领导对本地区升学情况尤为关心，往往以升学率的高低来评价学校的好坏和教育质量优劣，热心出钱奖励少数升学者及相关学校、老师；相反，对大批学生的情况不闻不问，对辍学问题未予高度重视，有些乡村企业、个体户甚至不断地招用刚刚停学和想停学的在校生。现在，人们已懂得了社会主义建设必须依靠教育，但未必明确教育也必须为当地经济建设服务；注重了为高一级学校输送合格新生这一大任务，却忽略了为地方培养合格的后备军这一任务；开始明白中小学教育的基础性，可仍然不了解这是一种国民教育，具有义务性、强制性。

学校不遵循教育规律，片面追求高分数、升学率。现代教育的功能不再是过去的精英教育或者选拔式教育，今天的教育是普及教育、全民教育，是消灭贫困（包括物质和精神两个方面）的教育，教育的取向是为全民服务，为每一个学生的全面发展及个性发展服务。然而，在上下一片"向教育要质量"的呼声中，学校和教师都很难处理好新时期教育的价值取向与现实之间的矛盾，难免会为了升学率而使跟不上学习的学困生遭受批评、承受压力。有些学校在师资力量不强的情况下宁愿丢"卒"（普及率、顽固率）保"车"（高

---

① 崔随庆.农村中小学生辍学原因探微[J].内蒙古师范大学学报，2008（6）.
② 潘素宁.农村学校学生流失问题的再思考[J].教育管理，2007（12）.

分率、升学率），骨干教师集中毕业班，非毕业班教育力量薄弱，质量下降，学生丧失学习信心。某些教师仍不顾学生课业负担安排名目繁多的考试、考查、测验、竞赛，并每次排名次，企求重压之下出高分。

学校课程设置脱离农村实际。农村地区、边远贫困地区中小学的课程设置和城市、发达地区一样，都是国家统一的课程标准，城乡学校也使用着同样整齐划一的教材，即使有的地区开设了一些农业实用技术课程，但针对性不是很强，同时也没有专业教师，学不到真正能应用的知识。更多情况是实用技术课只写在课程表上，所谓的绿色毕业证书不过是学生掏钱买的一张废纸——同时也成为学校创收的一种合法的借口。这种情形对于大部分升学无望的学生来说，读书不能为其日后谋生提供多少帮助，没有多少眼前的经济利益，也降低了农村家长送子女读书的积极性，正如有的农民所说的：初中毕业生回家务农，"学过的没有用，要用的又没学"，"种田不如老子，理家不如嫂子，挣钱没有路子，致富没有点子"。农民们是最讲究现实的了，一旦看不到教育所带来的实际效果，他们往往放弃对孩子的教育，这也导致部分孩子失去进一步求学的机会。

师资队伍的质量和数量还有很大的差距。一些教师思想、业务水平低，教学方法陈旧，讲课枯燥乏味，缺乏趣味性，使部分基础差的学生上课听不懂，学习难以适应，久而久之逐渐失去了学习的兴趣。师范生分配到农村任教，总感到委屈和不满，因而他们对学生的责任心不强，教学马虎，作风散漫，一心想调走。这必然会导致学生多流动。有些老师偏爱"优生"，嫌弃"差生"，对差生多是冷淡和歧视；对行为习惯不好性情又怪癖的学生不能给予关爱和照顾；用刺激性语言挖苦有缺点的学生，个别甚至体罚、变相体罚学生，使得师生关系紧张，最终使学生对读书产生厌倦甚至恐惧情绪。

[启示建议]

鉴于上述农村教育问题的严重性，学校作为专门的教育机构，应该是解决学生辍学问题的主要机构，那么如何发挥它的功效呢？就此提几点建议，算是抛砖引玉吧。

校长要端正办学的思想，通过各种渠道和各种方式，继续大张旗鼓地宣传并贯彻决议和义务教育法，宣传基础教育的重要性、必要性、迫切性、强制性，宣传中小学的办学性质、任务。同时，尚需采取行政的、经济的、法律的手段，使思想工作同强制措施结合起来，以保证基础教育的稳步发展，最终要使人们认识到基础教育是关系到国家兴衰、民族存亡的百年大计。

上级部门要加强对学校教育思想的领导，校长要加强对教师思想的领导，努力让大家确立正确的质量观、人才观、教育观，明白什么才是真正的高质量教育，怎样的学校才是真正出人才的学校，努力让大家明白转变一个"差生"与培养一个"优生"同等重要，提高教育质量必须遵循教育规律。

加强农村教育的课程和教材建设。2003年9月20日，《国务院关于进一步加强农村教育工作的决定》中明确提出："农村中小学教育内容的选择、教科书的编写和教学活动的开展，在实现国家规定的基础教育基本要求时，要紧密联系农村实际，突出农村特色。"农村教育课程的开发要适应各地经济和社会发展的不同要求，从实际出发，为地方经济、社会发展服务，尤其要关注农村并结合现代农村经济和社会发展的需求，把现代化的农业技术、生产经营和管理等内容纳入到农村课程体系中来，发挥农村学校课程传播农业科技文化知识和实用技术的作用，把普通教育与职业技术教育有机地结合起来。[①]

校长要经常组织教师学习职业道德要求，端正教书与育人的关系，树立教书是手段、育人才是目的的思想观念；还要加强教师培训，改革教师队伍管理制度，当前要努力搞好教师职务评聘工作，继续完善和发展教师职业聘任制度及其他师资管理制度。[②]

（张林玲）

案例 6　让每一位学生走上成功之路
——一位中学校长的毕生追求

[案例介绍]

以前，上海市某中学在上海并不是个很好的学校。该校校长刚到这所中学时，该中学是臭名昭著的"差生集中营"，学校收的是全市成绩最差的学生。有顺口溜说："×中大门朝东，流氓成群，打架成风。"校长在其工作中首先提出了成功教育的概念，认为成功教育起源于我们的认知，即教育家的眼里没有"差生"，更没有不可救药的学生，奠定了成功教育的理论基础；其次，成功教育开始于实践，即现实中"差生"问题的解决。建立了以"讲"为基础，以基于"讲练"结合的"帮助成功"为起点，以基于"讲想练"结合的"尝试成功"为中介，以基于"学讲想练"结合的"自主成功"为目标，形成了与学生成功相适应的三大教学模式框架体系[③]；最后，构建一支高质量的能落实成功教育思想的教师队伍，来促进成功教育的发展，将在实践中取得可喜成绩的优秀教师们的成功经验具体化、显性化，使其具有可模仿性，推行到更广泛的范围。成功教育在该校推行后，该校的教学成绩在全市达到中上水平。上级领导曾到该校视察，肯定了改革，并要求在全市推广。[④]

[案例分析]

在这个案例中，某中学校长针对目前教育状况所忽视的问题，提出每个学生都应取得成功的成功教育理念——每个孩子都有成功的愿望，相信每个孩子都有成功的潜能，相信每个孩子都可以取得多方面的成功。高考的压力不只压到了高中的学生，更已经深入到初中、小学，甚至到了幼儿园，我们过早地为孩子贴上了"聪明"或"蠢笨"、"优等生"或"差生"的标签。孩子目前状态不佳，是由很多因素造成的，如他们可能因为贪玩，可能接受模式与一般的孩子不一样，可能性格比较内向等原因导致学业不理想，一直受到打击。反复的失败，使其逐渐失去了学习的自信心，自我评价消极，学习积极性下降，成为"学习困难学生"。如果老师或学校漠然或粗暴地对待他们，只会让他们离教育越来越远。

[①] 张晓霞. 农村学生厌学拷问什么 [J]. 教育旬刊，2009（12）.
[②] 吕志江. 教育散论——开启教育之门的"密码" [M]. 杭州：浙江大学出版社，2009.
[③] 李进. 教育领导智汇 [M]. 北京：北京大学出版社，2009：309.
[④] 上海年鉴 2004，第四十九节，人物.

电影《阿甘正传》中的阿甘,智力不能达到正常水平,同样可以在自己的人生道路上书写华丽的篇章。所以,智力正常的孩子都拥有成功人生的潜能。

学校从目前学生的实际情况出发,制定切实可行的计划,并从点到面全面实施,跟踪学生的发展状况,并及时提出更新、更高的要求,寻找到了孩子的最近发展区,帮助其建立信心和成长。首先,对"讲"与"练"权衡,探索"帮助成功"的课堂教学模式;在孩子的一些基本学习习惯养成,基础知识掌握,自信心建立起来以后,又进行了将"想"介入"讲练",探索"尝试成功"的课堂教学模式;第三,为"讲""想""练"定格,探索"尝试成功"由点到面,将优秀教师的经验线性化,创建以"二期课改"理念为指导、以优秀教师的经验为依托、以信息技术为支撑的三方面有机整合的"教与学的电子平台";最后,让"学"引领"讲想练",探索"自主成功"的课堂教学模式。激发学生的主动性,引导学生进行更深的思考,让其主动探究,而且还设计了配套的"教与学的电子平台",①这样有益于培养学生的思考能力及创新能力。

[启示建议]

失败的教训值得我们吸取,而成功的经验更值得我们借鉴。正如"痛苦是各种各样,幸福总是很相似"的道理一样,教育改革的失败有无数种原因,成功却总是少不了很多基本的因素:

(一) 以学生为中心,提出成功教育的理念并在实际行动中实践这一理念

我国著名物理学家、南京大学前校长蒋树声教授在一次接受采访时说:"培养跨世纪人才,一定要以学生为中心,把学生成败作为出发点。"② 所以,教学不是以老师为中心,不是以教材为中心,而是应以学生为中心。人是一切活动的出发点,每个人都是一个完整的生命体,必须充分弘扬人的主体性,唤起每个人的主体意识,注重人的潜能的开发,注重形成人的精神力量。人本主义心理学家认为个人的成长源于个体自我实现的需要,自我实现的需要是人格形成的发展、扩充成熟的驱力。③ 也就是说,我们应该坚信:每个学生都愿意取得成功,每个学生都有取得成功的潜能。以德育为核心、以创新精神和实践能力为重点的素质教育的实现必须提高对学生主体性的认识,使学生真正处于主体地位,充分发挥学生的主动性、积极性和创造性。这就要求我们学校与教师在上课之前要备的不仅仅是知识内容的课,更要备的是学生的课——对学生的基础、学习状态等进行清楚详细的了解,以积极的态度对待学生,注重激发学生的潜能。这样才能摆脱老师在讲台上唱独角戏或老师与为数不多的学生进行配合而放弃了大部分学生特别是基础比较薄弱的学生的局面。孩子的成长是有其规律的,施太多的"肥"反而会制约他的成长。有些家长出于攀比的心态,一定要孩子考得比其他孩子分数高,学得比其他孩子多才觉得脸上有面子。甚至有些家长揠苗助长,对孩子的健康成长起到了负面的作用。人生是一个比马拉松更长的旅程,所以孩子的成长不是一时的,是持续一辈子的。只因为一时的落后而去打击继续跑下

---

① 李进. 教育领导智汇 [M]. 北京:北京大学出版社, 2009:309.
② 方延明. 大学校长访谈:以学生为中心以学生成败为标准——南京大学校长蒋树声教授访谈录 [J]. 中国教育报, 2001-06-22.
③ 陈琦, 刘儒德. 当代教育心理学 [M]. 北京:北京师范大学出版社, 2007:203.

去的信心，是得不偿失的。

（二）尊重教育理念，清晰教育目标

"两条腿"中的一条是指紧紧抱住成功教育理念不动摇，给学生发出信息：他们是可以成功的，学校、老师和家长是相信他们可以成功的。以此抚平他们内心所遭受过的创伤。另一条"腿"是面对学生现实的情况不气馁，制定切实可行的方案，寻找最近发展区，将最基本的补起来，等到比较低的目标达成以后，再提出更高的要求；始终以学生知识的获得及自主学习能力、创新能力的发展为自己的首要任务，不断在已取得的成功基础上，进一步探索，勇于改革。成功教育的理念得到学生、家长及学校老师的普遍认可，是该校取得成功非常关键的因素；教育目标制定之清晰也是该校取得成功充分必要条件；而且，取得一定的成绩以后，并没有沾沾自喜，裹足不前，仍然以学生的实际出发，以教育目标为准绳，坚持两条腿走路，一步一个脚印，走出一片天。

（三）教育本土化，注重基础、现实的问题

目前很多中国的改革都是以国外成功的案例为借鉴的，这样直接引过来以后，会出现很多水土不服的情况。有学者指出，"应激型的现代化是在现代性和传统性不兼容的条件下逐步实现现代化的"。[①] 国外成功的经验是跟他们的历史与社会文化一脉相承的，我们如果只借鉴其中某一环节，很难取得良好的效果。我们必须去探索我们的历史，我们的文化、我们的社会习惯，将其他成功经验的精髓吸收，整合到我们自己的改革中来。"我们只有深入本土，完成教育本土实践的学术化，并与国际学术界进行对话，才能真正实现教育理论创新。"[②] 刘京海校长的成功教育实践以中国传统课堂因素——讲、练、想、学为基础，开始于课堂，围绕着课堂，最终实现于课堂，形成一系列中国特色的课堂教学模式。

（四）义务教育的均衡问题

彭泽平认为，在我国基础教育中长期实行的重点学校制度，加剧了基础教育领域内资源配置的失衡，导致地区内、区域内学校之间差距的拉大，人为地造成了一大批"薄弱学校"。在目前，上海地区的择校风还是吹得很厉害，家长不惜代价将孩子转入教学成果突出的学校。而此等学校面对如此多的学生，也必将提高对学生的选择要求。如此，学校里的教学陷入了一个怪圈：做很多工作就是为了快速提高学生的成绩，而这部分学生恰恰只是目前学习成绩比较突出的学生，因为他们的成绩很能显示出学校的教学水平；而大部分目前学习成绩没那么理想的学生成了陪练品，以结果为中心的终极评价方式逐渐让他们在学习上失去信心，然后再逐渐失去兴趣，最终要么在家长的压力下屈服，继续在学校混日子，要么逃避学校，远离校园，流入社会，成为问题孩子、问题青年，对个人的发展社会的进步及国家的繁荣稳定带来影响。而众所周知，九年制义务教育的目标不仅仅是急切地为升学做准备，更是为孩子的长期发展奠定一个基础，提高国民的素质。自 2005 年 5 月教育部发布《关于进一步推进义务教育均衡发展的若干意见》以来，促进义务教育均衡发展成为各地基础教育的重点工作。所以，义务教育应该均衡化地发展，不应该存在"一枝独秀""万绿丛中一点红"的情况。我国面临着从东到西阶梯分布的状况，贫富差距大；

---

① 西里尔·E. 布莱克. 比较现代化 [M]. 上海：上海译文出版社，1998：19—20（译者前言）.
② 秦玉友. 让教师栖居于教育实践之中——浅析教育实践对青年教师成长的价值 [N]. 光明日报，2008-09-20.

在同一个省内部也存在着差异，同一个市内也存在着差距，甚至在同一个区内也存在差距。义务教育的均衡化是一个迫切但必须稳扎稳打解决的问题，至少可以在一个区先做起来，然后再扩大到整个市。我们不应该只种"盆景"，而应该开垦"花园"，这样才对培养人才有利。该校在如此的教育背景中提出成功教育的理念，不仅顺应一时发展之需，而且适应了个人和社会长期发展的需求。

（五）思考教育的终极目标

我国目前中小学教育功利性过强，恶性竞争层出不穷。这些不良竞争既让那些所谓的成功者有所缺失，更让那些被挤压在底层的学生感到痛苦。无论是教师还是家长，对待孩子都缺少一颗平常心，不停地督促他们学习，过多关注分数与排名，却忽略了一颗颗正在生长期的稚嫩的心灵。或许我们的教育者和家长们应该多放慢匆匆的脚步，去思考教育的目标终究是为了什么。在我看来，教育的目标有三层。第一层，获得知识，它让我们更加的了解我们生活的世界。这些知识包括目前我们学校所注重的课本知识，也包括道德素质的知识，两条腿都不能缺，过分追求成绩而忽略人生的其他方面培养出来的是不完整的人。第二层，让孩子获得独立的学习能力、独立的判断能力及灵活的运用能力。在社会发展如此迅速，知识更新换代逐步加快、社会状况愈加复杂的情况下，我们授之以鱼，更应该授之以渔，注重培养他们独立的判断能力及学习能力，这样才不会被社会淘汰。第三层，让人活得更美好，更有意义，更有价值，更加幸福。这种成功教育就是通过鼓励孩子，相信孩子，建立他们对自我的认同感，传授基本的知识，培养孩子的学习习惯，增强他们的各种能力，使他们生活得健康与幸福。纵观整个成功教育，它已经在这些方面取得很大的成效。儿童是民族的未来，我们希望成功教育能让更多的孩子走向成功之路，让祖国的未来更光辉灿烂。

（李 梅）

案例7 与自然为伍
——教育领导与环境教育

[案例介绍]

在日本，几乎每个县、市都有供公众学习环保知识的场所。这些地方虽然规模不同，经营方式有所差别，但都有着自己独特的理念和宗旨，吸引着人们前来参观学习。

京都市环保中心是当地政府投资建设的环境教育场馆，这里活动的主要内容就是让人们认识垃圾和气候变暖这两个严峻的环境问题，中心内所有的展示和体验设备都围绕着这两个主题而设置。日本的琵琶湖曾经遭受严重污染，为了给人们以警示，当地政府在湖边建起了琵琶湖博物馆。他们通过标本、图片、实物、文字说明等内容，使人们意识到保护水资源的重要意义。日本的许多企业也为公众提供了解环保的机会。松下展示中心展示公司最新的环保、节能产品及技术，比如节水型洗衣机、节电型电冰箱、低能耗的液晶电视等。

财团法人KEEP协会的基本理念是让人们在自然中学习、向自然学习。因此，他们把教育场所设在了大自然中。在日本，垃圾分类工作之所以开展得有条不紊，是因为对公众进行垃圾分类教育起到了重要的作用。

日本的环境教育场所都特别重视对环保志愿者的培养。他们通过网络、媒体宣传等方式招募大批志愿者。环保中心委托大学及环保 NGO 共同开发了专门的培训教材，并组织专家对志愿者进行为期半年的培训，内容涉及环境解说、活动策划、教育管理等。

另外，日本环境教育场所的建筑物本身也是直观的教学资源。它们大都采用了节能环保材料和技术，并注重太阳能、风能等可再生能源的利用以及雨水的回收利用。①

[案例分析]

环境教育的四大障碍：

第一，学生已经超乎以往地远离大自然。Richard Louv 写于 2005 年的《森林中的最后一个孩子》引起了对孩子从室外游戏和大自然接触中迅速退出的关注。② 取而代之，现在的孩子都待在家里。"因为家里有各种各样的电器。"一个四年级的小孩子说。

盯着屏幕已经成为一个孩子的全职工作。一天 24 小时有 7 个小时孩子会投入在这件事上，一周平均看 25 小时的电视（Gentile& Walsh, 2002），③ 其他时间用来上网、浏览网页、打游戏、使用全新的语言。④ Louv 用"缺乏自然的混乱"来描述人类和自然的这种疏远，包括感官使用率的降低，注意力集中困难，身体和情感疾病率的上升。就在学生比以往更急需和自然接触的时候，他们却抛弃了自然。

第二，试问任何一个环境教育者，他都会因为高考而感慨。高考的压力使得很多学校减少校外出游的时间来准备测验，科学教师也例行公事地不再讲环境教育的概念，因为这和考试没有直接关系。

第三，学生对环境教育的兴趣要靠碰运气，即教师恰巧在他任职期间有这样的兴趣。例如某个学校有两个五年级的老师，一个痴迷于鸟类并长期对鸟类进行观察，而另一个喜爱音乐剧。这样，一个班往往就去观察一整天的鸟，另一个班就在全校表演歌剧。虽然两个活动都既有趣又重要，但为什么不让两位老师合作，给所有五年级的学生两个活动都参与的权利呢？现在这种情况下，有半数的学生从来没有见过一只鸟在筑巢。

第四，那些不以营利为目的的大型环境教育的场所正在减少，如动物园、博物馆、水族馆、公园、植物园、花园，使得环境教育就像快餐店的菜单，从 A 栏选择一个地方去旅行，从 B 栏选择一堂课来上，赶上一个什么节日——例如地球日，捡捡垃圾之类的就算完事，然后就声明他们有环保意识了。这些非营利机构希望学生下一年还能来，他们强调乐趣重于意义，他们自认为组织这个活动是为了启蒙环境教育，实际最后这些活动都作

---

① 祝真旭，宋旭红. 从日本环境教育场所我们学到什么？[J]. 中国环境报，2009－04－20 (004).
② Louv, R. (2005). Last child in the woods: Saving our children from nature－deficit disorder. Chapel Hill, NC: Algonquin Books of Chapel Hill.
③ Gentile, D. A., & Walsh, D. A. (2002). A normative study of family media habits. Applied Developmental Psychology, 23, 157－178.
④ American Institutes for Research. (2005). Effects of outdoor education programs for children in California. Palo Alto, CA: Author.

为学生测评的一个成绩。他们总是避重就轻，不谈当前水资源短缺的问题，而是谈水资源的循环利用。

即使现在有更多的环境教育的场所，大学里也开设了更多和环境教育相关的专业，但是我们的环保意识还是越来越淡薄。

[启示建议]

（一）教育领导要重视环境教育

2005年伦敦时间3月30日，联合国在伦敦、华盛顿、巴西利亚、东京、北京、新德里、开罗和内罗毕8个城市同时发布了《千年生态环境评估报告》，指出过去50年全球环境急剧恶化，引起了各国舆论的强烈关注。教育领导在面临当前环境恶化的严重现状，要迅速地重视起环境教育。教育领导要引领学生肩负起对环境保护的责任和义务，要使学生关注如何解决生态危机，关注人与人、人与社会、人与自然的和谐相处。只有使环境稳步走向可持续发展之路，我国才有希望实现经济、政治、科技、教育、文化等现代化，使物质文明、精神文明、生态文明充分和谐地发展，从而构建和谐社会。

（二）教育领导要为环境教育创造活动场所和提供活动时间

首先，教育领导要为环境教育寻找合适的活动动场所。由于那些不以营利为目的的环境教育场所正在减少，而那些非营利的部门又穷于应付，面对这种进退维谷的困境，教育领导要考虑寻找合适的环境教育场所。一方面，在财政支持方面，要加大相应的投入。不但是要在博物馆等重要场所给予相应的资金支持，也要在学校层面加大每个学生"环境资金"的补助。另一方面，教育领导要寻找一些更有利于学生实践的环境教育场所。毕竟，环境教育不是只靠知识的传递就能发挥良好效果的，需要相应的行为实践过程。

其次，教育领导要为环境教育创设活动时间。面对升学压力和学校的学业紧张，与环境教育抢时间的状况是不少见的。学校可以将环境教育办在"家门口"，这将有助于节约了环境教育要外出开展的时间。例如，很多地区开展的绿色学校就是可资借鉴的有效方法。绿色学校是最近新兴的一种学校理念，它重视环境对儿童的陶冶，又绝对不是奉行卢梭理念的单纯的自然主义教育。

（三）教育领导要做好研究工作，为环境教育的有效性和必要性提供依据

首先，要领导环境教育研究工作的展开。这是环境教育开展的先决条件，也是基础。环境教育的研究工作在目标和宗旨上应当体现出开放性和时代性特征，尤其是当今是一个以电子计算机为核心竞争力的发展时代，网络在环境教育研究的工作中发挥着巨大的作用。

例如，美国有这样一个组织——"孩子和自然世界"，这是一个基于网络平台的组织。他们汇集有关环保的各种各样的信息和相关活动，展示学生通过户外活动获得的教育效果和环境教育的实际经历。

其次，环境教育的研究活动不能无序展开，应当围绕环境教育研究工作的总目标和根本任务制定分目标，根据环境的变化调整，递补一些目标和任务，充分发挥教育领导的时代引领功能。没有对环境教育的必要试点和细致研究，如走穴般的轰轰烈烈的开展活动是不能起到很好作用的。

美国研究所2005年进行了一项一周户外生存的教育效果的研究。那些参与的孩子都

有点冒险精神。通过比较参与者和未参与者,研究者发现,参与者对科学领域概念的掌握提高了 27%。另外,合作精神、冲突处理技巧、自尊、问题解决能力、动机和班级行为养成都有提高。①

一项加拿大研究发现,提供多样生态自然教育背景的学校的孩子更具有主动性、更关注营养、更公平地对待别人并且更具有创新性(Bell&Dyment,2006)。② 另一项研究表明,在绿色环境中玩耍的孩子,注意力不集中的症状明显减轻(Taylor,Kuo,&Sullivan,2001)。③

更多的研究被公开,就会有更多人同意:接触自然会提高测验成绩,提高创新性、合作性和自信,减少压力,提高认知能力。所以只有细致的科学研究为基础,才能有效地开展环境教育。

(王竹筠)

案例 8　"同化"与"顺应"
——特殊教育管理的冲突

[案例介绍]

亚瑟·洛,市中心高中的校长。在这一学期里,两位教师(朱迪·里格和莎拉·伯德)在名叫比利·巴斯的学生上花费了很多时间。比利被诊断有情绪不稳障碍,他的母亲是一名做两份工作的单身母亲。

在一学年里,比利主要在两个教室活动:里格老师为情绪不稳障碍的学生开设的班级和伯德老师教英语的教室,这两位教师曾一直在为争取比利的教育进行合作。经过一段时间的努力,两位教师的努力出现了一些成果,比利开始相信她们的意图是好的。过去两个月内,无论是在学校还是在家,他的困难行为事件已有所减少。

某天,比利在上体育课时发生了暴力流血事件。当洛先生赶到体育馆时,三名体育教师正将学生们从体育馆转移到储物室去,一位教师正将比利压制在体育馆的墙上,护理人员围在躺于地上的另一名学生杰森·米勒身边。杰森正在流血,刚刚从昏迷中醒过来,护理人员叫了一辆救护车来,又把杰森的父母请来。

杰森的父亲到学校后非常愤怒。校长还没有时间来搜集引起这件突发事件的所有原因,他不能给孩子父亲什么答案,但是他知道比利以前曾经被明确诊断出是一名情绪不稳定的学生,而且他也知道,在《残疾人教育法》下,要求比利承担的责任是有限的。

校长不熟悉卷入这次事件的另一名学生——汤姆·汤姆森。通过初步调查,杰森在第

---

① Lieberman, G A., & Hoody L. L. (1998). Closing the achievement gap: Using the environment as an integrating context for learning. Poway, CA: State Education and Environment Roundtable.
② Bell, A. C, & Dyment, J. E. (2006). Grounds for action: Promoting physical activity through school ground greening in Canada. Toronto: Evergreen.
③ Taylor, A. F., Kuo, F. E., & Sullivan, W. C. (2001). Coping with ADD: The surprising connection to green play settings. Environment and Behavior, 33(1), 54—77.

一节下课后在走廊上曾叫过比利"蠢货",因为比利上英语课时错误地回答了一个问题。比利为此感到不安,因此在上体育课时向他的朋友汤姆求助。很多学生和教师证明,比利和汤姆打杰森的时候,杰森和其他同学没有做任何反抗。

[案例分析]

这是一个美国关于残疾学生教育的经典案例。在美国,残疾人的教育在制度上受到充分的保护和重视,当权政府制订了一系列的法案条例实施对残疾人教育的支持,这便使得学校校长充分重视残疾学生的教育问题。如案例中,比利的两位老师尽力为他开创更好的教育环境和条件:提供积极的社交机会和情感支持,确定以赞扬为主而且适合他的学业进度的教学活动,避免强力的冲突,实施一项改善行为的计划并履行每天的行为表现约定。比利还被提供有每周一次与学校指导顾问约见的机会。但在中国,虽然有很多保障残疾人教育的相关政策[1],但是面临一个因人口众多导致的选拔性的教育体制,很多家长甚至老师并不希望自己的孩子身边或者班级里有残疾学生,担心他们的参与会变成一种"拖后腿"。

政策的强制性和现实的客观性之间的冲突导致了一个现象,即轻度智力障碍学生虽然进入到了普通学校学习,但在班级里收到各个方面的排挤。这对学生自身来讲无疑是不公平的,也使得整个教育体制形成了一个"怪圈"。

作为一个学校的领导者,该如何处理这个现象,该如何解读政策,该如何兼顾学校升学业绩和一种多元化的公平等一系列的问题是一种巨大的压力。

从后现代主义思潮下的教育理念[2]看,每个人都是有差异的,应该去尊重这种差异,利用这种差异,这种观点也促使了今天"因材施教"的理念。然而,无论哪种教育理念都没有具体地为"差异"一词提供一个操作性的定义和范围。什么是差异?多大的差异能被同化,多大的差异应被顺应[3]?

从心理学角度看,不同的认知水平所接受知识的速度是不一样的,所需要的强化练习也不尽相同。更重要的是,学校是一个社会环境的缩影,轻微障碍的学生在认知或生理上的偏差往往导致社会性的缺失或发展性阻碍。该如何调整这一冲突,是作为学校领导者和教师所必须考虑的。

案例中,我们可以看到,学校领导者为有情绪不稳障碍的学生开设了专门的课程,配备了专门的老师加以干涉。这是一个较好的解决方法,是值得我国学习的,但结合我国的现状也有几点值得商榷。

首先,在一个班级都是智力障碍学生的教室里,对老师的教学质量要求很高,需要老师花费巨大的精力在学生的情绪、自信、认知模式等方面,对教学内容和质量可能会造成一定的缺漏。

第二,将一个特殊的群体以团队的方式嵌入一个多数为正常的群体中时,往往会形成

---

[1] 中国教育政策年度分析报告 [M]. 北京:教育科学出版社, 2004.
[2] 吴德芳. 论"后现代视野"下的教学 [M]. 上海:华东师范出版社, 2003.
[3] 同化和顺因为人知心理学中的专属名词,这里是指不同程度的残疾儿童有的被编入正常班级里接受教育,有的被送入特殊教育学校接受教育。

一个强势集团和一个弱势集团。强势集团给予弱势集团的压力往往具有欺压性质，而反过来这种压力又会在某一情境下爆发，出现一种反常的暴力倾向，比如本案例中的比利和汤姆的行为。这对学校的安全和良好的教育环境都是不利的。

第三，对轻微障碍学生的鉴别有所困难，标准难确定。任何一个班主任都不想让一个有障碍的学生影响自己班级的成绩发展，任何一个父母都不想自己的孩子因被定为有障碍而失去正常的教育机会，这就造成了一个冲突，要调和这一冲突对学校领导者来说异常困难。

[启示建议]

案例中发生的事件在中国也时常发生，该如何避免或者减少这一局面呢？

（一）决策集团应思考公平的定义

第一，细分的公平是基础。传统概念里的公平多单一地从不同群体的同类权益是否得到保护的角度来判断，然而在现在这个多元化的社会中，不同群体的划分越来越细化，随之而来的是公平两边的对象也发生着变化。就不同障碍类型的残疾学生教育来讲，哪些方面的障碍学生应得到特殊教育模式，哪些应该与常模下的正常学生接受同一种教育或者分类接受同一种教育①；就同种障碍类型不同伤残程度的学生教育来讲，特殊教育和分批教育的分水岭在哪里？对于不同年龄阶段、不同性别等因素，这个分水岭又有哪些不同？笔者认为，只有做充分细化的分类，才会有真正意义上公平的可能性。

第二，辩证的公平概念是一种保障。面对我国教育机制还未达到发达水平的现状②，对一部分群体权益的保护必定导致另一群体的权益不同程度地受到损失。这就导致了这样的一种局面：为了发展，社会必须牺牲小部分群体的利益来谋求大部分群体的发展（即利益最大化），最终达到进步的目的。然而面对特殊教育，我们不得不考虑这样一个问题：为了不被作为"发展的代价"，如何在传统的"平等教育"前提下，尽量避免这些看似公平的"公平"对正常学生的伤害或损失？在现今的中国社会，只有考虑到这一点，残疾学生的权益才会被真正长久地保护下去。

（二）课堂上注重结合的教学理念

案例中的校长为障碍学生开设了专门的课程，并配备了专门的老师针对其行为和情绪进行调整，但却忽略了对其他正常孩子的教育。在上文已经提出，在障碍学生和正常学生中难免会出现强势集团和弱势集团的分化。学校在对弱势集团实施特殊教育期间，更应该对强势集团的成员做出教育，帮助他们学习那些障碍学生的优点，学习理解和关心，纠正对残疾儿童的歧视和偏见。这不仅可以改善学校的教育环境，还可以从实际出发，改变一直被称作"纸上谈兵"的学生思想品德教育。

课程配置方面，除了特殊的课程分开进行外，应增加障碍学生和正常学生一起上课的机会，并给予政策上的支持，免除教师和家长的担忧，增强弱势集团融入强势集团的可能性，并最终使消除强势集团和弱势集团的分水岭成为可能。

（乐嘉立）

---

① 比如将性格障碍的学生分班或分校的基础上接受普通教育。
② 从《中国教育年鉴》中可以看出我国教师数量、教师学历、学校分布等数据与发达国家的差距。

第十二章　女性视野

如今，女性在各行各业为今天迅速发展的社会一步步地铺筑着坚实的道路。同样，女性校长、女性教师以她们自身的特殊优势，在教育领域中蔚然兴起。女性在教育领域里的参与作用，已经成为社会教育的主流力量。从幼儿园到大学，从专业教师到教育领导，她们成长着，前进着；她们从专业知识、教学能力、管理能力、沟通能力、创新能力、道德素质等多方面全面提高自己，提供充足的阳光和丰富的养料给花园里那些渴求滋润的小花小草；她们又凭借女性独特的视野，在理论创新与实践发展上完善着整个教育结构，开拓着教育领域的新天地。凭巾帼不让须眉之志，教育全面和谐发展之才。女性校长与女性教师充满信心地走入校园，以她们独特的人格魅力和特有的风采，在教育的天空下发挥着不可替代的作用。

案例1　知足知不足，有为有弗为
——女性教育领导之"应该"与"必须"

[案例介绍]

2009年暑假前夕，我回到中学母校，巧遇当年高中班主任孙老师。这位老师毕业于名牌大学，当年在市级、省级教学评比中屡屡获奖，颇受家长好评和领导重视。交谈一番后，得知孙老师已由年级组长提升为学校管理阶层中的一员。听到此事很为她感到高兴："老师，您教学那么优秀，被提拔为领导，算是众望所归了。"没想到此番言语并没能使老师展颜，反而在她的脸上略见尴尬神色："只是这领导真是不好当，尤其是中学学校领导啊！"我大为不解："老师，您原来当年级组长的时候做得那么好，现在也只不过多管几个年级而已。"孙老师叹了口气："如果那么简单就好了啊！原来我们年级组的老师都是拔尖的，而别的年级组教师水平参差不齐不说，而且整体能力还很欠缺。"

我们详细交谈之后才知，孙老师自两年前晋升以来，仍然继续教授高中化学，一面搞行政，一面搞教学。多种任务繁忙，大小会议事务不断，也没有时间认真搞教学研究，更不可能再参加教学评比。每周每月还要主持学校和各个年级教研会，应对各个兄弟学校来访和上级领导的突击检查。正在孙老师感到心力交瘁疲于奔命之时，本学期的家长会上，许多家长指责这几年的教学质量远远不及前几年，给她带来极大压力。

最后，她苦笑着说："以前想晋升，努力地上课，现在倒想乖乖当个老师算了，至少还能实实在在做好一头啊！"

[案例分析]

为什么当年意气风发、频频获奖、前途一片光明的年级组长在成为校级领导时却挫折连连，甚至产生放弃领导岗位重做普通教师的想法？从与她的谈话中不难看出，像她这样刚由普通一线女教师晋升为学校管理人员的教育者需要共同面对的问题：

（一）工作角色如何从教师转向领导，是两者兼顾还是专注其一

显然，孙老师既不想放弃辛苦耕耘多年的讲台，也不想离开代表前途的领导位置。讲台是孙老师发光发热的地方，是别人认同她价值的平台，是梦想起飞的基石，更是孙老师走向事业顶峰的台阶。可以理解一旦她放弃这个位置就等同于放弃她手中最擅长、最有利的武器一般。在领导岗位上的失意，她希望靠教学中的得意来弥补；而攀上领导岗位的高峰，则是促进她在事业途中不断前进的催化剂，是工作的动力和目标之一。如今两相冲突，越是想把两者兼顾，越是事与愿违，结果不尽如人意。

（二）工作内容如何从教学研发转向行政团队管理

一边是曾经惺惺相惜共同战斗的同事，一边是饱含殷殷期盼的领导。孙老师哪一方都不想辜负，努力做好一切分内分外的事，恨不得24小时连轴转，事事亲历亲为。原来只对一个年级负责，如今扩大到对全校负责，纵使有三头六臂，也精力有限，无暇分身。就好像对待自己教授的班级同学一样，孙老师对她的下属也要事无巨细地看管监督。在她的心中这才是一位好领导。

（三）工作思路如何从带队班级转向管理学校

老师以前面对的是一个年级，她想法新颖，计划明确。她是年级组长，所带班级一向不差，整体水平都不错，所以她在管理整个学校时也要求尽善尽美，整体前进。但是学校毕竟不比一个年级，从一个小团体跨越到整个大局势，不管是实施计划还是实施手段都有本质和形式上的不同。是没有认清现实情况，还是自己的期望水平过高，孙老师对此陷入一团混乱。

之所以出现以上种种问题，是因为这位老师还没有把握好各种角色转换，对角色所承担的权利和义务也还没有厘清。明确现状关键在于：如何摆脱旧身份走进新位置，以及如何调整教育领导和老师这两种身份重叠所带来的冲突和矛盾。面对这些问题，孙老师还没有准备好，所以弄得她疲惫不堪，心理难以承受。

[启示建议]

《孟子·离娄下》曰："人有不为也，而后可以有为。"在此引用解释为：做能力与职责范围内的事，不做能力与职责范围以外的事，而后才能有建树，有作为。

人首先要清楚自己能做什么，之后才有应该和必须做什么事之分。能力是基础，在有能力的基础上才能再衍生出应该做和必须做。没有能力的保证，其余一切要求和努力都是空谈。在能力的前提下，"应该"与"必须"有本质区别，而如果没有完成"必须"的事，就应受到规范的处罚。

（一）女性领导面对自己：知足知不足，有为有弗为

"领导"，在此表示担任领导工作的人。领导的工作内容为实施管理，"确切地知道你

要别人去干什么,并使他用最好的方法去干。"① 由此引出教育领导实质:"确定教育组织的发展方向与愿景,对全体成员施加积极的影响,使其积极主动地为实现组织目标而努力工作的过程与活动。"②

有责任心,想努力完成好任务是成为领导不可或缺的道德品质,女性领导在某些方面更是希望精益求精。但是领导绝不是职员的保姆,也不是下属的后备选手,因此切不可因此大包大揽,过分越权。女性领导"必须"掌握学校大局,分配直属下级职责,指挥和监控,指导和率领下属教师,使下属教师用最好的方法完成任务,这才是领导该有的责任。"能够"做的事并不代表"必须"做,而是"应该"调动下属去处理自己"必须"的工作职责。遇事亲历亲为有时只是领导无能的体现。一个系统若要运转良好,就要使每一部分都能发挥其作用,而不是要靠领导越俎代庖,做个万能后备选手。

女性领导身兼数职也未尝不可,当然这要建立在"能够"的大前提上。如果完成某一方工作而影响另一方"必须"完成的工作,甚至两方都没有得到发挥时,就该重新审视工作重心问题了。

(二)女性领导面对教师:知足知不足,有为有弗为

每个教师都有自己的长处和不足,女性领导则需充分利用自身细心、善于观察的特点,深入了解各类教师,合理调配,统筹大局。有些教师善于教学,可以把课讲解得生动有趣、易于理解,但是不善于搞科研;有些教师知识面很广,各门学科都有涉猎,但是却涉猎不深;有些教师对本学科颇有建树,但是不知如何与其他学科或生活知识相联系。

《孟子·梁惠王》曰:"挟泰山以超北海,语人曰:'我不能。'是诚不能也。为长者折枝,语人曰:'我不能。'是不为也,非不能也。"要认识到各类教师在教学领域"能够"领域不同,不是"不为"而是"不能",就不得规定普遍的"必须"任务,不应一味强求培养全能选手。只有顺应教师的个性发展,让适合的人做合适的事才是正确之法。科研和授课可以优秀兼顾,知识面又广又深的老师毕竟是少数,那么为了教学更好更生动,教师间扬长避短,在培养教师本身素质同时,带领组织教师专业发展,这是系统的、持续的工作。

(三)女性领导面对学生:知足知不足,有为有弗为

教育的宗旨是为了每一个学生的发展,但是学校不可能适应不同类型不同需求的所有学生的发展,她能满足的只是一部分学生或者说某一类学生某一些方面的需求。不是每一个学生都能语、数、外、物、化、生、政、史、地全面发展,没有劣势学科。在学习能力和运动动手能力之间的发展,不是每位都全面兼顾,在完成"必须"的学习任务的同时,"应该"发展的能力部分被大大缩减。人手五指有长短,学生能力也有所分,面对正常学生成绩分层,教育领导应有正确的心态。那么,彰显学校个性,带领学生个性发展是教育领导应该思考的问题。只有学校的个性是显著的,学生的个性发展才能得到更好保证。学校应追求个性,力求每位学生全面发展,而不是盲目追求大众化和普遍化。"当每一所学校个性得到良好发展,不同类型学生的个性发展就有了生长土壤。"③

---

① 罗泰.科学管理原理[M].北京:中国社会科学出版社,1980:157.
② 温恒福.重视和加强教育领导学的研究[J].教育研究,2004(9):60—63.
③ 李进主编.教育领导智汇[M].北京:北京大学出版社,2009:248.

学校个性形成与教育领导密不可分。女性教育领导以她们特有的领导方式，在学校价值、道德、专业和文化等多方面实施管理，在这些不同领域和方面融合的过程中，教育领导带领学校个性发展思路就会具体体现出来。

成为教育领导的三方面要素是：教师追随者，影响教师追随者能力，影响教师下属组织实现目的。培养和完善这三方面素质，也就是教师成长的过程。教师是教育领导追随群体，因此要理解和了解教师；学生是教师追随群体，因此教育领导在了解学生的同时也引导教师认识学生，只有在教育领导、教师、学生三方共同协作的前提下，学校才能走出更广阔的一片天。女性领导作为这片广阔天空下的一抹亮色，更需知足知不足，有所为有所不为，而后便可以真正有为。

（尹　寅）

案例2　于细微处见不凡
——女园长的一天

[案例介绍]

这天是一个平常的星期一，周园长提前到幼儿园，看了这周的公务安排以后，便开始了她繁忙的一天。她先去找了一下分管教学的朱副园长，确定本周要开公开课的教师名单并向她交代区里的教学安排。接着来到园门口和园医一起对幼儿进行晨检。周园长能叫出每一个小朋友的名字，耐心地听幼儿讲述他们的周末。

利用晨间锻炼和升国旗的时间，周园长向当天要开课的几个教师做了简单的交代，对新教师则更多了些鼓励。这时候有胆子大的小孩邀请她一起跳绳，周园长欣然接受了他们的邀请。小A性格外向，每次见到周园长都很热情地抱住她；小B则很内向，见其他小朋友和周园长一起跳绳，他自己则呆呆地站在旁边。周园长发现后，就让小A去邀请小B一起来跳绳。

上课时间到了，今天周园长组织新进的老师听一位老教师的课。虽然当了多年的教师和园长，可她听起课来依然很认真，不时地在笔记本上记些什么，并且适时为旁边的新教师做简单的讲解。

幼儿园的老师要等到幼儿都午睡才开始吃午饭。经过一上午的忙碌，大家都在小声地交谈，还有几天就是区里的新教师技能大赛了，很多教师都觉得自己准备得还不充分。周园长给她们介绍了自己的一些临场经验，还分配了几位老教师和新教师结成对子，为新教师们进行指导。

吃过午饭，教师们开始了学习会。周园长在会上对今后的工作做出安排、提出要求。这时的周园长很严肃，但其专业的态度却更能吸引人，教师们都认真地听取、发表意见，让人强烈地感受到她们对幼教事业的热爱。会后周园长又和教师们讨论这学期即将开设的兴趣班的事宜。即将放学，终于闲下来的周园长没有休息，而是又开始翻阅教育杂志。

一天过去了，孩子和教师都陆续回了家，周园长整理完一天下来的各个文件，也走出了园门。

[案例分析]

　　园长是幼儿园的灵魂人物，评价一个幼儿园，首要就是看它的园长，园长对幼儿园的发展起着重要的作用。虽然我看到的只是一位平凡园长的平凡一天，但我却认识到了一个热爱自己事业的园长是以怎样的态度来对待自己工作的。

　　在这样一个不算大的幼儿园里，大概有三百名幼儿，可是园长却可以记住每一个孩子的名字，热情地向孩子们问好、和他们聊天。这样一个看似简单的过程却不得不说是一个技术活，教师只有用心地和每一个孩子交流，才能准确地记住他们的姓名，了解孩子的家庭。也正是由于园长和教师的共同努力，才能让孩子在经过周末的放假后，尽快融入到幼儿园和谐温馨的气氛中去，也能锻炼孩子的社交能力，学会大方得体地与成人及同伴交往。对还在上幼儿园的孩子来说，园长、所有的实习教师和其他教师都是"客人教师"，这些教师对他们来说，比自己班级的教师少了一些威严，多了一些轻松，又由于儿童的好奇心，他们会时刻去学习模仿周围的成人，所以这些教师的一言一行对儿童的影响也是不可忽视的。

　　通过幼儿A和幼儿B的表现可以看出，由于性格差异，有些幼儿是天生不爱交流、不爱做运动的，所以只有老师、园长都与幼儿很好地互动，才能更好地提高幼儿户外活动的积极性。周园长时刻关注每个孩子的不同需求，因材施教，尽量让他们都能得到最好的成长。好的园长都是从好的教师成长起来的，很难想象，一个不爱孩子，把工作仅仅看成是谋生手段的教师会教育出怎样的孩子。只有我们全心付出了，我们才能观察出孩子的能力是否与昨天不一样；我们才不会因孩子太小，觉得他们什么都不懂而掉以轻心，从而导致这种轻视心理体现在我们对孩子的教育过程中，失去最好的教育机会。要深入到孩子的内心世界，随时分析孩子的心理活动，这样你才会明白孩子为什么要这样或那样做，他们无数"不合理"的要求才会被我们理解并接受。有一句话叫"蹲下来和孩子说话"。蹲、弯腰和站这几种姿势是不同的，这里的"蹲"不只是一个身体上动作的改变，更主要的是教师心态的调整。只有真正把儿童放在与自己同等的高度上，才能学会用儿童的眼睛去观察世界，用儿童的心去感受世界，才能真正从儿童出发，为儿童发展提供最贴切的帮助。

　　开始踏上教育岗位的新教师，虽然经过专业训练，获得教师资格证书，但仍不是一个教育教学上成熟的"舵手"。如何缩短他们的成长周期，让他们在短时间内能撑起一片属于自己的天空，也是园长该重视的问题之一。通过听示范课、被听课、一起评课，得到前辈教师的指导，对他们的专业成长有非常大的益处，可以更快地发展与成熟。周园长对每一个教师的课都抱着欣赏态度，不只给了新教师极大的鼓舞，更因为她对每一个老师的课都给予了同样重视，在行动上对"业精于勤"这一道理做了完美的诠释，从而为年轻教师起到了很好的表率作用。很多人都说幼儿园的园长很难做，因为员工大多数都是女性，难免有些事情比较难以处理。所以一个好的园长首先要善于沟通和交际，而倾听是沟通的基础。一个好园长懂得去分享教师教学的经验和心情，并在必要的时候给予适当的建议，在倾听的同时抱以诚恳的态度，去体会诉说者的心情。只有认真地倾听，才可以建立彼此之间交互信任的关系。一旦教师对园长产生信赖，他们会更愿意向园长表达自己的想法和意见，而园长所要推动的各项计划，也能得到更好的实施。除了与孩子的沟通外，园长与教师之间的互动在幼儿园里是最多的了。由于她们之间既定的社会关系是一种上级对下级的关系，园长对教师的采取态度就显得尤为重要了，一个合格的园长需要用自己真诚的热情、诚心的尊重来对待各位老师。好园长要有好的人格魅力。周园长就注意在工作生活中对幼儿园师生员工施加影响，引导大家团结一致。好园长一般具有强烈的爱心、事业心和责任感，坚持学习，深入课堂，平易近人，以诚待人，关爱师生，善于用人和培养人等。而身为女性的园长们善于通过个人魅力、专业技能、沟通技巧以及独有的人际交往的特长来感染下属。她们关注群体中的各种关系，更倾向一种民主的、参与式的领导风格。

幼儿园园长同中小学校长有很多相似的地方，又有很多不同。对外，园长要处理本园与家长、与其他幼儿园、与教育局等领导机构的关系；对内，园长要处理与教师、与幼儿的关系。与前者的联系能够为幼儿园的发展吸取多方面的力量，利用各方面的资源；与后者的沟通能够加强幼儿园的凝聚力，形成幼儿园和谐向上的气氛。

在很多人眼里，幼儿园教师是一个不需要很高学历、不需要动脑筋的职业，这是一个亟须改变的观念。我们一线教师只有通过不断提高自身素质，去改变别人的看法，才能赢得更多尊重。周园长能在繁重的工作间歇拓展自己的专业视野，就是一个好的范例。学高为师，身正为范。老师最基本的要求就是传道、授业、解惑。在这个信息传播高度发达的时代里，不断地充实自我是每一个老师的责任。园长肩负着引导幼儿园发展方向、带动幼儿园风气的使命，就更有必要在理论上不断完善、武装自己。

[启示建议]

好园长有很多，他们都有一些共同的特点，正是这些原因让我们的基础教育向更好的方向发展。在我看来，好的女性园长大多体现出以下素质：

一位女性园长应是有爱心、童心、母爱的。儿童都是落入凡间的天使，只有真心的爱和美好的期待，才能让他们体会到成长的乐趣，感受到人与人之间的相互关爱，这也是教育最神圣的地方。

一位女性园长也一定是博采众长的。园长在成长的过程中，经历了一个教师从新手到领导者的转变过程，在这个过程中她一定学习了别人的长处，感受了集体的力量，懂得了分享的重要，正是这些东西塑造了她完善的人格。

一位女性园长一定是一个爱学习的人。没有人天生就拥有知识，作为园长要率先不断地充实自己，学习新的理念和教育方式，使自身不断地成长，才能成为一个有为有能的领导者。

不想成为将军的士兵不是好士兵。每一个幼儿园教师都应该用高标准来要求自己，让自己在专业的道路上走得更远，把自己对教育的热爱落到实处。

现代领导理论证明，女性更适合做领导者。因为她们往往更具有耐心、细心和韧性，对工作关系的处理也会更细腻和柔和，这就让她们富有亲和力，能够更好地进行沟通。管理大师杜拉克曾预见："时代的转变，正好符合女性的特质。"但愿每一个女性都能珍惜自己的天赋，在工作和生活中将女性的优势发挥到最大，让与自己接触的人感受到更多的温暖，让社会更加和谐。

（沈逾白）

案例3 "入格""升格""风格"
——实施个性的教师专业发展路径

[案例介绍]

2003年7月,深圳市宝山区某中心小学面向全国招聘校长。在众多的应聘者中有一位张女士(即后来的张校长),她的竞聘演讲词中有句话:"我最灿烂的10年,是穿梭在中小学教学的课桌间;最丰富的10年,是耕耘在教研和培训的岗位上;现在,我希望把自己最成熟的10年,奉献给该中心小学。"她在位期间创立了会议培训,提出"文化学校"的办学思想;设立"三三制"立体化培训模式,把教师分为"入格""升格""风格"三个层次,分层要求,分类培训;提供可持续发展的"学习""实践""展示"三维空间,使学校、教师以及她自身都得到了发展与成长。

4年过去了,教师团队在张校长的领导下蓬勃成长,学校的教师队伍有了脱胎换骨的变化。在2006年的第二届"宝安名师"评选中,该小学一共有6人入选,在全区各小学首屈一指。2006年底,张校长被评为广东省特级教师,成为该区培养出的第一个特级教师。在教育局的支持下,该小学也得到了发展,通过了调研人员的考察,政府决定将中心小学的办学规模从36个班扩大到48个班。[①]

[案例分析]

案例中,张校长之所以能够脱颖而出是因为她独特的办学理念——不能被固有的观念束缚,要创新。一个没有世界眼光的人,不可能攀登事业发展的制高点;一个没有历史眼光的人,不可能有勇气告别昨天,走向明天。教师参加工作以后,站在什么理想层面上,若干年以后其成长结果肯定是不一样的。汗水和收获是最忠实的伙伴,理想和勤奋是最亲密的恋人。立足于城市化的大背景下,农村化、本土化的该小学逐渐显示出自身的局限性——教师的年龄结构、学历水平和业务能力都参差不齐。张校长审时度势,提出了一系列的改革制度。

一个好的机制应该营造一种氛围——让懒惰者变得努力,让平庸者变得优秀,让驻足不前者找到前进的动力。张校长精心设计了一套"三三制"立体化培训模式,努力让不同层次的教师都找到前进的内驱力。近年来,许多新教师陆续来到该小学,"三三制"为他们提供了充分的智力支持,使他们尽快度过专业上的"青涩期"。她把教师分为"入格""升格""风格"三个层次,分层要求,分类培训;为他们铺设一条从"外环"(教学基本功)"中环"(教学策略)到"内环"(教学思想)的专业发展道路;同时提供可持续发展的"学习""实践""展示"三维空间,对教师来说这是一条看得见的成长阶梯。

案例中,张校长以身作则带动所有教师一起成长,为所有的教师树立了前进的坐标,对女教师更是这样。张校长是个很注重仪表的人,她提倡注重内外兼修的美。虽说"腹有诗书气自华",但她觉得,身为教师,每个人都代表学校整体的形象,是至真、至善、至

---

① 白宏太. 追求完美——张之厚校长和她的教师专业发展策略[J]. 人民教育,2007(11).

美的代言人，一言一行、仪表仪态都影响着学生。所以她经常提醒身边的老师要注重形象仪表，她自己更是如此。

[启示建议]

社会的进步和时代的前进为当代女性的自身发展开辟了崭新的天地，女性领导者身处高位注定拥有与众不同的影响力。张校长在一定程度上属于教师领导者，从经验、教学理念等各方面都有着自身丰富的积累，从她身上我们得到的启示有很多。

（一）发挥性别优势，提升工作执行力

领导者看待事物必须有前瞻性，思想要有开放性，而这恰是有魅力的女性领导者所具备的重要特点。据英国调查公布的信息显示：喜欢女性领导的下属认为，富有灵感、敢于创新，是女性的优势之一。女性情感细腻，在工作中协调沟通更多的采用讨论而不是发号施令，与男性相比亲和力方面更有优势。这种优势可以更有效地增强团队的凝聚力，便于协调复杂的人际关系，有利于各种新体制的有效实施。把会议当作培训是张校长领导中心小学所倡导的理念，用一种特别的情境唤起每个人心中的理想。在每次会议中张校长充分利用自身性格的优势，对教职工循循善诱，以女性特有的细致和友善去尊重、关心所有教职工，赢得了所有老师的认同和敬重。

（二）以身作则，利用自身魅力发掘教师成长内驱力

女性领导善于通过自身的能力和素质得到属下的信任，赢得威望。在工作中她们往往以身作则，严格要求自己并渴望以先进的知识来充实自己，为提高自身的素质可以克服种种困难，这是大多数女性领导者心中坚定不移的信念也是她们独特魅力的体现，更是她们成长的内驱力。同时教师需要对自己过去专业发展历程的认识、对自己现在发展状态水平所处阶段的意识和对自己未来专业发展的规划意识，并结合三个不同发展阶段的认识更有效地、恰当地提升女性领导自身的能力。

（三）凡事有主见，工作有创造

在工作中能否做到有自主的思维品格对女性领导尤为重要。由于女性自身的性格原因，在工作中极易产生随从和依赖的思想，这在相当多的女性领导者身上有着不同程度的体现。作为女性领导者，要比普通女性更需要独立思考的人格，凡事有主见。这不仅是女性领导者实力与自信的表现，而且是赢得上级领导和教职工信任的重要条件。另外，相当多的女性领导者满足于勤勤恳恳地工作，缺乏开拓性。真正有强烈的事业心、想有所作为的女性领导不能让狭隘的性别偏见束缚自己的聪明才智，而要追求高层次的目标，体会成功的乐趣，使自身的价值得以充分体现。案例中张校长敢于创新，采用新的理念办学，积极采取变革，不拘泥于原本的学校模式，对学校成长和教师发展产生了重要影响。

（四）注重理念，豁达大度，共同成长

从心理学的角度来看，女性受生活方式、生理特点和思维方式的影响，往往容易形成封闭、嫉妒的心理，而心胸狭隘是女性领导者走向成功的主要障碍。因此每个女性领导者必须注意自身弱点的克服。在知识分子成群的学校，女性领导者更要豁达大度，凡事从大处着眼。

案例中张校长对教师进行分层培训，取得了莫大的成效。对于教师自身的成长而言，职前培养固然重要，但从终身教育的理念看，职后培训更能促进起自我导向性的学习活

动,并能充分满足教师在其成长与发展方面的特殊需要。张校长采取了阶段式发展规划,使教师知道自己所处的阶段,明确自身成长所需采取的措施,对教师成长有着重要影响。现代培训理论认为,教师参加学习、培训应是自我导向式的学习,即教师根据自己的需要、特点,进行自主的和自我反思的学习。她还提出"执行力建设"的理念基点。从做有执行力的教师出发,她努力通过理念引领、机制建设、氛围营造和精神提升,在成就理想同时,让教师们找到职业归属感。张校长还提出了"教师第一战略",确立教师发展的四个目标——终身学习的示范者,现代教育改革的参与者,现代城市的建设者,职业生涯的幸福者。

总之,在经济时代,管理的发展需要女性特色的柔性管理,需要女性的人性化情感型的领导模式,女性管理者的特质更能适应未来社会的发展趋势。作为女性领导,应该不断加强自身理论修养,发挥性格优势,克服自身的弱势,树立高度的自信心和领导意识,积极采用符合自身风格的管理方法来不断提高领导能力。

(李莎莎)

案例 4 触及人的心灵
——女性领导成功秘诀

[**案例介绍**]

一位教师领导者刚修完研究生课程,也有一些教学经验,在特许学校上班的第一天,她忙得不亦乐乎,期待自己能给这个学校带来改变。她致力于 backward 计划和评估,也想让学校里的每个人都这样做。从一、二年级到六年级,她清楚地看到:学生需要什么,做什么可以带来教与学的相互转换。

在系里的第一次年会上,经验丰富的教师们讨论他们的教学过程。当这位领导者提出 backward 计划的想法时,其他教师不屑讨论。这位领导者没放弃。她取出挂图、彩色标记,思考着如何能够通过形象的手段引导这些人,使 backward 计划可以开始实施,但无济于事。

经过四年多的积累,她重新考虑当初的方法。她把那种模式叫做"推土机效应"。她承认自己努力说服其他同事意味着自己没有看到他们的努力,而是很随便地否定了他们的努力。从那之后,她学着作一个更好的"听众",或者说是一个"渐渐触及他人心灵的人",一个观察者,观察同事是怎样相互影响的。她学着讲话时怎样开场,怎样让别人都听你、相信你,彼此敞开心扉。

[**案例分析**]

众所周知,女性教师是我国教师队伍的主力军,在我国的教育中发挥了重要作用,她们对学生的学习起到了推动作用。但从案例中我们可以看到,她们对学生的促进作用并不能促进自身之间进行有效的学习。这在一定程度上是由于她们工作的孤立、教学时间的有限等因素造成的。面对当今社会对教育的要求,女性教师们必须停止相互之间的孤立,走出各自的圈子，学会相互沟通，增进理解，扬长补短；特别是女性教育领导者，当其从一名普通教师成长为教育领导者，更应学会为同事们做示范，帮助同事们发展教学技能，促进同事之间的沟通学习。

作为一名女性教师领导者，她首先是一名领导者，但也是一名教师。女性教师领导者必须能有效地利用书面和口头等各种形式与学生和同事进行交流；能有效地使用语言、非语言等方法和多媒体等技术来促进课堂中的积极探索、协作与互动；能有效地使用各种形式的交流技能，如听、说、写等，与学生、家长、同事和上司进行高效的沟通，并帮助学生、同事学习如何使用这些交流技能，提高他们的交流技能等。但能否有效地运用这些能力和技巧关系到女性教师领导者是否能与教师、学生进行高效的交流，解决在工作、教学中出现的问题，以发挥女性教师领导者的作用。

[启示建议]

当一名普通女性教师转变为一名女性教师领导者，想要在领导工作中促进绩效，迎接挑战，从而促进普通教师的发展，交流是必不可少的。教育不同于其他领域，其主体——教师，其最终着眼点——学生，都具有自身的特殊使命和特点。正是由于教育的双方都是人，交流在教育中的作用就更为突出了。因此，女性教师领导者更应致力于自身交流能力的发展和提高。为达到这一目的，拥有坚定的信念尤为重要。

（一）对交流能力的信念

1. 我选择交流

一般来说，我们选择了自己所做的，自然我们就会全力以赴。从工作的经历中，我们时刻能觉察到这种致力行为的重要性。以教师为例，教师的使命是教书育人，这个职业的名称就突出了教师职业应具有的教会学生思考，指引她们寻找生存之路的特殊内涵。

作为一名女性教师领导者，持有"我选择交流"这一信条，这就蕴含了成功的女性教师领导者对自己工作的一种个人使命感。只有这样，才能在工作中时刻提醒自己尽心尽力地与教师、学生进行交流，有效地引导、促使他们能主动地提出问题，并积极给出解决方案，进而把工作做得更好。

2. 我可以交流

善于交流的女性教师领导者认为她们能积极地实现自己期望的交流目标，而这种坚定的期望恰恰是铸就她们实现成功交流的关键因素之一。

作为一名善于交流的女性教师领导者，她深信失败者始终看到失败的交流恐惧；而成功者，却视这种威胁为给予。正是这种自信引导着女性教师领导者进行卓有成效的交流，从而发现问题、解决问题。成功的交流不是靠运气、凭机会，或者其他外在因素，成功的交流是能力呈现的最终结果。

3. 我会交流

善于交流的女性教师领导者，无一例外地认为她们可以通过交流来解决问题，从而达到目的。交流在她们眼中，是能力和激励交合的结果。所以，对于善于交流的女性教师领导者而言，坚信"我会交流"，是她们工作态度原则的浓缩。

4. 我已经会交流了

对过去通过交流顺利解决问题的表现，女性教师领导者往往会以积极的态度去对待和审视。这无论是对以后工作的心态，还是对今后问题的解决都将有积极的推动作用。

当一名女性教师领导者拥有了以上信条，她就能在学会交流的路上大步前进，进而在工作中获得更大的成功。当然，除了以上信条之外，女性教师领导者也需要在工作中不断转变。

（二）交流中的不断转变

1. 女性教师领导者可以根据工作群体的行为，营造一个双方保持沟通交流的过程

这种沟通交流往往会耗费大量的时间，但必须承认当这些共事者经过训练，成为了积极有效的沟通者，这种沟通交流的过程会为女性教师领导者提供一些有建设意义的建议和完善自我认识的办法，使其自身更有效地融入新的变化中。在这一过程中要求双方都要着眼于改善关系。当女性教师领导者意识到如何帮助人们促进变化，她们就会从这种变化中勾画出自己教育领导模式的图景。事实上，帮助这些优秀领导者迈向卓越教师领导者要比帮助那些普通教师领导者提升到合格教师领导者收获更多，意义更大。

2. 女性教师领导者应赢得同事的尊重和支持

在工作中，作为女性教师领导者，如果能让同事感觉自身受到尊重，或者他们的建议或提议受到采纳，这些因素都会大大推进她们的工作。经常和同事交流，对他们的反馈给予感谢，既让他们意识到需要改进的地方，又向他们寻求建设性的、具有长远意义的建议，特别是对实现积极有效的变化，他们的这些支持性的指导都是非常重要的。同事的指导应该是必要的有益指导，而不是评判、讽刺或者品头论足。

3. 女性教师领导者应重视与学生之间的交流，给予学生以思考空间，尊重学生想法

女性教师领导者应该带头转变教育观念，改变教学方式和教学方法，在课堂上多留一些空白和悬念，把思考的权力、寻觅结果的权力还给学生。教师领导者要善于研究学生的心理需要，让他们时时处在对知识不懈的追求学习中。对有些知识的传授，女性教师领导者要对学生进行耐心的引导，启发学生去悟规律、悟方法，当他们有"山重水复疑无路，柳暗花明又一村"之感时，他们才会记忆终生。

女性教师领导者，既不同于领导者，又不同于教师，她兼有领导者和教师两方面的职责。因此，在交流技巧和能力上，女性教师领导者的压力更大，责任更重，可能面临的问题更多。这就要求女性教师领导者拥有坚定的信条，树立正确的观念，在交流——这条通向成功的必经之路上不断前行。

（钟靓瑶）

案例 5 弱肩担梦想
——彰显女教育领导的特质

[案例介绍]

"一切从零开始，从乡村开始，从识字和算术开始。别人离开的时候，她留下来；别人收获的时候，她还在耕作。她挑着孩子沉甸甸的梦想，她在春天播下希望的种子，她是80后！"这是"2009年度感动中国人物"河南某乡村希望小学校长李老师的颁奖辞。她，

仅仅是一个乡村希望小学的校长；她，位不高权不重；她，有时像姐姐，有时像妈妈，有时却又像城市里打工的农民工……但是她挑起了孩子们沉甸甸的梦想。

2002年，李老师毕业于河南省某师范学院。回家后她发现村里有大量留守儿童辍学在家，便萌生了在家乡办学的念头。在父母和亲朋的支持下，她用家里二十多万元的积蓄办起了乡希望小学。经过几年的辛勤操劳，这个学校有了七个班，三百多名学生。由于所有学生学费全免，学校无力为学生购置教辅读物和课外书籍。七年来，李老师为了办学已经欠了八万元的外债。

每每看到别的孩子有宽敞明亮的阅览室，李老师心中就产生一股强烈的信念——一定要让自己的学生也有书可读！趁着放暑假，她向爸爸要了二百元，只身来到郑州，买了一辆破旧三轮车后，开始收购旧教辅和儿童读物。烈日下，她骑着破三轮车穿街过巷，拿着秤一斤斤地回收旧书本。她用汗水载回了孩子们的"精神食粮"。

[案例分析]

当我们提及"教育领导"时很难想起这么一个平凡的弱女子，她为了乡村留守儿童沉甸甸的梦想，用坚持和信念带给孩子们希望，用爱和汗水为孩子们带回"精神食粮"。这么一个平凡的乡村校长，这么一个平凡的女子，她的肩上却有着无人匹敌的力量，让她承载了如此沉重的担当。这样平凡而又伟大的女子怎能不感动中国，怎能不成为"中国最美的乡村女教师"？我想，当一个校长容易。而能像李老师这样时时刻刻心系孩子们，无私奉献、甘愿付出、不求回报……又有几人能够做得到？

不可否认的是，作为一名教育领导，不论知识水平、专业素养还是领导才能都是十分重要的素质。但是，没有好的人品、高尚的师德、无私的爱，一切都将成为空谈。李老师的美丽，在于她有一颗金子般的爱心。七年前她主动放弃去当公办教师的机会，选择了一条默默奉献的人生之路。李老师的感人，在于她的勤劳、朴实。为了孩子们的梦想，她放弃假日，冒着酷暑，只身一人，走街串巷，自费收购旧图书。李老师的动人，还在于她的坚持和无私。当图书室顺利建成后，她又及时把多余的图书全部转赠给其他学校。

随着人类社会的不断进步，女性在社会分工中承担着日益重要的角色，在各行各业都涌现出了一批又一批巾帼英雄。而教育无疑是这个社会中最基础的力量，正是这股力量在推动着社会的发展，指引着前进的方向。在教育行业中，女性渐渐成为了中流砥柱，以她们与生俱来的细腻与温婉精心地呵护着祖国的希望。这其中有"中国最美的乡村女教师"李老师，用自己并不强壮的肩膀扛回孩子们的精神食粮；有上海卢湾区辅读学校校长何金娣，为了一群特殊的孩子，几十年如一日地辛苦付出；有地震中英勇救助学生却牺牲自己的袁文婷、严蓉、向倩、杜正香等女老师，在灾难突然降临的时候，她们选择的是用自己的陨落换回孩子们一丝生还的希望……

中华民族在几千年的教育实践中形成了优良的师德。"师德"就是教师的职业道德，是教师工作的社会职能的要求的行为规范。各行各业都有自己的职业道德，而教师作为人类灵魂的工程师，其本身必须是高尚灵魂的体现。教师职业的特殊性决定教师这一职业应成教书育人的楷模。一个教师怎样才能算得上师德高尚，人之模范？我认为爱生是师德最核心的内容，是教书育人的基本准则。回过头来看看那些令人感动的女教师的先进事迹，她们哪一个不是爱生的典范？若没有对学生的爱，李老师会放弃大好的前途而去兴办希望小学？若没有对学生的爱，何金娣会对生活自理能力都欠缺的孩子们几十年如一日地悉心照料？若没有对学生的爱，那些在灾难中陨落的女教师会在灾难降临的时候毫不犹豫地选择用自己的生命换来孩子的安全？

《教育改革和发展规划纲要》中提出，"教师要关爱学生，严谨笃学，淡泊名利，自尊自律，以人格魅力和学识魅力教育感染学生，做学生健康成长的指导者和引路人。将师德表现作为教师考核、聘任（聘用）和评价的首要内容"。我想，这也正体现了师德对于一位教师、一位教育领导者的意义。

中央教育科学研究所所长、规划纲要工作小组办公室成员、规划纲要第七战略课题组组长袁振国介绍，在"规划纲要"中特别提出要加强师德建设，体现了对师德的重视。将师德作为教师考核、聘任和评价的首要内容，目前是指在职称评定、绩效工资等和教师相关的评定中，师德具有一票否决的作用。可见，师德已成为教师的考核、聘任和评价活动的最关键指标之一。可想而知，师德对于一个教育领导者的成败起着多么重要的作用。我们不得不承认，师德是教育领导之魂！

[启示建议]

高尚的师德是一名教育领导成功的前提。我国的师德发展已经置身于全新的社会经济和文化背景之中，随着市场经济的发展和多元化社会的孕育，师德建设工作不断面临新的挑战。教育领导的师德建设工作任重而道远！令我们欣慰的是，在教育事业发展的进程中涌现出越来越多的优秀女教师、女校长，她们用自己的青春和爱为学生们建造起通向成功的桥梁。

我认为，目前在师德建设上应密切关注以下几点。

（一）积极、广泛地宣传先进教师的光荣事迹

就像上述优秀女教师一样，许多默默无闻的教师身上都有着博爱的情怀和崇高的师德，我们要充分抓住这些优秀教师的特点合理地利用。

（二）利用各种媒介进行宣传，使师德为重的观念深入人心

（三）正确、公正地评估教育领导之师德现状

只有正确、公正地评估师德现状，我们才可能理性、专业地面对、解决师德建设中的一系列具体问题，为师德建设提供源源不断的力量。

（四）科学、合理地制定教育领导之师德规范

科学、合理地制定师德规范是相对于非科学、不合理的师德规范来讲的，主要要解决的是师德规范的"专业化"问题。

（五）努力形成教育领导之师德建设的有效机制

只有我们制定的师德规范是专业的、合宜的，我们才能既倡导崇高的师道精神，又厘定专业伦理的底线，才能在行业内规约教师，对外则排除非专业的侵扰，师德规范也才能真正有效地发挥作用。

（安　阳）

附录　学思撷英

上海师范大学和华东师范大学的广大研究生们从不同视角对教育领导发表了自己的独到见解，可谓众说纷纭，见仁见智。本书四个篇章分别对教育领导中的资质素养、内涵建设、组织管理、理念创新等方面展开案例研究，但教育领导研究领域基本涵盖了教育行为的各个方面，仅用四个篇章难以勾勒出教育领导案例研究的全貌。

为了弥补这一遗憾，本附录将许多精彩的、有着真知灼见的投稿进行梳理和提炼，为作者和读者搭建一个更为广阔的对话平台，力求从纷纭杂沓的案例中整理出一条比较清晰的脉络，分别从教育领导与校长、教育领导与制度及教育领导与教师几个维度进行阐述。

第一节从校长专业定位、校长专业行为和校长专业素养三个方面探讨校长在教育领导中发挥的独特作用；第二节以制度建设、制度改革和制度创新为逻辑起点，分析了教育领导与教育制度的关系；第三节是教育领导与教师，论述了教育领导在教师教学领导和教师培养规划中应有的理念和具体的操作。

第一节　教育领导与校长

教育领导涵盖范畴较广，既可以指教育领域中领导者本身，也可以指他的领导能力或对教育的领导行为。无论怎样的教育领导，一定与一个词紧密相连——校长。校长，中文源自古代军队官衔；英文通常称为 principal（美国）、headteacher 或 headmaster（英国），大学校长则称 president 或 chancellor。各种称谓中都包含了这样的含义：领导与责任。无论是侧重于管理者还是教学者，我们所知道的是，校长是领导学校这一教育重地走向成功的关键。那么校长是一个什么样的教育领导者？校长实施了怎样的教育领导行为？什么样的校长是好校长？或者说，我们希望校长应该如何实施教育领导？

一、校长专业定位

著名教育家陶行知先生曾说："校长是一个学校的灵魂。""要评价一所学校，首先要评价它的校长。"郑复苏在《高等教育领导的案例分析》中以名校校长为例指出，校长角色具有多样性，这"给校长工作带来了不小的难度，只有先明白了校长角色的多样性，在工作中才能做好迎接各种问题的准备"。我们要了解教育领导中的校长，首先是校长的专业定位：校长究竟是一个什么样的教育领导者呢？

（一）校长角色的内涵剖析

李学书将教育领导者视为计划者、组织者、协调者和服务者，相应地要做到"规划发展""知人善任""心智沟通"和"柔性协调"等职能（李学书《领导者的素质和领导力》）。鄢进波认为校长应该是"学校愿景的开发者，传递教育理念的教育者，组织教师发展的促进者,引领学校发展的领导者"(鄢进波《名校之名与校长的领导力——谈唐盛昌校长在上海中学的准备与超越》)。英雄所见略同,余音在《校长超前的发展视野决定学校的发展愿景》一文中,将校长的角色定位于类似地政策制定者、发展规划者和组织协调者。张莹认为,"一个有智慧的校长,就是赋予学校灵魂的人。他们既是具有战略思维的教育家、管理者,同时也是重要办学理念的践行者。"(张莹《教育领导之胜任特征》)而陈莹认为,要让"教育回归教育的本源,让教育家办学,按教育的规律办学"(陈莹《直面钱学森之问——教育领导之人才培养》)。张熠婷认为,从学校发展和教育改革的角度来看,校长应该是"一个睿智、胆识和毅力并举的改革者",应该具有"反思精神和改革勇气,立足于整个教育的动态系统,考察、分析改革的切入点"。她强调,校长应"身先士卒,成为一个敢作敢为的先驱者"(张熠婷《用勇气和智慧点亮学校改革》)。

(二) 校长专业的持续发展

樊宇主张校长(高校校长)不应将学者和管理者的身份"双肩挑",甚至身兼多职,而"应该将角色定位于职业管理者,但又不是一个简单的行政管理者,他应该是一位懂教育、专业精、理念新的职业管理者"(樊宇《新时期的高校校长的角色定位》)。李杨也认为,校长的发展要专业化,"主要是指校长的领导与管理的专业化","是教育者、领导者和管理者这三个角色的专业化"(李杨《我国中小学校长的专业化发展》)。针对校长的专业能力,赵盼在《从农民儿子到大学校长——校长"能力、经历、魄力、效力"谈》中写道:"抓住学校发展问题的症结,需要一个校长的专业能力。"

(三) 校长领导的专业能力

应吴硕认为,"校长的教育领导力是指校长在与学校公众(主要包括上级领导、社区民众、学生家长、教职工、学生)的交往中,所表现出来的有效地影响和改变他人的心理状态的行为和能力,以团结全体教职工为实现学校目标而共同奋斗。它是校长基于职业角色定位和自身素质在领导和管理活动中产生的综合性影响力,其最终目标是实现学校、学生和教职工的健康发展"。(应吴硕《论高职院校长领导力的构成和特色》)克拉克·科尔(Clark Kerr)说过,"领导的机会是无限的,然而就时间和资源而言,是有限的。"王凯兵在《如何提升校长的领导力》中就类似的将校长的领导力综合为两个方面,认为校长的领导能力体现在两方面,"一是资源筹措能力,一是资源整合能力"。

王丹宁在《把握时代,创新图强——记上海市工商外国语学校前任校长邹荣祥》中引用了这样一句话:"在改革发展的浪潮中缺少的并不是机遇,而是充分把握机遇的人。"她认为,校长应该"把握教育发展规律,不断设计新的前进目标"。

程峰认为,"校长应具备远景规划能力、改革创新精神、社会支持能力、独特的人格魅力。一位好校长身上必然拥有一种震慑、感染他人的力量,这种力量不是手中的权力,也不是各种制度,而是独特的人格魅力。"(程峰《职业技术教育,永不停息的斗士——基于某职业院校校长的思考》)何雪峰在《母校的兴衰——试论校长的领导力》中写道:"学校的兴衰直接取决于校长的领导力。""作为一名学校校长,其领导力就体现在为学校创造内外协调的发展环境。""单纯交往型和学术型的校长很难协调学校发展的内外环境,因此,未来的校长应该努力成为魅力型校长,"居银对校长人格魅力的内涵进行了进一步的阐述,"人格魅力的内涵至少应包括志存高远、探究真理、甘于奉献等几个方面。"(居银《如何提升大学校长的人格魅力》)。

二、校长专业行为

当代教育领导理论大致可分为教学领导、转化式领导、道德领导、参与领导、管理式领导、权变领导等理论。纵观六大理论，可以发现理论的探讨逐步在寻求一种科学方法和哲学反思的平衡，对于组织文化和内隐价值的探讨逐渐被推到中心地位。将教育领导的理论放到学校这一背景下，校长这一独特身份上来考察，逐渐包含更多内容的学校文化建设恐怕是校长实施教育领导的核心行为，校长对学校的教育领导行为贯穿于学校文化建设始终。"一所学校的文化建设也映射着一个校长的眼界、心胸、素养和执行力。优秀的校长能将学校文化薪火相传而且会有改革创新，促进学校的健康发展。"（安茜《薪火相传，代代创新》）卢洁州在《教育领导之学校文化》中写道："教育不是校长一个人的远航，而是融入个人价值观与学校共同愿景的集体行为。""作为学校总负责人，在学校教育教学、科学研究、管理服务等具体工作中，校长无疑肩负着确立价值观念、制定规章制度、协调利益关系和优化资源配置等多方面的工作。"校长在文化建设中起到了引领的作用。许多研究生在这一视野内发表了各自的看法，从名校成功经验的角度剖析了在学校品牌与特色文化、校园建设与精神传承、课程领导与教学科研等几个方面中校长发挥的独特作用。

（一）学校品牌与特色文化

卢强梅在《校长如何建设校园文化》中对校长提出了这样的要求："校长作为学校的组织者，应该而且必须提出并确定适合本校的组织文化的目标。""创建学校品牌能引来社会对学校更多的关注，有利于提高学校的知名度和影响力，"李璟璐在《"品牌时代"的学校品牌建设与思考》中写道，"因此提高对品牌建立的理性认识，自觉遵循品牌建立和发展的内在规律，学会管理自己的品牌，是中国学校管理者迈入市场经济的一门重要必修课。""校长是学校品牌形象的代言人和设计师，拥有一名有领导力、有人格魅力的校长，就很有可能把一所学校办得个性化、人性化，"高佳禾认为，"一位有进取心、亲和力、创造性等文化内涵的德才兼备的校长，才能够成为学校品牌的内核与灵魂，能够起到凝聚人心，构筑学校精神的作用。"（高佳禾《创品牌学校，促教育发展》）

"北大的博雅、厚重离不开蔡元培先生的'兼容并包'，离不开胡适先生的教学民主，离不开季羡林的恬淡笃实，也离不开马寅初先生的刚直博大，"王春丽认为，"每一个学校都有自己的文化"，而"校长就是学校文化的传承者"，不仅传承了文化，更在传承之中铸就了学校特色（王春丽《增强创新意识，提高中小学校长的领导能力》）。陆石彦在《从个性强化打造学校文化》中建议，"学校文化战略策划要在本土特色的基础上进行创造，突出自己的独特个性，建立起学校的文化个性，树立一种卓越的品牌"，"要重视方向性原则，树立正确的价值观；重视整体性原则，协调学校各方面发展；重视主体性原则，调动师生积极性；重视发展性原则，师生与校共成长"。

袁盎在《定位——构建特色高校》中指出，"目前，我国高校模式趋于统一，具有很大的类同性，很难发现有特色之处，有些院校不仅建筑风格极为相似，就连专业课程设置也如出一辙。"他认为，"院校要发展，只有找出自身特色，发扬光大，形成品牌，才能得到社会的认可，从而跻身一流院校。"刘晓洁也认为，"文化是魂，立校的根；特色是形，学校文化内涵的外在体现。学校没有特色教育就没有生机，学校要发展，就必须有自己的品牌和特色。"（刘晓洁《快乐学习，欢乐生活——康桥一小案例分析》）

(二) 校园建设与精神传承

"营造浓郁的校园文化氛围，关注人文精神，传承文化底蕴，逐渐成为众多高校打造校园文化品牌的共识"，师文君在《试议高校校园文化的建设》中写道，"很多学者将校园文化分为'硬件'建设和'软件'建设，即物质文化建设和精神文化及制度文化建设"。众多稿件也分别在"硬件"建设和"软件"建设方面提出了独到的见解。

蒋峰认为，"学校的物质文化环境是学校文化发展程度的一个外在标志，是学校文化建设的基础工程，是对学生进行潜移默化教育的重要组成部分。"（蒋峰《学校文化建设之我见》）谢颖从校服设计的发展演变与创新，引申到了校园文化中的隐性课程，认为"校服作为校园文化建设及学校管理的重要部分，在实现一般性服装的使用功能和审美功能之外，还具有一般性服装不能具备的教育功能，担负着教育学生的重要责任。"（谢颖《校服——学校教育管理的延伸》）马庆磊从校园绿化的角度，探讨了环境文化对校园文化形成的影响，他认为："校园所处的自然环境、校园规划格局以及校园建筑、绿化和文化传播工具等"这些"人化了的校园物质文化反映了人们的种种思想观念，也对作为这种环境审美者的师生产生持久的、潜移默化的影响。"（马庆磊《徐州市第三中学校园文化建设案例分析》）朱英也提出在教育领导中要"加强学校的物质文化建设，提供师生成长平台"（朱英《让学校文化"降暑"》）。

郭银在《和谐社会视野下的高校校园文化建设》中提出"校园精神文化建设是构建和谐校园的最终目标，是学校的灵魂"。周良灏以西点军校的校训"责任、荣誉、国家"为例，发出"强势文化造就强者，弱势文化繁殖弱者"的感慨，指出"强势文化是可以慢慢修养的"，但要遵循规律，其中尤其重要的一点就是将"荣誉"的重要性发挥出来（周良灏《荣誉到底有多高》）。徐立群在《55回眸，从上师大看学校文化建设》中阐述了教育领导与建设学校文化之间应注意的要点，认为校长要注重观念的培养，明确办学理念，要身体力行来引领一种精神行动。王倩从制度建设的角度提出，"学校领导的重要职责是建立和谐的、人性化的管理制度，为师生创造学习工作平台"，"调动一切积极因素，形成强大合力，为和谐校园文化建设提供坚实的基础"（王倩《和谐特色校园文化之浅谈》）。时应彪也提出，校长要"努力挖掘学校的文化底蕴，结合现代的办学思想"，"建立一个具有独特文化特色的规范、高校、完整的组织管理系统和相关规章，构建学校特色制度文化"（时应彪《浅谈校园文化建设》）。

(三) 课程领导与教学科研

徐怡青在《从同州模范学校看学校校园文化创新建设》中提出"要在课程中渗透校园文化，学校开设各类特色课程体现了校长特殊的管理方式和独到的培养视野"。刘忆婷认为课程和教学领导力是优秀校长所需具备的五项能力之一，"课程和教学领导力是促进学校发展的关键"（刘忆婷《课程和教学领导力是学校内涵发展的根本之力》）。孙美华提出在，某种意义上，"课程改革即学校文化的改革，也是学校文化的转型"，"校本课程，对学校特色的建设，对学校文化的积淀和发展有着举足轻重的作用。"（孙美华《校本课程和学校文化建设》）支慧在《"下跪洗脚"，校长遭遇作秀质疑》中，以某中学校长欲贯彻德育教育课程而下跪为母亲洗脚却遭遇作秀质疑为例，指出德育课程应该重视实践、因校制宜，教育领导者应该以身作则。熊倩怡认为学校应贯彻公民教育理念，公民教育必须成为学校文化的一部分，公民教育不仅仅是一门课程，"还应该辅以实践性的操作才能达到效果"(熊倩怡《将公民教育进行到底——创建一个"公民社会"的学校氛围》)。刘佳玺另辟蹊径,以幼儿园的教学专题活动为出发点,探讨了幼儿园校园文化的构建,她认为"'教学主题'很可能就是幼儿园校园文化内容的起点,目前也是幼儿园校园文化最常见的内容"(刘佳玺《浅析幼儿园的校园文化》)。

江伟认为,"校长的第一要务并不是直接改进课堂教学和学生的表现,而是树立目标、培育文化、发展具有共享价值观的学习共同体,然后通过分布于组织中各个工作团队的'领导',来改进课堂教学和学生的表现",在《建立中小学教师专业发展的学习共同体》文中他还初步描绘了"学习共同体"的基本程序图。徐勤剑也同意改革教学的关键在于教师而不在于具体的课程,此外,他提出校长应该"规划学校发展愿景和学校课改方案",不仅要重视基础型的课程,还要重视拓展型和探究型的课程开发(徐勤剑《现代校长课程领导》)。杨虹认为教育科研是学校发展的先导,教育科研是学校办学特色最根本也是最强大的内在推动力(杨虹《全面发展,人文见长——以七宝中学为例》)。王俊山提出一种"绿色"教育科研观,以提高学校教育科研的贡献率,在《树立"绿色"教育科研观,提高学校教育科研贡献率》中他提出了需要注意的几个方面,如明晰学校为教育科研的研究主体、形成主动机制等。李丹从经济学上的帕累托法则借鉴经验,认为校长的管理要分清主次,注重教学质量的提高,"科研只是手段而非目的,只有紧密联系教学实践促进教学质量提升的科研才是值得我们奖励的科研"(李丹《论帕累托法则在学校管理中的应用》)。

三、校长专业素养

纯数字实证的研究中,研究所回答的问题不会是"应该"怎么样,而是现实是怎么样的。本书文章采用的个案分析方法,不仅可以从某一个角度对现实情况进行分析,更可以以成功经验为指导,以反面案例为警戒,对教育领导实际中遇到的问题进行深入剖析并提出改进意见。在博采了众多优秀校长的成功教育领导经验,吸取了失败的教训后,对于"什么样的校长才是一个好校长"这一问题,已经有了从不同侧面的解析,对校长的专业素养要求提出了一些建议。综合来看,众多文章大致从领导理念与教育创新、学校管理与人文关怀、以身作则与道德表率几个方面探讨一名好校长所应具备的专业素养。

(一)领导理念与教育创新

"一所成功的学校背后必定有一位好的校长",乔英楠从南洋模范中学的成功案例中得到这样的启示,"校长的价值取向会决定一所学校的办学理念和管理风格","作为一名领导,校长在学校文化的建设中要扮演好设计者、推行者和管理者的角色。"刘春娜以延安中学为例,同样认为"作为校长,重要使命就是加强学校的文化建设",但是"在学校文化变革与发展的不同阶段,会有不同的领导策略"(刘春娜《教育领导之学校文化》)。

王欣在《议办学的特色——特色办学乃是生存之道》一文中,以上海世界外国语中学为例,指出校长应该专注于"学校特色建设"上,在形成和发展自己的特色的过程中要"专注力、领先力和持续力三者相辅相成"。崔飞在《学校个性与教育领导》中以上海中学为例提出了一些具体的做法,认为要建立个性化的教育体系,校长应该为学校"设立个性化的教育目标""设置个性化的课程体系""构建主体参与式的教育模式"。

在分析格致中学案例的过程中,李燕认为,校长是"学校文化缔造者""学校的办学特色、文化内涵正是校长的价值观、风格、个人爱好的最佳体现"(李燕《重视"学校文化"建设》）。谢丽丽以同样的案例，提出"校长领导力的发挥对和谐校园文化建设起着至关重要的作用"，要不断"提高校长思想领导水平""战略决策能力""组织能力"和"课程领导能力"（谢丽丽《和谐校园文化彰显校长领导力》）。

郭红洁在《创办特色学校的几点建议——基于七宝中学办学特色》中写道，"校长要一切从学校实际出发，制定基于学校现状的独到办学思想。"卫黎敏认为，"七宝中学的成功转变，很主要的一个原因是校长在发展学校时，不仅仅关注升学率的提高，更关注学校的文化建设。"

如前苏联著名教育家苏霍姆林斯基（В·А·Сухомлнский）所言，"校长对学校的领导，首先是教育思想的领导、业务上的指导，其次才是行政管理"，上海市闸北八中的"成功教育"理念也是众多文章探讨的重点。陈羽丰认为实践成功教育，校长的倡导和身体力行是"成功教育"成功的关键（陈羽丰《成功教育让"丑小鸭"蜕变成"白天鹅"》）。马俪娜认为，从闸北八中的案例可以看出，逆境也有可能为机遇，校长要"能够对学校所处的环境有一个深刻透彻的理解"，"将不利因素转化为契机，勇于立足于本身进行大胆的创造"（马俪娜《从闸北八中的"成功教育"看学校文化的突围》）。许洁将"成功教育"视为校长在教育领导中推行的一种教育理念、管理理念，从而形成了一种校园文化，"这种校园文化的创设需要全校师生的努力，更需要校长的努力和坚定"（许洁《成功教育也是一种领导力》）。谭晓燕的《教育创新的福音——以上海市"成功教育"为例》、蔡璐的《论教育领导的培养——以成功教育推行者刘京海为例》等文章也分别从教育创新、目标设置等方面进行了阐述。

（二）学校管理与人文关怀

"一个好校长不可能只是一个'光杆司令'，只是靠自己一个人的'独角戏'将学校办好，"孙慧娟在《以人为本的管理理念》中写道，"校长办好学校离不开全校师生的支持，所以优秀的校长在管理中都重视以人为本。"陈辉也认为，"教育领导者应该具有人性化的教育理念，从教师和学生的角度去思考问题，关注他们的发展。"（陈辉《对教育领导理念"道德性"与"人本性"的思索》）"以人为本"已经成为社会共识，各个领域中都在提倡"以人为本"的管理理念、服务意识。在教育领导中，治理好一所学校的校长，一个好校长，必然在教育领导行为中贯彻着"以人为本"的理念，即以教师为本、以学生为本。

李丹从系统论的角度剖析了学校这一系统，认为使系统最大化地发挥功能要有全面的规划和设计，教职员所从事的以教学为中心的一系列工作正是学校这一系统的"加工处理过程"，直接影响到了工作整体的效果（李丹《论系统思维视角下的教育管理方法》）。蒋光祥认为，教师的情绪状态会影响到学生的学习效果，教师要取得满足感和幸福感，才会增强教育教学的效果（蒋光祥《情感领导在教育领导当中不可缺少的地位——基于个人位置感的视角》）。武莹莹提倡要从全社会的角度营造尊重教师的氛围，校长要"在工作机制上不断为教师减轻压力"，"重视教师的心理健康问题"，"给教师增加一分关爱，一分理解，一分支持"（武莹莹《请给教师一点关爱》）。秦亚平提出校长"要努力实现领导决策的科学化、民主化"，"使教职员工的正当利益诉求得到理性表达和满足，努力提高科学决策、民主领导、依法办事的领导力"（秦亚平《学校发展目标制定和管理》）。

教育的指向是学生，教育领导最后也会落实在学生身上。更多的文章认为以学生为中心，发扬一种人文关怀的精神是校长治校的核心。王栋认为，"教育领导者在教育管理的过程中必须遵循以人为本，也就是以学生为本的理念。这不仅是教育领导的诉求，也是整个社会的价值取向。"（王栋《教育领导学案例分析》）王裕华以"子女战略"为例，也认为，"只有教育领导切身了解学生的需求，学生知道领导全心全意为他们办事，这样才能构建出一个和谐有序的校园。"（王裕华《教育领导与"子女战略"》）周瑶在《以人为本的教育管理观》中写道，"现代教育管理观念要求管理'以学生的发展为本'"，要"尊重学生的独立人格，帮助他们充分挖掘潜能，发展个性和实现自身的价值"，"学校所有工作的根本出发点是学生的全面发展"。孙子秀也强调学校应该重视学生的诉求，谋求学生的全面发展，她在《高职院校发展之"双赢"智慧》中写道，在评估指标上要"以人才培养模式为重点，增强对学生的基本素质、实践能力和发展潜能的评判"。刘佳佳主张"把课堂还给学生，把学习空间还给学生，让学生享受学习权力、学习自由和学习快乐"（刘佳佳《学生及时课堂：感悟杜郎口》）。孙梦哲也提倡，"关注学生的个性差异，让每一位学生都有机会张扬自己的个性，展示自己的智慧与才华"（孙梦哲《成功的课堂需要学生"插嘴"——谈学生上课的"插嘴"现象》）。

李文婷提出，"不仅要重视学生的社会价值，更要关注其个人价值。"（李文婷《中等职业学校文化课的处境》）杨华锋在《教育领导的胜任素质》中也提到，"一个成功的领导者，必然是具备人文关怀精神的。"周利霞、应茹琴等在校园安全与人文关怀的视角下进行了探讨。应茹琴以举国悲痛的"5·12"地震为例，认为要加强学校安全文化教育，教育领导者首先要转变观念，"只有真正做到思想上重视，才能保证行动上落实"。周利霞认为，要加强文化建设，注重人文关怀，"缺少了人文关怀，制度管理的激励作用难以发挥"（周利霞《从杨元元事件看学校教育领导》）。

（三）以身作则与道德表率

《论语·颜渊》有言："君子之德风，小人之德草，草上之风，必偃。"这句话意指如果领导者具有很好的道德，下属也会秉持这样良好的道德而行事。校长能够以身作则，以德风育才，以仁念率众，用言传身教传达一种治校理念，宣扬一种学校精神，几近达到一种"无为而治"的效果。

李杨在《论道德领导理论在中国的实践》中写道，"教育领导是学校的精神向导，自身应具备的素质是宽容、谦让、负责、真诚、奉献，致力于创建德行学校，追求道德目的。"周骞在《海纳百川，有容乃大——做一个学会包容问题学生的校长》中以前香港中文大学校长、诺贝尔奖获得者高锟为例，认为校长应具有包容心，应该用爱和真心去呵护学生，而不是对一些问题学生"御驾亲征"。刘瑞霞将罗杰斯（CarlR. Rogers）提出的咨询师态度的三个方面应用到教育领导领域，认为教育领导要做到真诚、无条件的积极关注和移情（刘瑞霞《以人为本谈道德教育》）。

刘选在《新形势下职业学校校长领导力研究分析》中提出校长必须要具有创新精神和战略远见，要"善于集思广益，把握教育发展趋势"，他认为"领导是做正确的事情，而管理是把事情做正确。领导为机构明确方向，而管理则确保机构沿着这个方向发展"，"领导和管理不能脱离一方而单独存在"。乔莹莹也强调，校长要明确"为"与"不为"的价值取向，好的校长"除了具备校长的基本岗位能力之外，必须具备以下特点：充满智慧、有服务意识、包容多元文化、以身作则"（乔莹莹《试论学校管理的无为而治》）。

蒋颖在《王校长为何落寞而退》中写道，"教育领导者同时是决策者、变革者、设计者、协调者、公关者等多元化的角色",要有前瞻性、战略眼光、协调能力,还"必须具备较强的社会活动能力,树立良好的公众形象"。孔祥博在《大学校长的公众形象》中,从校长的自身修养、与媒体的沟通方式等方面就如何树立良好的公众形象对校长提出了六点建议,他认为,"校长仅仅自己做得好还不行,需要注意塑造自己在媒体中的公众形象。"

第二节 教育领导与制度

"不以规矩,不能成方圆",制度就是要求大家共同遵守的办事规程或行动准则。在教育这一特殊的社会领域内,如何使教育实现既定目标,保障正确的行为模式和价值标准得以传递,确保所有公民平等拥有受教育机会以及对程序公平、实质公平的监督是教育领导研究的重要方面。教育制度是教育领导工作的规范标准,制定公平、合理、有效的教育制度,顺应时代潮流,不断改进和创新,是教育领导工作的核心内容。教育领导应重视教育制度建设、改革和创新,并在其中发挥重要作用。

一、教育制度建设

我国教育立法工作起步较晚,大部分教育法律法规是在20世纪末颁行和实施的,还不很完善。与此相比,其他非国家强制力约束的教育规章制度更不健全。而严格教育领导规范、增加教育领域投资、创建现代学校体制,都是以不断完善教育制度建设为前提的。

(一)道德领导与制度约束

"触目惊心的教育腐败,为我们敲响了警钟,"朱丹萍在谈到教育腐败问题时写道,"我们需要正视现实,深入、具体分析教育产生腐败的原因,找出科学的、可操作的、从源头上彻底治理和预防教育腐败产生、蔓延的对策。"(朱丹萍《浅谈教育腐败的成因与恶果》)作为领导干部诚然要"严于律己,宽以待人",孙洪礼在文章中谈到高校反腐败问题时,认为"合理划分职权,充分调动各方监督力量,建立完善的制度保障,才能加快学校各方面改革"(孙洪礼《加快高校反腐倡廉工作建设》)。"一个好校长就是一所好学校,一所一所的好学校就是未来的中国,"彭红莉在文中呼吁,"校长要真正做到众人皆浊我独清的境界,就必须加强教育,增强拒腐防变的能力。"(彭红莉《"清水衙门"为何不再清?——论中、小学校长职务犯罪的问题》)。

要搞好德育,那就不得不依赖于完善的德育评价体制。朱晓溪认为"德育应该是贯穿在孩子成长的每一个阶段。百才,德为先。这是我们对社会人们的要求和期望。形式多样并且长久的德育教育将在建立和谐社会上起到重要的作用"(朱晓溪《百才,德为先》)。道德的缺失往往会滋生功利思想,在谈到功利问题时,李滢提出了自己的殷切希望,"要打破这种已经相互错综勾结的功利链,必需釜底抽薪,从各级教育主管部门入手,与升学撇清关系,给孩子们一个自由成长的空间,留中国科学兴国之希望!"(李滢《"奥赛——中国功利式教育的极端畸形"》)李杨认为大学也面临着功利问题,"大学这座象牙塔,本该是育人成才的沃土","但大学不可避免会受到市场化的影响,因此,教育领导的价值取向就成为防范大学庸俗化的关键所在,也是教育领导价值领导力的重要体现。"(李杨《道德领导——大学德治的新视野》)

法律是道德的底线，一个国家是否能够国泰民安很大程度上要看其法制是否健全。王辅俊认为高校要健康发展亦离不开法律的支持和制度的约束，在谈到如何对高校干部进行选拔和考核时，他强调："对现有高校干部进行严格的法律培训，使其确立法制观念，熟悉法律知识，增强依法办事的能力，以适应所从事的管理工作；完善高校干部的选拔制度，将法律素质作为干部选拔的重要条件，使法律素质低的人员不再进入管理岗位。"（王辅俊《依法治校才能确保高校健康发展》）高校干部的选拔需要依赖法律的规范，而杨亚平在谈到学术诚信时，表达了学术界也同样需要制度的约束，"在学术界，特别是在人文社会科学领域，目前并没有一个形成文字而可遵循的学术规范，学术的规范主要靠一种内在的道德自律，这便在客观上为那些思想品德低下的人创造了可乘之机。"（杨亚平《科研诚信，学术道德之思考》）

（二）教育诚信与机制保障

无规矩不成方圆，在教育领域这条定理同样适用。凌杰对于高考舞弊进行了深刻的思考，认为："要达到纯净考场环境、重塑考试公信的目的，光靠单一的法律手段或单一的教育手段是不够的。在继续对学生进行诚信、道德、法律教育的同时，必须也要提高违规行为的成本。"（凌杰《浅谈高考舞弊及其处罚问题》）李壮则试图找出高考舞弊问题的最根本的原因，认为："高考的发展和完善是一个漫长的过程。要想实现高考真正的公平，只有从根本入手，那就是：加强我国教育事业建设，消除教育差异，为社会提供更多更优质的教育资源。"（李壮《由高考舞弊事件看待教育公平问题》）不可否认，在我国现阶段，由于教育制度在很大层面上还存在许多不完善之处，这就给了一些不法分子钻空子的机会，因此就像温金燕所说的，"改善高考制度，不让高考过于'严肃'；推出强有力的考试违规处罚法案"，才能"把诚信素质教育落到实处"。（温金燕《吉林松原高考舞弊案分析》）无独有偶，谢玮在文章中也呼吁道："只靠立法、执法和进行教育的措施是全然不够的，高考制度的改革也势在必行。"（谢玮《高考舞弊案引发的思考》）

针对诚信教育，湛志亮认为，"诚信教育需要全社会的共同关注，共同努力。政府要为社会营造一个良好的诚信大环境，打造诚信政府；更重要的是，教育行政部门的工作人员和教师要努力提高自己的诚信修养，以身作则，为学生作好表率。"（湛志亮《对教育诚信的思考》）

良好的教育环境需要强有力的机制作保障。高考移民是威胁教育环境的一大挑战，为应对挑战，沈妍认为，"国家教育主管部门需要力保教育资源公平化，政府和社会各界需要共同努力确保教育公平，保障每一个人才的教育权。"（沈妍《"高考移民"为哪般》）也许就是因为教育部门对就业率造假的查处不严格，才纵容了高校造假行为。"无诚信，教育何以立足？从'要求学生就业'到'学生被就业'，高校的就业率造假日益疯狂。"（田学英《无诚信，教育何以立足——"被就业"事件的思考》）

（三）校长决策与权力监督

显然，教育领导者在教育决策的制定和执行方面起着举足轻重的作用。"一个学校的发展也取决于教育领导的才能，教育领导与学校的发展密不可分，学校的特色、学校的办学理念、学校的校园文化从一定程度上都是取决于教育领导的工作方针"。（秦芳《学高为师，身正为范——对诚信教育及耻感教育的反思》）应吴硕认为，作为一名校长，应该成为"学校发展目标的筹划者，是学校成员的信念、价值和态度的塑造者"。（应吴硕《从教

育管理走向教育领导——对"应管与不应管"的思考》)

杨燕在校长如何做好决策上进一步阐述,认为校长作为一名决策者,应该时刻保持清醒的头脑,"教育决策者切不可因一时之思或好大喜功而草率推行改革,轻易做出决策,而是要遵循教育规律,因时因地制宜。"(杨艳《教育决策需谨慎——湖南率先取消文理分科引发的思考》)对尚处于发展期的教育领域来说,郭文富认为优秀的领导力显得尤为重要,如:"我国高职教育起步较晚,发展时间不长,需要一批领军人物来引领高职院校的发展,实现高职教育的可持续发展。"(郭文富《构建高职教育管理平台,实现高职教育的可持续发展》)教育决策与教育领导力的作用体现在教育的方方面面,尹静认为:"在新课改实施的过程中,作为一名学校领导应首先起到挂帅的作用,在处理学校的大小事务上能够做到公平对待、合乎情理,才能做到治校有方,成为一名令人信服的领导。"(尹静《领导资质之公正、关爱、落实》)

朱桂樑在谈到学校责任时,将责任与法律相结合,认为:"学校虽然履行了教育管理责任,但是教育不当、管理不力,能够阻止而未阻止伤害的发生,应视案件具体情况由学校承担部分责任。"(朱佳樑《由校园伤害事件看教育领导管理责任》)对于校长负责制,牛德军认为"校长负责制有其促进教育发展的积极方面,但是同时,校长负责制也对学校管理带来了不必要的影响",要想使教育决策更加完善,还需"充分发挥民主管理在学校决策和日常管理中的作用"。(牛德军《民主管理在提升学校办学质量中的作用》)王京彩在谈到校长的权与责时,进一步阐述:"我们应该对校长充分授权和充分监督,让校长既有责又有权,切实地担负起管好学校、办好教育的责任。"(王京彩《现行校长责任制下中小学校长的权限探微》)

二、教育制度改革

和社会其他任何领域一样,随着时代的进步,教育总是会有新的问题,教育领导总是要解决新问题。如果要追求进步,就不会有亘古不变的教育制度。教育领导应该不断发现问题,对教育制度进行调整和改动,推动教育制度改革。

(一)教育公平与高考制度

高考改革牵动着每个人的心,王赛芬在文章中表达了这样的观点:"当今社会的用人机制、社会分配机制、社会认同机制等等,都是高考种种问题的症结所在。因此,高考问题不仅仅是教育的问题。也是社会性的问题。"(王赛芬《从历史的角度看高考改革之流变》)邵文婷则由高考改革引申到文理分科问题,并进一步阐述:"'文理分科'与否,套用上海教科院副院长顾泠远教授的话来说,成熟的抉择不宜过早,勉强的'一刀切',恐怕会带来'折腾'。"(邵文婷《路在何方?文理分与不分?》)江忆临就文理分科和高考制度的关系进一步阐述,认为:"在高考制度没有改变的前提下,'考什么、学什么'的学习模式就不可能改变。因此,文理分科的必然性和可行性的关键还是在于高考制度的改革。"(江忆临《从文理分科谈高考制度改革》)仲晓烨认为正是由于高考制度的不合理,才引发教育竞争和社会竞争空前激烈,"在这样的社会环境下,改革高考的呼声是必然的,更是强烈的。"(仲晓烨《上海高考改革之启示》)李壮则换了一个视角,从科举看当前人才选拔制度,他认为:"考试作为人才选拔的方式不能被废除,但是必须适时改革,正确处理好考试制度与其他制度的关系",呼吁"高考和学校教育应保持其相对独立性"。(李壮

《科举制对当前人才选拔制度的启示》)

教育公平是社会公平价值在教育领域的延伸和体现,也是当下一个热点话题。从教育公平角度看,王小明认为:"政府应该制定教育政策,把一些高等教育发达地区的招生名额适当多分配给那些人口多、教育不发达地区。"(王小明《教育领导学——到底是谁逼疯了他?》)在探索教育公平的道路上,何珊进一步阐述:"我们必须在马克思主义教育观的指导下,结合现代教育公平理论和我国国情,构造出判断教育公平的实践标准,正确分析我国的教育公平问题。"(何珊《拿什么拯救你,我的乡村老师》)

(二)教育均衡与资源配置

"教育均衡化是一种理想与信念,也是一种选择与行动,它事关我们每一个人的尊严,也事关一个正义与和谐社会的建设。"吴海燕倡议道。(吴海燕《从浦东新区的"名校复制"谈教育均衡化问题》)

农民工为城市的建设做出了巨大的贡献,然而现在其子女的入学问题却困扰着他们。袁野从财政角度看,认为:"中央财政应划拨专项经费给城市务工人员较多的省市,同时对流出人口较多的地区减少一定的财政支持。对于流动人口子女,流出地政府必须发放教育券,使'资金跟随孩子',学生凭券就读义务教育学校。"(袁野《教育券:引导进城务工农民子女就学问题走向公平》)华蕾则从政府决策的有效性入手,认为"政府从宏观调控入手,让农民工子女有学上,上好学。政府可以政府部分买单的形式为农民工子女就读的学校减轻负担,真正使这些农民工子女从国家福利中受益。"(华蕾《农民工子女到底该何去何从?》)而在谈到政府在教育均衡发展中该起到的作用时,王静强调:"为了构建和谐社会,促进教育均衡发展,上海农民工随迁子女的义务教育该由谁来买单和负责?上海农民工随迁子女的义务教育是上海政府相关部门不容推卸的一种职责。"(王静)

政府在"择校风"这一现象中起到举足轻重的作用。蔡璐认为:"择校本身并不是坏事,关键在于如何在主管部门的监督下加以规范和引导,从而使教育资源得到最合理、最有效的配置,真正实现教育的民主化、公平化。"(蔡璐《对义务教育阶段择校现象的分析与思考》)而严雯丽在谈择校问题时则表达了不同的看法:"我们不难看出择校现象热而不退,除了教育资源不均衡,优质教育匮乏,还应看到应试教育惹的祸。中国教育体制如果还不改革,那么应试教育就不会消失,择校现象必然长存。"(严雯丽《择校之路向何方》)在王昕看来,要想切实促进教育均衡发展及实现教育公平,"我国政府应继续加大力度,进一步确定基础教育均衡发展、各类教育协调发展的战略,确立以人为本的价值观,提升和改善教育品质,确保教育公平"(王昕《关注个人受教育权的实现——东方领导系列讲坛》)。

(三)行政效率与资产管理

在教育决策的实施过程中,要遵循规则,但也要因时因地制宜,因为这样才能办出有效的教育,就像柳林英在文章中提到的,"在管理上,规则的设定远比矛盾的解决要省时省力。对规章制度的不断修正,既实现了公平也促进了管理效率。"(柳林英《办有效的教育——与上海市城市文化中学教育相比较》)严雯丽在谈到关于高校提高行政效率的问题时,进一步阐述:"高校教育行政管理在体现'以人为本'的基础上,要努力提高学校行政人员的具体行为效率,从而促进高校整体效率的提高。"(严雯丽《高校行政效率浅探》)

提到应试教育,那就不得不提素质教育。"如今,'素质教育'的口号越发的响亮,但是素质教育的进程仍然堪忧,在我国现今的教育体制下,筛选和选拔是必然的和客观存在的,也是从事基础教育工作者必须面对的现实。"(李国徽《学生成绩该不该公布》)应试教育有其局限性,素质教育在实施过程中也遇到了实际问题,谭晓燕将目光聚焦在教育培训这一问题上,对当前中国教育培训的现状、存在的问题、解决的措施进行了思考,"如果把国家比作车,公办学校和私立培训学校就是推动车向前行驶的车轮",因此,"关注教育培训,完善国家的教育体制,提高全民素质是永恒不变的主题,"此观点应该引起人们的重视。(谭晓燕《对我国教育培训问题的思考》)苏莹从自考制度视角来审视完善教育体系的构建,认为只有采取"积极实施自考面向农村发展的新战略,搭建终身学习的平台,强调自考的非学历教育功能,进一步完善考试管理的各项规章制度,加大执行力度",才能使自学考试发挥最大的功效(苏莹《我国自学考试的发展现状及领导改革策略》)。

王昀在谈到教育领导资源分配问题时认为:"学校的用房改革制度是一项重要举措,我们要充分发挥和挖掘现有教学资源的潜力,合理调配和整合现有教学资源的分布。"(王昀《教育领导之资源分配——高校公用房资源有效分配的实践探索》)郭文富在提到高等教育资源配置问题时,进一步提出了三条建议:"优化投资""办学主体多元化""加大对高等职业院校的扶持力度"(郭文富《高等职业教育类型结构对高等教育资源配置的变革要求》)。

三、教育制度创新

创新是一个国家的灵魂,也是教育的灵魂所在。教育传递知识的增长,正是依靠一代代人不断的创新。同样,教育制度也需要不断的创新。在制度层面,创造性地解决问题,对于教师队伍建设、学校教育和社会教育以及培养创新人才方面有着重大意义。

(一)关爱教师与团队建设

焦利转写道:"'百年大计,教育为本。'人才的培养靠教师,教师是高尚无私、勇于奉献的群体,他们更需要整个社会的理解和关爱,尤其是教育的领导者。"(焦利转《教师是园丁,不是机器人——关注教师的身心健康》)

校长要正确处理好与教师的关系,只有这样,教育事业才能更好地发展。袁军荣认为"作为一个农村小学的校长,要学会关爱",首先校长应该"了解每位教师的基本情况,关注每一位教师的成长",其次校长应该"学会尊重每位教师,学会营造温馨和谐的环境"(袁军荣《校长要学会吹"南风"》)。雷蕾在文章中对领导和师资队伍建设方面表达了相似的看法:"领导应该采取一定的措施加强和重视教师队伍的建设:确保教师的基本待遇,深化教师人事制度改革,优化城乡教师资源配置。"(雷蕾《重视和加强教师队伍建设——以商城县小学教师队伍建设为例》)吴昱提到校长在加强教师队伍建设中的地位与作用时进一步强调:"校长应该扮演一个激励者的角色去认可和表扬教师取得的成就,而不是单单从提高薪资方面来提高教师的动机。需要建立一个机制或系统,比如通过常规经验交流研讨和教学成效奖赏制度等使教师的进步被认可和表扬。"(吴昱《教育领导案例分析》)此外,袁妙丽认为:"学校领导与教师要善于倾听学生心声,及时排除学生的困惑与担忧,帮助学生树立正确的学习观。建立和谐的师生关系,筑造师生沟通与理解的桥梁。"(袁妙丽《大学,到底缺什么?》)

黎雯君在谈到团队建设问题时表达了这样的观点:"为教师创造好的工作环境,激发出每一个教师的工作激情和潜力,把学校建设得更好,从而才能在真正意义上留住人。"(黎雯君《把根留住》)陆雅静则更多地考虑从教师自身出发,提出:"教师必须优化教学设计,切实提高课堂教学效益,必须全力推进素质教育,减轻学生的负担;要求教师自身素质必须大大提高,并且能够合理安排学生的课业负担。"(陆雅静《由"无作业日"所引发的思考》)程小康在谈到师生关系时,表达了这样的希望:"针对我们教育制度和评价制度的偏颇,我们应该树立起多元评价价值观。"(程小康《中国学生为何缺少创造力》)

(二)家校合作与社会教育

朱杰在谈到家校合作问题时认为:"'实现全面育人推动家校合作的深化',无论是积极让家长参与学生的教育工作,还是教会家长如何去教育子女,都是在推动家校合作的深化,教育绝不是单方面的问题,只有家校的共同努力,才能让我们的教育更加成功。"(朱杰《搭建家校合作之桥》)陈伟忠在这一问题上持相同观点,他认为:"孩子是家庭的希望,是国家的未来。注重家校合作,让老师和家长成为互相尊重与合作的朋友,通力协作,共同为孩子的健康成长、走上理想的彼岸架起一座桥梁。"(陈伟忠《高考落榜错在谁?》)黄舒华进一步阐述,认为:"我们应该冲破陈旧教育观的束缚,树立长远角度发展的教育观,从形式和内涵上加强与家庭的交流、合作,实现家园共育,推进幼儿教育的科学化和现代化,全面有效地提高我国的幼儿教育水平和幼儿素质。"(黄舒华《幼儿园"家园互动"管理模式的案例分析——以上海市徐汇科技幼儿园为例》)

桑园在谈到社会与学校对教育的关系时这样说:"学校教育与社会教育相结合。社会教育完全可以以学校为依托,运用学校教育中的资源,更好地开展社会教育。"(桑园《关于社会教育与学校教育关系的思考》)蒋颖在这一问题上进一步分析与阐述:"要解决教育与劳动力市场之间的矛盾,需要各级教育领导的重视和支持,需要政府、教育机构、劳动力市场和民间组织等多方面力量的积极配合。"(蒋颖《高等职业技术教育与劳动力市场》)课外辅导班作为学校教育的补充被越来越多的家庭所选择,但是张燕燕提醒人们:"适当的教辅对孩子的学习有好处,但多了就成了负担了,应以不影响孩子的学习愿望、不让孩子感到成为负担为前提。"(张燕燕《对"课外辅导班热"的现状与反思》)武琬宵则从偏远地区教师的现实地位入手,深入探讨了加强学校与社会之间联系的重要性,"对偏远地区幼儿教师的教育孤掌难鸣问题,只有在社会、幼儿园与教师自身共同努力之下,才会实现幼儿教师素质的真正提高。"(武琬宵《偏远地区私立幼儿园幼儿教师的专业化成长》)程峰则从科研和服务角度来探索学校和社会之间的关系:"师范院校建设过程中,科研与服务两者之间相互影响,相互渗透。服务以科研为基础,科研以服务为前提,二者都是推动学校发展及区域经济发展的一种动力,共同作用,缺一不可。"(程峰《理顺"三大"关系创建师范品牌》)

(三)人才培养与激励机制

在谈到激励机制问题时,郭江敏认为通过"学科链对接产业链""校企合作培养创新人才""提升自主创新能力",才能从真正意义上促进教育事业的发展。(郭江敏《教育领导案例》)而王凯兵则主要从教育评估中介机构来看我国教育的激励机制,认为:"我们在教育评估中介机构内生性困境要想有所改观,首先需要时间的考验,其次需要多方协调、教育制度的强化、执行者素质提升等多方面努力,才有可能在看得见的未来使这一问题的严重性稍微降低。"(王凯兵《教育评估中介机构的内生性困境》)寇琳娜在谈到激励机制对高校发展的作用时,说道:"对高等教育的领导者来说,建立与完善高校的内部激励机制是一个永无止境的探索课题。重视精神激励的作用,时刻明确精神的作用优越于物质的作用,最终通过精神激励来储备、培养和发展教师人才,使高校长期的目标得以实现。"(寇琳娜《论高等教育院校内部精神激励制度的完善》)

周林从市场角度来看高校管理人员的发展问题,对人才的培养,他提出:"高效管理职员制与市场经济挂钩,给员工提供必要的学习进修机会,促进个人能力的发展是必要的。为管理人员创造更多的进修出访机会,既是一种激励模式,又有助于提高管理人员的管理绩效,从而加快高校管理职业化进程。"(周林《高校管理岗位不再评聘职称改革的几点思考》)

第三节 教育领导与教师

在教育领导中,教师是十分重要的一环。如果说教育领导是教育的灵魂,那么教师就是教育的血肉之躯,是教育领导的规划、教育制度规范外在的表现,是教育行为最终的实施者。教师绝非麻木、重复地执行教育领导规划的机器,而应是一群具有强大活力和创造力的专业人才。教育领导不仅要注重对教师教学的领导,还要为教师提供发展机会,才能让教育这一人与人间重要的活动焕发夺目光彩。

一、教师教学领导

教学,无疑是教师最富有艺术性的技能,也是教育领导关注的主要方面。教学能力最终反映在教育成果上,直接影响了学生接受教育的质量。怎样管理好一个班级,如何贯彻"以生为本"的教育理念,怎样使课堂展现吸引人的魅力,是教育领导和教师都应考虑的问题。

(一) 教学领导与课堂管理

邢蕊认为高效率的班级管理是教学成功的一个不容忽视的重要因素,在《班管,半管——谈班级管理中的领导艺术》一文以一位兼顾语文教学和班级管理的特级教师为例,分析指出教师应在班级管理中"借鉴先进的管理思想""建立符合实际的管理系统""发展学生的自我约束能力""提高教师自身能力"。她认为提高教师自身能力是关键,"作为教师唯有提高各方面的能力和素质,才能充分发挥'先进管理思想与方法'这把宝剑的作用"。对于教师自身能力的提高,周健也有自己独特的见解,他认为应该从以下方面提升教师的领导力,即健康的体魄、阳光的心态、宽厚的胸襟、规范的操守、渊博的知识、专业的能力、广阔的视野等(周健《浅谈教师之领导》)。姚家佳认为课堂纪律是班级管理的重要组成部分,教师要建立和谐的课堂氛围(姚家佳《试论建立和谐的课堂氛围》)。于桂金在《新手教师成长记》中提出"要结合学生的实际情况来给学生上课和管理","有效的课堂管理,实际上是在建立有序的课堂制度的过程中实现的"。

(二) 关爱学生与生命教育

以学生为本是教育界对"以人为本"的进一步贯彻解读,博爱应成为教育领导者心灵的归宿。作为一名教育领导者,要把爱播种在学生、教师、家长、社会的心田里;作为一名教师,也要孕育自己的爱之小苗,为日后的博爱之花做好准备。

刘瑞华通过分析一位坚守在山村23年的代课教师的事迹，歌颂了教师的奉献精神（刘瑞华《有关教师奉献的思考》）。孙鹏在《尊重学生，鼓励学生独立思考》一文中指出"教育是一门艺术，这门艺术不仅需要技术更需要一颗爱心"，"没有爱就没有交流，没有交流就没有沟通，没有沟通就没有教育"。穆歌也提出了"没有爱就没有教育"这个命题，用师生关系不协调的反面案例提出了化解不协调的具体措施，如探索教师的专业道德之路，教会学生合理地处理冲突，学校要进行人本化管理，改变传统的教育理念（穆歌《没有爱就没有教育——浅谈师生关系的不协调及其化解的有效办法》）。蒋吉勇认为爱是班主任工作的基石，通过自身做教师的真实案例，指出"完整的爱，健康的爱应该包含五个要素，即了解、尊重、关怀、给予、责任。这五者是一个整体，倘若缺乏了理解，爱就是盲目的；倘若缺乏了足够的尊重，爱就会变为支配和控制；倘若缺乏关怀与给予，爱就会空洞和苍白；倘若缺乏责任，爱就是轻薄的"（蒋吉勇《爱——班主任工作的基石》）。程翠也通过自己的亲身经历，呼吁应给学生多点的爱。她指出"现阶段教师对学生的爱还是远远不够的，教师首先要教出一个健康的学生，才能谈到教出一个优秀的学生"，因此教师应该去了解学生的内心，多关心学生，多找学生聊天，倾听学生的需要。（程翠《给学生多点的爱》）黄舒将教育之爱赞为"慈母般的教育之爱"，指出"作为班主任应该有博爱的精神"，要"把学生当作自己的孩子，以慈母般的爱心去关心爱护每一位学生，让美的花朵在学生心中生根发芽"（黄舒《慈母般的教育之爱》）。唐怡在《注重德育教育中的关爱教育》中，从德育的角度指出关爱教育提倡培养学生博爱仁慈的品质，这就要求在关爱教育实施过程中"教师必须要关爱学生、理解学生、尊重学生和信赖学生，这样才能使得学生体验到教师的关爱，从而形成对关爱教育的内化"。

2008年，汶川地震夺取了许多人的生命；2010年灾难降临玉树，未来的花朵在还没有完全绽放的时候，就失去了宝贵的生命。不仅仅是自然灾害会酿成悲剧，学生自杀现象也屡见不鲜。因此，生命教育在这个快节奏、高压力的社会中显得尤为重要，是教育领导不能忽视的人文诉求。

张婷婷从一本自杀学生的日记入手，提出这样的疑问："那些愿意结束自己生命的大学生们，一路寒窗苦读十几年，而如今正到了奋斗的最高处时却黯然逝去了，这究竟是为何呢？"她认为原因来自多方面：学习压力、生活压力、就业压力、心理问题。她认为"教育最重要的功能是让学生学会热爱生命，热爱生活，学会如何做人。离开了这一本质，教育也将失去存在的意义"（张婷婷《反思早逝"花朵"们背后——开展"生命教育"的迫切性》）。钱前在《关注中小学生自杀现象》中列举了近期发生的一系列中小学生自杀事件，从学校和教师、社会与媒体、家庭和学生自身三个方面分析了引起这些悲剧的原因，她大声疾呼"加强孩子的'生命教育'刻不容缓！"，"学校更有必要也有责任通过教育让孩子知道生命对自身、对亲友、对社会具有什么样的意义"。王丽认为"应试教育是逼死学生的罪魁祸首"，她指出"学校的应试高压政策及管理上的漏洞，使得教师没时间，也没有环境教育孩子要关注生命"，"要唤醒学生的生命意识，首先要唤醒教师的生命意识"（王丽《学校文化建设——关注学生的生命》）。费涛也认为应试教育是这一类问题的原因，他强调"不是为教育而生命，必须是为生命而教育"，教育领导应该在学校建立预警机制，积极开展生命教育（费涛《在学校开展心理和生命教育的重要性》）。徐江从小学语文教学这一微观领域出发，认为"语文学科先天的人文精神和生命意识是一个重要的教育资源，语文教育理应自觉地担负起生命教育的职责"。在《论小学语文教学中的生命教育》中，徐江建议"在阅读教学中进行生命主题的教学"，促使学生从中"找到生命文化的源头，思考生命文化的使命，实现生命文化的延续"。霍兵兵提出了情感教学的思想理念，归根到底就是在课堂中关爱学生。（霍兵兵《课堂教学要重视情感作用》）吴玮、孟娟娟则列举了一些反面事例，阐述了师生冲突的问题，也从另一个角度剖析了教师要注重对学生的关爱。（吴玮《校园里的战争——师生冲突》，孟娟娟《教育教学案例分析——解析课堂师生风波》）

（三）教法变通与个性发展

时代在发展，教育在进步，灵活变通成为新时代赋予教育的光荣使命。对于教师来说，培养灵活创新精神应从变通教法开始，教学方法的变通是有效领导的基础。

陈超伟通过教授讲述自己孩子作文的故事引发了深思：如何对待学生的突发奇想，提出"教学过程不应该是一个一成不变的僵化的模式，应该根据不同的教学情境、不同的群体灵活并富有创造性地组织教学"。他还认为"教师不应该机械地灌输，一心只为完成教学任务，而应考虑如何构建一个生动活泼富有创意的课堂"（陈超伟《如何对待学生的"突发奇想"》）。张倩以某优秀历史教师为例，分析了如何通过独特变通的教学方法让学生们在轻松的课堂环境中学习历史知识，并提出可以从以下四点借鉴其教学方法：第一，抓住青少年的心理；第二，立足素质教育，开掘历史教学的多元教育功能；第三，激发学生思维，注重分析能力的培养；第四，培养学生的学习兴趣。（张倩《袁腾飞让中国龙在龙的传人中腾飞》）叶炜在《因材施教促进个性发展》中写道："每个孩子都有自己的世界，都有各自解读世界的视角和语言"，她以自身经历为例，提出"教师要善于发现孩子的智能强项，帮助每个孩子找到最适合自己的学习方式，也要引导孩子形成正确认识自我的意识和能力，使孩子充满自信地实现个性发展"。她认为"因材施教是个性发展的最佳路径"。杨茹也赞同因材施教，她建议做到以下三点："充分了解学生的一般知识水平、接受能力、兴趣爱好等方面；教学中既要把主要精力放在面向全班集体教学上，又要善于兼顾个别学生，使每个学生都得到相应的发展；针对学生的个性特点，提出不同要求，设计最佳方案"。（杨茹《如何定位一名合格的教师》）沈寅鑫和黎志辉分别在《对学习薄弱学生的智慧火花要格外关注》和《浅析潜能生的心理特点及教育对策》中分别提出特殊学生团体的教学方法。刘颖颇有见解地提出了分层教学的含义以及各种模式，阐述了分层教学的教学方法。（刘颖《分层教学的优与劣》）因此，灵活变通的教学方法对教师来说是至关重要的。

二、教师培养规划

（一）终身学习与专业发展

终身教育、终身学习的理念近年来在我国得到了广泛的传播。生命不息，学习不止。这是社会发展对公民提出的新要求，也对教育从业者提出了更高的要求：要培养出适应时代发展、具有创新精神和实践能力的人才，教育工作者就必须自己也要不断学习。

"教师职业的特殊性决定了终身学习是教师的必然选择，"程迪在《浅析在终身教育背景下教师的终身学习》中写道，"要加强教师终身教育理念的培养，政府应为教师提供终身学习的机制"。华蕾列举了她自己所认识的两位老师的截然不同的事迹，提出"老师，你是否需要再学习"的疑问。她呼吁要加强教师的在职培训,只有这样才能"保证'大众教育'的需求,满足'精英'的持续性发展的需求,使'全体学生'教育进入一个实质性的阶段"(华蕾《老师,你是否需要再学习》)。

教师团体中,青年教师占的比重越来越大。他们大多是刚毕业的师范类大学生,有着十足的精力、不畏艰险的冲力、现代化的知识储备、强大的学习能力……他们是教育领导的未来,教育事业的未来。因此,如何帮助青年教师成长、培养青年教师领导力、供给青年教师发挥空间是教育领导研究的一个重要方面。

程凤霞在《论青年教师的培养》中指出了青年教师存在的弱点和不足:缺乏教学经历、教学经验不够、教学能力培养比较欠缺、教学能力不强等。她认为"学校应根据青年教师的成长特点,全面落实青年教师的培养计划",还应该"建立健全激励机制,激发其工作热情,加快青年教师的成长进程"。沈琳通过学校"以老带新"培养方式的案例分析,提出学校不仅要为青年新教师配备一名师傅,更应该为其"提供和营造一个绿色的环境","让他们感受到像家一样的温暖,从而充满干劲"(沈琳《青年新教师培养》)。唐自单通过新任教师第一个月的教学总结,认为对青年教师的培养重在职前。他认为师范院校要从课程设置、实习实践等方面加强对未来教师的培养(唐自单《新任教师第一个月的教学总结》)。薛建男从多个方面提出了对"80后"青年教师培养的建议,她认为针对"80后"青年教师的特点,学校应在制度、目标、榜样三个方面设计激励机制,教育领导还应该让其参与到学校的管理当中,调动其工作积极性,促进其成长。(薛建男《从歌曲"青花瓷"看青年教师的培养》)王佳在《准教师们,教育领导者不是梦》一文中分析了如何促进作为应届毕业生的准教师们的专业发展。高云红则从教师专业发展角度剖析教师到底需要什么样的培训。(高云红《教育领导之教师培养——教师需要什么样的培训》)。

(二)身心健康与职业认同

教育工作者是崇高的职业,身边环绕着无限的光环,人们赋予了它各种伟大的称誉——"太阳底下最光辉的职业""春蚕""红烛"等,但却很少有人注意到他们所承载的压力,教育工作者的身心健康值得全社会的共同关注,尤其是教育领导。

裴思怡在文章中指出影响教师心理健康的因素有"繁重的教学工作量以及升学压力""职称评聘及学校师资队伍的优化""学校管理者对教师心理健康问题的忽视",她认为教育领导应从学校的层面重视教师的心理健康,针对以上三个因素采取不同的措施(裴思怡《从学校管理谈中学教师心理健康》)。李茹铮在《合理疏导工作压力,提高教学质量》一文中认为教师压力主要来源于四个方面:工作负担重、不科学的教育评价制度、学生自身问题重重和家长的不当要求。她认为,只有教育领导对教师的压力给予足够的重视,"才能真正使教师有良好的心态和饱满的精神状态去迎接教学上的难题,更好地为教育工作奉献自己的光和热"。刘振中指出不同教师人群所受的心理压力程度不同——压力最大的是行政领导——并提出了关于学校缓解教师心理压力的四点措施:第一,关注教师需求,增强教师职业成就感;第二,实行"弹性管理",增强教师工作乐趣感;第三,营造校园文化,增强人际关系和谐感;第四,强化教师培训,增加教师的时代责任感。(刘振中《现代学校制度下教师心理压力现状分析及解决措施》)

职业倦怠是当前的热门话题,胡雪缘从一条调侃短信揭露了当前教师生活的不如意现象,提出了自己的疑惑:"难道教师真是一个令人感到乏味的职业?"她认为学校应有针对性地预防或消除教师的职业倦怠,要教会教师积极认知、调节情绪的方法,鼓励教师坚持参加体育锻炼和继续教育(胡雪缘《走出教师职业倦怠树立教师健康心理》)。庞柏在《"职业倦怠"引发的思考——教育领导学之心得体会》中,指出了青年教师职业倦怠现象的严重性,认为"克服职业倦怠,促进教师持续健康是一项长期而又艰巨的任务,需要全社会的关心与支持,更需要教师自己的主观努力"。她建议教师必须做到以下四点:第一,要正确定位教师的角色;第二,提高自我心理调控能力;第三,加强体育锻炼与自我保健意识;第四,在创新中提升自己的人生价值。赵维《谁来保障教师的权益》一文也涉及了对教师身心健康重视的问题。

(三)职业操守与师德培养

教师的一言一行都会对学生产生深远的影响,作为一名教师,"师德"应是其时刻恪守的思想和行为标准。身正为师,德高为范。师德是教师的灵魂,对教育领导者也是如此:高尚的品德是赢得教师、学生支持和信任的基础。吴萍以汶川地震中谭千秋老师为救学生牺牲自己的英勇事迹为例,提出师德是教师素质培养的灵魂。她认为"教师师德高尚,学生才能'亲其师,信其道',传道授业才能收到事半功倍的效果"。此外,她还提出师德不仅要在爱和身教中体现,还应该在实施素质教育方面和课堂教学改革方面体现出来(吴萍《师德——教师素质培养的灵魂》)。

师德高尚者值得称颂和宣传,不良行为和风气一定也要得到谴责和纠正。马子凤从社会上常见的教师开补习班现象出发,质疑当代教师师德、教师素养,认为这是师德滑坡的表现。她呼吁"教师应注重自身的职业道德素质的培养和提升,真诚、负责地对待家长和学生,不能让一己私利埋没了教师应有的职业操守"(马子凤《教师课外开补习班,学生是福还是祸?——浅谈教师师德素养》)。孙国旗列举了17条不良师德案例及言行,从社会、教育和学校三个层面分析了不良师德案例存在的原因,从而提出我们的师德、师风建设要以胡锦涛总书记的讲话精神为指针,以胡锦涛总书记对教师提出的提出的四点希望为目标。学校也要采取一些措施,如举行师德经验交流会,进一步提高教师职业道德水平,把教师群体建设成公民道德的楷模,以优良的师风带动教风,促进学风,优化校风(孙国旗《荣辱观教育与高校师德建设》)。杨奕凡认为"培养高素质的教师要重视一个根本,就是师德",并提出了培养高尚师德的三条建议:抓好师范生的道德教育,完善学校管理制度,根据教师道德的特点有针对性地改正教师道德的现状(杨奕凡《教师培养之师德说》)。杜慧婷在《教育领导——爱岗敬业,全师参与》一文中也深刻地剖析了教师应具的职业操守。尹黎从广泛流传的"杨不管"事件剖析其原因,揭示了教师应注重师德的培养(尹黎《"杨不管"事件的成因分析及启示》)。

校长,作为一校的领导示范和精神标杆,在很大程度上塑造了学校的灵魂,一个个成功的案例彰显了校长在教育领导中的作用;制度,是联系国家和学校的纽带,是教育能够发挥公平性、文化性、社会性的重要保证;教师,是教育前线的实践者,是教育领导的"代言人"。教育领导的作用是多元的,教育领导的领域是广泛的,对教育领导的研究在教育领域中也必然是恒河沙数。由于篇幅有限,本附录只节选了部分同学的观点。整理编录在本书中的观点仅是太仓一粟、一得之见,希望多言或中,为本书的完整体系再添一笔,能够引起读者的共鸣或为读者提供参考。

后 记

"教师教育学科群"建设是上海师范大学新世纪一项综合性、战略性的重大基础建设,即面向上海基础教育发展需要,把学科内涵建设与服务基础教育实践相结合,创建上师大"教师教育学科群"的理论基础以及主动为基础教育服务的实践模式,形成具有新世纪特征、中国教师教育特点、国际大都市特色、上海师范大学特长的教师教育服务体系。其理论基础建设的主要特点是:创建"教育领导学""教师教育学""儿童学"三门综合性新兴学科,以此三门新兴学科引领上海师范大学教师教育改革,用新的学科增长点与业绩提升上海师范大学教师教育学科群的整体实力。

在"教育领导学"学科建设方面,上师大教育学院从 2008 年 9 月至 2009 年 12 月与"东方讲坛"联动,推出"教育领导系列讲座",每周三晚开讲,力邀上海教育行政部门各级领导、上海教育功臣、名师名校长,以及国内外著名专家学者,围绕教育领导开展学术演讲和问题探究,从多层面、多视角、多纬度来探讨教育领导的理论与实践问题,旨在整合优质学术资源,凸现教师教育,拓展学术视野,为师范学校的学子提供更多的学习机会以及与教育领导直接对话的交流平台。其中包括上海市教委薛明扬主任、上海中学唐盛昌校长,华东师范大学叶澜、钟启泉、丁钢教授,南京师范大学吴康宁副校长,以及 2010 年上海世博会执委副主任周汉民教授等国内外著名专家学者。同时,上师大教育学院院长陈永明教授每周三雷打不动的主持、听讲与精彩点评不仅成为师大学子的学术典范,更成为上师大另一道亮丽的学术风景线。

此外,教育学院现代校长研修中心从 2009 年 2 月设置面向"教育经济与管理"专业的"教育领导学"必修课程,倾心倾力于课堂教学实践。全体成员在执鞭任教的基础上,撰写出版《教育领导学》,试从各学科多视角(主要以各自的研究方向为基点)来探究或论证"教育领导学"问世的必要性和可行性,为建设"教育领导学"新二级学科而奠基立业、拓展愿景,抛砖引玉乃至自圆其说。

本书是《教育领导学》的姊妹篇,汇集了上海师范大学和华东师范大学三百多名博士生和硕士生聆听 55 讲"东方讲坛——教育领导系列讲座"以及"教育领导学"必修课的听讲成果,通过对教育领导实践进行案例剖析与实证反思,让年轻的教育领导理论研究者能从广袤的教育领导实践土壤中汲取养分,为教育领导学新学科建设奉献应有的作为及其业绩。

各篇章编辑负责分工如下:第一章,周鹏飞;第二章,王文茜、安茜;第三章,陈亮;第四章,周良灏;第五章,李壮;第六章,周云;第七章,程小康;第八章,何珊;第九章,陈春霞;第十章,袁妙丽;第十一章,苏燕;第十二章,吕智敏;孔祥博、梁晓玉和许婧分别撰写和整理附录的第一节、第二节和第三节。孙仲毅、崔冉负责第一编,袁盎、孙美华负责第二编,蒋光祥、程峰负责第三编,王蕾、尹静负责第四编,孔祥博负责附录。陈永明、许苏、李霞负责全书的组织及最后统稿工作。袁盎、孙仲毅、孔祥博参与统稿，袁盎、乔莹莹负责最后的文字编辑与排版。

　　本书得以顺利出版，要衷心感谢上海师范大学教育学院和北京大学出版社的大力支持，特别要感谢陈永明院长和本丛书负责人姚成龙先生给予的精心指导和无私帮助。在此，也对教育学院08级和09级全体硕士研究生和博士研究生表示感谢，你们的研究视角与问题探索是本书的精髓与价值之所在。

　　博采、分析和编集近千篇相关文章及其要点，难免会有引起争论或误解的地方，若有不当之处，恳请读者斧正。

编者

2010年6月8日